普通高等教育"九五"国家教委重点教材

U0652071

杨万钟 主编

华东师范大学 北京师范大学 东北师范大学 华南师范大学 合编

经济地理学导论

（修订四版）

华东师范大学出版社

·上海·

图书在版编目(CIP)数据

经济地理学导论/杨万钟主编. —4 版(修订版)—上海:华东师范大学出版社,1999.10
ISBN 978 - 7 - 5617 - 2097 - 4

Ⅰ.经... Ⅱ.杨... Ⅲ.经济地理学-高等学校-教材 Ⅳ.F119.9

中国版本图书馆 CIP 数据核字(1999)第 83730 号

(普通高等教育"九五"国家教委重点教材)

经济地理学导论(修订四版)

华东师范大学等四校合编
责任编辑 张继红
责任校对 乔惠文
封面设计 高 山

出版发行 华东师范大学出版社
社　　址 上海市中山北路 3663 号　邮编 200062
网　　址 www.ecnupress.com.cn
电　　话 021 - 60821666　行政传真 021 - 62572105
客服电话 021 - 62865537　门市(邮购)电话 021 - 62869887
地　　址 上海市中山北路 3663 号华东师范大学校内先锋路口
网　　店 http://hdsdcbs.tmall.com

印 刷 者 浙江临安曙光印务有限公司
开　　本 787×1092　16 开
印　　张 20.5
字　　数 505 千字
版　　次 1999 年 3 月第一版
印　　次 2021 年 8 月第 18 次
印　　数 73201-74300
书　　号 ISBN 978 -7-5617 - 2097-4/F . 080
定　　价 39.00 元

出 版 人 王 焰

(如发现本版图书有印订质量问题,请寄回本社客服中心调换或电话 021-62865537 联系)

修　订　说　明

本书是高等师范院校地理专业的基础课教材之一。17年来，经过多次修订，教材质量不断提高。自1996年始，本书被国家教委列为普通高等教育"九五"国家教委重点教材。

1982年5月华东师范大学出版社出版的《经济地理学导论》（第一版），是按照1980年5月教育部在杭州召开的全国地理教材编审委员会扩大会议所通过的教学大纲，由教育部委托华东师范大学（主编单位）、北京师范大学、东北师范大学、西北师范学院、华南师范大学五校分工协作编写而成。试用两年后，为了提高教材质量，在广泛听取意见的基础上，教育部委托主编单位于1984年4月邀请全国高等师范院校地理系的《经济地理学导论》任课教师33人举行了教材研讨会。与会人员对本书第一版进行了逐章逐节的讨论，大家一致认为第一版比较全面系统，内容充实，理论联系实际，在教学中发挥了积极的作用。同时，也指出了不足之处，并对如何进一步修改提出了不少宝贵意见。

1986年5月《经济地理学导论》（修订本）即本书的第二版出版。各位作者结合自身的教学实践并参照大家的意见及国内外学科发展新动向，就本书第一版的编写大纲、教材内容以至各章节都作了一定的补充和修改。尤其是依据当今经济地理学发展的趋势，决定在部门布局各章中加强有关生态系统与各部门布局关系问题的阐述与探索，并首次增加商业布局一章。本书第二版比第一版有了不少提高，不仅受到高师院校广大师生的欢迎，而且也得到研究部门有关专家的肯定，并荣获中华人民共和国国家教育委员会评定的第二届普通高等学校优秀教材二等奖。

1994年1月出版的《经济地理学导论》（修订三版）与第二版相比，无论在体例上、内容上、还是方法论方面都有较大的提高。第三版的突出特点是：采用第一、二、三产业分类代替原先农、工、交、商等产业部门划分。这不单是为了打破传统的框架以适应国家流行的产业分类方法，而且也有利于科学地分析产业结构与产业布局问题，尤其是将产业结构与产业布局有机结合起来，这些都对经济地理学理论的创新有所贡献；并且该版还在经济化、计量化、生态化等方面作了不少努力，有了新的提高。①

1999年6月出版的《经济地理学导论》（修订四版）是在前三版的基础上进一步修订而成的。该书作为重点教材，在内容上不仅作了较多的充实和一定的更新，而且适应社会经济的发展，新增了邮电业、大都市圈、国际贸易等内容；在理论上有选择地吸收国内外有关研究成果，并结合我国国情，使理论联系实际的水平得到进一步提高。同时，本书在有关章节还较好地贯彻了可持续发展理论与区域经济协调发展理论的思想；在编写力量方面，为了扬长补短，妥善处理好继承与发展的关系，本版除保留第三版的作者外，又增加一部分中青年经

---

① 原为五校合作编写，后因个别单位的原作者健康欠佳，从第三版开始对编写单位及作者略加调整。

济地理学家。具体分工如下：第一章，李振泉；第二章，杨万钟、殷为华；第三章，邬翊光、吴殿廷；第四章，吴郁文；第五章，石庆武；第六章，程连生；第七章，曹金喜；第八章，杨万钟、沈玉芳；第九章，杨万钟、沈玉芳；第十章，陆心贤、谷人旭。全书由杨万钟进行统纂和定稿，由殷为华协助。

根据教育部有关部门推荐，《经济地理学导论》（修订四版）由华东师范大学杨万钟任主编。华东师范大学严重敏教授和东北师范大学陈才教授审阅了本书。

本书在编写过程中，力求适应现化地理学的发展要求，比较全面地阐明经济地理学的基本理论和主要方法，介绍国内外经济地理学发展动向和各派学说观点，试图为进一步深入研究经济地理学和运用本门学科理论与方法为经济建设服务，奠定必要的理论基础。本书属经济地理学基本理论教材，除地理专业外，有关财经专业、管理专业、区域规划等领域的师生或理论工作者亦可参考使用。

由于我们的编写水平有限，再加上不少问题尚待实践和进一步研究，不妥之处在所难免，敬请各位同行和广大读者批评指正。

杨万钟

1999 年 4 月于上海

目　　录

第一章 经济地理学的研究对象、性质与任务

第一节 经济地理学的对象

从经济地理学萌芽、形成和发展的历史过程中，可以明显地看出它是地理学体系中逐步成熟的独立分支，并且是一个重要的分支。经济地理学和地理学有着科学史上的血缘关系，因此地理学研究对象必然要制约甚至规定经济地理学的研究对象、性质与任务；另一方面，经济地理学既然已经成为地理学的一个分支，它的研究对象与分析，也必然具有自己的特点。

为了探讨经济地理学的研究对象，首先应当探讨地理学的研究对象。前者由后者衍生而来，后者是前者的基础。

关于地理学的研究对象，国内外说法很多，但主题不外乎是研究地理环境在空间上的变化发展规律以及人类活动与地理环境的关系，这是比较公认的看法。地理环境是指包括大气、水、岩石、生物4个圈层的地球表面或地球外壳。① 由于科学技术的进步，人类活动的地球外壳空间的上限与下限都在扩展。它的下限，地下采矿可以深达千米；它的上限，人类已登月，而大气层高度可达几千 km，还有磁层②，都在影响着人类。人类活动有多种形式，包括经济活动、政治活动、社会文化活动等。人口数量的变化，人口分布的疏密，民族的产生、融合与消亡等现象也是人类活动的反映。这些人类活动都和地理环境有不同程度的联系，都受地理环境的影响。自然地理学研究(自然)地理环境本身，它是研究地理环境各要素及自然地域综合体的形成、发展和分布规律的科学。人文地理学，研究人类各种活动与地理环境的关系，而其中研究人类经济活动与地理环境相互关系的就是经济地理学，它是研究产业结构与产业布局演变规律的科学。

关于经济地理学在地理学科学体系中的地位，目前国内存在着"两分法"和"三分法"两种看法。"两分法"认为，从地理学的发展史上，或从学科内涵的逻辑关系上，地理学可分为自然地理学和人文地理学两大分支；而经济地理学不论其发展水平如何，都只是人文地理学的一个分支。"三分法"则认为，地理学发展到现在，除自然地理学外，原来的人文地理学可分为经济地理学和人文地理学两部分，并同自然地理学并列为地理学的三大分支。这些不同的认识并不影响各分支学科的发展，将在实践中进一步讨论和明确。

从上述基本观点出发，总结地理学的发展历史，可以看出地理学的存在是因为它有着特殊的矛盾作为研究对象，即人类活动和地理环境的关系，简称为"人地关系"。它是属于人与自然关系系统的一门重要科学。地理学的中心任务就是要研究在空间上不同地域的人与自然

---

① 有人把地理环境分解为自然的和人文的，这里指的是自然的，也就是一般所指的狭义的地理环境.

② 磁层是地球磁场控制的更大范围，高度可达7万 km. 大气层和磁层是保护地面万物的巨大屏障.

之间存在的物质交换。而地理学各分支学科的发展，都是以"人地关系"为基础的。自然地理学研究与人类活动有密切关系的自然地理环境，人文地理学研究人类活动与地理环境的关系，而经济地理学则是研究人类经济活动与地理环境的关系。

在地理科学中，经济地理学和自然地理学之间存在着特殊密切的联系。经济地理学研究经济活动和地理环境的关系，了解和运用地理环境的发展变化规律，从一个侧面解决"人地关系"的矛盾。自然地理学在研究自然规律的同时，研究物质生产对环境的影响，了解和运用产业分布的规律，从另一个侧面解决"人地关系"的矛盾。在今日的地球上，不受人为影响的自然环境，或不受环境影响的经济活动，都是很少的，因而研究认识地面自然的和经济的地理现象都不能孤立地进行。由此可见，自然地理学和经济地理学的关系，非一般学科之间的关系，而是有着特殊密切联系的"血缘关系"；不是一般学科间的成果、理论和方法的借鉴，而是"骨"与"肉"的关系。在完成具体实践任务时，它们总是共同把汗水洒在同一地域上。自然地理学和经济地理学的规律性质确实不同，但又同是解决"人地关系"这个特殊矛盾的不同侧面，这是它们组成一个地理科学体系的基础。不承认这种关系的存在，也就谈不上地理科学体系的存在。经济地理学若不依靠对具体地理环境的认识，若不能为了产业合理布局而运用自然界的规律，或者说不与自然地理学紧密结合，就很难发挥学科的特殊作用，也不能成为具有特殊性的学科。

经济地理学在"人地关系"系统中研究什么特殊矛盾呢？概括说来就是人类经济活动和地理环境的结合关系，这种关系的集中表现是特定地域上产业的布局。经济地理学不是研究一般的人与自然的关系，而是研究人类经济活动和地理环境条件的关系。一般的人与自然的关系，如人类如何利用资源，是一般技术科学的事；而经济地理学研究的是经济活动的空间分布，主要表现为产业的空间分布。关于经济地理学研究的对象曾有不少争论：有生产"配置"、"分布"的名词之争；有"生产配置"与"生产力配置"之争；也有"生产地域综合体"等许多提法。目前，关于经济地理学研究对象的表述，概括起来主要有四种：①仍然认为是研究生产（力）布局（分布）规律的科学；②认为是研究生产地域综合体的科学；③综合以上两种说法，认为是研究生产力布局和生产地域综合体的科学；④认为是研究产业结构和产业布局演变规律的科学。

相比之下，第四种提法比较科学。这是因为经济地理学不仅研究生产部门的布局问题，也研究非生产部门的布局问题，例如商业、旅游业等，所以使用"生产布局"或"生产力布局"都不如用"产业布局"更符合经济地理学研究范畴的实际。之所以主张将经济地理学研究领域加以拓宽，将"产业结构"也包涵在内，是因为产业结构与产业布局是一个事物的两个不同侧面，不能截然分开。有什么样的结构，就必然有什么样的布局特点。例如，上海的主导产业不仅包括轿车工业、电子信息产业，也包括钢铁及石油化工，因而在地区分布上必然是以中心城区为基轴向浦东新区及南北两翼延伸。

第二节　经济地理学的科学性质及其与相邻学科的关系

一、关于属性问题

经济地理学的科学属性是指经济地理学在全部人类科学体系中的基本地位和性质。它决定于研究对象的客观性质。无论是从物质体系来看，还是从物质过程来看，产业布局是人类生产活动的表现形式，是社会现象。过去一般都认为，研究社会现象的科学属于社会科学；经济地理学研究的产业布局规律是一种社会现象，故经济地理学应属于社会科学。但是，20世纪60年代后有人提出新的看法，认为经济地理学应属于社会科学领域内的"边缘科学"。① 在1961年的全国经济地理学术讨论会上，关于经济地理学科学属性问题曾展开过热烈的讨论。争论的中心主要是经济地理学属于什么样的社会科学，而并非是否属于社会科学的问题。较多的人认为经济地理学是一门特殊的社会科学，或一门特殊的社会经济科学。其所以是一门社会经济科学，是因为生产分布现象是一种社会经济现象，由社会经济规律所决定，但它所研究的既不是生产关系现象，也不是上层建筑现象，而是物质资料生产的分布现象，与自然条件有着密切的联系，具有地域性特点，因而是一门特殊的社会经济科学。也就是说，经济地理学是一门社会科学领域内的地理学科。1978年末在长沙举行的全国经济地理专业学术会议上，又着重对经济地理学的科学属性展开了热烈的争论，并有较大的进展。主要的观点如下："一些同志认为，经济地理学是一门社会科学，因为它的对象——生产布局主要是生产关系方面的问题，如地区与地区，企业与企业的关系等等，它的发展变化是受社会生产方式所决定的。另一些同志则认为，经济地理学研究对象是客观存在的经济环境，具体地说就是生产力的地域组合，它的性质是作为自然科学的地理学中的技术经济科学分支。较多的同志认为，经济地理学的科学性质是介乎自然、技术、经济三者之间的边缘科学，因为在从地理学角度研究生产布局过程中，要同时考虑这三方面的因素，经济地理学的对象的发展是受这三方面的因素所制约的。"②

对比两次讨论会的总结，可以看出对于经济地理学科学属性的认识有值得重视的较大变化：①提出了经济地理学的自然科学性质。认为经济地理学是研究经济环境—生产力的地域组合，具体地说是研究生产力中人和物的要素（从事物质资料生产的劳动者和以生产工具为主的劳动资料以及劳动对象）在地域上是如何组成与结合的。这是非常具体的物质实体，而不是抽象的社会关系（生产关系、阶级关系、民族关系等）。提出这种主张的人，虽然也把经济地理学作为一门边缘科学，但却认为它是偏重于技术经济科学的基础自然科学。③也有人更明确提出研究产业布局的经济地理学属于自然科学。④虽然这些观点尚未系统完备，未能为多数人所接受，但是却引起人们的认真思考，表明了一种科学思想发展的倾向；②主张"边缘科学"的人数大大增加了，当时的中国地理学会经济地理专业委员会主任曹廷藩教授在《关于科学性质的再认识》一文中有关经济地理学属于"边缘科学"的分析论证，引起了人们的重视。

上述两种变化有着共同的趋向，即对经济地理学科学性质的认识，从过去简单地认为是社会科学或社会经济科学，向自然科学方面靠近了，或者说是向自然地理学或地理学靠近了，这是经济地理学"自然化"趋向的明显表现。但是，主张经济地理学是社会经济科学的人还相当不少。这说明，经济地理学的属性问题，仍然值得探讨。

为什么过去多数人基本上都同意经济地理学的研究对象是生产布局规律（这里仍用原来的"生产布局"一词），而对科学属性的理解有这样大的分歧呢？根本原因是由于人们的认识基

① 吴传钧：《经济地理学—生产布局的科学》，载《科学通报》，1960(19).
②③④ 见《中国地理学会1978年经济地理学术会议论文选集(经济地理学的理论与方法)》，17、125、24页，杨吾扬、陈传康、曹廷藩等人的文章，商务印书馆，1980.

础和实践基础不同，从而对问题的认识角度和深度也有差异，因此对于生产布局规律的客观性质，特别是作为一种物质过程的客观性质产生了不同的观点。过去，在总结经济地理学科学属性时，有的人受认识绝对化的影响，认为只有经济因素对生产布局规律的作用才是内在的、本质的因素，才是有规律的，决定着经济地理学的属性；而自然与技术因素则是外在的、非本质的因素，不是必然的、决定性的，因此认为经济地理学的科学属性只能是社会科学或社会经济科学。与此相反，一些人把自然、技术诸因素看成是生产分布规律的内在因素，这样自然认为经济地理学具有边缘科学性质。

产业布局的规律，无论是作为物质体系或物质过程，都是极其复杂的，都必须从自然、经济、技术诸因素去研究分析，才能正确地认识客观规律性。在这些因素中，经济因素往往起首要的或决定性的作用，但在具体实践中，在一定条件下，自然因素与技术因素也经常起着普遍的作用，有时甚至起决定性作用。因此，自然、经济、技术诸因素对生产布局的作用都是有规律的。

明确经济地理学的边缘科学性质，具有重大的理论意义与实际意义。首先，有利于经济地理学的健康发展；其次，有利于发展地理科学的科学体系，加强经济地理学与各地理学分支学科的密切联系；第三，有利于借鉴其他国家在产业布局方面的有用经验；第四，有利于经济地理工作者明确自己的努力方向和加强基础训练，更好地为经济发展服务。

二、关于特性问题

经济地理学的特性，是指经济地理学研究对象(实体)本身固有的特殊性质。在实际研究工作中，把握住特性，就可以明确方向，选择正确的方法论，从而在实践中发挥经济地理学的特殊作用，也可以促进经济地理学的发展。

关于经济地理学的特性有许多提法，如：地域性、综合性、阶级性、实用性、科学性、知识性等等。但严格说来，只有地域性与综合性才说得上是经济地理学的根本特性。

(一)地域性

地域性，又称区域性，是地理学的根本特性，也是经济地理学的根本特性。

地域指的是地表的空间。地理学，无论是自然地理学或是经济地理学，它所研究的自然现象或经济现象都必然与一定的地表空间相结合，都必须落实到一定的地表空间上，即落实到地域上，这就是地域性。许多自然科学与经济科学在研究自然规律与经济规律时，不一定非与地域条件结合不可，或者主要不是研究与地域条件的结合；而地理学必须与地域条件结合，研究地理现象的地域分异规律，这是地理学的灵魂。离开了地域性，或地域性不强，实际上是失去了地理性，或是地理性不强。

经济地理学的地域性，核心问题是地域分异规律。无论是研究区域性的综合产业布局，或者是研究部门性的单项生产布局，都必须回答地域分异问题，即回答产业布局与地域条件结合的同质性问题和异质性问题。综合经济区的划分，部门经济区的划分，都是体现地域分异的，即体现地域性。计划经济科学也涉及地区计划或产业布局问题，但是它们着重确定地区性的发展指标或地区间的平衡，虽然也需要分析地域条件，但并不甚注意生产项目与地表空间的具体结合。因此，经济地理学只有做好地域性分析，才有可能独立存在；在经济地理学科与其他学科共同完成的实际任务中，更能发挥经济地理学地域分析论证的特殊作用。有人认为地域性不是经济地理学的独有特性，这恰恰是没有掌握地域性的结果。

(二) 综合性

作为科学研究的方法，每一个学科都具有综合性，都要求对相关要素进行综合归纳，经过分析，得出结论。但是，对于经济地理学来说，综合性具有特殊的意义。首先，经济地理学的边缘科学性质要求对自然、技术、经济诸条件进行综合，即对自然规律与经济规律进行综合；其次，经济地理学的地域性要求对特定地域内的诸条件进行综合，也要求对地域之间的差异与分工进行综合；再次，经济地理学具有历史性和发展性，要求对产业布局的历史、现状与发展方向进行综合。只有做好这些方面的综合，才可能得到正确的结论。另外，经济地理工作者参加实际研究任务时，多半承担综合性的工作任务，这也恰好说明经济地理学具有综合性的学科特性。因此，综合性才称得上是经济地理学的特性之一。

三、经济地理学与相邻学科的关系

经济地理学既然是地理学科学体系中的一个重要分支，又是一门边缘性质的学科，要从自然、经济、技术三方面研究产业布局的规律性，这必然使经济地理学与地理学的各分支学科、经济科学、生产技术科学有着广泛的密切联系。要求运用相邻学科的理论与方法，吸收相邻学科的研究成果，为发展和提高经济地理学的理论和实践水平服务。由于经济地理学既是基础学科，同时也具有应用科学的性质，因此，还迫切要求经济地理工作者具有数理化基础，以及掌握一些先进的技术手段。

在地理学的科学体系中，首先可以分为自然地理学(physical geography)与人文地理学(human geography)两大分支。在自然地理学中，又可分为地貌学、气候学、土壤地理学、水文地理学、植物地理学、动物地理学等；人文地理学又可分为经济地理学、人口地理学、聚落地理学、政治地理学、历史地理学等。经济地理学与自然地理学和人文地理学的各分支学科之间，都有着不同情况的密切联系。

人口是生产布局的最基本的条件，人口地理学(geography of population)研究的人口数量、分布、密度、迁移、职业构成、增长率等，都是产业布局的重要因素。人既是物质财富的生产者，同时又是物质资料的消费者，人口分布的形态是和产业布局的形态密切相关的。从历史发展的观点来看，人口分布的变化也是和产业布局的变化密切相关的。再加上人类本身是生产力的组成要素之一，也有将人口地理学列为经济地理学的分支学科之一的。[①] 但是，人口地理学研究的内容，是一种特殊的人文现象，有些超出经济地理学范畴之外，故一般仍列为人文地理学的分支。

聚落地理学(settlement geography)，研究人类居住的居民点的形态及其地域分布规律。聚落是人类生活环境和生产活动的集中点。广大的农村居民点是聚落地理学的研究重点，而对于城市的形态及其形成条件的研究，也是聚落地理学的内容，是属于人文地理学的分支。但若把城市作为生产的中心，即加工工业和交通运输的中心来看，它和经济地理学的研究客

---

① 《地理学分支学科简介》，商务印书馆，1962.

体——产业布局是同一事物的不同形式，故与经济地理学也有密切的关系。

政治地理学(political geography)，是研究地球表面上政治的地域分异的科学，研究国家的划分、类型、领土、政治地理位置、国家间的关系、国家内的行政区划分以及边界等内容。政治是经济的反映，政治又影响经济的发展，也影响产业布局的形成发展，影响地域的产业布局特征。研究世界经济地理，如果对世界政治地理没有深入的了解，对各国家的政治制度、国际政治关系、政治地理位置、国内政治地域的划分等缺乏研究，则很难研究各国的产业布局规律及其特征。研究生产的地域空间结构，必须研究政治的地域空间结构，这就是它们之间的密切关系。

历史地理学(historical geography)，就其广泛的意义来说，包括自然的、经济的和政治的历史地理学。历史自然地理学研究过去时代的自然地域综合体的发展过程和特点，即古地理学；历史经济地理学研究过去时代经济产业布局的过程和特点；历史政治地理学研究过去时代的政治地域结构的发展与特点，也有称为沿革地理的。经济地理学是研究现代的产业布局的科学，但在很多情况下，也必须以历史上形成的自然的、经济的和政治的特点为借鉴。不知道过去，就不了解现在，也就不能预测未来。特别是历史经济地理研究，更是工农业合理布局、城市总体规划、国土规划等方面必不可少的。

经济地理学和自然地理学的关系，在地理科学体系中可以说是最为广泛、密切的。关于这些，在前面经济地理学对象一节中已作过较系统的论述。经济地理工作者，必须要有比较坚实的自然地理学的基础，要掌握一定的自然地理学的研究方法，能够在参加工业布局、农业布局、交通运输业布局、城市规划、国土规划等研究工作中，对有关自然条件和自然资料进行科学的评价，提出改造和利用的方向和措施。

经济地理学的边缘科学性质，主要表现在地理科学与经济科学的关系上。经济科学的理论、方法和具体内容，都与经济地理学有直接的关系，其基本经济规律还具有指导性的意义。政治经济学、部门经济学、经济统计学以及技术经济学，都与研究产业布局规律有密切的关系。

政治经济学是关于人们的社会生产关系的科学，它阐明人类社会各不同发展阶段上物质资料生产和分配的规律。政治经济学研究生产发展每一阶段的基本经济规律。不了解各历史阶段的基本经济规律，就不可能认识不同国家、不同地区产业布局的规律性，不能认识人们同自然界关系的性质，不能认识国际和国内劳动地域分工的特点和形成过程，也不能认识经济区的形成和发展的过程。经济地理学的任务，就是要运用政治经济学所总结的规律，来研究不同国家和地区的产业布局规律，研究产业布局与自然界的关系，研究生产地域综合体的形成与发展。从这个意义来说，政治经济学对经济地理学，是具有理论指导意义的。

在研究具体的工业、农业、交通运输、商业和旅游等产业部门的布局时，部门经济学，如工业经济、农业经济、交通运输经济、商业经济、旅游经济等经济学科，也和经济地理学有密切的关系。在研究部门的产业布局时，这两门学科，在很大程度上是交叉和重复的。不过，经济地理学研究产业布局时，侧重在地域生产综合体以及部门的区域(如工业区与工业枢纽、农业区等)的形成发展，即侧重地域性；而部门经济学则侧重在单一部门的内部结构问题，侧重经济规律。

经济统计学作为手段，为经济地理学所广泛使用。

技术经济学(technical economics)是经济地理工作者在研究或参加产业布局的实践中经

常运用的必不可少的基础知识。

经济地理学和生产技术科学的关系,是由于技术条件是产业布局的重要因素而决定的。技术条件的变化时时都在引起产业布局的变化,有时甚至引起重大的变化。农作物新品种的育成、农业工厂化、耕作技术的革新,都在改变着作物的布局;冶金工业焦比的降低,使炼铁工业趋近于铁矿;电气机车的使用,牵引能力的增大,大型船舶的使用,航空技术的进步,都在改变着交通运输的布局。

地图学对经济地理学具有特别重要的意义。地图是经济地理学最形象的语言,最有力的手段和工具,最有效的表达形式。任何产业部门布局的研究,都是先从地图工作开始,最后的成果也落实在地图上。不能表现在地图上的产业布局现象,往往是缺乏实际地理意义的。经济地理工作者要善于运用地图学的基本知识和技能,结合生产实践或教学等不同的需要,编绘多种经济地图,这是经济地理工作者的基本功。当前,利用航片与卫片编绘经济地图已相当普遍,这也是经济地理工作者必须掌握的。

20世纪60年代以来,地理学进入了技术革命的时代。经济地理学也在引进新的科学技术,从而发生巨大的变化。例如电子计算机和遥感技术已运用到经济地理学,使大量经济资料的运算速度大大加快,精确度大大提高,调查方法可从地面视野扩大到从宇宙空间视野来观察经济地理事物。另外,邻近学科的一些新理论和方法,如系统论、控制论、生态系统论、数学模拟等也被引入到经济地理学,使经济地理学在方法论上正在发生变化。经济地理学界已经提出的系统观点或体系、结构观点,正在使经济区域研究、城市研究、土地利用研究、资源的改造利用研究、产业布局预测研究等进入新的阶段。因此,经济地理工作者也必须尽快学习和掌握新的技术手段及相邻学科的新成果,为发展经济地理科学作出更有成效的贡献。

第三节　经济地理学的科学体系及其任务

经济地理学是地理科学体系中人文地理学的一个独立分支。经济地理学本身也随着生产的发展而形成为一个科学体系。

资本主义社会经济地理学的早期发展,是以商业地理学(commercial geography)的发展为代表的,它的形成条件是资本主义商品经济发展,宗主国掠夺殖民地,商业港口城市出现和商业腹地形成,国家内和国际间商业贸易扩大等。大抵以商业地理的发展为契机,经济地理学的发展很快深入到更广泛的领域。凡属人类经济活动的地域分布现象和规律,如农业、牧业、林业、水产业、矿业等,都分别出现相应的分支学科,并通称为"产业地理学"。同时,以加工工业为中心的"工业地理学"、以商业地理学为基础的"交通地理学"的出现,是经济地理学分支学科的萌芽,或者说是"系统经济地理学"(systematic economic geography)诸分支学科的萌芽。与此同时,经济地理学的另一分支——区域经济地理学(regional economic geography)也迅速发展,一些区域经济地理专著陆续出版,这样,经济地理学和地理学一样,逐渐形成科学体系,即包括通论的经济地理学(general economic geography)和专论的经济地理学(special economic geography)两大部分。通论经济地理学,又可称为系统经济地理学或普通经济地理学,包括经济地理学概论、工业地理学、农业地理学、交通运输地理学、商业地理学、城市地理学、旅游地理学、经济区划与区域规划学等分支。专论经济地理学,又叫区域经济地理学,是以特定的地域单位——大洲、大洋、国家或国家内的特定地区为对象,进行系统的经济地理学研究，比如亚洲经济地理、太平洋经济地理、中国经济地理、华北区经济地理、松花江流域经济地理等等，即任何有人类经济活动的地域空间，都可以进行区域经济地理研究。

经济地理学概论，是经济地理学理论与方法的高度综合、概括。它是在经济地理学各分支学科深入发展的基础上，逐步成熟和完善起来的。它的基本内容是：全面论述经济地理学的产生与发展，经济地理学的研究对象、性质与任务，经济地理学的基本规律，经济地理学与各相邻学科的关系，经济地理学的研究方法等共性问题。最初的经济地理学理论产生在19世纪末、20世纪初，多半包含在人文地理学或人类地理学（anthropogeography）的内容中，成为重要的组成部分。经济地理学概论，是总结和指导整个经济地理学前进发展的重要学科。经济地理学各分支学科的发展，不断促进和丰富经济地理学的一般理论；反过来，经济地理学的一般理论，又在引导各分支学科的发展。经济地理学的研究对象，是经济地理学各分支学科理论的最高规范。经济地理学的性质、方法等，也同样规定着各分支学科的性质与方法。因此，它是经济地理学科学体系的灵魂。在我国高等院校地理系科中，普遍开设了经济地理学概论课程，以马列主义、毛泽东思想为指导，总结了我国的实践经验，初步形成具有我国特点的一些理论概念。但是，经济地理学总是在发展的，要不断地在实践工作中进行理论与方法总结；同时，也要注意吸收和借鉴国内外的理论和新方法，繁荣和发展我国的经济地理学。

农业地理学（agricultural geography），是经济地理学传统的重要分支，是经济地理学科学体系中形成独立分支的较早学科之一。18世纪末的地理文献中就出现了农业地理专著。19世纪A·V·洪堡就从地区着眼，研究农作物组合和农业地域综合体。20世纪是农业地理科学化的重要时期。在我国，农业地理学一直是地理学或经济地理学中最有基础的一个分支。

农业地理学研究的客体主要是栽培的植物和饲养或捕捞的动物，研究的对象是这些生物性再生产部门的布局规律。关于农业地理学的研究对象，有过一些不同的提法，如"农业生产地区配置"、"农业生产地理分布和农业地域特征"、"地球上农业地域的空间秩序"、"人类劳动产生的农业现象所充填的农业地域的构造或空间的秩序"、"农业地域的变异"……这些提法虽有较大差别，但都提出了地区性、地域性特点，在本质上是近似的。农业生产布局规律，一方面有一般的各部门的布局规律，专业化生产的地域分布规律；另一方面则有农业地域综合类型，着重农业布局的地域分异研究，农业区划研究等。因此，把研究农业生产的地理分布和农业地域分异的规律作为农业地理学的对象，是比较全面的。

同其他分支学科相比，农业地理学在经济地理学中，在下列几方面更具有其特殊性：①农业生产过程总是经济的再生产过程和自然再生产过程的交错与统一，除经济条件的影响外，对地域性自然条件的依赖性与相关性是突出的。由此，农业的地域性是非常明显的，不仅有大的地带性的差别，也有较小地区范围的分异。这种地域性差异不仅反映在数量上，也反映在质量上；不仅反映在外部形态上，而且也反映在内部结构上。②农业生产的严格季节性，较长的周期性和生产上的不稳定性，也都影响着农业布局规律的特点。③农业生产对土地的特殊依赖性，也是农业地理的重要特点。因此，农业地理一贯重视对土地利用的研究。④农业布局是面状布局，也与工业、交通运输业的点、线布局相区别。

我国农业地理学为农业现代化服务，应研究以下重大课题：关于农作物和农业部门的布局，其中粮食基地和工业原料专业化基地建设是中心问题；关于土地资源评价和土地利用的研究，在查清资源的基础上进行评价，编制大比例尺土地利用图，开展不同类型地区的土地利用专题研究；关于农业区划的研究，包括农业地理学着重研究的综合农业区划，解决农业区的划分及分区发展方向问题。

工业地理学（industrial geography），是经济地理学的重要分支。工业地理学发展成为科学，是18世纪末英国产业革命以后的事。现代大工业生产都要求特定的位置，必须考虑原料、劳动力、动力、交通运输、市场、资金以及地形、气候等社会的与自然的条件。这些条件的作用大小，由于时间、地点以及不同工业种类、经营方式而有所不同。另外，不同国家的政治、经济政策，战争与和平的国际环境等，都影响工业的布局。工业地理学就是在研究工业布局的多种因素作用的规律中发展起来的。20世纪初，德国经济学家韦伯（A. Weber，1868～1958年）首先提出"工业区位论"的理论体系，就是适应了当时的要求。

工业地理学是研究工业生产布局规律的学科，它不仅要研究各工业企业或部门的发展与合理布局，也要研究地区的工业结构或工业生产地域综合体。

自然、经济、技术条件是工业分布的基本因素。但是，工业部门相当繁杂，不同的工业企业或部门受各种因素制约的程度是不同的，并且由于技术的进步，各种因素作用的大小也在不断变化中。如加工工业和原料采掘工业相比，对自然条件的依赖性相差很大。化学工业和酿造工业对用水、纺织工业对湿度、精密工业对空气的清洁与干燥都有特殊的要求。可是，由于新技术、新设备的采用，这些依赖性也会发生变化。有的工业趋向于能源基地，有的趋向于原料产地，有的趋向于有廉价丰富的劳动力的地区，有的趋向于交通方便的港站，有的趋向于大的消费市场，这些都是工业地理学的研究课题。

合理的工业分布，不仅要求各企业或各部门的分布合理，而且由于在一定地区内工业企业或部门之间存在着生产上、技术上、经济上的协作联系，也要求各工业部门或企业之间，在各级地区范围内，按一定的原则与要求，实行有机的结合，形成合理的地区工业结构或工业生产地域综合体。这就是所谓工业的"群体布局"或"成组布局"，也是工业地理学研究的重要课题。

我国实现工业现代化，必将推动工业地理学的发展。在区域或国土规划、城市规划、地区长期计划工作中，都有大量工业地理的调查研究课题。在这些实践任务中，工业地理学应着重如下四方面的研究：①工业发展的自然条件（主要是自然资源，尤其是矿产资源）的经济评价，建立评价指标体系与方法论；②不同等级，不同类型地区专业分工的科学依据，包括工业综合经济效果的研究；③工业基地类型、结构与发展趋势和城市工业区企业成组布局的研究，建立和发展我国地域工业组合的理论；④部门工业区划理论与方法的研究。

交通运输地理学（communication and transportation geography）的产生与萌芽较早，与商业地理有密切的关系，曾是商业地理的重要内容，记述商路、港口、物产分布与交换等；其发展与人文地理学或人类地理学的发展有密切的关系。但其成为学科，成为经济地理学的独立分支，也只是近几十年的事。

交通运输是工、农业生产的条件，也是一个独立的生产部门，故而具有两重性。因此，它既是工业生产布局、农业生产布局的条件，也是产业布局的一个独立部门。交通运输地理学是经济地理学的一个分支，着重研究交通运输的地域分布规律，主要是反映交通运输和环境条件的关系。一方面是交通运输和自然地理环境的关系，如不同交通形式与自然条件的关系，不同运输构成与自然资源的关系等；另一方面是交通运输和社会经济环境的关系，主要是和产业的地理分布或生产的地域组合的关系等。

交通运输地理的基本内容，包括以下两个方面：①交通方式、线路的地域分布问题，可称为交通地理；②客、货运输的品种构成及其流向流量的地域分布问题，可称为运输地理。前者也可叫做"运力地理"，后者又可叫做"运量地理"。两者是统一的，不可分割的，前者是后者的物质基础，后者是前者的经济依据，在建设实践中，两者一般合称交通运输地理。

交通运输地理学的研究对经济建设有直接意义。当前，关于我国交通运输网和运输枢纽的布局与建设，交通运输布局与工农业布局的关系，货流的合理布局与运输区划（包括枢纽区与产销区），交通运输布局与自然条件的关系，交通运输地理的系统理论和研究方法等问题的研究，都是需要迫切解决的问题。

商业地理学（commercial geography）曾是经济地理学的前驱。在现代地理科学的分类系统中，它是经济地理学的一个分支学科，主要研究商品生产的地域分布、运输条件、贸易和市场等商业活动的区域特点。

城市地理学（urban geography）是经济地理学的特殊分支，是当代地理学研究中最活跃的领域。关于城市地理学在地理科学体系中的地位，有人认为是人文地理学的分支，也有人认为是人口地理学或居民地理学的分支，还有人认为是地理学与城市规划之间的边缘科学。但是，从经济地理学研究的客观对象来看，城市则是产业布局的重要的特殊形态。它是工业分布的集中点，交通运输的集中点，工农业产品流通交换的集中点，是地域生产综合体的核心，经济区域的象征与标志。因此，城市地理学作为经济地理学的重要分支是理所当然的。国内外广大经济地理工作者积极参与城市规划工作，也是这种客观性质的反映。当然，这并不排除把城市的形态作为聚落地理的研究内容。

作为经济地理学的分支学科——城市地理学，是研究城市形成发展的地域条件和城镇的体系、结构与布局的一门学科。它也具有经济地理学的综合性与地域性的特点，也属于产业布局特殊形态。它可以运用产业布局的理论、自然地理的基本知识、区域研究的观点以及综合分析、方案比较和技术经济论证等研究方法，分析城市发展与区域经济发展的关系，产业布局与城镇布局以及建立城镇体系的关系，自然条件与城市布局和城市建设的关系，研究城市各组成要素的条件和技术经济依据，以及城市内部的功能分区，为城镇布局确定城镇性质、发展规模、发展方向，为城市用地选择，保护和改善城市环境等方面提供科学依据。

城市地理学成为地理学或经济地理学中的一个极为活跃的分支领域，不是偶然的，它是生产力发展和城市化发展的必然结果。在我国经济建设的过程中，原有的城市将要进行改造与发展，还要产生许多新的城市，城市规划工作正在普遍开展，这一切必将推动我国城市地理学的发展。为了发展我国的城市地理学，必须探讨我国城市化发展的基本规律，研究不同区域城市化的不同特点，探索我国城市发展的道路；研究城镇形成发展的条件和规律，为城镇合理分布、用地选择和功能分区提供依据；研究不同类型城镇居民点体系，为解决我国城市化发展的具体途径，为确定城镇发展的性质和规模提供依据；研究控制大城市，发展小城镇的规律与途径，为贯彻城市建设方针服务；研究建立工农业、城乡结合新型城镇的理论与方法，研究不同类型区域的不同结合方式；研究城市分布、城市建设与保护和改善环境的关系。也要在总结大量实践经验的基础上，研究城市地理学的基本理论与方法。

旅游地理学（tourist geography）是一门新兴的学科。20 世纪 60 年代以来，旅游业突破国家界限，迅速发展，成为一个新的经济部门。旅游业的发展，促进许多学科的兴起，其中包括旅游地理学。

旅游地理学是地理学的一个新的分支，但就其作为一个经济部门来说，也可以看做是经济地理学的一个分支。旅游地理学也具有经济地理学的一般特性，它的研究对象是旅游业的布局规律。它的研究内容包括旅游资源的种类、数量、质量和分布情况的评价；各类旅游项目的布局；旅游区的划分及各地区旅游业的合理组合与综合布局；旅游与环境改善和保护；旅游活动项目、路线的综合设计；编写旅游地理学的教材、专著和一般旅游点的综合宣传材料。

区域经济地理学(regional economic geography)是经济地理学的基本分支，也是历史最久的传统分支。记述阶段的经济地理，也多半是以区域经济地理的形式出现。近代的区域经济地理在经济地理学仍占有重要地位。大量的区域经济地理学著作，以丰富的内容为经济建设、文化教育和科学普及提供资料。但是，近代经济地理学的发展中，部门经济地理学的发展速度超过了区域经济地理学，在理论与方法上也有较多的建树。相形之下，区域经济地理削弱了，它的著作减少了，作用被忽视了，甚至有人认为区域经济地理仅有文化知识传播的意义。但是，近年来，由于建设的需要，经济地理学向应用方向发展，大量的产业布局研究任务，特别是综合性的国土规划、区域规划、流域规划、城市规划等等研究任务，都要求经济地理工作者运用区域经济地理理论与方法解决实践问题，这必然要求区域经济地理学要有新的发展。

区域经济地理学的研究对象，是地域生产综合体。劳动地域分工和经济区划则是区域经济地理的基础理论。所谓地域生产综合体是指能有效地利用地区各种自然资源，充分发挥生产联合化优越性的一定地域的、在结构上相互联系的生产企业的总体。区域经济地理学的任务，应是研究生产地域综合体形成的条件、因素、特点和发展预测，对全国各地区的自然资源进行综合研究和评价；新开发地区的综合考察和建设规划；已开发地区的综合发展问题；对某些构成生产地域综合体的骨干工业项目或综合体方案的论证；编写区域经济地理学的专著。

经济地理学的各分支学科，要共同完成下列总任务：在理论上，既要探讨和总结产业布局的一般规律，也要探讨一些特殊的规律；在实践上，既要参与各部门各类生产基地的布局研究，也要参与各级各类地域和各种城市的规划，还要参与自然资源和自然条件的开发利用和评价工作；在文化教育上，要编写各种专著，宣传科学知识，在各类学校中开设经济地理课程等。

20世纪以来，世界人口剧增、资源过度消耗、环境污染、生态破坏等全球性问题，阻碍着经济发展和人类生活水平的提高。以产业布局研究为对象，以协调人地关系为核心的经济地理学及其所有分支学科，都应当重视研究既能满足当代人的需求而又不对满足后代人需求构成危害的可持续发展的道路，这是经济地理学发展的跨世纪任务。

第二章　产业结构与产业布局演变规律

任何事物的运动皆受一定的规律所支配。产业结构与产业布局是经济活动中相互联系的两个侧面，其发展演变必然也存在一定的规律性。分析和揭示这一规律是经济地理学的重要任务，对于指导产业结构调整和产业布局优化有着重要的意义。

第一节　产业结构演变规律

所谓产业结构，主要是指生产要素在各产业部门间的比例构成和它们之间相互依存、相互制约的联系，即一个国家或地区的劳动力、资金、各种自然资源与物质资料在国民经济各部门之间的配置状况及其相互制约的方式。它和产业分类有着密切关系，因为产业分类是按一定的原则，将国民经济的各种成分进行分解与组合，可以说产业分类是研究产业结构的基础。因而，研究产业结构就有必要从产业分类谈起。

一、产业分类

世界各国产业分类的方法很多。有三次产业分类法、标准产业分类法、生产结构分类法以及按资源密集度所进行的分类等，各种方法都有其所长，也有其所短。根据不同的目的任务，可以选取不同的分类方法。就研究产业结构而言，一般多使用三次产业分类法及标准产业分类法。

(一) 三次产业分类法

三次产业分类法是现代西方经济学中的一个分支——经济成长论[①] 所提出的对国民经济各部门进行产业划分的方法(或者是指对国民经济全部活动或部分活动进行分类的方法)，也是近代西方国家对产业结构的一种分类方法。按这种分类方法，第一(次)产业的产品基本上是直接从自然界取得的；第二(次)产业的产品是通过对自然物质资料(农产品和采掘业产品)及工业品原料进行加工而取得的；第三(次)产业在本质上乃是服务性产业，即第一(次)、第二(次)产业以外的非直接的物质生产部门，其范围大体包括：商业与贸易、金融与保险、旅游与娱乐、仓储与运输、文教与卫生、信息与通讯、科研与咨询、旅馆与饮食和其他劳务性服务行业，其中有的是为生产服务的，有的是为社会发展服务的，也有的是为人们的生活服务的。可见，产品的性质和生产过程的特征是这一分类法的依据和标准。

---

① 其主要原理，或基本原理，是把围绕资本主义商品生产进行的一切能有收入的活动，均作为生产劳动.

　　早在 20 世纪 20 年代，澳大利亚、新西兰就流行着第一(次)产业和第二(次)产业的说法，即把农业(种植业)、畜牧业、林业和矿业称为第一产业，把制造业叫做第二产业。1935 年，英国经济学家、新西兰奥塔哥大学教授 A·费希尔(Allen G. B. Fisher)所著的《安全与进步的冲突》一书中，在第一(次)产业和第二(次)产业的基础上，将经济发展过程和生产部门的变化联系起来考察，进一步明确提出了第三(次)产业的概念。他还从世界经济史角度对三次产业分类方法的理论根据作了分析，指出："综观世界经济史可以发现，人类生产活动的发展有 3 个阶段。在初级生产阶段上，生产活动主要以农业和畜牧业为主……迄今世界上许多地区还停留在这个阶段上。第二阶段是以工业生产大规模地迅速发展为标志的。纺织、钢铁和其他制造业商品生产为就业和投资提供了广泛的机会。显然确定这个阶段开始的确切时间是困难的，但很明显，英国是在 18 世纪末进入此阶段的……第三阶段开始于 20 世纪初，大量的劳动和资本不是继续流入初级生产和第二级生产中，而是流入旅游、娱乐服务、文化艺术、保健、教育和科学、政府等活动中。"费希尔在这里明确指出的初级阶段生产的产业，即是第一(次)产业；处于第二级生产阶段生产的产业，即是第二(次)产业；第三级生产阶段生产的产业，即是第三(次)产业。他还指出："这些术语在某种意义上是与人类需要的紧迫程度有关的。第一(次)产业为人类提供满足最基本需要的食品；第二(次)产业满足其他更进一步的需要；第三(次)产业满足人类除物质需要以外的更高级的需要，如生活中的便利、娱乐等各种精神上的需要。"此后，澳大利亚和新西兰两国的统计部门所编纂的统计手册开始正式使用三次产业的分类法。到 1940 年，英国经济学家、统计学家科林·克拉克(C. G. Clark)在他的著名经济学著作《经济进步的条件》一书中，更广泛地使用了第三(次)产业的概念，并运用三次产业分类法研究了经济发展同产业结构变化之间规律性的关系。[①]从 20 世纪 50 年代后期起，这一分类法已普遍地为西方经济学界所接受。费希尔和克拉克被视为三次产业分类法的创始人。由于克拉克提出的定义和内容更多地为人们所采用，因此三次产业分类法通常又被称为"克拉克大分类法"。

　　关于三次产业其名，在我国的流行译法是"第一产业"、"第二产业"、"第三产业"。其实此译法不尽妥当，因为英文 primary、secondary、tertiary 是第一次、第二次、第三次之意，反映的是事物先后层次，同英文 first、second、third 这些序数词的含义迥然不同。明确这些，对理解三次产业分类的原理是至关重要的。

　　西方经济学界在具体运用三次产业分类法时，常作某些变动和补充。如经济合作与发展组织(OECD)即把所有经济活动区分成农业、工业、服务业三大部门。其中，农业包括种植业、渔业和林业等；工业包括制造业、采掘业和矿业、建筑业和公用事业(供电、供水、煤气供应)等；服务业包括交通运输、仓储、通讯、批发和零售贸易、银行、房地产、公共行政和国防及社会事务、娱乐和个人服务等。日本大藏省经济结构变化与政策研究会 1985 年曾对日本的第三(次)产业作过重新分类，将该国的第三(次)产业分成 13 个大类：①批发零售业；②商用服务业(为企事业单位服务的行业)；③为家庭服务的行业(包括提供食品，装饰

---

　　① 在 1957 年出版的《经济进步的条件》第三版中，克拉克把国民经济结构明确地分为三大部门，即：第一大部门，以农业为主，包括畜牧业等；第二大部门，包括制造业、矿业等；第三大部门是服务业，包括建筑业、运输业、通讯业、商业、金融业、专业性服务和个人生活服务、政府行政和律师事务服务、军队等．在这里克氏主张直接用"服务性产业"替代费希尔的第三(次)产业的概念，但以后的许多经济学学者仍沿用第三(次)产业这一概念．

服务,住宅服务,育婴服务,看护服务,祭典服务等);④饮食服务业;⑤文化产业;⑥娱乐产业;⑦运输业;⑧信息业;⑨自由职业及其他;⑩金融业;⑪不动产业;⑫能源供给业;⑬公务服务业。总的来看,西方各国的经济统计普遍采用三次产业分类法,联合国的经济统计基本上也采用此种分类法。这说明事实上三次产业分类法已经成为国际通行的国民经济部门结构的分类方法。那么,此种分类方法为什么能被广泛接受呢?这主要是因为:

第一,它有一定的科学依据。具体表现在:①此种分类方法同人类的生活需要、社会分工和经济活动的发展阶段相适应。②反映了社会经济结构变化、演进的一种趋势,即第三(次)产业的发展是以第一(次)、第二(次)产业的一定发展为基础的;反过来,又从更广阔的领域为第一(次)、第二(次)产业的发展创造有利条件,并且也使社会经济生活的内容更加丰富。

第二,此法具有较强的实用性。运用此法,便于对各国的资料进行分析比较,有利于国际交流。不少经济学家运用此种分类方法所归纳、汇编的有关资料,分析世界各国的国民经济结构状况,发现了一个明显趋向,即第二次世界大战以后,工业发达国家的第三(次)产业(主要是服务业)发展很快,与第一(次)、第二(次)产业相比,它所吸收的就业人数,创造的价值以及所吸引的投资数额,都是增长最快的。

与此同时,三次产业分类法的不足之处也是很难回避的。例如,在运用此法对现实经济活动进行分类时,就存在着不少难以自圆其说的矛盾。如采矿业是产品直接取自自然界的产业,理应划入第一(次)产业;但如与农(种植业)、林、牧、渔、狩猎等经济活动归入一类,显然就很不协调,因为它有更多的属性与制造业相似。克拉克当初就曾为此举棋不定,把采矿业当做是一种既非第一(次)产业、又非第二(次)产业的特殊行业。后来,在1951年出版的《经济进步的条件》第二版中,他才明确把采矿业列入制造业,即第二(次)产业。又如供水、供电、煤气供应等行业,从其属性看,既可属第二(次)产业,也可归入第三(次)产业。又如一些资本主义国家将妓院、赌场也视为产业,这显然是社会制度所造成的。至于在资本主义国家被列入第三产业的军队、国家官员之类,在社会主义国家对维护国家安全和保卫经济建设也有极其重要的作用,但他们的活动同增进社会财富的关系并不直接、密切,故一般以不列入第三(次)产业为宜。

总的来说,三次产业分类法是对全部经济活动所进行的最为简明的分类,对于研究产业结构及其发展变化的规律还是比较合适的。

(二) 标准产业分类法

标准产业分类法是为了统一各国国民经济统计口径而由联合国制定的。因而,这种分类法具有权威性、完整性及广泛的适用性,也是研究产业结构常用的产业分类方法之一。联合国于1971年颁布了《全部经济活动国际标准产业分类索引》,将全部经济活动分为十大类,在大类之下又分若干中类和小类。这十大类是:

(1) 农业、狩猎业、林业和渔业;

(2) 矿业和采石业;

(3) 制造业;

(4) 电力、煤气、供水业;

(5) 建筑业;

（6）批发与零售业、餐馆与旅店业；

（7）运输业、仓储业和邮电业；

（8）金融业、不动产业、保险业及商业性服务业；

（9）社会团体、社会及个人的服务；

（10）不能分类的其他活动。

标准产业分类法的优点在于对全部经济活动进行分类，并且使其规范化，具有很强的可比性，有利于分析各国各地的产业结构，而且与三次产业分类法联系密切。标准分类法既是三次产业分类法的细化，例如将制造业细分为食品、饮料、烟草；纺织、服装、制药；冶金工业；化工产品和药品、石油加工、煤炭加工、橡胶制品、塑料制品等，又很容易组合成为三个部分，从而和三次产业分类法相协调一致。

二、产业结构演变

在产业结构演变的各种理论中，最著名的学说要属英国经济学家 C·G·克拉克所提出的关于经济发展过程中，就业人口在三次产业间变化的理论。他对多年来日本、美国、英国、德国、法国等一些国家的劳动力在一、二、三（次）产业间所发生的变化进行分析，发现随着经济发展，人均国民收入水平提高，劳动力在一、二、三（次）产业中的比重，表现出由第一（次）产业向第二（次）产业，再由第二（次）产业向第三（次）产业转移的趋势。之所以会发生这种变化，主要是因为在经济发展过程中各产业之间的人均收入存在着差异的缘故。他的这一发现被称为"配第—克拉克定理"（Petty—Clark's law）。之所以如此命名，这是因为在克拉克提出上述论点以前，17 世纪的英国经济学家威廉·配第（William Petty）曾提出过制造业比农业收入高，而商业又比制造业收入高的论点。

美国著名经济学家库茨涅兹在继承克拉克研究成果的基础上，又侧重于从一、二、三（次）产业占国民收入比重变化的角度进行统计分析，并把国民收入和劳动力在三次产业间演变趋势结合起来，进一步论证了产业结构的演变规律。他提出：随着经济发展，农业部门（第一（次）产业）实现的国民收入在整个国民收入中的比重和农业劳动力在全部劳动力中的比重，都有不断下降的趋势；工业部门（第二（次）产业）在国民收入中的比重一般呈上升趋势，在工业部门的劳动力比重大体不变或略有上升；而服务部门（第三（次）产业）的劳动力相对比重，几乎在所有国家都是上升的。

因此，产业结构一般具有这样的规律：从就业人口在一、二、三（次）产业间比重的变化看，存在着由第一（次）产业向第二（次）产业，再向第三（次）产业转移的趋势；从国民收入比重变化看，存在着第一（次）产业实现的国民收入相对比重下降，而第二、三（次）产业实现的国民收入所占比重呈上升趋势。

上述产业结构的演变规律，不仅可以从某一国或地区的不同发展阶段得到证实，还可以从同一时间不同发展水平国家或地区中得到证实。这种演变规律在我国也同样存在。例如，1978 年我国一、二、三（次）产业实现的国内生产总值占整个国内生产总值的比重分别为28.4%、48.6%和23.0%，1993 年则变动为21.2%、51.8%和27.0%；1978 年我国一、二、三（次）产业的就业劳动人口占社会劳动者总人数的比重分别为70.5%、17.4%和12.1%，1993 年则变动为56.4%、22.4%和21.2%。

三、工业化过程与工业结构

"配第—克拉克定理"所总结的经济规律以及库茨涅兹等对产业结构演变规律的进一步研究，虽然是以整个国民经济为主，但实际上也阐明了一些发达国家的工业化过程。

众所周知，工业化过程是以 18 世纪 60 年代英国产业革命为起点，以后逐步波及欧洲的其他一些资本主义国家的。从世界发达国家工业结构演变的历史进程看，工业化大致经历了三个时期：

第一，以轻纺工业发展为主的时期。在工业化初期，轻工业特别是纺织业首先获得迅速发展，成为工业的主导行业，这个时期也称为劳动密集型工业发展时期。

第二，以重化工业发展为主导的时期。这个时期又分为两个阶段：第一阶段是以煤炭、电力、冶金、化学等能源、原材料工业为主导的发展阶段，也称为资金密集型工业的发展阶段；第二阶段是以电子、机械等加工组装工业为主的发展阶段，也称为技术密集型工业的发展阶段。

第三，以高技术工业发展为主的时期。目前，一些工业化发达国家或地区正在步入这一时期，即所谓的"后工业化社会"。微电子、激光、机器人、生物技术、航天技术、核能技术、新材料技术等新兴的高技术工业获得迅速发展，逐步取得了主导地位，也极大地改变了传统工业的面貌，整个工业结构的高加工度化趋势越来越明显。以高科技工业为主导的第三时期，也称为知识密集型工业的发展阶段。

上述工业化发展的三个时期，是工业结构演变的渐进过程。事实上，对于一个具有较为完整的国民经济体系的国家或地区来说，产业结构演变也都遵循这一规律。

第二节 产业布局演变规律

产业布局是产业结构在地域空间上的投影。任何社会经济活动总是要落实到一定的区域或地点。不同的产业部门具有不同的分布形态，不同的区域又具有不同的产业结构，即使在同一地区，不同的发展阶段其产业结构也各不相同，因而产业在空间上表现出不同的分布形态。对于某一地区(或国家)来讲，究竟应选取何种布局模式，应根据区域条件、产业结构特点及区域经济发展阶段来确定。

一、产业布局模式

一般来说，区域开发并非在所有地点上同时发生，总是先从某一两个开发条件较好的结点上开始。随着区域经济的进一步发展，点与点之间的经济联系构成轴线，轴线经纬交织而形成网络。因此，产业布局主要有三种模式，即结点(增长极)、轴线和网络(域面)。

(一)增长极模式

增长极概念是 20 世纪 50 年代初首先由法国经济学家佩鲁(F. Perroux)所提出的。最初的涵义是指抽象的经济空间，它所关心的是增长极的结构特点，尤其是产业间的关联效应即一个主导产业可以通过前向、后向、侧向的关联作用来带动经济的发展，却忽视了地理空间，这是佩鲁增长极理论存在的主要缺陷。此后，许多学者为了把佩鲁的增长极概念转换到地理空间上来作出了很大的努力，其中最有代表性的是法国另一位经济学家布代维尔（J. R. Boudeville）。

布代维尔非常强调经济空间的区域特征，他将经济空间分为三种类型，即均质空间、极化空间和计划空间，并且又对空间和区域作了区分。他认为区域是以地理空间中连续的地域为特征，而空间并不一定如此，于是，就将区域划分为均质区域、极化区域和计划区域。布代维尔的极化空间的概念与城市等级概念紧密相关，特别适合于研究中心城市及其相互关系。可见，通过向空间概念的转换，可将增长极概念同极化空间和极化区域中的"极"即城镇联系起来。由此，便产生了经济发展的空间增长极的概念。

然而，对地理空间中的增长极概念进行解释，甚至比解释佩鲁的抽象空间更加复杂。因为这既涉及到地理空间的极化，又涉及到功能空间的极化，可能因人而异而各自强调某一侧面，甚至同一学者在不同场合会作出不同的阐述。于是，一些学者完全强调功能方面，认为增长极是围绕特定的主导部门而发展起来的，通过投入产出关系而紧密联系在一起，并在地理上集聚成的产业群；另一些学者则与此相反，完全抛弃佩鲁的产业或部门概念，基本上从地理的角度来理解增长极概念，甚至简单地把增长极看作一个城市。就后者而言，虽然和佩鲁原意距离较远，但它便于与区位理论、区域增长极理论进行综合，因而具有广泛的应用前景。这一理论从区域开发角度可以说明一国一地区的经济增长不可能均衡地同时在所有地点发生，总是在一些条件较好的地点率先开始，通过集聚而发展成为城市，并且成为经济增长的极核，带动周围地区经济全面增长。

（二）点轴（线）开发模式

这里所说的点，就是一定地域范围内的各级结点（即各级城镇）。这里所说的线，包括各种交通线、动力供应线、水源供应线、通信线路等各种线状基础设施，其中以交通线为主。交通线则包括铁路、公路、内河航线、海运航线等。通过各种线网将各点联系起来组成点轴系统。这一理论的主要论点是，在一些中等发达国家或地区，一般已经具备一定的物质技术基础和较为丰富的资源，其工业和中小城镇往往围绕某一中心城市及交通路线交汇处形成经济发展水平比较高的区域。要使这类地区进一步发展，关键是选好重点开发轴线。

（三）网络开发模式

网络是结点与轴线的结合体。结点（极核）是网络的心脏；轴线则是网络中结点与结点、结点与域面、域面与域面之间联系的纽带和通道，是人流、商品流、技术流、资金流、信息流的流通载体，其中对产业布局影响最大的是交通轴线。网络型开发模式一般应用于经济发达地区。在这类地区，一方面要对老区进行整治，包括对传统工业的技术改造与更新，国家亦可采取分散化的政策措施，以加强对落后地区的开发；另一方面又要开发新区，如上海对浦东新区及杭州湾北岸的开发。新区的开发一般应先采取点轴开发形式，而不是全面铺开。当新、老点轴逐渐扩散和交织，就会在空间上形成经济网络。

二、产业布局演变及其运行机制

国内外实践经验表明，各国各地区的产业布局并非固定不变，而是一个动态的过程，随着社会生产力的发展和产业结构的变动而不断地发生变化。在农业社会，传统的农业生产以土地和动植物为劳动对象，这时的产业布局表现为地区差异不十分明显的均质化。近代工业的出现，不仅有力地促进了生产力的发展，同时也打破了产业布局的均质化格局。工业企业总是选择一些区位条件比较优越的地点进行布局与生产，通过产业集聚而形成工商业活动集中的城市，并成为带动周围地区经济发展的中心，在地域上表现为增长极模式。随着中心城市规模的不断扩大，产业部门的不断衍生，经济活动日益频繁，对外联系日益广泛，连接城市与周围地区的交通运输线路得到了建设。当城市经济实力扩大到一定程度，也就是产业集聚达到一定水平之后，就将出现向外扩散的趋势，而这种扩散首先是沿着交通线路进行的，产业布局便出现以城市（点）和交通路线（轴）相联结的产业带，即点轴模式。当地区经济发展达到较高水平，产业布局轴线经纬交织，则终于形成以城市为结点，产业密集带为脉络的产业布局形态，即网络型布局模式。均质布局—点状布局—点轴布局—网络布局，是产业布局演变的一般规律。

如上所述，社会生产力的发展引起产业结构变化是产业布局演变的根本原因。而新的产业布局又通过复杂的反馈作用影响社会经济发展，这种相互作用和相互影响的关系便是产业布局的运行机制，它主要表现为极化作用与扩散作用两个方面。所谓极化作用，是指经济活动有向某些区位条件优越的地点集聚的倾向，并在一定的地域范围内形成极核，而且这种极核一经形成，就具有一种自我发展的能力，它可以不断地为自身的进一步发展创造条件，甚至在原来赖以发展的优势已经丧失的条件下，仍然可以适当发展。因为现代工业逐渐向大型化、社会化和高技术方向发展，专业化协作和不断提高技术密集度成为现代工业发展的主要趋势。这就势必带动一系列为之服务配套的行业的发展，从而引起人口和社会经济活动在极核地区进一步集聚，从而产生乘数效应。所谓扩散作用，是指社会经济要素从极核地区向外围的扩展，这种扩展主要是通过极核中心的带动作用以及劳动密集型产业和资源密集型产业的"外溢"作用和高新技术产业的辐射作用来进行的。当然，还有政府的合理调控，促使产业布局由过分集中趋向相对平衡。

但是，如何选择扩散发生的最佳时机却是极其困难的，即合理确定由结点开发向轴向开发，再由轴向开发向网络开发转变的临界值，它和极化的合理规模一样，涉及自然、技术、社会、经济多种因素以及各种因素的交织作用，很难确定统一的标准。

第三节　区　域　开　发

区域开发，是指以一定的区域为对象，依据因地制宜、扬长避短、发挥优势的原则，为实现区域发展目标，以社会、经济、生态三效益统一的观点，为综合开发利用自然资源、优化区域产业结构与空间布局、保护环境而进行的综合协调、统筹安排的工作。由于我国地域辽阔，各地区之间的发展条件差异悬殊，因而在确定了全国开发总体模式后，各地区应根据自身的条件和特点，选择相应的开发模式。但不论何种类型的地区，区域开发主要包括区域间平衡与不平衡问题，优化产业结构问题，空间结构合理化问题以及区域发展政策问题。

一、区域间的平衡问题

区域间平衡与不平衡，是区域开发的重大理论问题，也是我国在区域开发过程中所遇到的现实问题。在过去，我国比较强调均衡布局。"一五"时期，"156项"建设项目的布局基本上是正确的，不足之处是没有充分发挥沿海工业基地的作用。"二五"时期，想弥补"一五"之不足，提出要发挥沿海基地的作用。由于后来发生"大跃进"而打乱了原有布置，建设布局的宏观效益很差。1967年提出备战，所以"三五"、"四五"时期大搞"三线"建设，用了国家大部分财力、物力在内地兴建一批工业基地，致力于缩小沿海和内地差距。由于投资效益较差，其结果是差距缩小效果甚微，所付出的代价却很大，以致影响了整个国民经济发展速度。改革开放以后，提出产业布局由东向西逐步推进的梯度开发战略。其基本论点是：无论世界范围还是一国范围，由于各地发展条件有差别，经济技术发展水平总是不平衡的，在客观上形成了经济技术梯度，有梯度就应有空间推移。因此，在"七五"时期，曾将全国划分为东、中、西三大地带，试图进一步加强沿海发达地区的建设与改造，以带动不发达地区的发展。但西部地区和较贫困地区对此反应十分强烈，于是提出跳跃式的开发战略，也称反梯度开发战略。其基本论点是确定每个时期的产业布局战略和开发重点，不能仅从现状出发，而应根据需要和可能，主张不发达地区可以跳过发达地区直接引进技术、资金和人才，实行跳跃式的发展。两种观点针锋相对，于是又有人提出中间突破战略，其基本论点是中部地区是我国能源、原料工业的主要生产基地，而这些又是我国经济发展的薄弱环节，所以主张重点建设中部，带动东西两翼。

各种观点虽然不同，但问题的实质都涉及如何处理好效益与公平问题。据有关部门研究，如果采取梯度开发战略，首先加强沿海地区，经济效益虽然最高，但地区之间的差距拉得太大；如果采取重点开发西部地区，优点是缩小了地区间的差距，但经济效益又太差；如果采取中间突破战略，把中部地区作为投资重点，虽然地区的差距拉得不大，然而其经济效益也比较差。

切实可行的办法是，要从我国地区经济发展极不平衡的现状出发，在今后相当长的时期，按照"效益优先、兼顾均衡、统筹规划、合理分工、优势互补、共同繁荣"的原则，进一步促进我国东、中、西三大地带经济的协调发展。

首先，以东、中、西三大地带作为地域单元，制定全国的区域经济发展战略，统筹规划全国的经济布局。东部沿海地区要充分利用海岸线和港湾条件，依托现有大中城市，临海布局，沿线发展，大力发展具有国际竞争力的高精尖产品和出口创汇产品，从而逐步形成我国的高新技术产业基地和产业地带；中西部地区则要立足资源优势，重点发展能源、原材料工业，并逐步延长产业加工链条，不断提高资源的加工深度及产品的附加值，实现资源优势向经济优势的转变。

第二，主要采取轴线发展方式，重点突出沿海、沿长江、沿黄河三条主轴线。通过三条主轴线，将三大地带贯穿起来。沿海地带的经济相对比较发达，又是对外开放的有利地区，沿海地带的开发建设，对我国经济发展具有战略意义，因为只有沿海地带更发达，真正实现了产业结构的高度化，才能为国家提供更多的财力，同时给中西部地区的发展腾出产业空间和市场空间，并以自己的辐射作用带动中西部的经济发展。万里长江是我国的"黄金水道"，它连接东、中、西三大地带，而且其上游水能和矿产资源极为丰富，在水资源日益成为经济发展制约因素以及伴随上海浦东进一步开发开放的今天，建设长江经济带则显得十分重要。可以说，长江经济带是我国的一条资源带、能源带、产业带和城市带。它的建设与发展必将有利于带动中西部地区的发展与振兴，逐步缩小地区差距，从而加快形成我国区域经济的新格局。黄河下游的石油、中游的煤炭、上游的水能和有色金属富集，尤其北疆铁路修通后，沿黄河轴线已构成欧亚大陆桥重要组成部分，为沿黄河经济走廊的振兴提供了新的机遇。当前可选择郑州、洛阳、西安、兰州等大中城市建立一批开发区，并利用沿河(线)能源、矿产资源丰富的优势，建立以资源开发加工为主的开发区，采取优惠政策，吸引外资投向基础设施和基础产业。利用黄河文化历史悠久、旅游资源丰富的优势，大力发展旅游业。同时，我国还有 2 万多 km 的边境线，与 14 个国家和地区毗连，并可通过这些国家与东欧、西亚、地中海沿岸以及阿拉伯国家建立经贸合作关系。只有既充分发挥沿海地区优势，又重视沿边地区的开发与开放，并通过横贯东西的两条经济走廊把全国各地连结起来，才能提高经济效益，同时还不至于使各地区之间的差距拉得太大。

与此同时，还应将轴线开发与重点发展地区有机结合起来。为了推进区域经济一体化和有效地参与国际竞争，今后 15 年或更长时期，要对全国十几个经济发达或者资源丰富的地区进行综合开发，在全国形成一些有特色的重点产业区，包括京津唐、沪宁杭、辽中南、珠江三角洲、山东半岛、长江中游沿岸、闽南三角洲、海南岛、哈尔滨—长春、西安—兰州、石家庄—太原、郑州—洛阳、呼和浩特—包头、合肥—南昌、红水河水电矿产开发区、衮腾—西淮能源开发区、以山西为中心的能源基地、重庆—成都、湘赣粤交界地区、以兰州为中心的黄河上游地区、乌江干流沿岸地区、攀西—六盘水开发区、乌鲁木齐—克拉玛依地区、澜沧江中游水电和有色金属基地等。当然，还要采取切实有效措施逐步扶持欠发达地区及贫困地区的生产与发展，做到重点发展与均衡发展相结合。

二、优化产业结构问题

优化产业结构是区域开发的主要内容之一，无论是全国范围还是国内各地区无一例外。产业结构，就整体而言包括第一产业、第二产业和第三产业，然而在区域开发中所说的优化产业结构，习惯上又往往主要是就第二产业内部而言。一般可将第二产业分为新兴产业、主导产业、支柱产业和基础产业四大类。

新兴产业主要是指高技术产业。从技术层次看，它处在最前沿。在规模经济效益得到充分利用的条件下，新兴产业的发展可以进一步提高劳动生产率，降低消耗，并获得更好的投入产出效果。其产值比重可能很小，但它代表了产业技术发展的最高水准。同时，其发展又具有一定的风险性，必须重点扶持。

主导产业则是指在今后较长时期内需求的收入弹性较大，与其他产业的关联作用强，具有较高劳动生产率的产业。这类产业通常是直接为满足最终需求服务的，因而附加价值高，技术水平先进，潜在的市场扩张能力强，对其他产业具有牵动作用。正确选择主导产业，并予以积极的扶持，是实现产业结构转换的核心。这类产业可能是一个部门，也可能是几个部门。

支柱产业是指在国民生产总值中所占比重最大，具有稳定而广泛的资源来源、产品市场的产业。这类产业部门往往是依靠区域优势发展起来的。发展支柱产业的主要目的，是为国家提供更多的积累和消费，提供更多的外汇收入，增强经济实力。

基础产业是指为国民经济其他产业部门提供生产资料和其他支持的基础性产业部门，如能源、交通、原材料工业等。这些产业部门的超前发展往往能为其他产业部门（包括主导产业、支柱产业在内）的发展创造条件，反之则阻碍或延缓整个国民经济的发展。

以上四类产业，从静态看，除基础产业外，支柱产业、主导产业、新兴产业的技术层次顺向递增，各产业产值在国民生产总值中的比重则顺向递减；从动态看，支柱产业、主导产业、新兴产业则存在发展中的替代现象。从主导产业的发展看，一方面是要强化现有支柱产业，另一方面则是要从现有主导产业中筛选出未来的支柱产业。可以说，主导产业是未来的、潜在的支柱产业。所以，科学地选择对国民经济发展起关键作用的主导产业是产业结构合理化的重点所在。

一般而言，主导产业具有如下一些基本特性：

第一，阶段性。从许多国家工业化进程来看，在不同的发展阶段都曾出现过一批影响全局，在国民经济发展中居于显著地位的产业部门。以日本为例，20世纪60年代之后，曾先后出现三组主导产业：①电力工业（以火力发电为主）；②石油、化工、钢铁、造船业；③机械、汽车、家用电器业。可见主导产业不是一成不变的，特定时期的主导产业发展到一定阶段以后，对经济发展的带动作用将会逐步消失，这就不可避免地被新的主导产业所代替。

第二，区域性。各国在确定主导产业时，主要考虑本国各地区经济发展的阶段，经济发展的条件和潜力，制约本地经济发展的主导因素以及在国际、国内劳动地域分工中所处的地位。由于各国、各地的情况不同，主导产业不可能是一致的，往往带有明显的区域特征。

第三，关联性。主导产业的一个突出特点，就是其发展具有很强的前向拉动和后向推动作用。具体表现在对某些向本部门提供生产资料、能源物资的部门及相关产业部门产生"牵拉作用"；而对于利用主导产业作为生产资料的产业部门又具有"推动作用"。同时，主导产业与新兴产业的部门间又有相互需求及相互诱导和渗透的作用。

对我国的主导产业的研究，主要是根据以上主导产业特性，参照国际上通用的指标，并结合实践经验，运用投入产出分析方法，相应地选择以下指标：①净产值率，即用净产值与总产值之比，体现某些部门新创造价值所得比例。它可以反映该部门经济效益高低。②技术进步贡献率，指技术进步在总产值增长中的贡献大小或比重。主导产业中技术进步因素在总产值增长中所占的比重明显高于其他产业。③前后向连锁度，是反映联动效应的指标，是指该行业为国民经济其他部门所带动起来的增量。前向连锁度是该行业增加单位产品，拉动为其直接或间接提供生产资料等的有关部门所增加的总产出。后向连锁度是指该行业为社会提供产品，引起直接或间接使用该行业产品的部门所新增加的总产出。前、后向连锁度表示主导产业对其他产业的关联程度。④出口依存度，是反映出口创汇的指标，是指该行业对外出口额占总产出的比重。比重愈高，表明其对外依存度愈大。

根据各产业部门的上述指标数值进行综合分析，通过构造综合指标来反映产业之间的总体差异，排列各产业的发展序列。然后，再结合对地区国民经济的发展条件和特点的定性分析，修正产业发展序列，最终筛选出符合地区实际的主导产业。以上海为例，20世纪90年代的主导产业应该是汽车、现代通讯设备、大型成套设备、家用电器、钢铁、石化及精细化工，并将生物工程、微电子、新材料等高新技术产业作为上海21世纪的战略性主导产业加以培植。

实现区域产业结构的优化与升级，需要一系列的配套措施。主要包括：充分发挥社会主义市场机制的作用，加快建立健全我国的市场经济体制；实现产业结构调整的国际化，通过参与国际竞争，制造出富有竞争力的出口拳头产品，并以多种方式吸引外资参与国内高新技术产业、基础产业及交通运输业的建设；制定和实施相应的产业政策，促使资源优化配置和保持产业间协调发展；确立"科技兴国"战略，实现经济增长方式的根本转变，等等。

三、空间结构合理化问题

空间结构合理化，是区域开发的又一主要内容。就全国来说，首先要解决地区间的平衡与不平衡问题；就某一地区而言，空间结构合理化实际上就是产业布局演化规律在地区性国土开发中的具体运用。过去，我国空间结构与产业布局的研究基本上是属于静态的，加上对企业决策行为缺乏分析，因而有些脱离实际。近年来，学术部门与政府有关业务部门密切配合，基本上做到了理论联系实际，定性与定量结合，并开始将产业结构、产业布局和产业政策切实联系起来，取得了较好的研究成果。但如何对地域结构研究再深入一步，也就是如何将结点开发转向轴线开发，再由轴线开发转向网络系统开发，需要结合我国国情，并在不同类型区域反复实践。

一般而言，在一些技术基础比较薄弱，经济发展相对比较落后的地区，缺乏足以带动全区发展的经济中心。例如我国的西藏、青海地区，城市功能主要是作为行政中心。在这类地区，要促进区域经济发展，就应将有限的财力、物力投入到一两个城市中去，实行重点开发，以便发挥其增长极的作用。尽管利用增长极模式开发落后地区亦有不尽如人意的方面，但从全面分析，成功的实例还比较多，例如意大利、法国、苏格兰、爱尔兰、比利时等国均取得显著成就，因而被越来越多的人们所关注。

经过一个阶段的结点开发以后，将会形成中等发达地区，有了较为雄厚的物质技术基础，交通运输也有了进一步的发展，工业、人口及中小城镇开始以某一中心城市为极核，沿交通路线向外延展。要促使这类地区进一步发展，关键在于选好重点开发轴线。一方面沿重点开发轴线配置一些新的增长点，另一方面对轴线上原有的增长极（中心城市）进行技术改造，使其逐步形成产业密集带。以上海经济区（沪、苏、浙、皖）为例，根据全国"T"字型总体布局要求，要结合本区的发展条件和已有基础，其产业布局在地域结构上的总体设想是：以沿路、沿江、沿海三条轴线为基本走向展开，充分利用现有大中城市的产业实力和区域基础，以调整、改造、提高为重点，逐步形成以上海为轴心，沿路、沿江、沿海呈放射状向外延伸的产业密集带。

在经济发达地区，一般采用网络型开发模式。这类地区多由若干城镇组成，物质技术基础雄厚，交通通讯发达，经济地位显著。如我国的上海及苏锡常地区、珠江三角洲地区、辽宁中南部地区，法国的大巴黎地区，日本的东京都地区等。这类地区的显著特点是以特大城市或大城市群为核心，区域开发历史较早，产业布局密集。现阶段的区域开发，一方面对老区进行改造整治，另一方面规划建设新区，两者是相互联系，协调配合的。例如，上海浦东新区的开发和中心城浦西部分的疏解改造就是相辅相成、密切联系的。当然，新区开发一般也应采取点轴开发模式，而不是分散建设、全面铺开。

当前上海地区产业布局已经趋向网络型的布局模式，总体结构是由中心城沿交通干线向南北两翼延展,重点建设现有工业区及浦东新区,有计划地建设杭州湾北岸滨海工业带和长江口南岸滨江工业区,使上海的地域结构在总体上形成以中心城(含浦东沿江部分)为核心,以南北工业走廊为重点轴线,再由发达的水陆交通将市郊的嘉定、安亭、松江、闵行、金山卫、莘庄等卫星城镇和工业区联系起来,形成网络型地域结构。

在经济发达地区之所以采取网络型布局模式,既是客观需要,又有现实可能。所谓客观需要,主要是由于生产力过度集中而导致一系列"膨胀病",造成能源短缺,用地、用水、用电困难,环境质量下降,公共服务及基础设施成本增加,从而使由集聚带来的经济效益逐步丧失,城市建设和企业自身发展都要求向周围地区扩散。同时,也只有在经济高度发达地区,具备社会信息化、产业结构高科技化、交通运输现代化的条件,才有可能在区域扩散力的作用下向平衡化方向发展,最后使整个区域成为一个高度发达的城市化区域,网络型地域结构也就水到渠成了。

四、区域发展政策问题

区域发展政策可以归纳为三个方面,即区域产业政策、区域组织政策和区域调控政策。区域产业政策是区域经济稳定发展的基础;区域组织政策是区域经济协调发展的保证;区域调控政策是区域经济持续发展的手段。它们相互联系、彼此影响,共同构成了区域经济发展政策体系,推动着地区经济稳定、协调、持续发展。

(一)区域产业政策

区域产业政策就是在对区域产业结构演变阶段客观判断和区域发展条件全面分析的基础上,根据国家产业政策要求所确定的区域产业发展对策。它包括产业倾斜序列、主导产业、基础产业、相关产业的选择以及各产业的发展设想等。其中,合理选择主导产业是制定区域产业政策的核心和关键。从更大的地区范围来看,区域主导产业的选择,实质上是经济发展的地域分工问题,而支配区域分工的利益机制是地区的比较利益,因此对地区主导产业的确定也就转化为对该地区比较优势的客观认识和综合估价。

通常,地区优势是包括资源、劳动力、资金、技术和市场在内的各要素的综合,它主要取决于以下几个因素:①自然资源和经济资源的丰度;②市场现状和潜在的需求量或市场容量;③技术的成熟程度;④经济规模的合理性;⑤产业的关联性;⑥对国家生产力战略布局和产业政策的适应性。一种产业是否能成为地区的主导产业,就要看该产业所拥有的各要素的综合比较优势。

区域主导产业的选择,确立了地区间的合理分工关系,为区域经济的协调发展指明了方向。但是,由于以下原因,产业既要合理分工,同时也要协调发展:

首先,从产业成长的技术观点看。一个产业的成长总是通过投入产出关系而与其他产业相关联,推动着其他产业的发展,这就是产业成长的乘数效应。产业成长的乘数效应是产业成长的技术规律,它表明任何地区的产业都是一组具有内在联系的产业群。主导产业既是在产业群的基础上逐步发展形成的,同时又是产业群的"发展极",推动区域产业群的发展和区域内部整个产业结构的完善。因此,从产业发展的技术过程看,产业的乘数效应决定着区域主导产业必须与其他相关产业协调发展。

其次，从产业发展的经济观点看。一个产业能否发展，关键在于这个产业能否持续不断地获得必要的净收益(利益)。净收益的最低限度是能为该产业的扩大再生产提供必要的资金保证，在现代社会化大生产中，产业或企业净收益的大小，往往取决于产业或企业的经济规模。根据前述的产业乘数效应原理，无论区域主导产业的经济规模达到何种程度，总是要求相关产业的经济规模与其相适应。因此，从产业发展的经济意义来说，产业之间经济规模的适应性，决定着区域主导产业与其他相关产业的协调发展。

此外，区域产业是经常处于变动状态的。一方面，产业结构向多元化发展，不断衍生新的产业；另一方面，产业结构向高级化发展，使产业的技术水平不断提高。因此，在制定区域产业政策时，要坚持动态发展的观点，既要科学地选择能够带动区域产业结构向高级化发展的主导产业，又要合理确定相关产业及其发展速度和规模，使区域产业结构在新的较高层次上协调发展。

(二)区域组织政策

区域组织政策亦即对国民经济发展的地域组织政策，是区域经济各方面协调发展的政策保证。它的基本目标是保证国家和地区产业政策的实施，建立和规范区域经济秩序，促进区域经济均衡而有效地增长。区域组织政策主要包括区域市场的组织和地区间生产要素流动的组织。

区域市场组织是人们对商品流通大循环规律的自觉认识。即通过必要的政策手段打破区域内的行政区界限，对区域贸易进行组织，从而形成通达的区域共同市场体系，促进区域经济一体化的发展。但是，改革开放以来，我国各地区的经济发展却出现两种倾向：一方面，各省市间的经济联系日益紧密；另一方面，地区间的贸易摩擦也比较突出。因此，不断提高区域市场的组织程度，建立区域市场新秩序，是促进全国省市经济发展和区域经济一体化的重大课题。

打破行政区界限，对不同类型的区域市场实施分类引导，是提高区域市场组织程度的关键。以沪苏浙皖地区为例，区域市场按商品流通的性质可以划分为三种类型：①直接控制型区域市场，其商品按国家的指令性计划流通；②指导型区域市场，其商品按国家的指导性计划流通；③自由贸易型市场，其商品完全按照市场调节规律运行。三种类型的区域市场在各省市同时并存，因而决定了对区域市场的组织不可能用同一方式，也不可能是各省市自行一套。应当根据社会主义市场经济体制的运行机制，打破行政区界限，对不同类型的区域市场进行分类指导，才能克服地区间的贸易摩擦和区域市场的分割状态，提高区域市场的组织程度。

由于各地区区位条件和经济发展水平的差异，同等量的生产要素投入所取得的经济收益在各地区是不一样的。因此，包括资源、资金、劳动力、技术等在内的生产要素总是具有向能取得最大效益的地区移动的趋势(称为"区优效益")，从而形成地区间生产要素的流动。生产要素的合理流动推动着产业发展的区域传递和区域市场的运行，是区域经济大循环和区域经济发展的推动力量。但是，由于我国经济发展中存在着体制、发展观念、发展阶段和管理水平等因素的障碍，因此，对区域生产要素流动的组织，就是要制定相应的政策措施来保障和促进地区间生产要素的合理流动。

（三）区域调控政策

区域调控政策是推进区域经济持续发展的手段。我国的宏观经济调控手段是直接调控与间接调控相结合，实行中央与各省、直辖市、自治区两级调控体系。中央政府作为一级调控主体，主要是合理确定国民经济发展的规划、计划和宏观调控目标，制定正确的产业政策和其他经济政策，做好综合平衡，协调重大的比例关系，综合配套地运用经济、法律和行政手段，引导和调控经济的总体运行。各省、市、区是我国宏观经济分级调控体系中的二级调控主体，并具有平等的调整权益。由于区域利益的存在，各省、市、区之间的调控也时有发生矛盾的可能。尽量化解这种矛盾，增强各省、市、区政府自主调控的协同性和联系性，是推动区域经济一体化发展的基本要求。

国家的产业政策和中央政府对宏观经济的调控，是各省、市、区政府对地区经济调控的基本依据。由于各省、市、区的产业结构及发展方向不一样，宏观经济运行的特征和需求不一样，因此各自对本地宏观经济运行的调控重点、调控空间、调控时序和调控节奏也会不一样。各省、市、区政府在调控政策的操作上的区别，正是它们作为二级调控主体因时因地发挥调控作用的表现。但在大的方面，特别是在涉及地区性经济发展的问题时，无论采取什么调控操作方式，其调控指向应该是一致的；而这种调控指向的基准，只能是国家的产业政策和中央政府的调控要求。各省、市、区政府在发挥其自主调控作用的同时，必须自觉服从国家的产业政策及中央的宏观调控，才能在关系到区域经济一体化发展的问题上化解可能发生的矛盾。

各省、市、区政府自觉服从国家的产业政策，应特别注意两点：一是依据国家的产业政策提出本地的地方产业发展规划，把国家的产业政策落实到具体空间，力求做到产业政策区域化。这样，从规划的高度保证各省、市、区产业发展与国家产业政策的协同，为区域产业发展的一体化奠定基础。二是根据地方产业发展规划提出本省、市、区的产业政策，将产业规划在各地国民经济发展计划和具体行业中付诸实施，也就是要做到区域政策产业化。

应当指出，扫除各种形式的贸易关卡和壁垒，改变地区封锁，开放各省、市之间的边界市场，是推动区域经济一体化，建立区域共同市场，乃至形成全国统一市场的必备条件，是社会主义市场经济发展的客观要求，也是区域调控所应重视的一项重要政策。前几年我国许多地区所发生的各种"市场大战"、"资源大战"，正是地方政府调控政策运行不当的结果。因此，各省、市政府应积极发挥各自的调控作用，在开放区域市场上作出自己不懈的努力，共同推动区域经济一体化进程。

根据逆向运动规律，开放区域间市场的主要办法是严格按照市场经济机制消除区际市场上的价格保护壁垒，为生产要素的流通创造畅通的渠道。也只有如此，方能在各级经济区和全国范围内形成网络型区域经济体系，推动社会主义市场经济的健康发展。

第三章 产业布局条件

产业布局是社会生产部门在一定空间存在的基本形式,既包括各产业部门在地区的分布,也指产业部门在地域上的安排、部署和组合。

产业布局是自然、技术、社会经济等多种条件综合作用的结果。产业布局研究的目的就是寻求具体产业在空间上的最佳区位,唯有在能满足自然、技术和经济三方面要求的前提下,才能实现并进而获取较好的效益;否则,要么难以实现,要么难以持续。所以,经济地理学研究产业布局必须从条件分析入手。

影响、制约产业布局的条件、因素很多,按其自身特点可将这些条件、因素分成三大类(或三大组),即自然条件与自然资源,技术条件和社会经济条件。

第一节 自然条件和自然资源

一、概述

(一) 基本概念

自然条件和自然资源是一对相互联系的概念,其中自然条件又称自然环境,是自然界的一部分,指人们生产和生活所依赖的自然部分。如生物圈、岩石圈、大气圈和水圈等。自然条件可以分成两大类,即未经人类改造利用的,与人类生活还没有直接联系的纯粹的自然,如高空大气层、南极冰川等;经过人们改造利用后的,包含着人类劳动结晶的自然,如改良后的土壤、草原、人工运河、人工选育的动植物品种等。

自然资源是自然条件中可以利用的部分,联合国环境规划署(UNEP)对自然资源所下的定义是:在一定时间和一定条件下,能产生经济效益,以提高人类当前和将来福利的自然因素和条件。这就是说,自然资源是在当前生产力水平下,为了满足人类对生产和生活的需要,可以被利用的自然物质和自然能量。自然资源和自然条件之间的界限是相对的,往往由于侧重点和考察的角度不同,对条件和资源的理解也不一样,如土地、阳光等对于农业是自然资源,对于工业和城市则是自然条件。随着社会经济的发展和科学技术的进步,自然资源的内容越来越丰富。如空气是人类生活最急需的自然物,一般不把它列入自然资源范围内;而在人烟稠密的都市,新鲜的空气已经成为一种自然资源;干旱地区盐湖中的水不是淡水资源,但如果技术进步使咸水淡化成本大为降低,则盐湖中的水就可以成为淡水资源。

（二）自然资源的分类和特性

根据自然资源的再生性能，大致可以将自然资源分成三类，即可再生资源、可更新资源、不可再生资源。这些资源的特性不同，经济利用特点各异，因而对产业布局的影响也不一样。

1. 自然资源的分类

（1）可再生的自然资源。这些资源包括太阳能、水力、潮汐、地热、风等，基本上是连续往复供应的，应该最大限度地加以开发利用。

（2）可更新的自然资源。这类资源包括动物资源、植物资源，是能生长繁殖的有生命的有机体。它们的更新取决于自身的繁殖能力和外界的环境。对于这类资源应该遵循永续利用的原则，尽一切可能使它们向有利于社会发展的方向更新，加以充分利用。

（3）不可再生的自然资源。它包括地质资源和半地质资源。地质资源有金属矿、非金属矿、核燃料和化石燃料等。它们的成矿周期往往以数百万年计。除非从废物中回收，或通过人工手段合成，这些不可再生的资源随着人们的开采利用将逐渐减少。土壤和地下水资源的形成周期比较短些，但与人类的开发利用速度相比，也是十分缓慢的，因此成为半地质资源。对于不可再生的自然资源，应该根据节约和尽可能综合利用的原则，杜绝浪费和破坏。

2. 自然资源的基本特征

（1）有限性。任何一种资源都是有限的，不可再生资源的有限性是显而易见的，开采一点，消耗一点，就会少一点；可更新资源的有限性是指在任何一个地区、任何一段时间内，该种资源的更新速度和更新数量是有限的，长期过量开采将导致资源存量的枯竭和再生量的减少；可再生资源的有限性是指该资源在特定时刻的总量是有限的，即使百分之百地加以利用，其可利用量也不是无限大的。有限性是自然资源的最基本属性，也是其区别于自然条件的根本标志。

（2）区域性。任何一种资源在地球上的分布都是不平衡的，有的地方多，有的地方少；有的地方质量好，利于开采，有的地方质量差，不便于开采。不同资源有不同的分布规律，如煤、石油、天然气等矿物燃料资源分布在沉积岩区。因而在自然资源调查和产业布局时，必须注意资源分布的这种特性。

（3）整体性和动态性。在一定的地域范围内，资源与资源、资源与环境之间相互联系、相互作用，开发利用其中的一种或数种资源，可能引起其他资源或条件的变化。典型的例子是开采某一地区的森林资源，导致水土流失，进而破坏了该地区的土地资源和动植物资源。在资源开发和产业布局时，应该注意到资源的这种整体性和动态性，通过适当的开采方式或补偿过程，确保地区的资源—环境系统不至于发生灾难性的变化，使不可再生的资源能得到充分利用，可更新和可再生资源能得到永续利用，使潜在资源不遭破坏。

二、自然条件与自然资源对产业布局的影响

生产力包括劳动对象、劳动资料和具有一定技能的劳动者三大部分。一般说来，劳动对象是由自然环境供给的，或是取自于自然环境的；劳动资料（工具和设备等）是用自然环境提

供的材料制作而成的；劳动者需要生存，也要从自然环境中获取生存资料。所以说，自然条件和自然资源对于社会经济活动和产业布局的影响是经常的、全方位的，可以说，自然条件和自然资源是产业布局不可缺少的物质基础。

(一) 为经济发展和产业布局提供必要的前提条件

1. 一般表现

(1) 为产业布局提供作为劳动对象或劳动必要条件的各种矿物资源和原料等。在有石油的地方才能建油井，在有煤的地方才能建采煤厂，在有大片肥沃土地的地方才能建设大规模的农业种植业基地。可见自然条件和自然资源对于产业布局影响之深刻。

(2) 为农业、工业、交通运输业、商业、饮食业等经济活动提供必不可少的空间和场所。如为工业的发展与布局提供兴建厂房、仓库、堆场等必需的土地；为种植庄稼、植树造林、放牧牛羊、捕捞或养殖各种水产等提供必要的农田、林地、草地和水域；为各种交通线路和港站枢纽设施的建造提供必要的场所，等等。

(3) 为各种经济活动和产业发展提供不可缺少的水源。人类曾经生活在没有石油、电力，也不使用煤炭的时代，但没有水却无法生活，也无法生产。产业活动的用水量是巨大的，一座年产 150 万 t 钢铁的钢铁联合企业每月用水量达 100 万 t，相当于 1 000 万人口的特大城市生活用水量；农业上每生产 1kg 的稻谷耗水达 2t。

2. 对不同产业的不同影响

从自然条件为经济建设的发展和布局提供的必要前提看，由于各产业部门的特点不同，它们受自然条件、自然资源的影响也不一样。采掘业的劳动对象完全取决于自然，因而受自然环境的影响最大；农业生产是自然再生产和经济再生产相互交错在一起的过程，故农业受自然环境的影响极为深刻；交通运输业的生产和运营有明显的流动性和分散性，其受自然环境的影响程度仅次于农业；工业(除采掘业外)因生产环境可以人工地加以控制，原材料和设备等可以从其他地方运入，因而受自然环境的影响相对较少。

3. 是产业布局的前提条件，而非充分条件

产业布局离不开必要的自然环境条件，但有了必要的自然条件，不一定出现(特别是不一定马上出现)某种产业活动。青海湖有丰富的钾盐，而钾盐又是我国目前很短缺的物资，但现在并没有在青海湖附近布局大规模的钾盐生产厂；我国目前耕地资源异常短缺，同时却仍有上百万亩宜农荒地未被开垦。可见，产业布局除了必要的自然条件外，还要考虑经济的合理性和技术的可行性。有其未必然，无其必不然，这就是资源条件与产业布局的辩证关系。

(二) 为实行劳动地域分工(地区专业化生产)提供自然基础

就目前的交通运输条件和科学技术水平而言，除了采掘业以外，断定某一地区一定不能发展某种产业，恐怕没有绝对把握。美国在一片沙漠中建起了拉斯维加斯城，发展了旅游娱乐业；北京郊区在暖棚中种植葡萄和油桃，在冬天供应新鲜水果。关键在于投入水平和科技能力。当然，在同样的投入和工艺管理的条件下，产出的数量和质量不同，这是由自然条件的地域差异造成的。正是在这样的前提下，自然条件的差异为实行劳动地域分工(地区专业化生产)提供了自然基础。

　　环顾全球，许多著名的工业区都是在当地的自然资源基础上发展起来的：在煤铁资源上兴起的工业区有美国五大湖南岸工业区、英国伯明翰工业区、俄罗斯顿巴斯工业区和乌拉尔工业区、波兰上西里西亚工业区、印度乔塔那格浦尔高原工业区等；在石油资源上兴起的有美国得克萨斯南部工业区、俄罗斯伏尔加河中部经济区等。

　　在我国的经济地域分工中，也可以看到自然条件影响的烙印。黑龙江省四大外调物资——石油、木材、粮食和煤，都体现了自然条件的优越性。广东、福建为甘蔗高产区，甘蔗产量达 667kg/ha，出糖率 10%，每 ha 产糖量达 66.7kg；而浙江、湖南每 ha 仅产蔗 100kg，出糖率为 6%。这是广东、福建成为蔗糖基地的依据。

　　过去我国曾在天然气不足的地方建设大型天然气田，修建大口径输油管线，结果投入了大量资金，引进设备，修桥铺路，沿管线兴建消费天然气的企业，最终因为资源不足而不得不下马，造成惊人的浪费；十年动乱期间，江西省在不适宜种糖蔗的红壤丘陵区砍了面积约 2 667ha 的马尾松林，开拓蔗园，建设"东亚第一糖厂"，结果甘蔗长不好，却引起严重水土流失。盲目违抗自然条件是我国近四五十年来很多经济建设项目效果不好的原因之一。

(三) 成为制约地区产业结构的重要因素

　　自然条件对地区产业结构的形成和发展有极为深刻的影响，一般说来，在幅员广阔、自然条件优越、自然资源丰富的地区，有利于建立多部门综合发展的产业结构。自然条件的复杂多样，是发展地区多元化产业结构的前提。以地区农业结构而言，山区的自然环境相对丰富多样，那里的农业便有可能发展成农(种植业)林牧渔结合的综合性大农业结构；平原地区自然环境相对单一，一般难以建立农林牧渔综合发展的大农业结构。在安排地区经济结构时，哪个产业部门可以成为当前地区经济的专业化部门和主导部门，各产业部门应当怎样协调发展，必须综合考虑，从当地经济发展的各种条件出发，结合市场的需要及其变化，因地制宜地作出抉择。

(四) 影响产业分布的空间界限

　　如在工业布局上，原材料消耗大的部门往往受制于矿产原料的地区分布，钢铁工业多接近煤铁产地就是一例；采矿工业的区位选择，直接取决于矿产资源的地区分布；在交通运输布局上，江、海水路运输业一般都集中在江河湖海水面宽阔的地区；铁路、公路等陆上交通线路的分布，在目前征服高程的建筑技术尚无显著突破的情况下，总是平原地区比较稠密。我国青藏铁路在伸展到青海柴达木盆地内的格尔木之后，一时难以向西藏的拉萨方向延伸，主要原因是受青藏高原冻土带自然环境的严重阻碍。在农业布局上，在科学技术和社会生产力水平还不太高的情况下，某些经济林木和农作物的地理分布界限更是深受自然条件的制约。如热带经济林木橡胶，原产南美洲巴西亚马孙河流域，要求高温、高湿、静风、沃土。一般日平均气温达到 18℃以上橡胶才开始生长，要求年平均气温为 21～27℃，大于 10℃的积温达 7 500℃以上，尤其畏忌霜冻，当极端低温降至 5℃左右时，即易遭冻害；对水分的要求是年降水量在 1 000mm 以上，月平均湿度为 75%以上；抗风力很弱，当常年风速大于 3m/s 时，即易遭害；橡胶树的生长还要有比较肥沃的土壤。世界上拥有上述适宜生态条件的地区是相当有限的,国际公认的橡胶树种植地理界限是赤道南北纬10°以内,北纬17°以北是橡胶树的禁区。中国橡胶树种植的主要地区是北纬18°～24°之间,即粤、滇、桂及闽南地区,是对国际公认禁区的一大突破,成为第四大橡胶生产国。这主要是通过采取选育抗寒抗风品系,提高橡胶抗寒抗风性能,营造防风林等技术措施,逐渐提高了橡胶树对自然生态环境的适应性,从而在一定程度上扩展了橡胶树种植区的地理分布界限。又如,冬小麦是中国栽培小麦的最主要品种,播种面积和产量都占全国小麦面积和产量的4/5以上。冬小麦在冬季能经受的最低温度是-21℃,其分布的北部界限大致沿着长城一线(包括辽宁南部部分地区)。如果冬小麦品种选育方面没有大的突破,则长城沿线就是我国冬小麦分布的北部界限。

第二节　技　术　条　件

技术是指生产过程中所运用的各种操作方法、工具设备、工艺流程和技能等。技术的根本职能是对自然界进行控制和利用。技术可分为硬技术和软技术两大类,前者指设备、工具、工艺流程和作业方法等,后者指劳动者的生产技能和管理水平。前者是传统技术的主要方面,后者在现代技术中占有较大的分量。

一、传统技术对产业布局的影响

如果说自然条件对产业布局的影响是被动的,那么,技术条件对产业布局的影响则是积极的、主动的,它往往决定着产业布局的性质,成为产业布局及其发展、演变的决定性因素。传统技术条件对产业布局的影响主要表现在如下几个方面:

(一)影响资源开发的深度和广度

这具体表现在:

1. 增加可利用的资源种类

由于科学技术的进步,使得原先一些不为人们注意或不明其用途的资源,逐渐被引进生产过程中。例如,在20世纪40年代以前,一些稀有金属、稀土资源还不被人们所认识,后来因为采矿、冶炼技术的提高,使这些稀有金属和稀土资源成为工业上十分宝贵的原材料,成为战略性资源。又如,能源利用经历了木材——→煤炭——→石油——→天然气——→核能为主要能源的过程,这是人们对能源开发利用技术不断改进、提高的结果。

2. 不断降低矿产资源利用的品位界限

由于科学技术的进步,一些原先难以利用的低品位矿藏获得了工业利用价值。如铜矿,1800年利用的品位界限是10%,以后由于选矿、冶炼技术的不断进步,1900年利用品位界限已降到3.02%,1940年又降至1.15%,到1980年则又降至0.4%,这种过程将大大增加矿产资源的工业利用价值。

3. 拓展了资源利用的深度

由于提炼、加工和综合利用技术的不断提高，许多资源的利用深度不断拓展。例如，石油最初用来照明，19世纪末20世纪初才开始作为液体燃料，20世纪上中叶则成为最主要的化工原料。据统计，目前以石油为原料所提炼、制造的化工产品数以万计，并且还在增加，这就大大改变了石油对产业布局的影响，使大的石油产地不仅成为石油开采、加工的中心，也成为化学工业乃至医药工业、化学纺织工业布局的重要候选地。

（二）影响产业布局对原料地、燃料地的地区指向

1. 产业布局需要综合考虑生产费用、运输费用和销售费用

科学技术的发展，使这些费用在总费用中所占的份额发生着变化，因而引起产业布局的指向性的变化。以钢铁工业布局为例，18世纪前，以木炭为燃料，帆船为主要运输工具，炼铁场所主要分布在森林地区的河流沿岸。产业革命后，逐步用煤炭代替木炭炼铁，蒸汽机车和轮船等近代运输工具又相继发明并投入运营，钢铁厂的布点便开始转向接近煤铁产地。19世纪末期，美国阿巴拉契亚煤田和苏必利尔铁矿之间的地区兴起了一系列钢铁厂，就是与英国以煤炼铁的先进技术的传入，以及五大湖廉价水运的发展密切相关的。当时每炼1t铁所需耗用的焦煤达4～5t，因而钢铁厂布点一般都靠近煤田。20世纪以后，每炼1t铁的焦炭消耗量减少到0.5～0.6t，加上煤炭运输技术不断进步，煤炭运费下降，钢铁工业的布局又指向铁矿地。美国钢铁工业的布局因而出现了由东向西的趋势，逐步向五大湖沿岸铁矿地靠近，在芝加哥、底特律、克里夫兰和布法罗等地陆续兴起了一批大型钢铁厂。第二次世界大战以后，尤其是20世纪60年代以来，因为海运技术和海港建设的巨大进步以及其他一些原因，在一些煤铁资源主要仰赖进口的国家，出现了钢铁工业沿海布局的趋势，如日本和西欧一些国家。

2. 产业布局必须克服生产在时间和空间上的矛盾

随着科学技术的发展，这些矛盾变得比较容易解决了，因而大大削弱了个别原、燃料产地对产业布局的束缚。

首先，运输技术、输电技术的发展，降低了运输费用，提高了运输速度，改善了运输条件，过去无法克服的距离障碍逐步都克服了。从经济的角度看，距离在不断缩短，以1912年乘火车从美国东海岸到西海岸旅行所需要的时间为100%，则1931年乘火车所需时间减少到88%，乘飞机所需时间减少到38%，1951年乘飞机耗时减至9%，现在乘喷气式客机耗时则为3.6%。在冷冻技术发明以前，肉类如不加腌制则无法长途运输，阿根廷潘帕斯草原的大量牛群只能取皮弃肉。1880年冷冻技术过关后，阿根廷牛肉大量远销西欧，成为世界最大的牛肉基地。在运输和保鲜技术日臻完善的今天，美国加利福尼亚可以充分发挥适宜种植亚热带水果和蔬菜的有利条件，蔬菜产量占全国1/3。在电力输送方面，50×10^4V交流高压输电网的有效输电半径是11×10^4V输电网的5倍，220×10^4V直流超高压输电网投入运用后，可以把电送到1 000km远的地方。

此外，原料和燃料质量的提高，新兴原材料和燃料的出现，单位产品所需要的原材料数量下降了，从而使运输成本在总成本中所占的份额大大降低，距离因素对产业布局的影响大

大削弱。

新的选矿技术可以获得高品位的精矿，如我国铜精矿的品位在 20 世纪 50 年代是 8%～12%，80 年代提高到 22%～25%，同样产量的电解铜所需铜精矿的重量减少一半以上。

欧美各国的烟草工业大量采用新技术降低单位卷烟的耗烟叶量，目前每箱(5 万支)平均烟叶消耗量已降至 50kg 以下。他们采取的主要措施是：①加过滤嘴，可以节省烟叶 10%，还可以截留 20%～25% 的有害物质；②掺和粉碎的烟梗、烟末和其他纤维；③采用烟丝膨胀技术；④掺入低焦油、低烟碱的人造烟丝。因而，技术对于卷烟工业布局的影响相对增加了。

石油比煤更容易运输，大量使用石油使得工业基地对燃料地的依赖减少了。1kg 铀裂变释放出来的能量相当于 2 500t 标准煤，1kg 氘聚变释放的能量相当于 1 万 t 标准煤的能量，用核电为燃料的工业基地几乎不受燃料产地的束缚，因而核电站几乎可以在任何地方建设。

(三) 影响地区产业结构的组成和发展

随着科学技术的进步，生产的机械化、自动化程度越来越高，引起劳动对象、劳动工具和作业方法的变化，不少新兴产业开始出现，从而改变着区域经济结构。

1. 技术进步导致支柱产业的变化

区域经济结构，最直接地表现在一、二、三产业的比例关系上。随着科学技术的进步和社会文化的发展，这种比例关系发生着有规律的变化，即对于较大地区较长发展过程而言，从业人员及产值所占的比重一般都表现为：第一产业(大农业)逐渐减少，第二产业(包括采掘业，原材料工业，加工工业和建筑业)先增加后减少，第三产业逐渐增加。这就是著名的配第一克拉克定理。

造成这种现象的原因很多，各国各地区的具体情况也不一样，但从科技进步的角度讲，这是必然的。下面以从业人员为例(产值方面的道理与此对应)来予以说明：

农业技术的发展，可以提高农业的劳动生产率；而农产品主要是生存资料，需求的弹性很小，因而每一个农业从业人员生产的农产品可以养活越来越多的人。所以，农业从业人员必然逐渐向其他产业转移。例如，1860 年开始使用马拉农具，1910 年开始使用拖拉机，到本世纪 60 年代，工业发达国家基本实现农业现代化。美国每个农业劳动力在 1880 年可供养 5.6 人，1940 年可供养 10.7 人，到 1972 年增至 52.4 人，目前达 80 多人。这样，必然导致农业从业人员从农业中解放出来，转向其他产业活动。

第二产业主要是为社会发展和建设提供物质财富，当社会发展到一定阶段(即物质财富得到极大满足时)，人们对物质财富的需求弹性已不大；此外，第二产业最适于采用大规模的机械化、自动化作业，所以当第二产业发展到一定水平时，其吸纳的劳动力在总量中的比例也会下降。以美国为例，其第二产业从业人员所占比例，1900 年是 30%，1950 年是 35%，达到最大值，其后便开始下降，1971 年降至 31%，目前已不足 30%。我国当前大量工人下岗，也是整个社会产业结构调整中第二产业从业人员比例开始下降的体现。

第三产业主要是为生产和生活提供服务，不适于采用大规模的机械化作业，且因门类多，需求复杂而难以形成垄断性经营；当社会发展水平很低时，人们还想不到，想到了也享受不起很多服务；随着社会的发展，人们对于享受(服务)的需求越来越大，因而需要越来越多的从业人员进入服务业(第三产业)，使第三产业成为吸纳劳动力的蓄水池。美国第三产业从业人员的比例在 1900 年是 33％，1950 年是 53％，1971 年是 65％，目前接近 70％；我国的这项比例是：1952 年为 9.1％，1972 年为 9.4％(因十年动乱人为地延缓了这个过程)，1992 年为 19.8％。

2. 技术进步对于各经济部门内部结构的影响

技术进步和大量机械设备的使用，使分工越来越细，产业部门越来越多，各产业部门内部也发生了很大的变化。农业的许多工作被分化出来，有的进入工业领域，如肥料制造、种子培育；有的进入服务业，如农产品销售，种子、化肥农药的采购供应，农业科技的研究及推广等。农业内部结构的变化趋势是耕作业的比重下降，畜牧业的比重上升。目前工业发达国家畜牧业所创造的产值大都占农业产值的 1/2 左右。

技术进步推动工业向精密化、合成化、知识密集化方向发展，从而推动工业内部结构的调整。一是原有的一个部门分化成多个部门，如机械制造业现在已分化成一般机械、矿山机械、交通机械、电子机械、医疗器械、仪器仪表等十数个部门；二是出现了一些新的产业部门，如航天工业、生物制品工业等。这种变化必然导致地区经济结构的巨大变化，使传统的工业部门在区域经济中的地位越来越小，而新兴的工业部门和高加工度、高附加值的工业部门逐渐地成为一国、一地区的主导产业。

按照美国的习惯，第三产业(即广义的服务业)分为四类：①分配性的服务部门，如批发零售贸易、交通、通讯、公用事业；②为生产提供服务的部门，如会计、法律顾问、银行、工程技术和经营管理咨询等；③为生活提供服务的部门，如饭店、旅馆、旅游等；④政府机构与非盈利性机构，如行政、国防、司法、教育、卫生等。随着科技的进步和社会的发展，第三产业内部变化的总体趋势是：后两类服务业的增长速度更快些，因而在国民经济中的作用越来越大。

3. 促进地区生产专业化和劳动地域分工的深化

技术的进步不但影响单个企业、个别经济部门的布局，而且影响城市和整个工业基地的布局。现代特大城市、超大城市得以持续发展，大规模的农副产品生产基地、工矿基地得以建设和发展，都是技术进步的直接后果，因为可以从很远的地方运入各种生产和生活必需品，可以将产品运到很远的市场销售。技术进步减少和削弱了空间障碍对展开、深化产业布局的限制，促进了地区生产专业化的加快发展和区际(乃至国际)劳动地域分工的不断深化。

二、现代科学技术对产业布局的影响

人类历史经历了三次科技浪潮(第一次浪潮是农业的出现，第二次浪潮是现代工业的出现，第三次浪潮是信息产业的出现)和四次工业革命(第一次以蒸汽机为代表，第二次以炼钢为代表，第三次以电力为代表，第四次以电子为代表)。第三次科技浪潮和第四次工业革命及其以后的科学技术可称为现代科学技术。

现代科学技术兴起于 20 世纪 70 年代，它以微电子技术为主导，微电子、生物工程和新材料为三大基础，以电子计算机、生物制品、新材料、新能源、新工艺及光纤通讯、海洋工程等为代表。现代技术进步与传统技术的发展明显不同，表现出信息化、综合化、分散化、全球化和快速化等特点，具有节能化、节约原材料化、产品高附加值化、知识集约化等职能特征。采用现代科学技术，可以极大地提高劳动生产力，大大地节约能源和原材料，可用极少的劳动力创造出巨大的经济价值。因此，现代科学技术的发展，必然引起产业布局的巨大变化。

(一) 知识、智力和科学技术愈益成为制约地区经济发展和产业布局的重要因素

传统观念一般侧重于从"物"的角度看地区经济和产业布局，强调物质产品的生产和机械化、自动化条件。现代科技革命强调解放人的脑力乃至智力，将使整个社会以信息价值为中心来获得发展。因此，现在衡量生产力发展水平，已不再主要地以物质的、有形的产品的产量和产值等因素为标志，而将知识、信息的拥有量放在特别重要的地位，有形的、物质的经济居主导地位的时代将逐渐消失，技术经济、信息经济和知识经济将逐渐主导着国家的和区域的经济发展。因此，在布局产业时，必须充分考虑知识、智能、信息和科学技术的作用。

(二) 良好的环境和基础设施条件成为新兴产业发展和布局的重要因素

新兴产业(电子工业、宇航工业、生物制品业等)受自然资源的限制很小，因为所需的资源在重量和体积上已不重要(相对其产品价值而言)；而对人，特别是具有开拓和创造精神的高级科技人才要求严格，因为新兴产业的技术研究和产品开发需要投入大量智能劳动；对交通和信息条件的要求很严格，因需要进行经常性的交流和合作；电子工业等新兴工业对自然条件的要求也很严格，需要有温暖的气候、清新的空气、干净的用水；从事产业研究的科技人员及其家人，对生活环境也有相当高的要求。因此，新兴产业大多布局在阳光明媚、大学或科研单位集中的高速公路或机场附近的地区，如美国的硅谷，日本的硅岛，中国北京的中关村等。

(三) 现代科学技术将引起区域经济与产业布局的变化

1. 区域经济结构迅速变化，电子工业和信息产业的地位显著上升

现代工业，特别是近几十年涌现出来的产业部门，如汽车工业，仪器仪表工业，原子能工业，航空航天制造业等，都离不开电子设备，特别是电子计算机和大规模集成电路。电子工业成为国民经济中发展最快的部门之一，成为衡量一个国家、一个地区经济发展水平的重要标志。

科学技术和设备更新速度加快以后，信息成了发展经济的重要依据。信息产业包括信息的采集与存贮、信息处理与管理、信息交换与传输等。现代科学技术的发展大大促进了信息产业的快速发展，甚至有人预言，工业化完成之后，人类将进入信息社会。可见，信息产业在今后经济发展和产业布局中的作用。

2. 改变了传统的部门分工与地域分工的界限，出现了新的地域分工格局

在现代科技革命的推动下，农业进一步工业化。农业的生产节奏加快了，生产环境改变了，与工业的界限模糊了。由于生物工程的发展，人们可以利用石油产品、甲醇和工业废料生产单细胞蛋白，加工成食用和饲料用氨基酸。一些阿拉伯国家在沙漠上用无土栽培法生产蔬菜和水果。人工气候室可以在短时期内取得在自然环境中需要几年甚至几十年才能得到的

实验结果。激光照射处理可以使种子提早发芽、成熟，可以造成染色体局部缺损或整个丧失，改变遗传密码，产生新的高产品种。电子计算机操纵的资源库可以将几万个生物品种按遗传特性加以处理和贮存，查出选育新种的最佳样本。

同时，生产单位与科研单位的界限也越来越模糊。生产单位纷纷建立自己的科研队伍，如"宝钢"、"鞍钢"、"首钢"等均有自己的冶金研究院；科研机构也开始将自己的科研成果转化为社会产品，如北京大学的"方正"、清华大学的"同方"、中国科学院的"联想"等，都是著名的大企业。甚至科学城与新兴工业城逐渐融为一体。

由于现代科技的推广，出现了许多新的生产地域综合体，如生产木浆的废液和生产啤酒的废液，过去排入江河湖海，现在经过微生物的发酵工艺处理后可以生产单细胞蛋白，出现了新的综合利用和综合发展部门。新兴产业基地的地位逐渐提高，被称为"朝阳地区"；而传统工业基地的地位逐渐降低，有的逐渐成为"夕阳地区"。

3. 生产向小型化和分散化方向发展，经营向综合化、大型化和国际化方向迈进

现代产业中，生产活动受能源、原材料的限制已大大削弱，信息的传递与处理受空间距离的制约也大为减少。加上机械化、自动化技术和设备的普及，使生产企业可以在地区上呈分散式布局。美国 20 世纪 50 年代每年增加的小企业不足 10 万家，80 年代达 50 万～60 万家，目前全美 30 人以下的企业有 1 200 万家，其中又以不足 10 人的小企业占多数。导致生产企业小型化、分散化的另一个原因是人们的消费需求越来越多样化，消费变化也越来越快，小型、分散的企业便于跟踪市场的变化，及时调整产品结构。

小型、分散企业的不足之处是无力开拓市场，无法进行技术创新和产品开发。这在当今科技进步一日千里、科学技术对经济和社会发展的贡献日益提高的情况下，是处于不利地位的。因此，在生产企业日益小型化、分散化的同时，经营企业日益向大型化、综合化、集团化和国际化的方向发展。美国波音公司对麦道公司的兼并、日本诸大银行的合并、美国和德国最大汽车公司的联营，都是这方面的例证。我国的很多大企业也逐渐走上了综合化发展、集团化经营的道路，不仅有生产部门，也建立开发研究机构，更注重市场开拓。小船易调头，大船抗风浪，科技进步和社会发展将使产业布局和企业发展发生本质性的革命。

第三节　社会经济条件

影响、制约产业布局的社会经济条件，主要有市场条件、地理位置与交通、信息条件、人口与劳动力状况、经济基础与地域分工状况以及体制、政策和文化背景等。它们共同构成一国、一地区产业发展与布局的社会经济环境，对产业布局有着深刻的、持久的，有时甚至是决定性的影响。

一、地理位置与交通、信息条件对产业布局的影响

(一) 含义与特点

地理位置是指地球上某一事物与其他事物的空间关系。地球上的任何物体在特定的时间

内只能占有一个地理位置。正因为如此，才使得各个事物具有不同的地域性。

　　地理位置包括数理地理位置、自然地理位置、经济地理位置和政治地理位置等。其中数理地理位置是用地球表面经纬网确定的，对产业布局没有直接的意义。自然地理位置的作用已与自然条件等联系在一起，没有必要再作叙述。政治地理位置是指一国与邻国以及国家集团间的空间关系。邻国的对外政策、国力、经济状况以及国与国之间边界关系，国家集团之间的相互关系等，都对本国的经济发展和产业布局产生重要影响。如美国的政治地理位置：东西有两个大洋保护着；北部加拿大和南部墨西哥都是弱国，美国对他们无所畏惧。独立战争之后，美国60年没有打仗，一直享受和平。这一切帮助了美国经济的迅速发展。中苏关系紧张时，我国就不便于在东北、华北和西北的边境地区布局重大工程项目。

　　经济地理位置是指某一事物与具有经济意义的其他事物如城市，经济区，工业区，原、燃料产地，交通设施（港站，线路）等的空间关系。经济地理位置实质上即是一地理实体（国家、地区、城市或企业等）在国内外劳动地域分工中的地位。例如，新加坡经济地理位置可以描述为：位于世界海运重要通道马六甲海峡的东端，太平洋与印度洋、亚洲与非洲相互交往的十字路口上；沈阳的经济地理位置我们可以描述为：位于东北地区的中南部，多条铁路、公路的交汇点，东北经济区的经济中心。

　　交通条件指某地区（地点）与外界进行人员来往（客运）和物资交流（货运）的方便程度。交通条件的好坏可用交通线路、交通工具和港站的设备状况来反映。比如，上海市地处长江出海口，是国际国内重要的水上运输枢纽，重要的国际航空港，又是京沪铁路与沪杭甬铁路的枢纽，交通条件十分优越；西藏、青海和内蒙古一些内陆地区，远离经济中心，没有或少有铁路和航空线与其相连，有的连现代公路都不多，交通条件较差。

　　信息条件是指获取和传递信息的设备和方便程度，信息包括科技文化信息、市场商贸信息、经济社会信息和资源环境信息等。在现代经济发展和产业布局中，信息越来越成为重要的资源。

　　位置、交通和信息是相互联系、相互作用的统一体，构成完整的经济地理概念。一般而言，位置条件往往由于交通条件的变化而变化。如哈尔滨由于中东铁路的修筑而发展起来，又由于其他铁路（滨绥铁路、滨洲铁路等）和公路的修建以及水运、空运航线的开辟，而使其位置条件更加重要，信息条件大大改善。又如，福建泉州市在封建社会时期，是中国对外经济联系的重要贸易港口，地理位置十分优越。但在我国近代经济发展时期，由于远离上海和广州等近代经济中心，又没有现代铁路相连，经济开始衰落，其经济地理位置的重要性也大大下降。

　　信息条件与交通条件密切相关，又与位置条件相融合。交通条件优越的地方，其信息条件往往也比较优越，从而使地理位置更加重要；位置好的地方，容易诱导交通条件的改善，进而使信息状况也发生变化；信息的获取和传递离不开交通通讯设施，信息资源好的地方，往往就是交通条件优越的地方，该地方的地理位置本身也就非常重要。这就是位置、交通和信息三者之间的关系。

　　位置、交通、信息条件属于社会历史范畴，始终处于发展变化之中，而其变化的过程和方向直接受社会的政治、经济等因素制约。比如，近一二百年以来，我国东北地区的位置、交通、信息条件的变化是十分明显的。帝国主义入侵前，东北是清王朝封闭的禁地，与外界很少联系。鸦片战争后，营口、牛庄开港，东北与国际市场开始联系，半殖民地农业开始有了发展(开始移民垦殖),东北成为向国际市场输出农产品和农产加工品的重要基地。中东铁路及其他铁路的修建,更促进了这一地区的内外联系。日本帝国主义入侵东北,不仅改变了周围的国际环境,也改变了东北的位置、交通和信息条件,使东北成了日本的主要"殖民地"之一和进一步向亚洲侵略扩张的基地。此期一系列铁路和公路的修建,其目的也是为增强这一地位,但在客观上也为东北的近现代经济发展打下了一定的基础。新中国成立后,东北成了我国经济建设和工业发展的重要基地,一系列的交通通讯设施的建设进一步强化了东北地区经济地理位置的重要性;未来的东北区将成为亚太地区的重要一环,在国际国内分工中发挥更加重要的作用。改革开放以前,深圳虽然毗邻世界金融、贸易、旅游和交通中心之一的香港,位置可谓得天独厚,但因行政管制的不同,加上政策上的限制,一直是个小渔村;改革开放以后,优惠的特区政策才使其优越的位置发挥出巨大的效益,信息交通条件也随之发生根本性的变化。

社会政治、经济因素引起位置、交通、信息条件变化的例子在国际上也俯拾皆是。15世纪以前,地中海是联系欧亚两洲的交通要道,地中海沿岸地区是当时欧洲经济、贸易最发达的地区。意大利占据地中海的中心位置,几乎有7个世纪在世界经济文化中充当相当重要的角色。奥斯曼帝国占据了东方交通枢纽拜占庭(君士坦丁堡)后,切断了欧洲经地中海到东方的贸易通路,地中海的交通意义大为下降,意大利的地理位置恶化了,经济、政治地位也急剧下降,大批海员流落国外谋生,著名的航海家哥伦布和发现北美东海岸的约翰·卡波特都曾是意大利的失业海员。直到苏伊士运河通航之后,地中海的交通意义才逐渐恢复,意大利的经济地位才有些好转。

国际环境良好和国家关系友好,可以使边境地区成为贸易、交流与合作的有利场所,其位置和交通、信息条件将日益得到改善;如果两国军事对峙,剑拔弩张,则边境地区的经济发展势必受阻,对产业布局来说,位置将变差,信息、交通条件的改善根本无从谈起。

(二) 位置、交通、信息条件与产业布局

1. 位置、交通、信息条件是重要的经济资源

人们对自然条件和自然资源比较重视,认为是重要资源,而对位置、交通、信息条件的重要性则认识不足。事实上,位置、交通、信息条件是一种重要的经济资源,在现代产业分布和区域经济发展过程中的作用也越来越大。优越的位置、交通、信息条件与现代产业相结合,将发挥巨大的力量,香港、北京、上海、巴黎、伦敦、莫斯科、纽约等世界大城市的发展,突出地说明了这一点。

从微观的角度说,位置、交通、信息条件优越的地方,蕴藏着巨大的经济潜力,在那里布局企业,将收到投资少、运费低、便于与其他企业合作等效果。级差地租的存在,使位置、交通条件好的地方提高了经济价值。这些都说明位置、交通、信息条件是经济资源。

2. 位置、交通、信息条件直接影响第二产业和第三产业的分布

世界上的许多现代产业,特别是第二产业(采掘业除外)和第三产业中的现代企业,都不是分布在能源基地、矿产资源产地或其他原材料基地,而是分布在位置、交通、信息条件有利的地方。原因在于,这些地方交通方便,便于销售;信息灵通,有利于接受科技文化服务。

反过来说，位置、交通、信息条件优越的地方，如综合运输枢纽、海港、车站附近等，多是不同规模的加工工业中心，并会集了许多第三产业部门。

俄罗斯首都莫斯科，其周围地区的自然资源较为贫乏，农业自然条件也不理想。但它位置、交通、信息条件十分优越：地处俄罗斯平原中央部位，又位于诸水系的源头，水陆交通都较方便，从而成为俄国最早的首都。俄罗斯诸条大道也汇集于此。产业革命后又陆续形成了全国最大的铁路枢纽，十几条铁路也汇集于莫斯科，并成为管道枢纽。在此基础上，莫斯科依靠外地的能源和原材料，形成了机械、化工和纺织三大加工业，其产品远销国内外。同时，这里集中了许多高等院校和科研机构，并集中了众多的第三产业部门。

进入工业化后期阶段，信息条件对高新技术产业如电子工业、宇航工业、新材料、新能源工业和科研、开发、金融等行业发展的影响更加重要，许多知识与技术密集型产业都分布在位置、交通、信息条件十分优越的城市和环境优美的地区。所有这些说明，位置、交通、信息条件对第二产业(采掘业除外)和第三产业的分布是起决定作用的。

3. 位置、交通、信息条件间接影响第一产业和采掘业的布局

第一产业和采掘业的发展离不开方便的交通运输条件。没有较好的运输条件，即使林、矿资源十分丰富也难以采伐和开采。如俄罗斯亚洲部分北部十分丰富的森林资源和煤炭资源，因远离交通干线至今也未开发。我国克拉玛依油田与大港油田的原油储量和质量相近，但由于前者远在新疆地区，交通不便；而后者位于我国重要的环渤海经济发达地区，位置、交通、信息条件很优越，因而其经济价值也大得多。

4. 位置、交通、信息条件在一定程度上决定某一地区的经济发展方向和产业结构类型

位置、交通、信息条件不仅影响某一产业的布局，而且在一定程度上也影响区域经济的发展方向和产业结构特点。一般情况下，位置、交通、信息条件差的地区，经济发展水平较低，速度较慢，多以第一产业和采掘业为主，可以适当地发展原材料工业，如偏僻的林区、矿区、偏远的内陆地区等；而位置、交通、信息条件优越而自然资源也较丰富的地区，其产业的主要发展方向是原材料工业和加工工业，如东北的沈—哈沿线地区；位置、交通、信息条件优越而自然资源较贫乏的地区，其产业结构的主要特点往往以中、轻型为主，逐渐向高、精、尖方向发展，我国的上海、香港，日本的东京地区等都是如此。

(三) 距离衰减原理及其在生产布局中的应用

1. 距离衰减原理概述

位置、交通、信息条件之所以能够成为经济资源，对产业布局产生巨大影响，主要是由于距离衰减原理的存在。

距离衰减原理是经济地理学基本理论的出发点之一，也是区位论的理论基础之一。距离衰减原理认为，地理客体之间相互影响的强度与它们之间的距离成反比，距离越大，影响强度越小。

距离衰减现象在自然界中是普遍存在的，如海洋对大陆的影响，离海越近，大陆受到的影响越大；离海越远，大陆受到的影响就越小，由此形成了我国湿润气候、半湿润半干旱气候和干旱气候等气候类型。城市的影响也是如此，由此形成了近郊区和远郊区在土地利用方

式和强度上的差别(越是近郊,土地利用的强度越大、方式越多样)。

导致衰减的原因是：运费随运距的增加而递增,运距越大,要付出的代价越高,接受到的作用力越小;距离越大,便捷程度相对降低,需要的其他费用增加,社会经济效益降低,影响力减小;时间效益损失。

距离包括直线距离(欧氏距离),运输(沿交通线)距离,时间距离,经济(运费)距离等。对地理研究而言,直线距离没有多大意义,其他距离都是变化的,不同的交通方式有不同的距离,如北京到大连,客运乘火车的运输距离是(铁路)1 200 多 km,时间距离是 13 小时,经济距离是每人 300 元;乘飞机的运输距离是不到 500km,时间距离是 0.8 小时,经济距离是每人 600 元。即使同一运输方式,也因运输工具改进和交通线路的改建等而变化。1958 年日本海运铁矿石的费用是平均每 t・km 为 0.098 美分;推广大型专用船后,1971 年降为 0.037 美分,经济距离缩短了 60% 以上。从东京到大阪的运输距离是 515km,1929 年使用蒸汽机车需 9 个小时;1934 年改用电气机车需要 6.5 小时;1965 年新干线建成,只需 3 小时;目前乘现代机车则不超过两小时。

2. 距离衰减原理的数学模型

距离衰减原理的理论基础是物理学中的万有引力定律 $F = G(M_1 \cdot M_2)/R^2$。其中,F 为万有引力,G 为万有引力常数,M_1、M_2 分别是相互作用的两个物体的质量,R 为两者之间的距离(质心之间的直线距离)。

社会经济事物之间的作用比万有引力作用复杂得多,因而在仿照万有引力模型描述社会经济事物之间的相互作用时必须慎重。质量的定义,常数的确定等,都是如此。

仿照万有引力公式的形式,可以建立地理实体空间相互作用的一系列数学模型：

(1) 两地理实体(点与点)之间的相互作用(引力模型)

$$I_{ij} = K \frac{M_i M_j}{D_{ij}^b} \tag{1}$$

其中 I_{ij} 为 i 地与 j 地之间的相互作用力(引力),M_i、M_j 分别是 i 实体、j 实体的质量(如人口、产值等,可根据实际情况定义之),D_{ij} 为 i、j 两地之间的距离,K、b 是常数,可根据实际情况,用回归的方法求出。$b = 2$ 则与牛顿万有引力定律形式相同。

(2) 距离衰减函数

社会经济客体在地理空间中的影响力随距离(空间距离、时间距离、运费距离等)的扩大而减少。即距离函数：

$$F \propto p/d^b \qquad F \propto p \qquad F \propto d \tag{2}$$

或

$$F = k \cdot p/d^b$$

其中 d 是研究对象的距离,p 是研究对象的质量(作用能力),F 是研究对象的影响力,b 是待定常数。即影响力与距离成反比,与本身质量成正比。

(3) 断裂点模型

设 A、B 为两个相邻的商店或市场(地理实体),二者相距 D_{AB},该二商店(市场)的腹地分界点为 X,则 X 点满足：

$$D_{AX} = D_{AB}/[1 + \text{SQR}(S_B/S_A)]$$

其中 D_{AX} 为 X 点距 A 的距离，S_A、S_B 分别是商店(市场)A、B 的质量(规模、营业额)

证明：取引力方程中 $b = 2$，根据分界点上 A、B 两地引力相等即可得证。

说明：A、B 连线上的分界点 X_0 叫断裂点。

3. 距离衰减原理在产业布局中的应用

在距离衰减原理的基础上，可以推导出很多产业布局规律，著名的杜能农业区位论即是如此。该理论认为，由于距中心城市(农副产品市场和农机具、肥料、农药等的供应地)距离的不同，使农业形成了环绕城市的不同的产业带：第一带生产蔬菜、牛奶等易腐农产品，称为自由农业带；第二带是生产柴禾的林业带；第三、四、五带是不同集约程度的作物轮作带；第六带是放牧带。这些结论与以马车为主要交通工具的资本主义早期阶段农业生产布局特征基本相符，现在当然不实用了，但杜能得出的农业生产布局规律"越靠近城市，单位土地的净收益率越大，土地的集约化越高"仍有价值。韦伯的工业区位论、高兹的海港区位论等，也可由距离衰减原理推导出来。

距离衰减原理在实践中的应用是很多的，产业布局尽可能地靠近原材料产地，尽可能地靠近消费地，尽可能地靠近交通枢纽和城市，目的就是尽量克服距离造成的效益下降，尽可能地利用交通枢纽和城市，节约生产费用和社会费用。此外，距离衰减原理，包括空间相互作用模型(引力公式)、距离衰减公式和断裂点公式等在区域规划、城市规划和商业网点规划中，也有很大使用价值。如可用之分析原材料供应范围、市场服务范围等；也可根据交通线的新建引起的空间距离的变化，来预测城市和区域经济地理位置的变化。如南(宁)昆(明)铁路干线通车和南宁至北海铁路修通后，北海市不再仅是广西的出海口，而且是广大西南地区的重要港口，其腹地和辐射范围已扩大到云、贵、川、桂诸省区，北海市将逐渐发展成为我国重要的经济中心和海港城市，其城市规模和产业结构也正在发生重大变化。这都可以借助于距离衰减原理来进行分析和预测。

二、人口与劳动力状况对产业布局的影响

人既是生产者，也是消费者，所以，人口的数量及其变化，人口的素质及其结构以及人口的迁移等，都对产业布局产生影响。

(一)人口数量及其变化对产业布局的影响

一般说来，地区内劳动力的数量与人口的数量成正比，而劳动力是生产力的主体，是最积极、最活跃的因素：生产工具靠劳动力去掌握，劳动对象靠劳动力使用工具去加工，任何产业部门必须有人参加；产业部门分工就是人(劳动力)的职业分工、产业布局就是职业分工在地域上的体现和落实。所以，从产业布局的角度说，某种产业要布局在一个地区，则该地区的人口在数量上必须达到一定水平，或通过移民移入必要的人口。而且人口越多越好，因为人口越多，消费需求就越大，产业的产品市场也可能越大；人口越多，劳动力也越多，劳动力的供应就大，价格就便宜。一个大型的工厂，少则数千人，多则上万人，如鞍山钢铁公

司职工人数达 20 万。

从地区经济发展的角度看,地区内人口越多,要求提供的物资供应和社会服务就越多,消耗的资源和对环境的干扰破坏就越大;人口越多,就业压力就越大,而劳动力就业是区域社会经济稳定和发展的保证。所以,对区域发展来说,人口的数量虽然重要(没有人口,就构不成社会经济意义上的区域),但达到一定规模后,再多就是负担,越多负担越大,问题越多。可见,人口的数量对于产业布局和区域发展具有截然不同的意义。我国坚定不移地实行计划生育,而国外很多大企业大公司却纷纷来中国投资建厂,原因就在于此。

从动态的角度讲,当人口规模不大时,适当的人口增长率对于产业布局和区域发展都是必要的,因为区域的发展需要开发更多的资源,提供更多的物质财富和社会服务,因而需要更多的劳动力;但当人口基数很大时,如果人口增长率也较大,则对产业布局的意义是双重的:一方面,劳动力供应充分,价格也不会有太大的上涨,因而是有吸引力的;另一方面,劳动力供应太多,产业管理部门容易过分依赖已有的生产资料和管理办法维持生产,对科技进步与提高劳动生产率则缺乏责任心和紧迫感,导致区域科技进步慢,产业结构调整延迟。在人口基数大的情况下,人口增长过快对区域发展是非常不利的。当然,无论何种状况,从全国或较大区域范围来说,人口的长期负增长都是不合适的,因那样的话,则该地区人口就不可持续了,因而区域也将不复存在。区域的发展,更多的是依靠科技进步,依靠劳动生产率的提高。所以,在区域人口达到一定规模时,其增长率要限制在一定的范围之内,以 2‰~5‰较合适。

(二)人口素质与结构对产业布局的影响

1. 人口综合素质对产业布局的影响

人口的素质是一个综合的概念,它包括科学文化水平,生理、心理状态,劳动技能和意识等。人口和劳动力的素质标准是以生产力与科技文化的发展水平为依据的,前资本主义时期,一个手工种地能手和能工巧匠就是高素质的劳动力;现在,一个高素质的劳动力必须具有较高的文化水平,熟练的现代劳动技能或组织管理才能,同时具有开拓创新精神和爱岗敬业的责任心。

人口素质对产业布局的影响是显而易见的,高素质的人口和劳动力是发展高层次产业,即技术密集型、知识密集型产业的基础。以俄罗斯的莫斯科为例,1980 年共有人口 810 万,其中受过高等以上教育的为 102 万;在各部门职工中,直接从事科研或为科研服务的约占 19.4%,从事设计勘探的占 3%;高等院校 75 所,博士 2 726 人,副博士 10 498 人。正因为有这么多的高素质人才,才使莫斯科成为苏联新兴产业最发达的城市和新产品的试制基地。

美国的高科技产业也都位于有高素质人口和劳动力的地方。如美国的硅谷位于加利福尼亚的圣克拉拉县,沿谷地延伸 50 多 km。20 世纪 80 年代初这里大规模集成电路的产值占全国的 40%,占世界的 20%~30%。美国硅谷之所以分布于此,主要是由于附近有强大的科研基地和人才培养基地——斯坦福大学、加利福尼亚大学伯克利分校和其他一些高校,在这里集中有 6 000 多位博士。

随着科学技术的不断发展和社会的不断进步,人口的素质对于产业布局和区域发展的作用愈显重要,高素质的人口和劳动力将成为知识经济时代产业布局的最主要因素。

2. 人口和劳动力结构对产业布局的影响

人口结构包括性别结构，年龄结构，城乡结构，民族和文化背景结构等，这些对产业布局的影响表现如下：

(1) 人口的性别不同，他们所适应的产业部门也不同。有些行业适合于女性劳动力就业，如纺织业，食品业，商业饮食业等；有些产业适合于男性劳动力就业，如采掘业，原材料工业和重型机械制造业等。产业布局时，既要考虑产业的特点，也要照顾到男女职工的比例搭配，以有利于生产和生活。如辽宁省瓦房店市是全国最重要的轴承生产基地，轴承厂有就业职工3万人，大多是男职工。尽管那里并不产棉花，但为了平衡男女职工比例，又在该城市建立了瓦房店纺织厂，吸纳了近1万名女工；我国汽车城长春的纺织厂等的布局，也是出于同样考虑。

人口性别结构对于产业布局影响的另一方面，就是不同性别的人口，有不同的需求，因而要求有不同的物资供应(如男性人口对于烟酒、女性人口对于化妆品等)和服务(如男性人口要求有更多的体育锻炼场所，女性人口则对于美容美发等有更高的要求)，这在微观和中观的层面上制约着产业的布局。

(2) 人口的年龄结构影响产业布局。人口的年龄结构是人口自然构成的一个重要方面，直接影响劳动力资源的比重，因而对地区经济发展和产业布局有重要影响。

瑞典人口学家桑德巴尔对不同年龄人口所占比重与人口数量变化之间的关系作了系统的研究，所得结果如表3-1所示。不同年龄结构预示着不同的人口动态变化特点，因而对产业布局将产生作用。

表 3-1　人口年龄结构与数量变化关系　　　　　　　　　　(%)

类　　型	0～14岁人口比重	15～49岁人口比重	50岁以上人口比重
增加型	40	50	10
稳定型	26.5	50.5	23
减少型	20	50	30

不同年龄组的人口对社会有不同的要求：劳动适龄人口是生产力的主要因素，从产业布局的角度讲，此比重越大越好，但对安排就业需作出极大努力；青少年人口比重大，会增加文教设施压力；老年人口比重大，对医疗、福利事业的要求也随之增大。这些对区域发展来说是压力，但同时会诱导文教、康乐产业的发展。可见，人口的年龄结构对于产业布局和经济发展来说，意义也是不一样的。

(3) 人口的城乡结构对产业布局也有影响。主要体现为城镇人口和乡村人口在就业取向、消费观念上都有很大差别，因而对产业布局有一定影响。一般说来，城镇人口就业基本上是非农业，主要也不是依靠土地资源来获取劳动报酬；城镇人口的消费水平较高，较复杂，食品消费在整个消费中所占比例也较小。城镇人口的增长，除靠本身的自然增长(这部分其实很小)外，一个重要的来源就是农业人口的城市化。而农业人口转变为城镇人口需要三个条件：①农产品产量的提高，特别是农产品商品率的提高。因只有大量剩余农副产品才能养活较多的非农人口。②农业劳动生产率的提高，只有更多的劳动力从农业中转移出来，才能为其他产业的发展提供必要的劳动力资源。③第三产业的大力发展为农业剩余劳动力提供就业机会。城乡人口的结构,反映了一国、一地区的社会经济发展水平,它既是产业变化的结果,反过来也对产业结构提出了要求。所以,城镇人口比例高的地区,第一产业的水平较高但在整个国民经济中的地位相对不高,第二、第三产业的发展相对较快。

（4）人口的民族结构和文化背景对产业布局的影响。不同民族往往有特殊的劳动素养和生产技能,如蒙古族人善于畜牧,朝鲜族人善于种植水稻等。进行生产布局时,就要考虑如何发挥各民族长处。此外,不同民族有不同的文化观念和生活习惯,有些民族需要某种特殊的消费品,如蒙古族人特别钟爱马靴;有些民族特别不需要某些消费品,如信仰伊斯兰教的民族不食猪肉,等等。产业布局一定要照顾到各民族的特殊风俗习惯和特殊的消费需要,在特定地区注意发展特殊的产业,以保证他们所需要的特殊产品的供应;而在另一些地区限制某种产业的发展,以尊重兄弟民族的习惯。这不仅是单纯的经济问题,也是民族政策问题。

（三）人口分布与迁移对产业布局的影响

1. 从经济地理学角度评价一个国家或地区的人口分布是否合理,主要看人口分布与产业分布之间的关系是否协调

人类社会发展的历史表明,当生产力水平低下,以手工劳动为主进行生产时,生产的发展主要取决于劳动力数量的增加。在原始社会、奴隶社会和封建社会都是这样。在资本主义工场手工业时期,生产工具、生产技术很少变化,资本积累速度低,资本有机构成的变化极其缓慢,因此,对劳动力的需要基本上是同资本积累增长相一致的。随着机器大工业时期的到来,科学技术发展加快,资本有机构成日益提高,生产的发展愈来愈依靠采用机器劳动来提高劳动生产率,因而在单位产品上人工劳动日益减少,对劳动力的需求,在数量和质量上都不同于工场手工时期。与生产发展速度相比,劳动力在数量上的需要相对减少。随着现代科学技术在生产中日益广泛应用,对劳动力在质量上的要求日益提高。

因此,在手工工场以前的时期,世界上各地区的人口数量、人口密度,与该地区的生产发展水平、经济繁荣程度是基本一致的。如在奴隶社会时期,世界经济中心是埃及尼罗河流域、西亚的两河流域、地中海周围,这些地区的人口数量多,密度大。到封建社会时期和资本主义萌芽时期,中国的黄河流域、南亚的恒河和印度河流域,之后的伊比利亚半岛等地区生产水平较高,经济繁荣,人口密度也最大。这种人口密度与生产力发展水平成正比的情况,曾一直延续到资本主义的早期阶段。进入机器大工业阶段,经济发展水平与人口的密度日益分离,特别是第二次世界大战以后,生产布局对劳动力在数量上的需要正在减少,而对劳动力素质的要求日益增加。而且,除了特殊的城市密集区外,人口密度较大的地区,如南亚、西亚地区,非洲中部、西部地区等,往往是经济发展水平较低的地区。

2. 作为消费者的人口分布也对产业布局有影响

因为生产的目的归根到底是为了供人消费,包括直接消费(生活资料的消费)和间接消费(生产资料的消费)。特别对于生产生活资料的部分(食品、服装等工业部门和农业)和服务性行业,作为消费者的人的数量、人口密度,是影响这些生产部门布局的重要因素。人口多,人口密度大的地区,食品、服装和商业企业等就多。对于不便运输和易腐坏变质的产品,其布

局更需要靠近人口集中的消费中心，如家具制造业、园艺业、乳畜业等。因此，在大城市都集中了食品工业、家具制造业等部门，大城市郊区都建立和发展了乳畜业和园艺业。这些生产部门的产品需要量是随人口数量的增加而增加的，因而，它们的分布密度和人口密度基本上是一致的。

3. 人口与劳动力移动是人类社会的普遍现象

早期的人类为了生活，就要不断地寻求生产条件较好和物质资料比较丰富的地方。人类由其发源地不断地向外扩散，现在几乎遍布全球。

人口既是生产者，还是消费者，也具自身再生产属性，人口的移动也就是生产者的移动，消费者的移动和具有自身再生产能力的人的移动。当然，首先的是生产者的移动。

人口、劳动力的迁移与产业分布的变化是相互促进的。俄国西伯利亚大铁路的修筑，促进了俄罗斯人向西伯利亚的大规模迁移，带动了西伯利亚农牧业的发展，十月革命前，西伯利亚生产的硬小麦和黄油，在国内外市场上享有盛誉。地理大发现使旧大陆的许多人口移向新大陆，其产品与新大陆的农畜产品进行交流，使新旧大陆的产业分布都发生了不小的变化。如美洲原来的玉米、可可、番茄、向日葵、马铃薯、烟草和橡胶树等被逐步引入旧大陆，而旧大陆的一些传统农作物和牲畜也在新大陆安家落户。

一般说来，人口移动是社会发展和地区开发的积极因素，它促进各国各地区文化和技术的交流，推动民族和种族的融合。当人们迁移到一个新的地区后，移民把他们的生产经验和劳动技能带到新区，人口迁移是开发新区的重要动力。正是欧洲移民，使北美能够进行大规模的农业生产，第一次世界大战前夕，移民占美国工人总数的一半。

但是，大量移民有时也带来明显的社会问题：移民以劳动力为主，且男性移民多于女性移民。因而在移民大量流入的地区和大量流失的地区，人口的年龄构成和性别构成都不协调，在新建的城市和工矿区这类现象非常突出。另外，智力倒流对第三世界和较落后地区无疑是个重大损失。第二次世界大战后，南亚、东南亚、拉丁美洲的高级知识分子(教授、工程师、医生)大量移居美国、加拿大和西欧，实质是不发达国家对发达国家的反向援助，其对不发达国家所造成的损失，与他们从发达国家得到的援助差不多。我国的"孔雀东南飞"、"一江春水向东流"(高级知识分子和科技人员由内地向沿海地区,特别是珠江三角洲、长江三角洲地区迁移)也使内地的损失很大。智力倒流不利于流出地区知识经济的发展。

三、原有社会经济基础对产业布局的影响

产业布局具有历史继承性，充分利用与发挥已有的社会经济基础的优势，深入剖析原有布局的客观性依据，对于科学地进行产业布局，是有积极意义的。

已有的社会经济基础主要指历史遗留下来的第一、二、三产业设施，过去积累的文化和科学技术条件以及经济管理经验等。这些既是宝贵的物质财富，也是重要的精神结晶，无疑对当前和今后的产业分布和经济发展具有深远的影响。例如，改革开放初期，为了迅速增强国力，加速全国的经济发展，我国把东部沿海地区作为经济发展的重点，在那里布局了很多生产企业和基础设施。之所以把建设重点放在东部，就是因为当时那里社会经济基础好，劳动力素质高，科学技术发达，对外联系方便，在那里每投资100元，所获得的利润较内陆地

区高好几倍。

　　恩格斯在论述产业分布和城市发展关系时曾说过，城市越大，搬到那里就越有利，因为那里有铁路，有运河，有公路；可以挑选的熟练工人越来越多；由于建筑业和制造业的竞争，在这种一切都方便的地方开办新企业，比起不仅建筑材料和机器要预先从其他地方运来，而且建筑工人和工厂工人也要预先从其他地方运来的比较遥远的地方，花费较少的钱就行了；这里有顾客云集的市场和交易所，这里跟原料市场和成品销售市场有直接联系，这就决定了工厂城市惊人迅速地成长。[①]这是规模经济规律的一个方面，也是"马太效应"（穷者越穷，富者越富）在空间上的表现。

　　产业布局必须充分利用已有的经济基础，还在于产业布局一旦形成，就很难改变，尤其是大型企业，搬迁几乎是不可能的。如吉林市的工业分布，于建国初期着重发展了煤化工、铁合金、造纸和甜菜糖等工业部门，并形成了较为雄厚的工业基础。现在吉林市工业发展的条件已经发生了很大变化，但已有的工业企业已布局成型，难以搬迁。为此，必须注意充分考虑原有工业基础和其他产业分布条件的变化，在着重发展耗能耗原材料少的加工业的同时，对已有的工业采取相应措施，如化学工业在煤化学工业的基础上，转向着重发展石油化工；铁合金工业和造纸工业等应控制规模；开发新产品，提高原有产品的档次，等等。

　　对于产业布局的历史基础，重要的是采取科学的态度，结合现实需要与可能，充分利用其中的有利条件，尽量避免其不利的方面，趋利避害，扬长补短。上海是我国最主要的钢铁工业基地之一，是在近一个世纪的时间过程中逐步形成的。综观其钢铁布局的过程和影响因素，可以说，有值得肯定和继承的东西，但也存在一定的问题。合理之处是：①有近代较早兴起的工业和天然良港作依托；②本地及长江中下游市场广阔；③与当地机械制造、化工、轻纺等工业存在着较为密切的协作联系，形成了比较适当的工业地域组合，有强大的工业生产能力为依托。不尽合理的表现是：①"先天不足"——远离铁矿石、煤炭等原、燃料产地，长期调铁炼钢，这种二次化铁的技术模式在发达国家早已淘汰。需要消耗大量的焦炭、生铁、石灰石、萤石和耐火材料，既造成大量经济损失，也使本已紧张的运输更趋紧张，并释放大量废气，污染环境。②外钢内材的内部格局更不合适，钢产量占全市 96.5% 的几个骨干大厂分布在浦东和吴淞口等城郊连接处，而一半以上的钢材产量则分别由分布在市区之内的各个中小型厂完成，炼钢和轧钢脱节，造成大量不合理运输，浪费大量能源。③除上钢三厂等个别企业的区位选择较合理外，分布在市中心区的轧钢厂多与居民区混杂，污染扰民严重。这种态势对上海今后的钢铁工业发展无疑将产生深远影响。

四、市场条件对产业布局的影响

　　生产的目的是为了消费，商品性生产都要通过市场才能将产品转入消费者手中。市场是人类的最大发明，也是制约产业布局的决定因素。如果说自然条件、自然资源、劳动力和科学技术等是从生产的可能前提方面影响产业布局，那么，市场和消费条件则是从生产目的方面影响产业分布的。消费水平的提高，市场条件的变化，都对产业布局起决定作用。过去我国搞计划经济，经济地理学界对市场条件的重视不够。现在搞市场经济，为市场而生产，为

---

①《马克思恩格斯全集》，2卷，300～301页，人民出版社，1972.

获取经济效益而生产的产业布局目的，日益受到重视。

马克思主义的劳动地域分工理论，实质就是互为市场的理论，它主要是研究如何发挥各个地区诸条件的特点，发展优势产业，以其优势产品与其他地区进行商品交换。市场条件影响产业分布的内容和区域产业结构变化的例子很多。如东北经济区农业结构的变化，直接与国内外市场条件的变化有关：半殖民地时期，开始发展农业商品经济，最初主要是为了适应国际市场的需要，着重发展了小麦与大豆种植业，尤其是大豆，在国际市场上占有相当的份额，其他农业部门基本上是为满足区内需要。新中国成立后，为了满足区内及国内对于粮食的急需，着重发展了高产的玉米种植业，并向国际(主要是东北亚地区)市场上输出，以致造成吉林省玉米种植面积无限制的扩大和玉米产品的相对过剩的局面，其他作物的种植面积逐渐缩小。今后随着国内外市场条件的变化，东北区的农业布局及其结构将有新的变化。

第三产业的发展一刻也离不开消费，因而第三产业的布局必须与消费区完全融合在一起。第一产业中的很多部门，如乳制品业，鲜活食品和花卉等，也必须布局在消费区附近。工业布局不仅应一般地提倡接近消费区，而且在产品方向、品种、质量和产量方面，也要考虑市场的需要。例如，前些年，由于人们生活水平的提高，家用电器等消费量大量增加，于是，生产这些产品的工厂就在全国很多城市出现，改变了我国以往家用电器生产水平低，能力不足的局面。又如我国的一些旅游城市，由于国内外游客的不断增加，已逐步形成了旅游商品销售市场，从而相应地带动了食品、服装、工艺美术等产业的大力发展。

市场是千变万化的，因此，产业布局也要不断地进行调整。如前述家用电器工业，由于过分重复建厂，盲目引进，目前生产能力已经过剩，相当一部分厂家不得不关、停、并、转，造成不必要的损失。由此可见市场对布局的决定作用。

市场是变化的，也需要进行开发。对于传统产品来说，主要是通过提高产品质量，加强售后服务等，尽量争取市场份额；对于新产品来说，则要加强宣传，建立销售渠道，挖掘潜在消费对象。所以在产业布局时，要作好市场调查和预测。

五、体制、政策、规划和法律等对产业布局的影响

(一) 体制

从管理的角度说，体制包括计划体制和市场体制两种，这两种体制因目标取向的不同而对产业布局的作用明显不同：计划体制强调整体的平衡和优化，市场体制则更多地考虑局部利益、特别是局部经济利益的实现。所以，从理论上说，理想的计划体制能够保证产业布局在宏观上协调，便于发挥各地的优势，促进区域间的分工和协作，有利于区域或国家长期的稳定和繁荣；在效益上能够保证区域或国家利益的实现，使整体利益、综合效益达到最大，经济效益与社会效益、生态效益协调发展。遗憾的是，计划体制要求信息充分、及时，预测准确，并且计划的制订者和执行者是理性的，无偏见的，这在事实上是不可能的。所以，计划体制失败的例子很多，僵化、绝对的计划体制逐渐被世界各国淘汰。

典型的市场体制(自由竞争条件下的资源配置)能够保证投资者和经营者的利益，特别是短期的经济利益，因而具有更大的可操作性和实用性，但也易出现布局的盲目性，导致大量重复性建设和产品周期性的供需矛盾(不足和过剩交替出现)。正因为如此，市场经济国家在

产业布局上，也逐渐认识到了计划和规划的重要性，也开始利用国家政策、法规干预生产布局，甚至制定系列的规划来保证产业布局的合理性和整体效果，如日本的历次全国综合开发规划，法国的大巴黎整治规划，德国的区域规划等。

（二）规划、计划对产业布局的影响

产业布局是一项十分复杂的系统工程，涉及到的因素很多，而且一旦形成，将很难改变。所以产业布局本身需要作好规划设计，搞好计划落实。对于社会主义国家和计划体制国家来说，规划和计划对于产业布局的作用非常明显，如我国历次五年计划中，都有重大项目安排、生产力布局以及区域发展的具体要求，强调计划就是法律，产业分布与区域发展要按计划执行。我国制定的国土规划纲要，也对生产力总体布局和各地区的发展提出了具体要求。这些计划和规划对产业布局和区域发展的作用可想而知。第二次世界大战后，许多市场经济国家对经济发展的干预也加强了，如日本战后为了全面发展经济，协调各产业部门、各地区之间的矛盾，先后制定了五次"全国综合开发计划"，并相应地颁布了一系列法律。这些计划的实施，对全国的整体发展和新工业基地、农牧业基地的建立，以及老工业基地的分散等，都起到了积极的作用。

我国虽然现在实行的是市场经济，但各地区、高层次区域的一些部门，一般都还坚持年度计划、五年计划（规划）和十年远景规划制度。这些计划和规划虽不像以前那样具有行政乃至法律效力，但对产业布局仍有很大约束，并为产业布局提供资金等方面的保障，是产业布局的重要依据。其中部门（计划）规划在很大程度上就是行业规划，是对产业布局的总体规划；地区（计划）规划中也包括产业结构建设内容，也是对产业布局发展的总体要求。因此，目前在我国，一般重大产业布局项目，都要通过纳入年度计划或五年计划（规划）而付诸实施。由此可以看出，计划和规划对产业布局是直接的，决定性的。

（三）政策和法规对产业布局的影响

1. 政策的止、负面效应

政策体现着社会的意志和利益，正确的政策可以促进经济的发展和产业布局的优化，而错误的政策也能给经济发展和产业布局带来灾难性的后果。典型的例子是19世纪英国谷物法对英国农业生产及其分布的影响。18世纪末叶以前，英国的农业不发达，需从法国、丹麦、波兰等大量进口谷物和肉类。英法战争爆发后，英国不得不发展自己的农业，农场主因此大发横财。战后，英国农场主为了使英国谷物市场不受欧洲大陆竞争的影响，迫使议会于1814年通过了"谷物法"，规定除非英国国内市场谷物价格达到每夸脱80先令以上，外国谷物一律禁止进口，此法令使英国中部与南部地区的谷物生产获得很快发展。到19世纪中叶，英国的工业资本家感到过高的谷物价格妨碍工人工资的降低，影响资本家利润，因而极力反对"谷物法"，并迫使议会修改法律，允许谷物自由进口。此举导致英国谷物种植业的迅速衰退。利用进出口法律、关税来保护与促进国内某些产业发展与布局，是国际上很多国家的惯用手法。

我国"一五"期间实行的建设东北工业基地的方针政策，156项全国重点工程布局在东北的达57项（辽宁24项，吉林1项，黑龙江22项），使东北地区迅速成为全国的煤炭基地、钢铁基地、木材基地和化工基地等，为我国的近代工业建设和现代工业的发展作出了巨大的贡献。

"六五"和"七五"我国实行了三大经济地带策略，东部沿海地区通过建立经济特区、开发区、沿海开放城市和三个开放带，引进外资和先进技术，改造现有企业，进行宝钢、仪征化纤厂、烟台合成革厂和三套 30 万 t 乙烯等大型项目的建设，加快发展速度；中部地带主要进行能源原材料基地的大规模建设和三线企业的调整；西部地区在发挥农牧业优势的基础上发展各种农畜产品加工业，同时发挥特有矿产资源优势，促进脱贫致富，为 21 世纪的大发展作好准备。这个策略的实行，极大地加快了我国的经济建设步伐，使综合国力迅速提高，并形成了今天生产力总体布局态势。

政策和法规既可以用来刺激、鼓励某些产业的发展和在特定地区的布局，也可以用来限制、甚至禁止某些产业的发展和在特定地区的布局。当政府认为应鼓励某些地区或产业时，常采用一系列的刺激政策，对应限制发展的产业或地区则施行控制政策。西欧各国对下列三类地区常施行刺激发展政策：①欠发达地区，主要目标是促进经济增长；②传统工业区，主要目标是调整产业结构；③新兴经济区，主要目标是促进新兴工业。提供刺激的方式有资金援助、技术扶持和政策优惠（如贷款利率优惠、土地价格降低、部分税收减免、外汇留成比例提高等）。发展中国家为了摆脱经济落后和产业布局不合理状态，也制定了一系列规划和政策，干预产业结构调整和区域开发与布局。泰国为了加速落后地区的发展，调整全国的产业布局，曾制定了包括如下内容的政策：控制最大城市曼谷的发展；刺激地区性都市中心和中等城市的发展；加强原有的和新的中等城市的发展，使之成为农村的服务中心；建立充当农村服务中心的战略性村落；加强地区空间系统与全国空间系统在新开发区之间的联系。

2. 在影响产业布局诸政策法规中，产业政策、地区政策等的作用比较直接，环境政策、土地政策的作用也较大

（1）产业政策。产业政策是政府运用经济杠杆实现经济资源配置的调控手段。一国一地区的产业结构演化和布局是有其内在规律的，遵循规律，就会促进产业的良性发展。在宏观经济管理中，为更有效地利用和积极地影响产业结构变动和布局，日本、美国、德国和韩国等，通过制定和综合运用符合本国实际的产业政策体系，都强有力地推动了结构转换和经济发展。1949 年后，我国也制定和实施了一系列产业政策，如"大炼钢铁"政策，"以粮为纲"政策，"农轻重（先农后轻再重）"政策等，这些政策有合理、成功的，也有片面、失败的。但不论哪个政策，都对产业布局产生了深刻的影响，如"大炼钢铁"政策使全国建起了诸大钢铁基地，极大地满足了国家建设对钢材的需要，也使小钢铁厂遍地开花，造成了极大的浪费；"以粮为纲"政策大大推动了全国粮食种植业的发展，提高了粮食产量，也使各地林牧副渔业的发展受到抑制，国家整体建设受到影响，等等。近年实施的高新技术产业政策、高新技术开发区政策等，更是自觉运用经济规律促进产业结构转换的行动。可以预料，这一政策的实施，将加快我国的产业结构调整和生产布局优化，大大增强国家的综合国力。

产业政策包括产业结构政策，产业组织政策，产业技术政策和产业布局政策等。其中产业结构政策主要包括对各个产业部门及其内部的比例关系、各个产业部门及其内部构成的关联效应、产业部门及其内部构成的转化等的规定和建议；产业组织政策的功能取向是，促进微观组织达到最佳规模，推动各个层次的产业组织加深专业化分工和综合协作；产业技术政策的目标则是，提高技术利用的经济效率，加速传统技术的改造和新技术的推广；产业布局政策的功能则表现在，促进产业部门和产业技术在区域之间的转移，优化产业功能的区位配合，使其既能形成各具特色的地区优势，又能实现产业结构区域组合的整体效益最大化，避免产业结构的趋同性，防止产业成长水平的区位落差加大。可见，它们都在不同层面上对产业的发展和布局产生着影响。

（2）区域（地区）政策。效率与公平，是经济发展和产业布局的两个基本出发点。一般说来，市场经济体制和微观、中观布局容易把重点放在效率上，因而，需要制定恰当的区域政策来兼顾公平问题。西方发达国家主要通过税收政策和政府财政转移支付等手段来调节地区分配，进而促进产业结构的调整。我国历来重视区域政策的制定和实施，国家建设一直把解决地区差别作为重要的努力方向，为"老少边穷"地区的发展制定了很多扶持政策和优惠政策。正是在这些政策的影响下，才在内陆地区建起了若干个大型钢铁工业基地(如包钢、攀钢等)，纺织工业基地(如洛阳、乌鲁木齐等)，汽车工业基地(如十堰、重庆等)和大中城市的。可见，区域政策对地区发展和产业布局的影响是明显的、深刻的。至于说沿海开放政策、沿边开放政策等对我国整体经济布局及产业发展的影响，更是异常深刻，有目共睹。目前我国实行的区域政策，基本精神是"合理分工，各展所长，优势互补，协调发展"。可以预见，这些政策的长期实行，将进一步优化我国的产业布局，促进全国经济的协调发展。

（3）环境政策和土地政策。应该说，这两项政策对产业布局都是起限制作用的：限制污染产业和企业的生产和在特定地区的布局，限制占地多、效益不高的产业和企业在城市(尤其是大城市、特大城市)乃至郊区的布局。毫无疑问，这将起到保护环境，保护土地，促进地区的产业结构和生产布局的调整和优化的作用。

第四节　产业布局条件的综合评价

产业布局是一个动态的、历史的过程，在这个过程中，自然条件与自然资源、科学技术、社会经济条件等，不仅共同作用于产业布局的实现，而且相互制约，相互影响，从而使产业布局条件的评价变得异常复杂。为此，特别讨论一下产业布局条件的综合评价问题。

一、产业布局及其影响因子之间关系的变化

（一）产业布局影响因子的动态变化

在人类历史的长河中，为什么经济中心、文化中心不断地转移？为什么文明古国出现在亚热带地区，而工业化却首先出现在温带地区？为什么工业高度发达的国家出现了人口和经济的再布局趋势？除了一些偶然性因素外，是否还有客观性规律呢？

事实上，在生产力发展的不同阶段，影响经济发展和产业布局的主导因子是有变化的，对于自然因子来说，这种变化大体可以分为三个阶段，即生活资料的自然资源阶段，生产资料的自然资源阶段和生活环境的自然资源阶段。

马克思曾指出："外界自然条件在经济上可以分为两大类：生活资料的自然资源，例如，土壤的肥力，鱼产丰富的水等等；劳动资料的自然资源，如奔腾的瀑布，可以航行的河流、森林、金属、煤炭等等。在文化初期，第一类自然资源具有决定性意义；在较高的发展阶段，第二类自然资源具有决定意义。"（《马克思恩格斯全集》，23卷，560页)马克思认为，在较低的农

业生产力水平下，亚热带地区可以提供较多的剩余产品，提供产生文明古国的物质基础。但是，到了生产力进一步发展的资本主义阶段，更重要的不是自然的富饶性，而是自然的多样性。"资本主义生产方式以人对自然的支配为前提。过于富饶的自然'使人离不开自己的手，就像小孩子离不开引带一样'，它不能使人自身的发展成为一种自然的必然性。资本的祖国不是草木繁荣的热带，而是温带；不是土壤的绝对肥力，而是它的差异性和它的自然产品的多样性，形成社会分工的自然基础，并且通过人所处的自然环境的变化，促使他们自己的需要、能力、劳动资料和劳动方式趋于多样化。"（同上，第561页）18世纪瓜分殖民地时，法国和英国达成一笔土地交易。法国把数百万 km² 的加拿大东部让给英国，换取英国在加勒比海上的瓜德罗普岛。当时，种植甘蔗制糖是殖民经济的主要部门，位于热带的瓜德罗普岛虽然只有779km²，却有较高的使用价值。因此，法国把这笔交易称为法国外交上的一次重大胜利。如今加拿大东部的丰富自然资源得到开发，经济高度发达，产值超过瓜德罗普岛数百倍。

现代科技革命出现以后，自然条件影响经济发展又有了新的变化，良好的自然环境成了重要考虑因素。一是地球上的环境发生了一定程度的恶化，美丽、幽静、清洁的环境已经不多，物以稀为贵；二是随着人们物质生活和精神生活的提高，普遍要求良好的生活环境。所以，良好的自然环境，包括气候温暖，风景秀丽，空气清新，或依山傍水，或面海临湾，成了人们安居乐业的重要考虑因素。同时，新兴产业对原料、燃料的依赖性较小，布局的机动性较强，对自然条件的主要追求是晴朗的天空，清新的空气和纯净的水源。因此，对于自然环境的保护和开发利用，已成为产业布局和区域规划的重要方面。

其他因子在产业布局中地位和作用的变化，前面已有所阐述。从总体上说，影响产业布局的因子中，自然资源的制约性越来越小，技术、知识等因素的作用越来越大。陈才等人从地域分工的角度研究了条件因素作用的变化（表3-2），认为地域分工就是产业布局。

表3-2　不同社会发展阶段条件因素对产业布局的影响

生产力发展阶段	劳动工具变革	直接劳动对象范围的扩大
原始氏族社会	石　器	生活自然资源：天然野生果实、野兽、鱼类
奴隶社会与封建社会阶段（农业社会）	铁制农具　手工机械	对土地资源的一般利用，手工业对水力的利用
第一次科技革命（产业革命）	蒸汽机带动机械	对土地资源的进一步开发，对煤、铁的广泛开发与应用
第二次科技革命	电力与内燃机带动机械	土地资源的广泛开发与利用，煤、铁资源的进一步开发与利用，石油与有色金属的开采与利用
第三次科技革命	原子能与电子计算机的应用	石油、天然气、化工原料、有色与稀有金属的广泛开发与应用，开始开发海洋资源
新科技革命（未来为信息社会）	智能机械的应用	对已有能源、原材料的有效开发与利用，对新能源、新材料的开发

（摘自陈才等：《区域经济地理学原理》，52页，中国科学技术出版社，1991）

(二) 产业发展目标的动态变化

产业发展的根本目的在于满足人的需要。而人的需要是有层次的。从大的方面说，可以将人的需求分成三个基本层次，即生存，发展和享受。这三个层次由低到高，当低层次需求没有得到满足之前，对高层次需求不会有太多的奢望。正因为如此，才出现了第一产业，第二产业，第三产业相继居于主导地位的现象，各大产业内部不同部门的兴衰也与此有关。

可以说，第一产业就是为满足人们的生存而逐渐发展起来的。在第一产业居主导地位的阶段，产业建设和布局的目的就在于获取生活资料，最主要的就是食物。因受技术条件的限制，这时的食物来源只能是大自然，包括多野果的树林，多鱼类的湖泊和河流，多动物的草原。后来由于种植业的发展，才逐渐向肥沃的土地和有灌溉条件的平原发展。所以，农业布局受自然条件、特别是土地资源、气候资源等的制约最大。

第二产业中的轻工业也是为生产生存资料而发展起来的，但现在已不是简单的生存资料，包括相当的发展资料和享受资料。如食品工业，制造的食品越来越方便，越来越可口；服装工业，制造的衣服越来越结实，越来越漂亮；至于制药工业，基本上是生产发展资料；酿酒、制糖等，则基本上是生产享受资料；重工业完全是生产发展资料；建筑业最早是为解决生存问题(御寒)而发展起来的，但很快就以创造发展条件为最主要的目的(未来将逐渐以满足享受为重要目的)。发展资料主要是(非食品类或非简单食品)物质财富，其最主要的原材料来源于地球表层，特别是其中的矿产资源。因此，以获取发展资料、创造物质财富为主要目的的产业，受矿产资源的制约最大。

当物质财富得到一定程度满足的时候，人们就将逐渐地把享受看成最主要的追求目标了，由此促进了文化、娱乐等产业的发展。第三产业中，有的是为解决发展问题的，如商业、教育、医疗卫生和交通运输业等，但为满足人们享受而发展起来的部门越来越多。在发达国家和发达地区，人们用于享受的时间已占生活中的很大部分，用于享受的消费已占整个生活消费的绝大部分，从而导致第三产业不断出现新的服务部门，第三产业在整个国民经济中的地位也越来越高。在物质财富需求不成问题的情况下，满足人们享受需要的条件，除了文化、娱乐外，旅游是很重要的方面，自然景色秀丽的地方，成为人们向往的去处。所以说，为提供人们享受而建立起来的产业，其布局已基本不受矿产资源、土地资源等因素的制约，而良好的文化娱乐设施、便利的交通条件及幽静美丽的风光，则是很重要的因素。

二、不同产业在布局中对条件因素的要求

从投入的角度讲，任何生产都需要四种不同的投入要素，即(自然)资源、劳动力(劳动)、资金(资本)和技术，当然，要使生产得以持续，必须有一定的市场容量。

农业、采掘业、原材料工业等产业，需要投入更多的自然资源，被称为资源密集型产业。资源密集型产业的布局受自然资源的约束较大，因而布局时应更加注意资源的数量、质量和分布特征。

纺织工业、食品工业、包装工业、电子组装业、建筑业、印刷业及农业中的养殖业等产业，需要更多的劳动投入，被称为劳动密集型产业。劳动密集型产业的布局受劳动力的约束较大，因而在布局时应更多地考虑劳动力因素，尤其是劳动力的数量、价格等。

冶金工业、汽车工业、飞机制造业等产业，需要投入更多的设备、厂房及流动资金，被称为资金密集型产业。资金密集型产业的布局和发展受资金的约束较大，因而在布局时应更多地考虑资金情况，如可获得资金的数量，贷款的利率等。

机械修理、服装加工、工艺美术和生物制品等产业，对技术、劳动者的技能要求较高，被称为劳动技术密集型产业，这些产业的布局要着重考虑熟练劳动力的可获得量和雇用价格。

有的产业，如科技开发、工程设计、高等教育等，对高级知识分子和大量知识信息等要求较高，被称为知识密集型产业。这些产业布局，严重地依赖于著名大学、科研单位和美丽幽静的自然风光。

房地产业、服装设计、新鲜食品等产业，受市场的约束较大，市场需求多样，变化快，被称为市场指向型产业。这些产业布局时，应尽可能地考虑市场因素，包括市场的现状和潜力等。

三、产业布局条件评价的原则

综上所述，影响、制约产业布局的条件或因素是客观存在而多种多样的。这些条件因素对各国各地区经济发展和布局的影响和制约作用，也是客观存在而各不相同的。因此，经济地理学必须认真对待、高度重视产业布局条件因素的分析和研究。从总体上说，分析、研究产业布局诸条件因素应遵循的原则是：

(一)全面考察与突出主导因素相结合

影响产业布局的条件因素是很多的，有自然的，技术的，也有社会经济的，而且这些条件因素相互联系，相互作用，缺一不可。可以说，对于任何产业，任何企业来说，这些条件因素都是不可或缺的。因此，在评价产业布局条件因素时，不能以偏概全，单纯地强调某一方面而忽视其他方面。但是，不同的产业，处在不同发展阶段的地区，在布局上

表 3-3　产业分布的主要因素和次要因素

产业部门		自然条件 自然资源	位置、交通 信息条件	科学技术 进步	人口与劳 动力条件	社会经济 因素
第一 产业	一般农业	＋＋＋＋＋	＋＋	＋＋＋	＋＋＋＋	＋
	城郊农业	＋＋	＋＋＋＋＋	＋＋＋	＋	＋＋＋＋
第 二 产 业	采掘业	＋＋＋＋＋	＋＋＋	＋＋＋＋	＋＋	＋
	重型机械	＋＋＋＋＋	＋＋＋＋	＋＋＋	＋＋	＋
	中轻型机械	＋	＋＋＋＋＋	＋＋＋＋	＋＋＋	＋＋
	农副产品加工业	＋＋＋＋＋	＋＋＋＋	＋＋＋	＋＋	＋
	高新技术工业	＋	＋＋＋＋	＋＋＋＋＋	＋＋	＋＋＋
第三 产业	交通运输和商饮业	＋	＋＋＋＋＋	＋＋	＋＋＋	＋＋＋＋
	其他第三产业	＋	＋＋＋＋	＋＋	＋＋＋	＋＋＋＋＋

表中的"＋"的多少表示重要程度。

(参考:陈才等;《区域经济地理学原理》,138 页,中国科学技术出版社,1991)

对条件因素的要求不同，因而在评价布局条件时，不能"胡子眉毛一把抓"，要分清主次，突出重点，尤其要注意资源的组合状况，把主导因素研究清楚，并把握其动态变化趋势及特点。

（二）辩证评价与动态评价相结合

对产业布局影响因素进行评价时，要以辩证唯物论和历史唯物论为指导，辩证地、客观地、动态地进行评价。

1. 既要看到诸条件的有利（地区优势）方面，也必须指出其不利方面（限制因素）

例如，在对我国山地多、平原少这一自然环境条件进行评价时，既要看到不利的方面：①山地海拔高，气温低，植物生长期短，尤其是海拔 3 000m 以上的高山和高原（在我国，这样的土地占国土面积 25.9％），其高寒气候对农耕、林业和畜牧业的发展非常不利。②当山地坡度超过 25°时，一般不易开垦成农田，而且土层浅薄，岩石裸露多；如垦为耕地，既不利于作业（尤其是机械作业），更易造成水土流失，破坏生态平衡。③山地崎岖，不利于修筑铁路和公路；山区河流湍急，发展水运也很困难。因而山区一般都交通闭塞，使经济发展和产业布局受到严重制约。

但另一方面，也应该看到，在特定的条件下，山区条件的多样性也可以给经济发展带来更多的选择机遇：①我国东部湿润、半湿润地区的山地，丘陵往往林木茂密，是经营林业的良好场所，其森林可起"绿色水库"的作用，雨水落入林下枯枝落叶层，渗入土中，可长期自流灌溉山麓农田；中西部干旱、半干旱地区的一些高山，海拔 3 000m 以上的山顶终年积雪，形成冰川，每当夏季，冰雪融化，为山麓局部地区带来十分珍贵的灌溉水源，形成一片片绿洲，高山积雪被称为西部地区的固体水库。②分布在南方热带、亚热带地区的大片低山、丘陵，水热条件良好，极有利于发展林、牧业和种植业等多种经营，无疑是极具开发价值的宝地。③遍布我国各地的大小山脉，纵横交错，分布具有明显的规律性，一些东西走向的山脉，如天山—阴山、昆仑山—秦岭、南岭等，常常构成天然屏障，阻挡着冬季南下的寒冷气流，大大减弱了农作物和林果木的低温冻害，改善了局部地区的生态环境，有利于某些种植业和林果业的发展。④山区的地质环境，又往往是储藏各种矿产资源的富地，为采矿业和其他工业提供了自然基础。⑤我国有很多山区，树木葱茏，风光秀丽，五岳（北岳恒山，南岳衡山，东岳泰山，西岳华山，中岳嵩山）、诸大宗教圣地（峨眉山，五台山，天目山，武当山等）等，都是极有美学价值和旅游价值的地区。所以说，我国的山地多，平原少，也不完全是弊端。若能因地制宜，扬长避短，充分发挥山地和平原的优势，进行综合开发，就能获取巨大的社会、经济和生态效益。

2. 既要注意资源的数量，也要重视资源的质量

对于一国一地区经济发展与布局来说，资源的数量固然重要，但质量状况往往作用更大。因为资源质量的优劣，常常与资源经济价值成正比。例如，我国的铁矿资源储量为 400 亿 t，仅次于苏联、巴西，居世界第三位。但论其品位，即含铁量而言，平均品位仅 34％，含铁量大于 50％的富铁矿只占全国铁矿石总储量的 6.4％；如按铁金属计，我国铁矿储量只有 150 亿 t，又次于加拿大、澳大利亚、印度，而居世界第六位了。

又如同样的农业用地，其质量差异也是很大的：我国每 6.7ha 草地产肉仅 8kg，新西兰人工培育的牧场同样面积产肉可达 321kg，两者相差 40 倍。

3. 既要看资源的绝对量，又应注重其社会需求的相对量

资源的绝对量，如矿产的储量，森林的蓄积量，潮汐、地热、风力能量，河川径流量等，在一定程度上可以反映该国该地区资源的可利用量。但是因为资源是必须要由人去开发利用，最终要供人类消费，才能体现其经济价值，所以，资源的人均占有量，单位国土面积的可开发量更有实际意义。其中人均占有量反映的是资源作为财富，不同地区的相对拥有情况；单位面积的可开发量反映的是资源相对分布密度和易开发程度，在 $100km^2$ 上的 $1m^3$ 木材蓄积量和 $1m^2$ 面积上的 $1m^3$ 木材蓄积量，无论从生态效益上看，还是从经济价值上讲，都是截然不同的。在评价一国一地区的资源利用条件时，必须既注意到其资源的绝对量，也要计算、分析其相对量，才会得出符合实际的结论。

4. 既要研究本区域的情况，又要考察相关区域的情况，特别要注意进行区域间的比较

没有比较就没有鉴别。单纯地就一个地区进行评价，有时是难以得出结论的，比如说，中国有 960 万 km^2 土地，这 960 万 km^2 是大还是小？很难说，与俄罗斯比则较小，与新加坡比则很大。绝对数量是如此，相对数量也是如此。下面以我国部分自然资源为例来说明这个问题（见表 3-4）。由表中数字可知，我国的国土面积占世界国土面积的 1/15，虽然不小，但人均占有量不过 1ha，只及世界人均水平的 1/4，低于世界绝大多数国家的水平。其他如耕地面积、森林面积、森林蓄积量和径流量等，也是绝对量不小，相对量较小。从资源密度上说，河川径流量中国并不小，耕地也接近世界平均水平（97％），说明中国的国土是很富饶的，只是因为人口太多，开发的历史较长，保护得不好（耕地占用太多，森林过伐严重等），才使资源密度下降，人均拥有量不足。可见，这样来评价中国的资源条件，比起笼统地使用"丰富"、"贫瘠"或"稀缺"等词汇更科学，更准确。只有这样，才能更深刻地认识到我国资源的特点，在战略上明确优势和不足，对资源进行合理的开发和保护。

5. 既要把握资源条件的现实情况，也要了解其动态的变化

影响、制约产业布局的各种条件因素在变化，人们开发、利用这些条件因素的能力也在变化。原来一些不利乃至有害的因素，经过改造，可以转化为有利因素；对于一些目前还不能利用的因素，可能用不了多长时间就变成有用。可以说，世界上没有没用的东西（包括垃圾），只是人们的认识、技术和经济实力所限罢了。比如，火山爆发曾是威胁人们生命和财产安全的灾难，但大西洋中的冰岛却利用其所造成的地热资源取暖，构建温室种植蔬菜，甚至种植香蕉；中美洲的萨尔瓦多利用火山热能建发电站，所发电力相当于其用石油发电的 20 倍。美国夏威夷大学工程系主任曾指出，在夏威夷启来火山口附近打一口 2 000m 深的地热实验井，其井水蒸气若用来发电，年可发电 5 亿 kW/h。可见，火山爆发一方面给人类带来灾难，另一方面也提供了大量潜在的地热资源（包括能源和旅游资源），在人们掌握了相当的科学技术，并拥有足够的开发实力时，它就成了有利的因素。

表 3-4 中国部分资源的绝对量和相对量

项 目	资 源	世 界	中 国	中国/世界(%)
绝对量	国土(万 km²)	13 393.33	960.00	7.17
	耕地(万 ha)	137 340	9 572	6.97
	森林(万 ha)	404 904	12 456	3.08
	森林蓄积量(亿 m³)	3 100	91.4	2.95
	径流量(亿 m³)	470 000	36 144	5.56
人均量	土地(ha)	3	1	32
	耕地(ha)	0.3	0.1	33
	森林(ha)	0.6	0.12	19
	森林蓄积量(m³)	69	9.3	13
	径流量(m³)	10 444	2 600	25
密度	耕地(ha/km²)	10.3	10.0	97
	森林(ha/km²)	30.2	13.0	43
	森林蓄积量(m³/km²)	2 310	952	41
	径流量(m³/km²)	350 920	376 500	107

自然条件如此，技术条件和社会经济条件等，更是如此。现在，科学技术 3～5 年就要翻一番，社会经济条件也日新月异，这就要求在对产业布局因素进行评价时，既要把握资源条件的现实情况，也要了解其动态变化的特点，预测其将来的态势。

6. 既要研究资源条件对产业布局的影响，也要分析产业布局对资源条件的作用

各种资源条件对产业布局有影响，因而在进行产业布局时必须认真分析和评价各因素的作用。但是，产业布局对条件因素也有反作用：产业布局后，势必在一定程度上改变了该地区的地表覆盖乃至地质结构；为维持该布局，势必需要向有关地区索取物质、能量、资金、劳力等；该产业的产出（包括"三废"）势必造成对相关地区原先生态循环、物质循环、能量循环、资金循环等的干扰。

埃及阿斯旺大坝的建设，给人留下了深刻的教训。尼罗河是世界第一长河(6 670km)，自南向北流贯非洲东北部，其干、支流流经埃及等 10 几个国家，对沿岸地区的经济发展有着重要的意义。尼罗河被埃及人民视为生命，每年定期泛滥对它流经的地区起到了施肥、洗盐、灌溉的作用。源远流长的河水夹带着丰富的营养饵料进入地中海，引来大量鱼群在河口回游和繁衍生长，形成地中海著名的沙丁鱼渔场；丰富的泥沙又在河口形成一个宽约100km 的肥沃三角洲平原，为埃及人文荟萃、经济繁荣的精华地区的形成、发展，提供了优越的空间场所。

1971 年埃及在尼罗河下游建起了阿斯旺大坝，该坝的建成，为防洪、灌溉、发电、航运、渔业和旅游等的发展创造了条件，取得了很大的效益，但也带来了一系列严重的后果和灾难：大量泥沙、有机质都沉积到筑坝而形成的纳塞尔湖底部，使两岸地区失去了宝贵的肥源及淡水洗盐过程，致使土壤日趋贫瘠；河口地区泥沙供应减少，三角洲由向海扩张转为向陆退缩，使河口附近的工厂、港口、国防设施等，面临被淹的危险；高坝切断了河水带来的大量有机质饵料来源，使河口近海沙丁鱼严重减产，1965 年沙丁鱼产量曾达到 1.5 万 t，1971 年以后几乎见不到沙丁鱼的踪影；下游地区的河水由活水变成相对静止的"湖泊"，血吸虫、疟蚊等得以繁殖和猖獗，致使水库沿岸居民的血吸虫病发病率高达 80%～100%。

阿斯旺大坝建造的惨痛教训告诫着人们，在资源开发和产业布局时，不仅要看到资源条件对产业布局的作用，还要研究产业布局对资源和环境所造成的影响。正是吸取了阿斯旺大坝的教训，我国在建造长江三峡大坝时异常慎重，动员了数以千计的科学家和工程技术人员，从不同角度、不同方面，研究和论证了数十年，才最后作出决策的。

当然，产业布局对资源条件和环境的反馈作用并不都是有害的，比如，在一个丘陵地区建设水果加工厂，诱发林果业的大发展，导致森林覆盖率增加，水土流失减少，等等。至于产业布局所导致的地区科学技术进步，社会经济水平提高，乃至交通运输条件的改善等，则是任何产业布局所追求的。

(三) 定性评价与定量评价相结合

一个完整的应用研究过程，总是由定性分析到定量分析，再由定量分析到新的定性分析的螺旋式上升过程。事物的发展具有质的规定性，先初步研究一下事物的质(定性分析)，在此基础上进行定量分析，揭示其量的关系，然后根据定量分析结果再重新认识事物的质和质变，或者说从更广泛、更深刻的意义上认识事物的质和质变。只有这样，才能把研究引向深入。产业布局对资源、环境、条件的分析与评价也应如此。

下面以上海交通大学系统工程研究所的王涣尘、王鹤祥等人所作的上海新港布局影响因素评价为例，简要地说明如何用定性评价与定量评价相结合的方法进行产业布局影响因素评价。

1. 问题的提出

20 世纪 80 年代初，上海港的吞吐能力达到饱和状态，压船、压港、压客现象严重，造成了严重的损失，急需建设新港区。经过初步调查研究，在上海沿海(杭州湾)、沿江(长江、黄浦江)地区寻找了 19 个新港选址点。经反复比较、筛选，最后提出了 4 个方案(候选港址)，即罗泾、七丫口、外高桥和金山嘴。对于这样投资大、涉及面广的大规模投资项目，为稳妥起见，应该采用定性、定量结合的方法，从可能和满意两个方面对各影响因素进行全面评价，确保所选港址为最佳港址。

2. 影响因素的确定

对不同港址进行评价和选择，必须建立能对照和衡量各个港址优劣的统一尺度，即评价指标体系。评价指标体系的建立，要求能科学地，客观地，尽可能全面地考虑各种影响因素，包括建设港口的全部因素以及港口建成后产生的效果和利弊。

通过查阅大量资料，现场观察，走访有关研究和工程单位，多次与上海港务局领导、设计人员讨论，并通过两轮特尔斐(DELPHI)法咨询，多次推敲，设计出与国家政策一致性指标(如对国民经济翻两番的影响程度等)3 条，技术性指标(如岸滩稳定性等)20 条，经济性指标(如建设费用等)13 条，与城市和地区发展规划关系的(如与市内交通联系方便程度等)7 条，与全国交通网联系(如与国家干线铁路联系方便程度等)8 条，资源 11 条，环境保护 4 条，受国内其他项目影响 2 条,军事 2 条,共 9 大类 70 条评价指标,并对 9 大类 70 条评价指标的重要程度区分为不同等级,即极重要,很重要,重要,应考虑,意义不大和不必考虑等(详见中国系统工程学会编,《系统工程应用案例集》,135~142 页,科学出版社,1988)。

3. 各港址不同影响因素作用评价

如果只是定性地描述各港址不同因素的特点,那就只能停留在泛泛而谈的阶段,"心中无数",当然难以作出科学的决策。因此,必须作定量分析。不同的指标,尽量都用数字反映它们对各港址的影响强度。具体做法是:将 70 个评价指标大致分为三大类分别进行量化:第一类为能直接定量的指标,如所需投资额等,直接用原始数据;第二类,可间接定量的指标,如气候条件(港址的风力,风速,港区的浪高等)等,可用全年允许的港口作业天数来描述;第三类为定性指标,可根据模糊数学原理,用专家打分的办法获取各指标在不同港址的特征值,如对各港址岸滩稳定情况进行评价,可采取五级评分方法:一级给 1.0 分,二级给 0.8 分,三级给 0.5 分,四级给 0.2 分,五级给 0.0 分,请有关专家分别给出各港址岸滩稳定性的级别判断,这样就得到了不同港址岸滩稳定性评价的定量描述。

4. 各备选港址的综合评价

得到各港址 70 个指标的单项评价值之后,还要把这些值综合起来,以便得到各港址的总体评价结果。综合的方法有算术加权法、几何加权法和主分量综合法等。

考虑到 9 大组指标内在关系各不相同,不要求各组数据内部综合时均采用统一的合成方法。

为了消除量纲和计量单位等因素造成的计算偏差,在进行综合之前,要对各指标进行无量纲化和归一化处理,可根据各指标的具体特点选择数据处理的方法,如标准差归一化法,极值归一化法等。

5. 结论

经过仿真计算,得到四个港址的可能—满意度指标如下:

$$H_{金山嘴} = 0.787\,7 \quad H_{外高桥} = 0.782\,4 \quad H_{七丫口} = 0.739\,3 \quad H_{罗泾} = 0.672\,6$$

由此可以得出结论:

(1)金山嘴、外高桥、七丫口和罗泾均可作为上海港新港区选址点,因为它们的可能—满意度都大于 0.6,即全部都及格,建议这四个港址都作为新港址备选点。

(2)按可能满意度的大小顺序,最优的当属金山嘴,其次是外高桥,再次是七丫口,最后是罗泾。但金山嘴的可能—满意度也小于 0.8,属于中等,未达到优,建议有关方面对薄弱的关键因素组织力量做进一步的深入研究。

(3)经过灵敏度分析,上述结论比较稳定,说明所得结论的可信度较高。

归纳为一句话就是:金山嘴、外高桥、七丫口和罗泾四个港址全部及格,但都不很好,各有千秋,而金山嘴略胜一筹。这项研究结论已被上海市人民政府及有关部门采纳。

第四章 第一产业布局

第一产业,又称第一次产业、第一部门、初级产业,是对自然界存在的劳动对象进行收集和初步加工的部门,通常指生产工业原料或生产不需要经深度加工即可消费的产品的部门。它是西方现代经济学为研究经济增长对产业结构的影响而划分的三大产业之一。该术语最早流行于 20 世纪 20 年代的澳大利亚和新西兰,包括农业、林业、畜牧业、渔业和矿业。以后,世界各国在使用这一术语时,对其所包含的范围作过一些调整,如把矿业划为第二产业。中国国家统计局也规定,第一产业只包括农业、林业、畜牧业和渔业,不包括矿业。

第一节 农业生产与布局

一、农业生产的涵义与特点

(一)农业的涵义

农业,是培育动植物以取得产品的社会生产部门,一般包括植物栽培业和动物饲养业。它是人们通过社会生产劳动,利用自然环境提供的条件,依靠动植物的生物机能,促进和控制生物与自然环境相互适应,将自然环境中的物质、能量转换成社会需要的农产品的生产以及附属于这种生产的各部门的总称。这里所谓"附属于这种生产的各部门",包括农产品的简单加工业以及其他农村副业① 等。所以农业可以说是一个"自然环境—生物—人类社会"的复杂系统,是一个多层次、多序列的完整网络,是一个统一整体,是人类历史上第一个出现的物质生产部门。

通常所说的农业,有狭义和广义两种含义。狭义的农业是指种植业,或仅指农作物栽培,主要包括粮、棉、油、麻、丝、茶、糖、菜、烟、果、药、杂;广义的农业包括种植业、林业(指造林、营林)、畜牧业(畜禽饲养)、副业和渔业(指水产品养殖)。在国外,它通常包括种植业和畜牧业;随着现代农业的发展,经济发达国家,还包括为农业提供生产资料的农业前部门和农产品加工、储藏、运输、销售等农业后部门。

农业起源于新石器时代,经历了不同的发展阶段。按生产力的性质和状况划分,有原始农业、古代农业、近代农业和现代农业;按生产关系的性质划分,有原始社会农业、奴隶制农业、封建制农业、资本主义农业和社会主义农业。

---

① 副业:系指采集、捕猎、农民家庭兼营工业.

农业是人类衣食之源、生存之本，是一切生产的首要条件，是国民经济其他部门发展的基础。人类最初的劳动是从采集野生果实和渔猎等觅取食物的生产活动开始的，后来产生了原始畜牧业和原始种植业。随着生产力的发展，农业劳动生产率逐步提高，生产出来的生活资料除满足农业劳动者自身的需要外，还有剩余，于是有可能让一部分人从事农业以外的劳动，从而才有了农业与手工业的分工。以后，商业、交通运输等部门也才能相继出现。但是，从农业中独立出来的工业等国民经济部门要得到发展，仍然要建立在农业发展的基础上。农业劳动生产率愈高，农业能够为工业和其他部门提供的生活资料、原料、劳动力愈多，市场愈广，这些国民经济部门的发展也就愈快。任何社会，工业和其他各项经济文化事业的发展，最终都取决于农业劳动生产率的高低。因此，农业是国民经济的基础，是人类社会发展的一个普遍存在的经济规律。

（二）农业生产的特点

农业生产作为社会物质生产的一个部门，一方面具有与其他生产部门相同的共性，即都是为了满足社会一定时期的需要，都必须服从于一定社会经济形态下的共同的经济规律；另一方面，由于农业生产的对象是动植物，是有生命的东西，因而农业生产又具有与其他生产部门所不同的特点。

1. 经济再生产和自然再生产交织在一起

这是农业生产的根本特点。马克思指出："经济的再生产过程，不管它的特殊的社会性质如何，在这个部门（农业）内，总是同一个自然的再生产过程交织在一起。"① 又说，"在所有生产部门中都有再生产；但是这种同生产联系的再生产只有在农业中才是同自然的再生产一致的。"② 这一论断，揭示了农业生产的本质特性，同时也指明了农业生产，如同一切社会生产一样，也是一个经济再生产的过程。在这个过程中，农产品由结成一定生产关系的社会成员，凭借一定的生产手段和劳动对象生产出来，然后通过交换和分配，部分投入消费领域，部分又重新成为劳动对象而回到下一个生产过程，如此往复循环。就这一方面而言，农业生产具有一切社会生产的共性，即按照经济再生产的客观规律而发展。但农业生产又有不同于其他社会生产的特殊性质，即它是有生命的再生产。因此，它的经济再生产过程总是同自然再生产过程交织在一起。

所谓自然再生产，是指生物有机体通过同它所处自然环境之间物质、能量的交换、转化而不断生长、繁殖的过程。在这个过程中，绿色植物依靠光合作用，将二氧化碳和水、矿物质养料转化成为有机物，用于自身生长并繁殖后代，由此构成自然界的"第一性生产"，构成生生不息的植物世界。种类繁多的植物产品，又可为动物提供它们赖以生长、繁殖的食物，由此构成自然界的"第二性生产"，构成生生不息的动物世界。植物、动物的残体和排泄物回复到土壤中以后，可以再一次成为植物的养料来源，如此循环不已。这个自然再生产过程，按照自然界生命运动的客观规律而发展。

然而，单纯的自然再生产过程构成自然界的生态循环，并不是农业生产。作为农业生产，

---

① 《马克思恩格斯全集》24 卷，398～399 页，人民出版社，1972.
② 《马克思恩格斯全集》26 卷，61 页，人民出版社，1972.

还要有人类生产劳动对自然再生产过程的干预。这种干预必须既符合生物生长发育的自然规律，又符合社会经济发展的客观规律。这种干预的有效性，一方面取决于人类对自然界生命运动规律的认识程度和干预手段的先进程度；另一方面又必然要受社会经济条件的制约。这样就构成了农业生产的两重性。把握了这种两重性去观察农业，就可以发现：农业的经济再生产的规模是随着社会经济的发展而不断扩大的，人类对于农业的自然再生产过程的干预能力是随着科学技术的进步而不断提高的，经济发展和科学技术进步之间又相互联系，相互促进。农业生产正是在经济发展和科技进步两大因素的相互作用下不断地由较低水平上升到较高水平的。

2. 强烈的季节性、连续性和周期性

农业生产的一切活动，都是循序渐进的（如自播种至成熟），是在人们定向干预和调节下的生物再生产过程，生产的各个阶段既受光、热、水、土等自然因素的影响，又必须在一定时间内有顺序地完成，而不像工业生产那样，各个阶段可以同时或连续进行。因此，农业生产与季节有密切关系。另外，农业也不像工业那样，劳动过程就是生产过程；农业生产过程包括作物从播种到收获的生长全部时间，劳动过程则短得多，人们只在作物生长过程中进行间歇性劳动。这样，就促使农业生产各阶段的农活往往需要在很短促的时间内完成，才能达到生产目的；否则，如果违背农时，就会遭受损失，降低收成和质量。因此，"不违农时"极为重要。

农业生产还具有连续性和周期性的特点。一般来说，农业生产的上下周期之间以及上下代之间，都有紧密的联系，彼此之间不能中断。同时，生产的周期也较长，大多数作物从播种到成熟，以及大多数畜禽或其他饲养动物从生育到成长，一般需要几十天、几个月、几年或更长的时间；因此，在安排农业生产时，不仅要考虑到这一生产周期的生产效果，还要考虑到下一生产周期的效果；不仅要考虑当季当年获得好收成，还要考虑连续几年以致更长时期内能获得好的效果。

3. 强烈的地域性

农业生产是生物再生产，而生物生长是在广大的地域空间进行的，它与自然环境紧密关联而不可分割，特别是与土地关系密切。土地不仅是农业的生产场所，而且是劳动对象和生产资料。土地的位置、起伏、热量分布、水分状况、肥瘠状况等又都是自然环境空间差异的具体表现；而且，农业生产还离不开一定的社会经济条件和技术条件，这些条件各地也有明显的差异。由于自然环境和社会经济条件都存在地域差异，加以在同样的社会经济条件下，自然条件也不一定相同；而在同样的自然条件下，社会经济条件也可能不一样，因此，农业生产便表现出极其强烈的地域性，反映着地域分异规律。所以指导农业生产，要特别强调"因地制宜"，要从各地的具体条件出发，切忌"一刀切"。

农业生产的地域性还表现出大区域和小区域的差别。从大的区域来看，存在着大范围的、与自然地带的界限相接近的农业地带，如热带、亚热带、暖温带、温带、寒温带等由各种作物构成的农业带；从小的区域来看，农业生产也存在着复杂的差异，根据这些差异可以划分出不同类型的农业区域或作物区。

此外，农业生产还具有综合性和对土地具有特殊的依赖性的特点。

二、农业布局的概念、原则与内容

(一) 农业布局的概念

农业布局(allocation of agriculture production)又称农业配置。指农林牧副渔各部门和各种农作物的地域分布及农业生产的地域组合。合理的农业布局要求农业各部门和作物尽可能分布在条件最优越的地区，而每个地区内的农业各部门又保持着合理的比例，有机结合，相互促进，协调发展。

由此可见，农业布局是农业生产发展的一个重要侧面，即农业生产发展的一种地域表现形式。它是历史形成的一个客观实体，既有继承性，又有发展阶段。其布局的根本任务就是：充分利用一国或一地区的农业自然资源与经济资源及其他生产要素，为因地制宜、分类指导农业生产，为调整地区结构和合理布局提出发展蓝图。

(二) 农业布局的原则

为使农业布局合理，必须遵循下列原则：

1. 以市场为导向

农业布局实质上是一定生产方式的反映，在社会主义制度下，农业布局由社会主义生产方式所决定。因此，它必须遵照社会主义市场经济规律，根据农业生产地域分异特点，进行农业生产的空间组织，促进农业全面发展，适应市场需求。

因此，合理布局农业生产，必须贯彻各个时期农业发展的方针。农业发展方针是国家根据各个时期社会经济发展的需要和国内外市场的需求而制定的，用以指导农业生产，并以此制定一系列的农业政策，指导农业布局。例如中国政府提出的"粮食生产一定要抓得很紧"和"积极开展多种经营"的方针，就是进行农业布局的依据。

2. 实行区域化布局

实现农业区域化是实现农业现代化的必由之路，也是农业生产发展的必然趋势。区域化是农产品生产地域分工的一种形式，即不同地区专门或主要从事一种或多种农产品生产。实行区域布局，应从下列要求出发：

(1) 满足市场需求。满足市场需求，是区域发展的最终目的。然而市场需求是多方面的，既要满足国家的要求和专业化区自身的需求，也要满足出口创汇的需求。所以满足市场不断增长的需求，是区域布局一项根本的战略性任务。

(2) 坚持"因地制宜"。随着现代农业科学技术的进步，对"因地制宜"的外延和内涵进一步拓展和完善，不仅包括自然资源和条件，也包括社会经济、技术资源和条件，同时又含时空之意。区域布局若违背上述前提条件，必将受到自然规律和经济规律的惩罚。因此实行区域化布局，必须坚持"因地制宜"的思想。

(3) 以内涵挖潜为主。农产品增产的途径，一方面靠外延扩大不同地区耕种面积和养殖规模；另一方面，就是挖掘内涵潜力，提高不同地区的单产、总产，商品量和商品率。这不仅要增加物化劳动和活劳动的投入，还要进一步提高农产品地区、生产单位和生产过程(工艺)专业化水平。

3. 城镇、工矿区附近建立"菜篮子"工程

在城镇和工矿区，由于人口聚集程度高，对农副产品的需求量大，质量要求高，品种要多、要新鲜，因此，必须相应安排蔬菜、鲜奶、水果、鲜鱼、肉、禽、蛋和花卉等生产，使土地利用向集约化发展，产品向优质高产发展，并建立保鲜、加工、储存、运输、销售等生产体系与流通网络，以便货畅其流。为此，在城镇和工矿区周围选择用地条件好、交通方便的地区，建立相应规模的"菜篮子"工程基地是必要的。

4. 合理开发山区和边远地区的农业资源

山区有丰富的资源，宜于发展林牧业和各种土特产。但由于历史形成的经济发展不平衡，致使农业生产落后。而山区和边远地区是少数民族聚居地区，有的还是革命老根据地，所以积极发展山区和边远地区的林牧业和土特产，对加强民族团结，对广泛利用复杂多样的农业资源，对促进各地区农业生态良性循环和均衡发展都有重要意义。为此，必须解决以下几方面的问题：①基本政策上的全面倾斜，包括投资政策、税收政策、价格扶持政策等。②资源开发上的多次增值，要变出售原料为深加工或精加工制品，不断开辟资源利用的新途径，扩大财源，刺激资源的继续发展。③内因与外因联动，内因启动由内部发生，逐步变"输血"为"造血"；外因启动是向外致富，通过劳务输出，开拓经营门路和生活领域。

5. 经济效益、社会效益、生态效益相结合

经济效益是调动农民生产积极性的根本动力，也是发展农业生产与搞好合理布局的目的。但要防止经济上的短期片面效益，应重视长期的、全面的社会效益和生态效益。因为良好的社会环境和生态环境可以保持优质、高产、高效、低能耗、低投资。如果只看到眼前利益，竭泽而渔，虽然一时富起来，也不能持久。因为生态遭到破坏以后，则经济收入下降，社会效益也不好。所以在农业布局中必须强调经济效益、社会效益、生态效益的有机结合。

(三) 农业布局的内容

农业布局的内容，包括农业生产条件评价，农业部门布局和区域农业总体布局等方面。

1. 农业生产条件评价

从农业生态和生产的要求出发，对其环境条件的有利与不利方面以及对农业生产的影响程度进行综合分析评价，包括自然条件、社会经济条件和技术装备条件评价等。缺少对这些条件的评价，就无所谓安排农业生产和进行农业布局。对农业生产条件评价的基本原则是：①农业发展的客观要求与地区所提供的可能性相结合；②多因素分析与主导因素重点深入相结合。在分析主导因素时，应考虑对农业生产影响较大的主要矛盾方面；③在分析一般因素时，要考虑它的不可代替性；④农业生产的经济效益与社会效益、生态效益相结合。不可忽视农业生产条件利用和改造所带来的副作用。

2. 农业部门布局

农业部门布局，又称"条条布局"，是在分析农业现状的基础上，根据各农业部门的生产特点以及所需要的环境，结合各地区的生产条件，选择适宜区，并通过研究各部门的分布状况、发展变化特点和存在问题，制订农业各部门的发展方向、规模、水平、分布与增产途径的布局方案。

3. 区域农业总体布局

区域农业总体布局，又称"块块布局"，以地区为基本单位，确定区内农业主导部门和次要部门，建立合理的农业部门结构体系，实现农业生产的区域化和专业化。

三、影响农业生产布局的条件

影响农业生产布局的条件，主要有自然条件、技术条件和社会经济条件。其中最直接、最见效的是自然条件。这是因为具有生命的活的有机体，只有在适应自然环境的条件下，才能维持个体生存和繁衍后代，农业才有生产基础。因此，自然条件对某些农业部门或作物的生长是会起决定性作用的。但是，一个地区的自然条件，很少只适合发展一种作物，而是存在着发展多种部门或作物的可能性，在这种情况下，往往就要由技术上的可能性来决定，同时还要根据社会经济条件和生产力发展水平，根据主要农业部门或作物的经营特点以及市场的需求，去评价各种条件的优劣和相对的利用价值。所以在分析论证时，一方面要从综合的角度去考察，把各种因素之间的相互联系，相互制约的关系当作一个整体来看待；另一方面，又必须抓住主导因素深入分析，做到有的放矢。

(一) 自然条件

影响农业生产布局的自然条件主要有气候、地形、水文、生物、土壤等方面。

1. 气候条件

气候条件是指一个地区的气候对农业生产所提供的自然条件和物质、能源及其对农业生产发展的潜在能力。因此，气候条件是自然条件的重要内容，包括太阳辐射、日照时数、热量、水分和空气(包括二氧化碳)等。具体是指：生长期(无霜期)的长短、总热量和降水量的多少及其在年内年际的分配、光照时数、辐射强度、质量及其变化特点等。其数量的多寡及配合是否恰当，形成了各种农业气候资源类型，这些类型在一定程度上分别决定了农业生产的类型和构成：作物的种类和品种、种植方式和栽培管理措施、相应的种植制度，这些最终将影响到产量形成和品质的优劣。

(1) 热量。空气冷热的程度叫气温。在一定意义上讲，可以用它来表示一个地区的热量水平。因此，气温对作物的影响，实际上就是热量对作物的影响。一般对于植物的生命过程来说，有几个大致的界限。植物生活力的绝对界限是75℃，温度再高，蛋白质就凝固了。有人曾观察到植物的同化作用的最低温度是-6℃。农作物的生活界限，一般是0℃到35℃，最高到40℃。其适宜温度的界限，就更窄了。在适温范围内，温度每升高10℃，生物化学反应速度加快1～2倍，光合作用旺盛，植物生机勃勃。热量不足，温度太低，植物生理机能衰退，发育迟缓，出穗推迟，籽实不能成熟。太冷，细胞体内甚至结冰冻死。一般耐寒植物光合作用的冷限与细胞组织的结冰温度很接近，约在−3～−5℃左右；温度偏高，呼吸消耗偏大，生育加快，易畸形发育早衰而减产。温度再升高，植物失去闭气孔的能力，就会蒸发过度，脱水、枯萎死亡。植物体内的生理活动都是靠各种酶来推动的，温度过高或过低，酶的活性都要降低甚至死亡。所以热量是作物生活中的主要因子，它一方面直接影响着作物生长发育、产量和品质、作物分布与种植制度；另一方面，影响着作物本身全部生命过程。当然，各种作物需要的冷热条件是不尽相同的，这是它们在亿万年漫长的进化过程中，适应地球上丰富多样的气候环境的结果。

①　三基点温度。任何一种作物的生命活动，都有三基点温度，即最低温度、最高温度和最适温度。在最适温度范围内，作物的生长快而健壮；当温度达到最低温度或最高温度时，作物停止生长发育，但不会死亡。如果温度继续降低或升高就会发生不同程度的有害影响，直至死亡。因此，在三基点温度以外，还可以确定受害和致死的温度指标。对于不同的作物或同一作物不同发育时期来说，这三基点温度也是不同的。如水稻出苗最低温度是10～12℃，最适温度是26～32℃，最高温度是40～42℃；麦类(小麦、大麦、黑麦、燕麦)发芽最低温度是1～4℃，最适温度是20～25℃，最高温度是30～32℃。一般来说，最适温度较接近作物生育的最高温度而远离最低温度。农作物光合作用的三基点温度与呼吸作用的三基点温度是不同的，一般作物的光合作用的最适温度比呼吸作用的最适温度低，光合作用的最低温度为0～5℃，最适温度为20～25℃，最高温度为40～50℃；而呼吸作用的最低温度为−10℃，最适温度为36～40℃，最高温度为50℃。作物只有当光合作用制造的有机物质多于呼吸作用所消耗的有机物质时，才有有机物质的积累。所以当温度超过光合作用的最适温度以后，光合作用率下降，而呼吸率仍然增加，使有机物质的积累减少。温度继续增高，将逐渐变到消耗大于积累。所以温度过高对作物生长是不利的。

②　活动积温和有效积温。为了了解活动积温和有效积温，必须首先了解生物学最低温度、活动温度和有效温度的意义。作物不同时期开始生长的下限(或起点)温度，叫做生物学最低温度或生物学零度，只有当温度达到这个温度以上时，植物才开始生长发育。在作物生长的某一个时期或全生育期中高于生物学最低温度的温度叫活动温度。活动温度与生物学最低温度之差叫有效温度，有效温度是对作物生长发育有特别积极影响的温度。活动温度是作物全生育期或某个发育时期内活动温度的总和。而有效温度是作物全生育期或某个发育期内有效温度的总和。例如玉米生物学最低温度为10℃，而某天实际气温为15℃，第二天17℃，第三天14℃，第四天为9℃，则4天的活动温度为15℃、17℃、14℃，而9℃小于生物学最低温度，不算活动温度，4天的活动积温是15＋17＋14＋0＝46℃。有效温度则分别为5℃、7℃、4℃，有效积温为5＋7＋4＋0＝16℃。各种积温中用得最广泛的是日平均气温≥10℃持续期的积温即活动积温，常用作衡量多数农作物热量条件的基本指标。各种作物所要求的积温有很大差别。就10℃以上的活动积温而言，喜凉作物要求1 000～2 000℃不等；玉米、谷子、高粱、大豆等中温作物要求2 000～3 000℃；喜温作物棉花、水稻、花生等要求在3 000℃以上，甘蔗要求5 000℃以上。因此，从各地区不同积温，可以大致看出不同气候条件下栽培和推广各种作物的可能性。各种农作物除要求一定温度的持续期和积温外，在生理生长期还要求一定的高温条件，尤以喜温作物为甚，通常用最热月平均气温作为作物所需要的高温

指标。

③ 农业指标温度。农业指标温度是指示农作物生长发育及田间作业的温度。它和作物生长发育及田间工作紧密结合在一起，是进行农业气候区划和耕作改制中常采用的一种热量指标。一般常用的农业指标温度有 0℃、5℃、10℃、15℃、20℃等。这些指标温度的持续日数及积温对农业生产有重要意义。例如：

0℃：春季日平均气温稳定通过 0℃的初日，表示冬季已过，土壤开始解冻，田间作业开始，早春作物春小麦和春油菜播种，冬小麦开始返青；秋季日平均气温稳定通过 0℃终日，冬小麦停止生长，土壤冻结，田间耕作停止。稳定通过 0℃的初终日之间持续日数称为温暖期或可能生长期，其积温称为总热量或可利用积温，它反映了一地区的总的生长期和全部的热量资源，是评定地区农事季节和热量多少的一个指标。

10℃：日平均气温稳定通过 10℃的初日是喜温作物如水稻、棉花、花生等作物的开始播种和生长开始期，是麦类作物开始积极生长的界限；终日为喜温作物的停止生长期。稳定通过 10℃的初终日，基本上与初终霜冻的出现和终止日期相一致。因此，从 10℃初日到 10℃终日之间的持续日数及积温作为喜温作物的生长期或活跃生长期和可利用的热量，是评定地区喜温作物生长期长短和热量多少的指标。

15℃：日平均气温稳定通过 15℃初日是水稻适宜移栽期，其终日为喜热作物停止生长期。因此，从 15℃初日到 15℃终日之间的持续日数及积温作为喜温作物积极生长期和所要求的热量指标，也是喜温作物安全生长期(即无霜冻期)。

20℃：日平均气温稳定通过 20℃的初日是水稻分蘖迅速增长的开始日期，其终日为水稻的安全抽穗开花期。

(2) 光能。农作物生长的动力是什么？原料又从哪里来？这是人们需要了解的问题。在长期的实践中，人们认识到植物是靠光合作用增长体积积累干物质的，植物利用日光能及空气中的微量 CO_2 形成植物体。植物体除去水分之后干重的 90%～95%来源于空气中的 CO_2，燃烧植物体后剩余的灰分总是很少的，灰分就是土壤中的 N、P、K 等矿物质元素。每一株植物都像一个"绿色工厂"，工厂的能源就是太阳能，主要原料就是空气中的 CO_2。绿色植物依靠太阳能将空气中的 CO_2 制成富有能量和营养的葡萄糖、淀粉、脂肪和蛋白质。因此，碳水化合物等于阳光加空气、粮食，是热能的储存库，农业生产的实质就是转化太阳能。农业生产的各种产品，无论是食品或衣物，都是太阳潜能的表现形态，是人类赖以为生的基本生活资料来源。所以，太阳光能的多少和利用率与作物产量关系很大。对光能资源的评价，主要是分析各个地方的太阳辐射强度和日照时数。太阳辐射是一种光亮子的物质以电磁波的形式在空中传播，到达地球表面时称为日射，它是太阳辐射很小的一部分。表示太阳辐射强弱的量叫辐射度。太阳辐射是以它的光照时间、光照强度和不同的光谱组成对作物生长发育产生影响的。

① 光照强度与光合作用。光照强度是指单位水平面积上单位时间内所接收到的太阳辐射的能量(短波和长波辐射能量)，单位是卡/cm²·min①，即当太阳直射时，1 分钟内在 1cm² 面积上所接受到的太阳辐射能量，以全年计算时单位为千卡/cm²·a。光照强度的大小，直接影响作物光合作用的强弱。在一定的光照强度范围内，光合作用的强度随着光照强度的增加而增加，但光照强度增加到一定限度以后，光照强度再增加，光合作用也不会增加，这种现象

---

① 1 卡 = 4.186 8 焦.

称为光饱和现象。实际上作物开始进行光合作用所需要的光照强度是很小的，弱光照下（甚至在煤油灯下）也能缓慢地进行光合作用。因此在一般的自然条件下，光照强度都能满足作物光合作用的需要。

② 光照时间对农作物的影响。气象上常用日照时数和日照百分率来表示光照时间。日照时数是指每天从日出到日落，太阳光直接照射到作物（或地面）的时数，可按日、候、旬、月、季、年统计。日照百分率是指某一月（或季、年）内实际的日照时数与可照时数（即理论最长日照时数）的百分率。根据作物对光照长短的反应，把作物分为三种类型：

短日照作物：这类作物只有在日照长度小于某一时数时才能开花，若大于某一时数，则停止或延迟开花。水稻、玉米、大豆、高粱、甘蔗、谷子、棉花等原产于热带和亚热带的作物均属于这种类型。

长日照作物：这类作物只有在日照长度大于某一时数时方能顺利开花，如果昼短夜长，则延迟开花，甚至不能开花。小麦、大麦、燕麦、豌豆、油菜、甜菜、亚麻、马铃薯、洋葱、菠菜、蒜等原产于温带和寒带，从早春到夏末之间开花的作物均属此类。

短日照作物与长日照作物的日照时数界限不易截然分开。一般以 12～14h 为界限，即短日照作物在某一时期（光照阶段），一般要求每天的日照时数小于 12～14h，长日照作物则要求大于 12～14h。

中间型作物：这类作物开花受日照长度的影响不明显，在长日照或短日照条件下，都能正常开花，如黄瓜、西红柿、荞麦等属此类。

(3) 水分。水是植物制造有机物质的原料，是植物体的主要部分。一般植物体的含水量为其鲜重的 80%～90%，蔬菜、瓜果的含水量甚至占 90% 以上。水是碳水化合物中氢的来源，既参加能量储藏，又起着植物体内养料和有机物质的输送作用。植物还要进行蒸腾作用。植物的光合作用、呼吸作用，细胞体内一系列生物化学变化都离不开水。所以水分条件适宜与否，对作物的生长与发育、产量的高低、品质的优劣都有重要的影响。植物在生命活动中吸收的大量水分，除一小部分用于制造有机质外，其余绝大部分用于蒸腾。作物每合成 1g 有机物质所蒸腾的水分为：水稻 500～600g，棉花 650g，小麦 450～600g，玉米 250～300g，大豆 310～430g。缺水对作物的新陈代谢及产量形成影响最大的时期称为需水敏感期，或"水分临界期"，此时期耐旱力最差。各种作物需水敏感期早迟、长短不一致。一般来说，大多数作物的需水敏感期都在生殖器官形成的开花前夕。例如水稻在花粉母细胞减数分裂期（抽穗前 10～15 天）和抽穗开花期。水也是家畜机体的重要成分，成年家畜体内的水约占体重的 2/3，幼畜的体内将还要多一些，若失去 20% 的水分就不能生存。水更是水产业发展的基础。所以水与农林牧渔业关系密切。水分来源有降水（降雨、降雪、冰雹，有时也包括雾、霜、露等）、空气湿度、土壤水（地下水）。而作物所需的水分，主要来自大气降雨。因此，年降雨量的多少以及在时空上的分布状况，对农业生产与布局有密切关系。空气湿度可控制水分丧失情况，而土壤水分则决定植物的吸收情况，也是供给植物水分的主要来源。由于水分主要来源于降水，空气湿度和土壤水分很大程度上受降水制约。作物布局可利用全年降雨曲线（多年平均值），从曲线图上可以知道全年降雨量（年雨量在 250mm 以下的地区若无灌溉条件，一般难以进行耕作；年雨量在 500mm 地区若无灌溉条件，就只能进行旱作），再根据雨量逐月变化，对照各种作物生长发育不同阶段对水分的不同要求，则可分析应布局何种作物较适宜，是否须排灌建设。也可以利用曲线图来评价雨、旱日（一天有 0.1mm 的雨量即为雨日）的长短。雨量变率

（是指某年或某季节的实际降雨量与多年平均值之差的百分数）及降水强度（单位时间的平均降水量，如 10mm/h，10～50mm/h，都为暴雨），对农业生产的影响也很大。雨量变率与农业减产成正比，一般雨量少的地区变率反而大，雨量变率在 25％以上时，作物就可能受害；若在 40％以上，则必须加以人工补救，否则就会失收。除年变率以外，还要注意季节变率。而暴雨则会引起山洪、水土流失冲刷，甚至会直接伤害植株，其水量的利用价值较小。湿度过高会造成禾谷类成熟延迟，甚至会引起籽粒发芽变坏，会影响昆虫对果树的授粉工作。橡胶正常生长要求相对湿度在 80％以上，而有些植物在生长上对水分有特殊要求（如晨雨影响割胶等），都应分别予以评价。

（4）空气。由于空气有"含碳性"和"运动性"两个重要特征，所以空气是农作物生产力的一个重要因素。空气中蕴藏着农作物的"粮食"——CO_2，碳水化合物主要来源于空气中的 CO_2。空气中的 CO_2 浓度很稀薄，约含万分之三。大多数作物，主要是指三碳作物，小麦、水稻、大豆等，适宜的 CO_2 浓度为大气中 CO_2 浓度的 1～4 倍。农作物所需要的 CO_2 主要来自高层大气，晴天需约 150m 高空的 CO_2 才能供应作物的光合作用的需要。土壤呼吸作用提供的 CO_2 只占光合作用需要量的 1/10 左右。农田 CO_2 主要是靠空气的乱流输送供应。空气及其运动特征，是作物生产力的一个重要因素。空气的运动，输送新鲜的空气，供给作物以"粮食"（CO_2），还将蒸腾蒸发的水汽和多余的热量及时地散发出去。此外，农业小气候、农业自然灾害，对农业生产也有很大影响，在具体评价时，亦应给予足够的重视。

2. 地形条件

（1）地表形态特征对农业生产的影响。各种不同的地貌形态，不仅直接影响着农、林、牧用地的分布和利用方式，更通过对热量、水分的地表再分配的影响而间接地对农业发生影响。具体来说，主要是海拔高度、地势起伏、地面坡度等方面。

① 地貌类型及其组合结构。一个地区的地貌类型及其组合结构，对农业生产布局有很大影响。所谓地貌类型是指山地、丘陵、平原、高原、沼泽、洼地等而言。所谓地貌组合结构，是指在一个大的地貌类型中，由哪些小的地貌单位所组成。而地貌组合结构的特征，在一定范围内所引起的热量和水分条件的差异，常为农业生产提供某些不同的生产环境。

② 海拔高度。由于海拔高度所引起的热量条件的垂直变化，对农业生产有显著影响。通常海拔每升高 100m，气温平均降低 0.5～0.6℃。因此，随着海拔增加，积温减少，生长期缩短。凡是相对海拔达 100m 以上的中山和高山地区，从山麓到山顶随热量条件的变化，便会出现明显的农业垂直地带分异现象，由于各地带的热量和生长期不同，因而作物组合、轮作制度、复种条件等也不同。

③ 地势起伏。地势起伏即地表相对高差（"比高"）随不同地貌类型而有显著差别。平原一般不超过 20m，最大不超过 50m；丘陵一般在 100m 以下；浅切割山地为 100～500m；中等切割山地为 500～1 000m；深切割山地为 1 000m 以上。地势起伏直接影响农林牧用地的分布和排灌系统的布置及难易程度。一般说，地势起伏越小，越有利于耕地集中连片，越有利于水利化和农业机械化，因而，在这方面平原比丘陵山地有利。

④ 地面坡度。地面坡度直接影响到水土流失程度、排灌设施、机耕条件、梯田修筑等。坡度大小是决定水土流失强度的主要因素。在黄土高原地区，因缺乏植被，地面坡度超过 2°～3°（或约 50％）便发生水力冲刷现象；5°～6°或 7°～8°以上，细沟侵蚀普遍出现；坡度愈大，水

土流失愈强烈，在 25°～35°的坡地，水土流失非常严重，修筑梯田也很困难。各种土状堆积物在疏松时都有一定的静止角，黄土为 35°，红土为 37°～38°，页岩风化物为 36°～37°，当地面坡度超过静止角时，土粒便发生泻溜。因此，35°是耕地分布的极限坡度。实际上一般以 25°为坡地开垦的限制坡度。坡度对农机具的使用也有影响。随着坡度增加，拖拉机的移动阻力增大，耗油量增加，牵引力下降。据统计，坡度为 8°时，履带式拖拉机的生产率比理想平原时的生产率降低 13%～15%，而燃料增加 12%；坡度为 6°时，用联合收割机收割的生产率要降低一半，而燃料增加 1 倍。在平原地区，地表坡度主要是影响排灌条件。就排水而言，地面坡度大于 3°(5.24%)的地方，一般排水通畅；1°～3°易受轻微涝害；小于 1°(1.75%)的地方，成涝机会较多，必须建立排灌系统。此外，坡向影响日照、太阳辐射，进而影响水分状况。一般南坡日照时间长，作物生长好，产量高。北坡相反，东、西坡则处于居中地位。

(2) 主要地貌类型的农业评价。山地、丘陵、平原、高原，由于各自的海拔高度、地势起伏和地面坡度特征不同，对农业的影响也各有不同。

① 平原。其特点是海拔较低(大部分在 200m 以下，少数超过 500m)，地势起伏较小(比高一般不超过 20m，最大不超过 50m)，坡度在 5°以下的平坦地面占绝对优势，耕地易于集中连片。因此，由地形引起的光热条件差异不显著。但地面起伏小和坡度小，则影响地表水再分配和土壤的性状。

② 丘陵山地。其主要特点是海拔高度和地势起伏都较大，坡地占绝大部分。对农业生产的影响，一是可耕地少、地块小、坡耕地比例高，引渠灌溉、机械耕作和运输困难；二是不同的海拔高度、坡度、坡向和地形部位，其热量、水分、土壤条件差异明显。与山地相比，丘陵的起伏较平缓，没有显著的山脉走向，海拔高度大都在 200～500m 左右，农业垂直地带分异远不及山地明显，对农垦的限制比山地小，因而常成为重要的农业区。山地海拔高度大，农业垂直地带分异明显。由于地势起伏大，陡坡多，谷地窄，导致可垦农地有限，而且分布零散。但是发展林、牧、副业条件优越。

③ 高原。它由海拔较高的丘陵、山地和平原相间组成。由于其所处地理位置和气候条件不同，农林牧业利用条件也有差别。

3. 生物土壤条件

(1) 生物在土壤形成及变化中的作用。土壤是构成整个自然景观的一个重要因素。在土壤的形成和肥力的发展过程中，生物的作用是主导因素。岩石经历了日晒雨淋和干湿冷热等物理风化作用之后，又在植物根群和微生物的作用下，发生了一系列的生物化学的变化过程，才逐步形成了土壤。反过来，土壤又具有不断供给植物水分和养分的能力，即具有生产特性——肥力。肥力是土壤的基本特性。植被不同，土壤的形成过程及肥力特征也不同，植物和土壤之间是互相依存和互相制约的。土壤在生物因素影响下形成，土壤又成为植物生命活动的基地。当植物改变时，土壤也必然随之改变它的状况，并深刻地影响到植物的生命过程，以致可能通过对植物的观察了解到土壤的性状。在自然状态下，土壤中有机质含量的高低与植被条件有很大关系。植被不同，土壤的有机质含量也不同。

(2) 土壤性状的农业评价。一般常把自然界中的土壤分为自然土壤和农业土壤两大类。自然土壤又有地带性土壤和非地带性土壤之别。在生物气候等地带性因素作用下发生和发展起来的土壤叫地带性土壤，其分布特征呈纬度地带性现象；而由于受地形、岩性和人类活动作用形成的土壤，叫非地带性土壤。自然土壤被开发利用来发展农业生产后，就成为农业土壤。由于不同的土壤性状以及耕作方式和种植制度的不同，农业土壤又分为旱地土壤、水田土壤和菜园土壤三大类。还可以根据各类土壤不同的理化性状和不同的肥力特征，再细分为不同的类别。土壤的本质特征就是具有土壤肥力，即供应和调节水分、养分、空气、热能等植物生活要素的能力，所以土壤肥力是土壤各种特征的综合表现。按其成因不同，土壤肥力分为自然肥力和人为肥力。自然肥力是指土壤在自然状态下所形成的肥力，这种肥力在未被作物利用之前属潜在肥力；而人类通过耕作、灌溉、施肥等措施来培养和创造的肥力，就是人为肥力。当自然肥力和人为肥力被作物利用时，称为有效肥力。因此，提高土壤的有效肥力，就意味着增加农作物的产量；而农作物产量的高低，就是土壤有效肥力高低的重要标志。一种土壤的好坏、优劣，是根据什么标准去衡量的呢？唯一的衡量标准是实践。无论哪种土壤，只要进行耕作种植，看看作物的长势，产量的高低，就可以得出大致的结论。具体来说，就是从土壤结构、土壤质地、土层厚度、地下水深度、有机质含量、氮、磷、钾等养分元素的含量以及土壤酸碱度等方面去鉴别土壤质量的优劣。上述各节是农业生产布局最主要的自然条件评价。自然界是千变万化的，特别是水、热条件的急骤变化，往往导致作物和牲畜生活条件的剧变或生理的不适应，造成减产。因此对自然条件必需进行综合评价。

（二）技术条件

技术是人们用来改造自然的有力手段。就农业来说，农业技术是人们在农业生产中对农业自然条件进行开发利用和改造的重要手段，是农业生产力的重要因素，也是发展农业生产最基本的技术经济条件。它既包括了工业为农业提供的生产资料，也包括来自农业自身的畜力、良种和农艺技术措施。农业技术的这些因素，在农业生产中与自然条件、土地资源、劳动力资源、农业生产对象和农业结构等因素相互联系，并结合成为一个相对平衡的整体。

评价农业技术条件的内容主要有：

1. 农业技术装备拥有量与需要量

在一定条件下，一定的农业生产规模所需要的技术装备，在品种、数量和质量上都是一定的。但是，农业技术装备拥有量与农业生产发展对它的需要量之间的结合比例如何才算适度，必须根据当地农业生产和自然经济条件的要求，计算出农业各部门、各主要作物所需要的农业技术装备的品种和数量，然后对照现有的品种和数量计算出余缺差额，再进行平衡。

2. 当地农业技术装备的适宜性

农业技术装备、环境条件和生产对象是紧密相连的，三者必须保持合理的结合，才有利于农业生产的发展，否则就会阻碍生产的顺利进行。因此，在分析农业技术装备资源投入水平与组合比例的适宜性时，一定要依据当地的具体条件和农业生产的具体要求，分别对农、林、牧、副、渔业的主要农业技术装备的适宜性，一一做出分析。

3. 农业技术装备的利用效果和农业现代化水平在农业生产中的作用

这就是分析农业技术装备在使用上是否合理，使用的技术经济效果如何。对农业现代化水平在农业生产中的作用的分析，主要是用当地已达到的农业技术装备程度的技术经济效果来表示。

4. 农业生产技术经验和技术过程的作用

如耕作制度、植物栽培和动物饲养方式，灌溉和土壤改良方式等。

应当指出的是，任何一种农业生产工具和农业技术的推广应用，必须因地制宜，必须与不同的地域条件结合起来。因此，合理布局农业生产，就是要具体地研究各个地区的农业技术经验和装备状况以及它们对农业生产的适应程度，还要研究由于生产技术和生产工具的改革引起农业生产布局的变化，使农业分布日趋完善和合理。所以，进行农业技术改造，对促进农业生产的迅速发展和合理布局是有重要意义的。

(三) 社会经济条件

1. 人口条件

人是生产力最活跃的因素，没有一定数量的人口就不可能进行农业生产，所以劳动力是发展农业生产的首要条件。劳动力资源的供应情况，对农业生产布局的影响主要有：劳动力资源地区分布的不平衡性和各地区人民劳动素养的差别；在一定技术水平下农业部门对劳动力的不同要求和各地区劳动力的保证程度；劳动力资源的部门分配和利用效率；劳动力利用的季节平衡及其在不同技术发展阶段与劳动力供需平衡的可能变化等，这些因素都影响到农业生产专门化程度、农产品产量和农业生产专门化的方向。可见，劳动力数量的多寡，生产技术经验以及每个劳动力负担耕地的数量，占有牲畜的数量和林地面积等都会影响和制约着地区农业生产的发展方向、生产水平、精耕细作程度和农业的空间组合分布。尤其是劳动力的技术素养和文化水平对农业生产布局的影响愈来愈大。

2. 工业和城市条件

一般而言，农产品加工工业布局是由农业生产布局决定的。世界上发达国家在农业现代化过程中，都经历了农村办工业，农业与工业结合的道路，如法国80%的农产品加工业分布在农村。农产品加工工业建立以后往往又促进农业的进一步发展，使农产品生产向加工厂聚集。尤其加工以后失重大的农产品，如甘蔗的分布，形成以糖厂为中心的同心圆分布，从中心向外，分布越来越稀少。

工业区和城市的出现，必然会促进其周围地区农业的发展，并使农业结构向郊区型农业转变。当然工业和城市发展的规模也应与其周围地区农业发展的条件相适应。此外，农业生产布局还要注意乡镇工业和农村城镇的发展，因为乡镇工业和城镇的发展直接关系到其周围地区的农业生产布局；另一方面，在考虑工业与城市对发展农业及其布局的影响时，还应分析所在地区内工业、城市的规模与性质及其发展远景，特别要分析农业机械、农业动力、农业化学、农副产品加工和饲料工业等农用工业可能为农业提供生产资料的种类、型号、数量和质量，并对这些工业的适宜性和发展远景进行评价。然后，在此基础上进一步考虑农业与工业、城市在生产结构、生产规模和地区分布上的正确结合。

3. 交通运输条件

交通运输业是联系工业和农业、城市和乡村、生产和消费的纽带。农业生产的发展及其合理布局都要十分重视交通运输的现状及其发展前景。因为只有发达的交通网才能保证各种生产和生活资料的运入以及各种农产品的输出，保证农业各部门生产有计划的合理布局，这是实现农业商品化、专门化生产的必要条件。特别是山区，土特产很多，大都是商品性产品，运出去就是"金银财宝"，运不出去是"树皮烂草"。同时，交通运输条件的变化和发展亦促使农业生产布局的变化。譬如，在新的交通运输网沿线的农业专门化、商品化程度一般都较高。此外，笨重而不易腐烂的农产品，如木材、甘蔗等的布局则要考虑靠近河流，以便利用廉价的水运。而鲜活农产品的生产则首先要考虑运距和运速，因而，灵活、快速而能直达的高等级公路是首要条件。因此，在各地安排农业生产结构和农作物种植比例时，必须同时考虑到与运输有关的各种因素，使农业生产布局与交通运输条件之间保持合理的平衡。

4. 经济地理位置

经济地理位置是一个综合性的地理概念，是在一定的历史条件下形成的，而且也是处于动态变化之中的。经济地理位置的状况是否有利，只具有一种相对的可能性。研究经济地理位置对农业生产布局的影响，就在于发挥其有利的一面，例如处在出口贸易通道附近地区的农业生产布局就可以考虑发展外向型农业的可能性，和进口廉价农产品进行交换的可能性。

5. 原有农业基础

原有的农业生产基础是人们长期与自然斗争的结晶，并成为今后农业生产布局的起点和因素。现有的农业基础和当地的自然经济条件往往是相适应的，但与市场需求可能不相适应，所以应调整农业结构，改变农业生产布局。但应尽量考虑利用原有农业生产布局的合理部分和改造自然经济条件，使之与新的农业结构和布局相适应。因此，不改变生产条件而随意改变农业结构和布局，不仅达不到预期的经济效果，而且还会适得其反。

6. 农业生产方针政策的作用

在生产资料公有制、集体所有制、个人所有制及市场经济规律的作用下，国家发展农业的方针政策对农业生产发展和布局既具有指令性意义，也有指导性意义。它从宏观调控、价格政策、税收政策、土地关系等方面对农业生产发展和农业布局特征产生影响。但是，不同时期有不同的发展农业生产的方针政策，即使同一时期，同一方针政策在不同地区所起的作用也有差别。

四、农业生态系统与农业环境保护

(一) 农业生态系统概念

1. 农业生态系统

农业生态系统(agroecosystem)，是指在一定地域内，人类利用农业生物与环境之间以及生物种群之间相互作用建立的，并按照人类的社会经济需求进行物质生产的有机整体。它介于自然生态系统与人工生态系统之间，是一种被人驯化了的半人工生态系统。人类是农业生态系统的重要组成部分，又是系统的调控者。农业生态系统中的生物除了人之外，主要是经过人工驯化的农用作物、林果木、畜禽、鱼类和农用微生物等，还有与这些农用生物有密切关系的杂草、害虫和病原菌。各种不同的农业生物群体与一定的地理气候、土壤环境相联系，在社会经济技术系统的作用下，形成各种不同组合形式、不同发展阶段的农业生态系统类型。

2. 农业生态系统的基本组分

（1）生物组分。农业生态系统的生物与自然生态系统一样，可以分成以绿色植物为主的生产者，以动物为主要的大型消费者和以微生物为主的还原者（分解者）。然而在农业生态系统中占据主要地位的生物是经过人工驯化的农用生物，如农作物、家畜、家禽、家鱼、家蚕等，以及与这些农用生物关系密切的生物类群，如专食性害虫、寄生虫、根瘤菌等。农业生态系统中，其他生物种类和数量一般较少，最重要的大型消费者则是人类。

（2）环境组分。农业生态系统的环境组分包括自然环境组分和人工环境组分。自然环境组分是从自然生态系统继承下来的，但已受到人类不同程度的调控和影响；人工环境组分包括各种生产、加工、贮存设备和生活设施等，它通常以间接的方式对农业生物发生影响。

3. 农业生态系统的基本结构

（1）环境和物种结构。在不同区域，农业生态系统由比例不同的各种地貌类型构成，山、水、田的面积比差异很大，相应的生物种类及其数量关系也不同。人们不但可通过修水库、挖鱼塘、筑坝围田等方式改变系统的环境结构，还可通过引种和选育方式调整农业的物种结构。

（2）空间结构。空间结构包括水平结构和垂直结构两个方面。

农业生态系统的水平结构，是指农业生物种群在空间的水平变化。这是因为环境组分可因地理位置原因形成纬向或经向的水平渐变结构，也可因社会原因形成同心圆式的水平结构，农业生物组分也随之形成相应的条带状或同心圆式的水平分布。其他非地带性因子的作用还会使生物形成各类镶嵌分布。生物个体间会形成均匀分布、团块分布和随机分布的各种水平结构格局。

垂直结构又称立体结构，是指生物在空间的垂直分布上所发生的变化，即生物的成层分布现象。环境因子可因山地高度、土层和水层深度变化形成垂直渐变结构，不同的垂直环境中有不同的生物类型或数量。如果环境条件好，生物种类复杂，则系统的垂直结构也复杂，反之，环境条件恶劣，生物种类简单，垂直结构也简单。

在生物群落内，不同物种可配置成不同形式的立体结构。正是由于农业生态系统垂直结构，才保证了农业生物更充分地利用空间和环境资源，并取得了显著的生态效益和环境效益。

（3）时间结构。环境因子随着地球自转和公转而产生时间变化，形成光、温、水、湿等因子的年节律和日节律，生物组分也形成了与之相适应的节律，表现出不同的时相。所以在安排农业生物品种的种养季节时，必须充分考虑到这些时间节律。同时这些时间上的差异，也是适时实施农艺措施的重要依据。

（4）营养结构。不同生物间以营养关系为纽带，把生物组分和环境组分相互紧密地、错综复杂地联结起来的结构，称为营养结构。每一个农业生态系统都有其特殊的、复杂的营养结构关系，能量流动和物质循环都必须在营养结构的基础上进行。一般农业生态系统中的多种生物按营养关系顺序从植物到草食动物再到肉食动物排列。人类可根据农业生物的遗传、生理、解剖和生态特性，通过营养关系，将农业生物成员联结成多种链状和网状营养结构。

（二）农业生态系统的经济特征

农业生态系统是人工生态系统，它与自然生态系统一样，不仅具有地域范围、生物群落与自然环境相统一，生物与环境组分之间的能量及物质交换等自然特征，同时，农业生态系统还具有经济特征。

1. 农业生态系统是人类投入各种农业资源进行农业生产的产物

农业生态系统，是人类为一定生产目的而进行经济活动的产物。人类为了维持生活，在一定环境条件下，投入各种资源进行植物栽培和禽畜饲养，以取得必需的食物，这样就形成了农业生态系统。它是人类为着一定的经济目的而创造的。这种经济目的以需要和可能为基础，有了经济目的，就根据当地的具体资源条件，按照自然规律和经济规律进行资源组合，决定采用最有利的农业技术和经济措施，建立合理的模式，并按计划执行，经过一定时期，最终将建成一个按人类设计而实现的农业生态系统。其过程如图 4-1 所示。

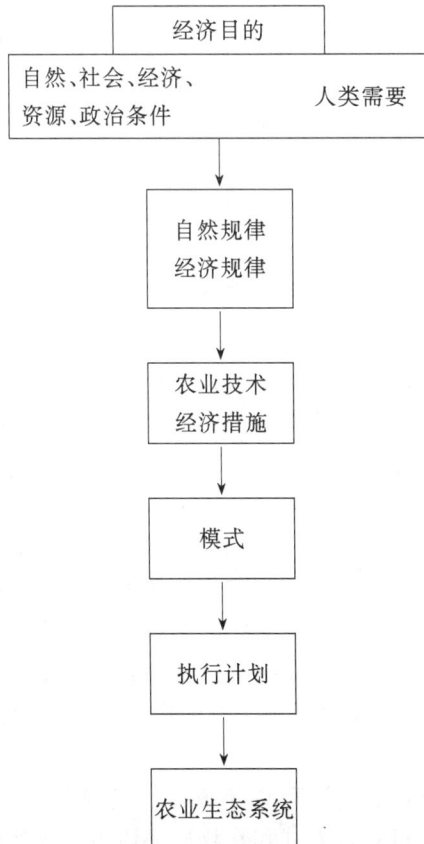

图 4-1　农业生态系统

农业生态系统在人类投入各种农业资源而形成后，并非一劳永逸，还需不断努力，不断进行调控和管理，并投入资源才能继续存在。农业生态系统的一个突出特点是生物的自然再生产与人类有目的的经济再生产交织在一起。

2. 农业生态系统的功能由人类经济活动所决定

农业生态系统的功能，是指能量转化和物质循环的效率。投入农业资源越少、产出的产品数量越多、质量越好，则其转化效率越高，农业生态系统的功能就越好。因此，农业生态系统功能的好坏，是人类干预和调控的结果。这种对系统的干预、调查和管理，实际上是投入农业资源的经济活动。各种资源投入的数量、时间和方式的合理程度，直接影响到农业生态系统的功能。农业生态系统由环境、植物、动物和微生物四个基本要素构成，人类对系统的控制及改善功能的活动也是针对这4方面进行的。

（1）对环境的干预。在自然环境诸要素中，人类对光和热的性质和强度尚不能加以改造，为了增加能量转化的效率，只有设法改良品种以提高农作物的光合作用性能，或提高作物的耐寒或耐热能力，以适应这一地区的光热条件。人类对环境的干预主要表现在：合理利用光热条件、控制利用水资源、营造防护林带、植树造林等。

（2）对植物的干预。在生态系统中，植物是生产者。但在同一系统中不同植物种类，对人类有不同的经济价值，因而对农业生态系统的功能产生不同的影响。例如各种农作物、杂草和野生植物在生态系统中都能进行光合作用，起着生产者的功能。但是，农作物可以给人类提供各种植物性农产品，而杂草和野生植物则是人类进行作物栽培的障碍。人类除对农作物保护和促进其生长发育外，还通过选育种，改良其经济性状，使其更符合人类的要求，产生更大的经济价值。人类对植物的干预主要表现在：改良作物品种、改善耕作制度、合理安排作物布局、防治病虫害、根外施肥等。

（3）对动物的干预。动物在生态系统中是消费者。同植物一样，在系统中不同的动物种类对人类有不同的经济价值，因而对农业生态系统的功能有不同的影响。各种家禽家畜、害虫、有害的细菌、寄生虫及有害兽类在生态系统中都是一级、二级或三级消费者，但是家禽家畜可以给人类提供畜禽产品，而其他有害动物则是作物和家禽家畜的危害者。所以人类把家禽家畜作为劳动对象，采取各种措施使其正常生长发育，并改良家禽家畜的经济性状，如增加产蛋、产奶量，提高屠宰率、饲料消化率等等，为人类创造更大的经济效用，而对有害的动物则设法加以控制和消灭。人类对动物的干预主要表现在：改良禽畜品种、改善饲养环境、合理饲料配方、控制配种时间、防疫治病等。

（4）对微生物的干预。微生物在生态系统中是分解者。土壤中的细菌和真菌使植物残体和动物排泄物及尸体分解，其分解物重新回到物质循环系统，这是再循环运动的物质基础，也是进行经济再生产的重要条件。人类对微生物的干预是通过改善环境的透气性、调节土壤温度和增加有机质等措施，使其有利于微生物的活动和繁殖，促进分解作用，以提供植物所必需的养分。人类对微生物的干预主要表现在：合理耕作、合理施肥、稻秆回田、水土保持、合理排灌等。

上述无生命成分(无机环境)、生产者(绿色植物)、消费者(动物)和分解者(微生物)4个营养单元，也即4种成分，在能量获得方式和在物质环境中各以独特的作用，相互影响、相互依存，并通过复杂的营养关系紧密结合为一个整体，成为自然界的基本功能单元。它们之间的关系见图 4-2 模式所示。

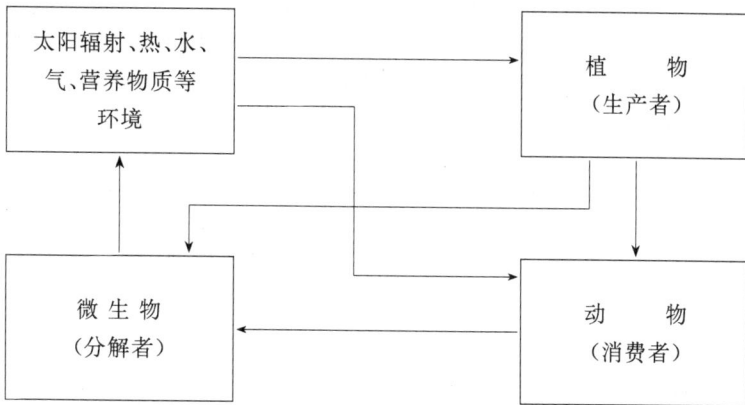

图 4-2　农业生态系统基本成分的物质循环关系模型

3. 农业生态系统的能量与物质的输出和输入是商品交换所造成的

由于各地的资源条件不同，经济、社会和政治情况各异，随着社会发展，造成生产上的地区分工。各地都根据各自的条件，生产成本最低，产量最高，质量最好的产品，这是任何市场经济必须遵循的经济规律。现代农业生产的产品有相当一部分不是在当地使用，而是作为商品运销到其他地方。经济越发达的国家(地区)，农产品的商品率越高，而销售市场则不限于本国，国际农产品贸易额与日俱增。

农业生态系统是在一定地域范围内建立起来的，即使它的范围很大，也不能避免农产品作为商品流出系统之外。所以在现实商品交换的社会里，农产品是广泛和频繁地在各地进行交换的。而农产品是在农业生态系统内由能量转化和物质循环而生产出来的，农产品本身贮存有一定数量的能量和物质。农产品作为商品流出农业生态系统外，也就是将一定数量的能量和物质输出系统之外，农产品外流越多，能量与物质输出就越多。在进行经济再生产时，如果不从系统外输入相应数量的能量和物质，农业生态系统就会失去平衡，能量转化和物质循环的功能就受到影响。所以输入适当数量的能量和物质，以保持农业生态系统的平衡，是人类对系统的调控和管理的重要措施。输入能量和物质最常用的方法是：对土壤施用各种有机和无机肥料，使土壤库中的养分保持收支平衡；对植物施用农药，防治病虫害，使农作物正常生长；对田地施用除莠剂，抑制和消灭杂草；输入各种饲料，以保证家禽家畜有足够食料；对动物使用各种预防或治疗疾病的药物；尽量满足生产过程中运输、抽水、喷药及农田基本建设等工作所必需的石化能源或电力。在整个生产过程的各项工作中都进行劳动力投入。

(三)应用农业生态系统理论合理利用农业资源

1. 应用生物与环境相统一的原理，处理农业资源改造与适应的关系

人类建立农业生态系统和继续维持它的存在，都需要投入各种农业资源，有些农业资源可以不需经任何改造便可投入农业生产，如阳光、降水、土壤等，有些自然条件如太阳辐射、温度、风速等人类仍未能加以大范围改造，但有些农业资源如土地资源、水资源、生物资源

等人类可在某种程度上加以改造，使其对农业生产发挥更大的作用。这种改造自然资源的活动，就是对生态系统的调控和干预，使生态系统中的环境与生物群落更为协调，以提高整个系统的功能。但是，人类对生态环境的改造要考虑技术上的可行性，经济上的可能性，生态上的合理性，所以能改造就改造，不能改造就千方百计地适应，这是一条生态经济原则，这一原则的主导方面是改造。

2. 应用能量转化与物质循环理论，处理农业资源利用与保护的关系

农业资源可以更新，但是利用不当即遭破坏。利用资源是为了生产，使农业生态系统得以正常运转；保护资源是为了继续更好地利用，使农业生态系统的功能越来越高。从生态学的观点来看，资源利用与保护相结合是关系到农业生态系统的存在与发展的问题。从经济学的观点来看，则是当前利益与长远利益相结合的问题。

怎样应用能量与物质转换原理将资源利用与保护相结合呢？①利用农业资源只是利用它潜在的生产能力，这种潜在生产能力就是资源所蕴藏的能量或物质；②利用资源必须考虑保持其更新能力，使其在农业生态系统中可以继续不断地起作用；③资源利用与保护必须全面考虑，不能顾此失彼。

3. 应用流和库的理论，处理农业资源利用与农业生产的关系

①农业生态系统中的流和库是伴随着能量转化与物质循环而产生的；②尽可能增加植物库的积累；③尽可能增加动物库的积累；④尽可能提高农作物和家禽家畜的经济性状。

4. 应用生态食物链理论，处理农业资源利用与耕作制度的关系

能量和物质被绿色植物吸收利用转化为有机物，便成为草食性动物的食料，而草食性动物又是其他肉食性动物的食料，形成生态食物链的关系。

农业生态系统食物链的每一个环节，都贮存着能量和物质，亦即具有满足人类需要的使用价值，食物链每增加一个环节，就增加一种使用价值。因此，在组织生产过程中，尽可能增加农业生态系统的食物链环节，便可多次增值，创造更多的使用价值。但是，增加食物链的环节，人类不能随心所欲，而应根据资源条件和农业生态系统的具体情况及人类需要来进行。

（四）农业环境污染与保护

1. 面临的重大农业生态问题

（1）全球性生态环境问题。有人对 2000 年的世界作了概略的分析，认为主要有 8 大生态环境问题，其中大部分与农业环境有关：世界人口由 1975 年的 41 亿增加到 63.5 亿，每年平均增加 9 000 万人，已接近生态学家计算的 80 亿世界适度人口的界限（按每人每天耗 2 000 卡的低标准计算）；粮食可增长 90%，但对每个人来说，只能增加 15%；世界有 1/4 人口仍然依靠木柴等天然燃料，每年要烧去 6.55 亿 m³，这就加快了森林消失和沙漠扩大的速度。目前世界森林覆盖率为 22%，每年以 0.6% 的速度在减少；可耕地面积会逐渐缩小；水源严重不足，世界上有一半地区需水量将增加一倍；地球上的动植物种类至少有 50 万种，其中有

15％～20％将灭绝，主要原因是热带雨林的消失；贫富差距拉大；能源紧缺问题突出。

（2）中国农业环境问题严重。人口增长与资源拥有量越来越失去平衡，严格控制人口增长成为我国的当务之急；农业土地资源，特别是耕地资源不断减少；森林覆盖率低，水土流失愈来愈严重；草原退化、沙漠扩大、地力下降；农田、江河污染日益严重；水资源枯竭，南水北调势在必行；农村能源紧缺，秸秆不能作饲料和回田；酷渔滥捕、围湖围海，水产资源衰竭；多种农业资源未充分利用；自然灾害仍然十分严重和频繁。

2. 用生态系统理论指导农业布局，保护农业环境

（1）农业生态系统的分布有明显的区域性。农业生态系统是由农业环境资源和农业生物有机组合而成的，不同地区、不同的环境资源适宜不同的农业生物。各地区应根据具体条件确定农业发展方向和农业结构，使农业生物适应环境资源。

（2）农业布局具有稳定性。农业生态系统是一个有机的整体，农业布局不是某一个部门或作物的布局，而是整个农业结构的布局。农业结构，首先是农、林、牧、副、渔的结构，其次是每一个部门的内部结构。在确定了一个地区宜农还是宜林的发展方向后，接着就是要确定一个地区的农业结构。单一经济不合理就在于它不能从农业各部门有机联系出发，充分利用一个地区多种多样的资源及副产品，以满足人们多种需要。农业内部关系，本质上也是物质、能量的循环、转化关系。如牧业是作物向土壤转移的重要环节，没有牧业，秸秆只能回田（或作燃料），不能充分利用；林业的作用在于调节农业生态系统内部的输出、输入和循环关系。森林增加空气湿度、降水量，增加了水分输入，减轻风力、减少径流、减少风沙危害和水土流失，减少输出消耗和提供燃料、饲料、肥料，薪炭可替换大量的秸秆用于发展畜牧业。因此，农、林、牧、副、渔全面发展，三料（燃料、饲料、肥料）俱丰，资源得以充分利用。可见综合结构的农业系统，自我维持能力强，能减少灾害所造成的损失。但这并非是要建立一个封闭式的、自给自足的"小而全"的农业生态系统，而是要从系统外引入化肥、农药、农机、能源和其他农产品，建立开放的农业生态系统。

第二节　农业土地利用

土地是农业生产（包括农、林、牧、渔）最基本的生产资料，也是不可代替的资源。特别是在 20 世纪 70 年代出现能源、粮食、水和其他资源危机时，土地资源更受到人们的关注。

一、土地的概念和特点

（一）土地的概念

土地是由地形、土壤、植被、岩石、水文和气候等因素组成的一个独立的自然综合体。在这个自然综合体中，地形是它的"面貌"，土壤是它的"内脏"，植被是它的"产物"。土地又可分为三层：表层、内层和底层（即地上层、地表层和地下层），从上而下组成一个垂直的剖面（这个综合体垂直剖面的上、下界限还不甚明确）。它的形成与发展主要取决于自然力的作用，同时也受人类活动的影响。

1972 年联合国粮农组织召开了以农业为目的的土地评价专家会议，在会议文件《土地与景观的概念及定义》一文中，对土地的概念也作了这样的表述："土地包含地球特定地域表面及其以上和以下的大气、土壤及基础地质、水文和植物。它还包含这一地域范围过去和目前的人类活动的种种结果，以及动物就它们对目前和未来人类利用土地所施加的重要影响。"

（二）土地的特点

在农业中，土地既是生产活动的基础，又是劳动对象。土地作为农业生产的基本生产资料，与其他生产资料相比有以下特点：

1. 数量有限

其他生产资料大多是人类劳动创造的，土地则是自然过程的产物。人们通过劳动可以改良土地，影响土地的利用状况，却不能任意扩大土地面积。

2. 位置固定

其他生产资料大多可以根据生产需要而移动，土地则有固定不变的空间位置，并且总是同特定的自然条件(地势、地形、土壤、气候等)和社会经济条件(距离城市远近、劳动力多少等)相联系。

3. 功能不可代替

其他生产资料随着科学技术的发展，可以被更先进更完备的生产资料所代替，而土地不能被任何其他生产资料所代替。

4. 肥力可以再生

其他生产资料在使用过程中要逐渐磨损、陈旧以至报废，而土地利用得当，不但不会磨损，肥力还会不断提高。

二、土地资源评价

对土地资源进行评价，是合理利用土地、发展农业生产的前提。它对建立合理的农业结构和良好的生态系统，对调整农业生产布局与耕作制度，对提高土地生产率，都有密切关系。土地资源评价的目的，就是要查明土地的种类、分布、数量，评定土地的质量，阐明土地资源利用现状和发展农林牧业的土地潜力，为合理开发利用土地提供科学依据。

（一）土地资源的质量评价

土地质量，是指土地生产能力，它包括土地的自然生产力和经济生产力两个方面。土地生产能力，一是指能生产什么(农作物、林木、牧草)，二是指能生产多少(单位面积上的产量)。

土地质量评价的指标有：

1. 与种植业有关的指标

包括作物产量、水源和土壤有效水分、营养源和营养物的有效量、根层氧气有效量、根系发育的地理条件和适应性、苗床和发芽条件、土地耕作条件、土壤盐化度和碱化度、土壤毒性和土地病虫害、土壤抗侵蚀性能、气候类型、辐射能以及光周期等。

2. 与牧业有关的指标

包括放牧草地的生产率、影响牲畜成长的灾害性天气、地方性病虫害及流行病、牧草的营养价值、植被抗退化性能、在放牧条件下土壤抗侵蚀的性能、水源与定居点的距离、饮用水的可供量等。

3. 与林业有关的指标

包括木材年平均增长率、树木的种类和数量、影响树木生长的环境条件、病虫害及火灾危险等。

4. 同采集副业有关的指标

包括树木品种、药用植物、果类、野味、山珍及其与村庄的距离。

5. 与农业经营管理有关的指标

包括生产经营单位的规模、征用土地的可能条件、与市场及产品和劳动力供应有关的地理位置、由生产单位到田间作业区的交通、影响道路修理和维护的地形条件、自然植被及防止土壤侵蚀的措施等。

土地资源质量评价的等级划分的原则，是根据土地的自然属性对农、林、牧的适宜性和适宜程度以及限制性因素和强度，参考土地利用的现状和目前的改造水平以及进一步改造的可能性，采取综合分析和主导因素相结合的方法进行评价。目前，中国对土地质量等级的划分，多按区—类—等—型系统进行划分与归类。

（二）土地利用现状评价

土地利用现状评价，主要根据土地的自然特点，按一定的经济、社会目的，采取一系列生物、技术手段，对土地资源的各种类型与结构以及利用方式与水平，进行经济分析与评价，提出改善和提高土地利用的途径，为充分合理利用土地资源，发挥土地生产潜力提供依据。

1. 土地类型和土地结构评价

土地类型，是指在不同的气候—生物带，以地貌为主导因素划分的地貌—土壤—植被构成的自然综合体。它的评价是根据土地综合体的自然属性以及组合进行分类。土地类型的划分要保持土地自然综合体的相似性，其多级分类系统应力求与地貌、土壤、植被类型相一致，低级分类单位以中小地形条件、土壤的属、植被群系以下单位为依据；土地类型的划分要注意综合分析与主导因素相结合。应在综合分析土地资源各自然要素的基础上，找出限制土资源自然生产力的主导因素，作为不同级别土地类型的划分指标。

国际上土地分类系统较多，中国对土地类型的划分采用四级分类系统：

"0"级——相当于大面积的"土地结构"，一般以自然带或气候—生物带为划分土地类型的主导因素。在实际工作中，往往是"虚设"的一级土地类型单位。

"1"级——相当于"土地系统"，一般以中地貌条件为划分土地类型的主要因素。

"2"级——相当于"土地单元"，一般以小地貌条件为划分土地类型的主导因素。

"3"级——相当于"立地"，是最低一级的土地类型分类单位，尽量考虑地貌、土壤、植被、水源等因素的一致性。

土地结构，是指在全国或某一区域的土地总面积中，各种土地利用类型（或用途）的土地面积所占的比重。若按农业土地利用类型划分，系指耕地、林地、园地、牧草地、水域等的面积各占农业土地总面积的比例，反映全国或某一区域的土地利用状况；若按农业内部不同部门划分，系指农、林、牧、副、渔各业用地在土地总面积中所占的比例，反映农业生产在土地利用方面的结构状况。

人们利用土地不只是依据某一个区域土地的性质，即土地类型，更重要的是依据这个区域的各种土地类型的组成状况，决定其开发利用和改造的方向。

2. 土地利用类型、土地利用方式和土地利用水平评价

土地利用类型，是指人类在改造、利用土地进行生产和建设的过程中所形成的各种具有不同利用方向和特点的土地利用类别，它反映了土地的经济状态，是土地利用分类的地域单元。通过研究和划分土地利用类型，一可查清各类用地的数量及其地区分布，评价土地的质量和发展潜力；二可阐明土地利用结构的合理性，揭示土地利用存在的问题，为合理利用土地资源，调整土地利用结构和确定土地利用方向提供依据。

一般来说，制定土地利用的分类系统，首先要按照土地利用方式的一致性标准，来划分总的土地利用结构，区别出已利用的土地，如农业用地、林业用地、牧业用地、水面用地、工矿用地和其他用地等，以及未利用的土地。其次，按各种用地的生产结构共同性标准，以利用现状为主，进一步加以划分，如将农业用地又划分为水田、旱地、菜地等。中国土地利用现状采用两级分类，统一编码排列，其中一级分8类，二级分46类。

一般衡量土地利用结构的指标，通常采用各种作物播种面积结构、各类畜群用地结构、不同林种用地结构等。这些指标可以反映各地区不同的土地利用类型对自然和社会经济条件的利用是否合理及利用程度，同时，也可以反映不同的土地利用类型对工业发展的保证程度。

3. 土地利用的经济、社会、生态效益分析

土地利用的经济效益，是指在土地利用中，通过一定活劳动和物化劳动的消耗，给社会提供符合实际需要的经济效益，主要包括物质效果和经济效益两个方面。

土地利用的社会效益，是指在土地利用过程中，给社会带来的效果和利益。社会效益的大小，是正确判断和处理经济效益和生态效益相互关系的准则。

土地利用的生态效益，是指在土地利用过程中，对整个生态系统的生态平衡造成某种影响，从而对人的生活和生产环境产生某种影响的效果。在分析、评价土地利用的生态效益时，

可采用的指标有：光能利用率（增加率）、能量投入产出比、可再生资源的资源再生系数、水土流失量、有机物质资源有效利用率等。

（三）土地潜力评价

土地潜力评价，是指采取改良措施，把土地限制因素降低到最低程度以后土地所能达到的生产能力的评价。评价的主要目的在于预测土地的未来利用。

土地生产潜力，是指在一定外部环境条件作用下，土地生产力可以达到的上限。区分不同层的土地生产潜力，有下列几方面：

1. 土地光合生产潜力

将地面可以接受的净太阳辐射能通过绿色植物的光合机制转化为作物质能或干物质，即得到土地的光合生产潜力，这是一项对绿色植物的太阳辐射能最高利用率的研究。

土地光合生产潜力主要取决于土地的地理纬度分布，绿色植物的生长时令及生理特点与形态学特点。它反映了土地生产潜力的理论上限，因而是土地生产潜力研究的基础。

2. 土地光温生产潜力

在相同的太阳辐射和其他环境条件下，绿色植物 CO_2 同化率主要取决于大气的温度条件。不同光合类型的 C_3 和 C_4 植物要求某一温度区间的最佳温度条件，称活动温度条件。在此温度区间内，植物的 CO_2 同化率随温度升高而增加，从而干物质积累就增加。反之，则呈下降趋势。一般来说，温度条件决定作物的生长速度和作物发育阶段的完成，从而影响形成产量所需之总生长期。

由于作物生长发育所要求的理想温度条件往往不能完全得到满足，因而影响产量，因此，只受太阳辐射和温度条件影响而得到的作物产量称为土地的光温生产潜力。

3. 土地气候生产潜力

在充分利用当地的太阳辐射、温度和降水等农业气候资源和最佳的土壤养分，生产技术和管理水平以及较理想的作物组合条件下，土地可以提供的生物产量或经济产量叫土地的气候生产潜力。土地气候生产潜力实质上是在土地光温生产潜力的基础上，考虑水分对作物产量的影响后推算而得的土地生产潜力。

4. 土地经济生产潜力

在土地自然生产潜力的基础上，考虑人工控制因素对作物产量的影响而得到的作物产量称为土地的经济生产潜力。影响土地经济生产潜力的因素主要有以下几方面：

（1）灌溉、排水、土壤改良、水土保持、植树造林等田间基础设施建设的潜力。

（2）耕、翻、耙、种等田间农业技术投入和化肥、农药等物质投入的潜力。

（3）作物品种改良及其优化组合的潜力。

（4）改善经营管理的潜力。

以上诸因素可综合为资金与物质投入水平。

上述对不同层次土地生产潜力的分析，为土地潜力分类奠定了基础。

土地潜力分类是将一定区域的土地根据一般利用目的(主要是耕地利用)将土地分成由好到坏，潜力由高到低的几个等级，每一等级土地对于所规定的若干利用方式或指定的管理措施有其潜力。土地潜力评价的要求是：给土地提供一个从"最好"到"最差"的简单尺度的分等；把耕作利用确定为人类最理想的利用；着重考虑水土保持；以土地的不良性状和限制性作为评价分等的主要依据；将经济作为评价的背景考虑，并不具体分析经济的投入与产出。前3个要求可概括为土地潜力评价，基本上是把土地作为耕地利用的潜力分等。

土地潜力评价是各国农业部门普遍重视的问题。美国农业部在20世纪60年代初期制订了一项有关土地潜力评价的方案，此后介绍到英国和澳大利亚等国，已成为国际上比较通用的方案。评价是考虑在相当高水平的管理制度下的土地潜力，着重联系自然条件的局限性。以英国土地调查局修订后采用的方案为例，土地最有利的利用次序是栽种农作物、牧草、森林，由此划分为7个等级。

中国土地潜力评价分类系统很多，但各不相同。以全国1∶100万土地评价图分类系统为例，该系统按"类(区)、等、亚等、组、类型"组合，其中"亚等"是"等"的辅助单位，实际是4级分类。

(四)土地适宜性评价

土地适宜性，是指在一定范围的土地上，对特定的、持续的用途的满足程度。衡量土地适宜性的标准，是由投入产出状况决定的经济效益。

土地的适宜性只有和特定用途相联系才有意义。土地适宜性的评价是在土地潜力评价的基础上，联系某种作物、牲畜或树木等具体生产对象的适生条件来进行的。根据特定用途的适宜性，可对一定地段的土地进行评价和分级，用质量和数量来表示。考虑到土地适宜性是持续不断的利用，要联系到未来环境可能发生的变化(如大规模地清除植被、发展灌溉、平整和改造地块、新修道路、土壤侵蚀或环境退化等)及其形成的适宜性或限制性。因此，土地适宜性的分级，可分为：当前土地利用现状的适宜性分级和潜在的土地适宜性分级两种。

关于土地适宜性评价的指标，经联合国食农组织1977年协商讨论的结果，认为应从类、级、亚级、单元4方面的指标进行反映：

类(order)——反映适宜性的种类，以英文字母表示：适宜(S)、有条件的适宜(SC)、不适宜(N)。

级(class)——反映各类用途中的适宜程度。在"适宜"类内按相对性术语分出"高度"适宜(S_1)、"中等"适宜(S_2)、"勉强或临界"适宜(S_3)3个等级；在不适宜类内分为两级：目前不适宜(N_1)和永久不适宜(N_2)。

亚级(subclass)——反映各级内部的不同限制性的种类。以英文字母表示不同的限制因素：土壤侵蚀(E)、潮湿(W)、根系层(S)、气候(C)，在某一调查中可使用的亚级符号数目无甚限制。

单元(unit)——这是亚级的进一步划分，反映亚级内需要加强管理的次要差别，如施用不同种类的化肥，采用不同的改良品种。可用括号中的数字表示。

（五）土地经济评价

土地经济评价，就是以土地经营投入产出为标准，评价土地利用及其适宜性的一种土地评价。在进行土地经济评价时，应把土地因素孤立起来，即将土地作为独立的变量，而将其他非土地的因素固定下来，从而计算土地的投入产出经济指标，准确地反映土地因素对经济效益的影响。通过这样的经济度量指标，就可以比较不同土地类型对某种利用的适宜性程度，也可以比较同一土地类型对不同利用的适宜性程度。

土地经济评价所依据的因素如价格、市场容量等变化较频繁，因此土地经济评价往往变化性较大，必须对土地进行经常的经济评价，以便及时地反映土地生产力水平的变化。

土地经济评价指标，一般有单位面积土地总产值、纯收入、利润等指标。在存在较大项目的土地改造工程的情况下，还要对土地投资进行贴现分析，计算土地投资的回收期等指标。

三、土地资源利用

土地的利用，有广义和狭义之分。广义是指土地的开发、利用、治理、保护等综合的内容；狭义是指把土地作为生产过程中的一个要素投入再生产过程，使它与劳动、其他生产资料等一起结合起来，生产出满足人类需求的产品。

土地利用既受自然条件制约，又受社会、经济、技术条件影响，可以说是这些因素共同作用的结果。土地利用问题已引起世界范围的重视，首先是由于人口日益增长，人类对资源的数量、质量和品种都日益提出更多的新要求。人口不断增长后，可利用的土地资源将会越来越少，于是要求对土地资源加强其利用的集约程度或设法开拓新的土地资源；其次是由于人口分布与土地资源分布在地区上并不一致，因而出现了二者在地区分布上的平衡问题。人口分布的总趋势是向城市集中，城市占地面积日益扩大，引起了城市用地和国民经济其他部门用地，特别是和农业用地的矛盾。由于技术进步，人类改造利用自然环境的能力日益提高，因而人类社会和自然环境的关系亦随之而向广度和深度发展，如果处理不当，就会污染环境和破坏生态平衡，而这些问题往往首先在土地利用上暴露出来。

（一）土地资源的开发

土地资源开发，在农业中是指对封闭性的自然土地进行活劳动和物化劳动投入的一种农业生产活动，是一种外延性的扩大农业再生产能力的重要形式，其结果是扩大土地面积。

1. 土地开发的方式和类型

（1）零星荒地的承包开发。对于零星分散，投资需求量少，见效快，对生态环境影响不大的荒地开发，可采用户或联户承包的方式进行开发。但在开发过程中，要注意准确查清资源，作出开发规划；坚持"谁开发，谁经营，谁受益"的原则，落实好土地产权；给予经济鼓励的政策，在贷款、资金、税收、法律等方面保护投资者利益。

（2）土地开发工程。对于面积大，投资需求大，技术要求高的荒地开发，需要采取土地开发工程进行。土地开发工程项目很多，主要有垦荒造地工程、荒山造林工程、草场开发工程、围海（湖）造田工程、海洋"农牧化"开发工程、滩涂开发工程、沙漠造地工程、红壤改良工程、盐碱地改造工程等。

2. 土地工程开发程序

（1）提出开发方案，进行开发可行性研究。
（2）制订开发计划，做好开发准备。
（3）分期开发，分批投资。
（4）总结经验，调整提高。

3. 土地开发的原则

（1）坚持有计划，按规划地开发土地资源，避免土地开发的盲目性及混乱状态；
（2）遵循生态平衡规律，保护好土地资源及土地环境；
（3）要合理地确定土地开发后的所有权、使用权的权属及利益关系。

（二）土地资源利用

1. 土地利用的方式

（1）土地的单一经营与综合经营。单一经营是指以生产某种单一农产品为目的而进行的土地经营活动；综合经营是指利用土地地域性和生物的空间、时间性特点而采用的多层次、多项目的经营方式。

（2）粗放经营和集约经营。集约经营是土地利用的发展方向，它是一种更高级的利用方式。粗放经营是土地的原始经营方式，随着生产水平的提高，将逐渐减少。

（3）封闭式经营与开放式经营。开放式的土地经营是现代农业土地利用的特点和利用方向，土地经营中的动力、物质、技术等越来越多地来自农业以外或地域外的部门，商品性输入日益频繁，产品输出也是如此。所以，开放式经营比封闭式经营具有更高的生产力。

（4）土地的专业经营与规模经营。专业经营是指企业或地区根据各自的资源和经济优势，按相对利益原则，专门生产某种或某些优势产品的一种经营方式，这是一种现代的土地利用方式；规模经营是以经济效益最高为目标而增加土地经营规模的土地利用方式。

2. 土地利用区位选择

不同的地区有不同的土地质量，从而有不同的适宜性经营类型；同时，不同地区，土地的经济地理位置（与市场、城市、消费者、原材料供应等的相对地理位置）不同，对土地经营的经济效益及其适宜性有很大的影响。因此，就有土地区位合理选择的问题。

3. 土地利用的原则

（1）土地自然生产力与人工生产力相结合的原则。

（2）土地利用与土地自然条件相适应的原则。

（3）土壤养分收支平衡与培肥力的原则。

（4）经济利用土地原则。

（三）土地资源保护

土地资源是农业生产的源泉。土地质量及其生产能力的保护和治理，是土地利用的一个重要内容。

1. 土地质量退化的形式

土地退化的形式，包括土地沙漠化、土地盐碱化、土壤的次生潜育化等；土地侵蚀，土地污染，土地疲劳（指对土地的连续利用）等。

2. 土地的保护和治理

土地保护和治理措施主要有：生态治理，如植树种草、改造荒山荒地、营造农田防护林带、搞好城乡道路绿化、保护森林和草场资源等；工程治理，如排灌工程、造田改土工程、小流域治理工程等；农业技术治理，如采用合适的耕作方法，轮作种植、施肥改土、科学灌溉等；土地的环境保护，如严格控制工业"三废"排放处理标准，减少化肥、农药和农膜等对土壤的污染，健全检疫体制，控制病菌传播等。

四、土地利用调查

土地利用调查，亦称土地资源数量调查，即通过勘测调查手段，查清一个国家、地区各种土地利用分类面积、土地利用状况及其空间分布特点，编制土地利用现状图，了解土地利用存在的问题，总结开发利用经验教训，提出合理利用土地的意见，为进行土地利用分类和研究，制订国民经济计划和土地政策，开展国土整治、土地规划、科学管理土地等工作服务。这是一项政策性、科学性、技术性很强的工作，按调查目的和深度及精度，一般分为概查和详查两种。土地利用调查内容主要包括：①各类用地的自然环境、社会经济条件及其发展演变；②各类用地的数量、质量、分布规律和土地利用构成特点；③分析土地利用现状特点、存在问题及经验教训，指出开发利用的方向、途径和潜力；④土地利用分类和土地利用图编制；⑤调查区域土地总面积及各类用地面积量算等。调查工作程序和步骤为：①准备工作。包括组织、物资、资料和图件、仪器设备等的准备；②外业调查。利用航片或地形图进行外业判读调绘和补测，各级行政界线和各地类界线的实地调绘，填写外业调查原始记录、外业调查成果检查等；③内业整理。包括航片或卫星图像的转绘和各种资料的分析整理，各类土地面积量算与编制各类土地面积统计和土地总面积汇总平衡表；④成果整理。编制土地利用图和编写土地利用现状调查报告（包括有关专题调查报告或局部典型调查报告等）。土地利用调查对探索土地利用与地理环境的关系，进行自然、社会经济条件综合评价，确定各类用地的比例和调整土地利用结构，合理开发利用土地资源，因地制宜布局生产和安排建设，提高土地利用率和土地生产率等均有重要意义。

第三节 农业生产布局

一、农业区位理论

(一)杜能的农业区位理论

1. 农业区位理论的概念

农业区位理论是研究农业景观空间形态的理论。由原始时期的采集、游牧和游耕农业活动以至传统的自给性农业活动时期,其农业生产主要在于满足农民的自然需求,农产品一般不用作商品出售。这时期农业空间分布的形态主要受自然环境的影响,因此出现了甘蔗、橡胶等热带作物的种植沿低纬度地区分布,而小麦、稻谷等种植多在中纬度地区的现象,这便是最简单的农业区位的例证。然而由于文明的进步,城市的兴起,市场的发达,农业区位变成了由市场来导向,商业化农业活动出现了。这样,农业区位要考虑的因素并非只是如何利用土地以生产作物,更重要的是如何将产品运销市场,以获取最大的利润。由于市场因素对农业活动的区位形态有着重要影响,因此便有了农业区位理论的产生。

农业区位论,是指以城市为中心,由内向外呈同心圆状分布的农业地带,因其与中心城市的距离不同而引起生产基础和利润收入的地区差异。在商品经济条件下,全部或绝大部分农产品都要以商品形式投入市场,因而利润(纯收益)的大小成了农业布局的决定性指标,任何无利生产在经济上都是不可行的。

农业区位论,是由德国农业经济学家杜能(J. H. Thüner)首先提出的。他根据在德国北部麦克伦堡平原长期经营农场的经验,于1826年出版了《孤立国对于农业及国民经济之关系》一书,提出了农业区位的理论模式。

2. 杜能模式的假设与主要内容

杜能模式所应用的研究方法是抽象法,或称"孤立化"方法,即先从影响农业分布的种种因素中分离出一个主要因素,然后探明在其他次要因素相同的条件下,主要因素运动变化的规律以及可以用来反映这种变化的模式,最后再确定当次要因素一一起作用时,上述模式将发生什么样的偏离。

杜能为构建农业区位理论模式,提出了一系列假设:

(1)"孤立国"中唯一的巨大城市位于沃野平原的中央,周围为其农业腹地,平原被未能开垦的荒野所包围并与外界完全隔绝;

(2)城市是其腹地多余产品的唯一市场,并且不从其他区域获得产品供应;

(3)"孤立国"内的交通手段固定为马车(当时无火车、暂假定无通航河流);

(4)腹地具有均质性,即认为各地的土壤肥力、气候等地理环境相同;

(5)腹地各地农业经营者的能力和技术条件相同;

(6)腹地经营者是追求最大利润,并且有能力按市场要求调整其农业经营类型的农民;

（7）运费与距离成正比，并且由产品生产者——农民负担。

在这些假设条件下，"孤立国"中不同经营类型的农业将围绕着这个城市呈同心圆环状分布。各同心圆圈境作物带到城市的最大距离受市场的价格、产地的生产成本和两地间的运费三个要素决定。农民获得的利润取决于上述三个变量之间的关系，如下式：

$$P = V - (E + T)$$

式中，P 为利润，V 为农产品的市场价格，E 为农业生产成本，T 为把农产品从产地运到市场的运费。

上述等式经过移项也可写成：

$$P + T = V - E$$

由于杜能已经假设全国商品农产品只有一个市场——"孤立国"唯一的中心城市，农产品的市场价格都要由这个中心市场来确定，因此，在特定时期内，"孤立国"各种农产品的市场价格应是固定的，V 是一个常数；杜能还假设，各地发展农业的条件完全一致，因此各地同一种农产品的生产成本也是固定的，E 也是个常数。由于两个常数之差仍为常数，所以杜能的公式还可改写成：

$$P + T = V - E = K \quad （K 表示常数）$$

这就是说，利润加运费是个常数。因此，只有把运费支出压缩到最小，才能将利润增加到最大。可见，杜能农业区位理论所要解决的问题，就是如何通过农业布局来达到节约运费，从而最大限度地增加利润。

杜能对距离城市远近与农业耕作方式的关系，对影响产品运输的诸因素（如产品的体积、重量、易损坏和易腐性等）作了深入分析后，构建了以中心城市为核心的同心环状农业圈图式（见图 4-3）。

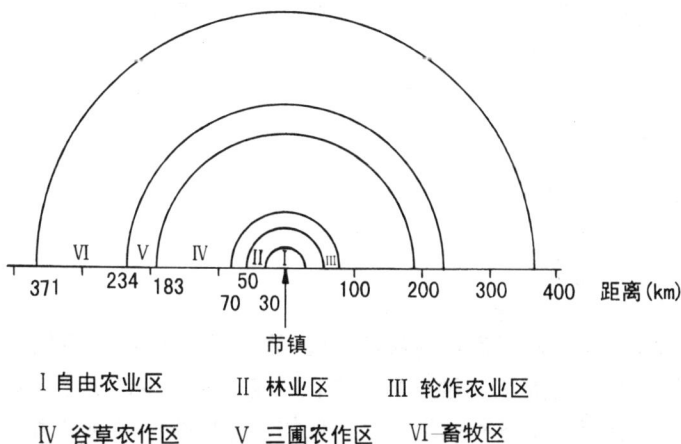

图 4-3 杜能的同心环状农业图

第一圈：自由农业区。它最接近于城市市场，土地用于生产不易运输的易腐食品，以蔬菜、牛奶、鲜花为主。杜能还把这个农作区分成内外两层，内层紧靠城市，主要发展鲜嫩易腐蔬菜，外层则主要生产比较便于保管和运输的土豆、卷心菜等。这一农作区在经营方式上突出的特点是集约化程度很高。

第二圈：林业区。此区农民专门从事林业产品生产。在杜能时代，城市主要燃料是木柴。这一区的外限，根据城市对木柴的需求量而定。

第三圈：轮作农业区。采用轮栽作物制，无休闲地，六区轮作，办法是将土地分成六区：第一区种土豆，第二区种燕麦，第三区种苜蓿，第四区种黑麦，第五区种野豌豆，第六区种黑麦，到第二年再依照顺序更换作物，周而复始地轮作。谷物占50％，商品农产品以谷物、土豆与牲畜为主。

第四圈：谷草农作区。这一区所提供的商品农产品与第三圈相同，主要为谷物与畜产品，其特点是经营较粗放，在轮作中增加了牧草的比重，而且出现了休闲地。在农业总产值中，畜产品的比重明显增大。本区地租比较低，农民倾向于多租种土地，14％为休闲地，谷物占43％。杜能认为这一圈以采用七年轮作为宜，办法是将土地分成七区：第一区种黑麦，第二区种大麦，第三区种燕麦，第四区、第五区、第六区均种牧草，第七区休闲。到第二年再依照顺序更换作物。

第五圈：三圃农作区。这一区处在整个谷物种植区的最外围，农业经营粗放，土地大量休闲。杜能主张在这里实行三圃农作制，把土地的三分之一用来种黑麦，三分之一种燕麦，另三分之一休闲，离农舍远的地方为永久牧场。

第六圈：畜牧区。为家畜养殖区，经营畜牧业。一是家畜可以赶往市场，无需运费；二是加工的干酪不易腐坏而且便于运输，从而尚可获利。

第六圈以外的土地已无经济开发价值，只能作为荒地。

杜能也讨论了由于一条可航河流或一个卫星城市的出现而使同心圆带局部变形的情况。

杜能学说的意义不仅在于阐明了市场距离对于农业生产集约程度和土地利用类型（农业类型）的影响，更重要的是它首次确立了对于农业地理学和农业经济学都很重要的两个基本概念，土地利用方式（或农业类型）的区位存在着客观规律性和优势区位的相对性。杜能以后百余年来，有大批农业经济学家先后多次论证、应用和修订杜能的农业区位学说。如劳尔（E. Laur）应用杜能原则，把全世界农业经营类型按集约程度排列为七大农业经营地带，并以西北欧工业区域作为世界农业集约化中心。中国学者在这方面也进行了一些探索研究。关于这个学说的评述至今仍在继续。

（二）农业区位理论的发展

1. 现代的农业区位理论

和杜能试图解释大范围地区宏观的农业区位不同，现代的农业区位论者更多地注意研究具体农场的"农业决策"。这是因为要解释和论证一定的农场生产类型的区位，必须研究农业决策。这类研究，广泛运用了各种数学方法。例如，运用线性规划以确定要求总生产费用最小而纯收益最大的农作物最优组合；运用博奕论来研究面对种种不确定性和风险（如天气变化、市场变化等）的农场主如何作出生产上的决策，以争取最坏情况下的最好可能；运用马尔可夫链来研究生产革新的空间扩散等。影响农业决策过程的因素，不仅有各种社会经济因素、技术因素、自然因素，而且有农场主的行为因素，如个人业务知识、经验、偏好以及冒险精神等。通过农业决策论的研究，不仅可以论证解释已有的农业区位，而且还可预测它的变化。

2. 辛克莱模式

在杜能模式的基础上，美国地理学家辛克莱(R. Sinclair)通过对美国中西部大都市周围农业景观形态进行研究，他发现在不断扩张的大都市边缘地带(Urban Fringe)的农业景观空间形态与杜能模式迥然不同，于是对杜能模式进行修正，进而形成辛克莱模式。

辛克莱认为在都市化不断提高，都市规模不断扩张的情况下，大都市的都市用地与都市边缘地带的农业用地形成激争。由于作为都市利用的土地，如建工厂或购物中心等，通常比作为农业土地利用更能获得较高的利润，因此，都市边缘地带的农民，在期待土地转为都市土地利用和随时准备抛售土地的心理下，多不愿在农场投入大量的资金与劳务，而使农业经营趋于粗放。这种现象愈接近都市愈明显，因为距离都市愈近的土地，愈有可能由农业利用转为都市利用。结果，都市边缘地带的农业景观形态呈现与杜能模式相反的现象，愈近都市，农业土地利用价值愈低，土地利用率也就愈低，空置的农地愈多，农业生产经营也愈粗放。直到都市扩大或发展潜力终止的地带，这里的农业用地在近期已不可能转为都市用地，才由此向外回复杜能模式。

二、农业部门布局原理

农业部门布局，是以农业生产部门(种植业、畜牧业、林业、水产业)或单项农业生产(如水稻、小麦、棉花、茶叶、柑桔、养羊等)为对象的农业布局研究。

农业是一种多部门结合的生产事业，它所包括的大大小小的农业生产部门、门类、项目很多，每一部门或门类、项目的地区布局所要求的条件，所表现的布局特点和布局规律等都不相同。为了全面阐明农业生产地域分异的客观规律和因地制宜实行农业生产合理布局，有必要对农业生产各部门，特别是主要部门和重要作物的布局进行研究。

(一) 种植业(农业)布局

种植业布局是农业部门布局的一个重要分支，它主要研究农作物的生产条件、地表空间差异及其规律，探讨与当地生态环境相适应的农作制度、作物布局及发展潜力，以便因地制宜地利用自然条件与经济资源。

种植业是指人工栽培农作物的一个农业生产部门。农作物的种类很多，世界上约有600多种，包括粮食作物、经济作物、蔬菜作物、饲料和绿肥作物等。它既是大农业的重要基础，又是第一性生产。

种植业布局研究的基本内容包括：农作物适应区域的划分和适应地的选择；农作物生产基地和集中产区的确定；农作物生产结构的组合；农作物种植方式和耕作制度的确定。

1. 粮食作物布局

粮食作物布局，以研究粮食作物的生产条件、地域分布差异及其规律，探讨与当地自然条件相适应的耕作制度、粮食作物布局、生产基地的形成与发展为主要任务。研究内容主要有：①粮食生产发展的自然条件、社会经济条件及其分布特点与发展变化规律；②粮食作物播种面积和产量结构的变化特点及生产水平；③不同地区粮食作物组合与轮作方式；④建设商品粮基地和改造低产田的途径；⑤粮食供销市场、流通渠道及价格体系。

粮食作物是谷类作物（包括稻谷、小麦、大麦、燕麦、玉米、谷子、高粱等）、薯类作物（包括甘薯、马铃薯、木薯等）、豆类作物（包括大豆、蚕豆、豌豆、绿豆、小豆等）的统称，亦可称食用作物。粮食生产是多数国家农业的基础。通常，粮食作物也是农作物中的主导作物，世界粮食作物种植面积约占农作物总播种面积的85%，其中小麦、稻谷和玉米约占世界粮食总产量的80%。

2. 经济作物布局

经济作物，又称技术作物、工业原料作物，指具有某种特定经济用途的农作物。按其用途分为：纤维作物（棉花、麻类、蚕桑）、油料作物（花生、油菜、芝麻、大豆、向日葵等）、糖料作物（甜菜、甘蔗）、饮料作物（茶叶、咖啡、可可）、嗜好作物（烟叶）、药用作物（人参、贝母等）、热带作物（橡胶、椰子、油棕、剑麻）。广义还包括蔬菜、瓜果、花卉等园艺作物。经济作物具有地域性强、技术性高、经济价值大和商品率高的特点。在布局上应考虑下列原则：①因地制宜，择优布局，适当集中；②尽可能在经济作物产区建立加工工业，尤其是初加工；③经济作物产区应有良好的交通运输条件；④经济作物产区应有充裕的、技术素质较高的劳动力。世界上一些主要经济作物如棉花、甜菜、甘蔗、麻类及热带、亚热带经济作物的集中化与专门化程度均较高。

（二）林业布局

林业是对森林进行培育经营、管理保护，以取得木材和其他林产品的社会生产部门。林业布局是研究林业生产的地域分异及其规律性。林业生产的主要对象是森林（包括天然林、人工林），其生产发展既取决于地形、气候、生物、土壤、水文等自然因素，又取决于人口、劳动力、交通运输、市场、加工、经济发展水平等社会经济因素。这些因素因地而异，并具有一定规律，与林业生产关系十分密切。林业布局研究的内容主要包括：①分析研究影响制约林业生产地域分布的自然、社会经济条件，特别是森林的自然生态适应区域；②综合评价森林资源的类型、数量、质量及其利用条件、利用方式，探索和预测不同地区森林资源的发展变化趋势；③分析研究森林分布特征和地域分异规律，不同森林经营类型的形成发展过程和特点；④制订林业区划，分区阐明其生产发展方向和经营方针，提出调整林业生产布局的科学依据。

（三）畜牧业布局

畜牧业是指利用动物的生理机能，通过饲养、繁殖，使其将牧草和饲料等植物能转变为动物能，以获得牲畜及畜产品的生产部门。它是人类与自然界进行物质交换的极重要的环节。主要包括牛、马、驴、骡、骆驼、猪、羊、鸡、鸭、鹅、兔、蜂等家畜家禽饲养业和鹿、貂、水獭、麝等野生经济动物驯养业。

畜牧业布局，即畜牧业生产的地域分布。其研究内容包括：合理确定不同地区畜牧业发展方向、牲畜结构和比例；按畜牧业生产合理的地域分工，科学地确定每一地区畜牧业生产专业化方向，建设各种畜禽及其产品的商品生产基地。畜牧业布局必须遵循自然和经济规律：①要坚持因地制宜的原则，做到自然条件适宜、经济条件合理、技术条件可能；②要坚持发挥优势的原则，充分利用草场、畜种等自然资源和基础设施、劳动力等社会资源；③要坚持适当集中的原则，实现生产的区域化、专业化、社会化；④还要坚持保护资源、统筹兼顾等原则，最终取得最大的经济效益、生态效益和社会效益。搞好畜牧业布局必须注意：①了解国家和地区对牲畜及其畜产品的需求等情况；②调查本地区畜牧业的历史、条件、现状及发展畜牧业的可能性；③要在大量调查研究的基础上，确定畜牧业发展的方向、规模、速度、比例、基础设施建设工程等；④经过反复分析、比较、论证，提出最佳布局方案。畜牧业布局研究，一般多采用野外考察、定位试验、技术经济论证、系统论、定量分析、空间模式、相关矩阵等方法。

（四）渔业布局

渔业又称水产业，指利用各种可利用的水域或开发潜在水域(包括低洼地、废坑、古河道、坑塘、沼泽地、滩涂等)，采集、栽培、捕捞、增殖、养殖水生经济动植物的生产部门。广义还包括渔船、渔具、渔业机械、渔用仪器及其他生产资料的制造、维修、供应等产前部门和水产品的贮藏、加工、综合利用、运销等产后部门。

渔业布局，又称渔业配置，指养殖业、捕捞业及水产品加工业等部门的地域分布和地域内各部门的相互关系及合理结合。合理的渔业布局要求渔业各部门尽可能分布在水产资源、交通和市场条件最优的地区，以最少的投入获得最佳的效益。影响和制约渔业布局的因素主要有：①水产资源的种类、数量及其地域分布。这是渔业布局的资源基础；②交通运输条件。渔业生产基本上是商品性生产，产品主要为了销售，交通方便有利于开发、布局，反之亦然；③消费水平高低和距离消费中心远近。消费水平高，距市场近，可加速渔业生产布局；④民族特点和消费习惯；⑤经济实力和渔业科学技术水平。渔业布局的原则主要是：①均衡布局。依据渔业生产特点，要求充分合理地开发各地区的渔业资源，以满足广大消费者的需要；②生产地接近消费中心。有利于及时向消费者提供鲜活商品，保证市场供应，降低生产成本，减少不必要的运输损耗；③充分利用原有基础，有利于以最少的投资获得最大的经济效益；④技术可能性和经济合理性统一。要因地、因时制宜，制定渔业生产发展的合理规模、水平及其空间组合。渔业布局的主要内容有：调查、研究和评价渔业布局条件及其地域分布特征；确定渔业各部门结构、规模及其地区布局；制订渔业总体布局方案，提出不同地区渔业发展的方向和途径。

（五）郊区农业布局

郊区农业，是指城市行政辖区内的市区外围地区以提供蔬菜、副食品满足城市居民需要为主要目的的农业。主要由园艺业(包括蔬菜、瓜类、果园、花卉等)、牲畜和家禽饲养以及部分耕作业所组成。郊区范围的大小，与城市规模、所处地区环境和市界范围大小有关。通常城市越大，郊区也越大。从郊区农业的类型来看，一般大城市的郊区由于面积大，土地利用上具有显著的地域差异，多分为近郊区和远郊区两个部分，中小城市一般不作这样的划分。近郊区，以生产蔬菜、肉、乳、禽、蛋、水产品、果品、花卉等为主；远郊区以生产粮食、经济作物居多。郊区农业一般具有农产品种类多、生产周期短、运输量大、易损耗、集约化程度高、商品量大、商品率高等特点。因此在布局上需根据城市规模的不同，选择范围不等的城市近郊区和远郊区，建立合理规模的蔬菜和各种副食品生产基地，以便保质保量，及时均衡地满足城市居民生活和部分生产的需要。

三、农业生产区域化、专业化

农业生产所特有的强烈区域性特性，必然要求现代化农业朝着区域化、专业化方向发展。农业生产区域化、专业化，主要涉及优化农业地域结构、农业生产地域分工、农业地域专业化及农业商品生产基地的选建等问题。

(一)农业地域结构

农业地域结构，是指一定地域内农业生态系统和农业经济系统的综合。每个地区的农业生产，从自然方面看，是光、热、水、土等自然资源通过栽培植物和家畜的成长与繁殖实现能量与物质转换的农业生态系统；从经济方面看，是在一定社会条件下人们投入活劳动和物化劳动而获得农产品的农业经济系统。由于栽培植物和饲养家畜实现的能量与物质转换是人们在经济技术力量的干预和促进下进行的，因而这两个系统不是各自独立存在的，而是互相交织、互相紧密结合形成一个地区特有的农业地域结构。一般来说，合理的农业地域结构在利用自然方面，既要求有较高的能量与物质转换效率，又要能保持各种自然因素间的协调和平衡，保证自然资源的不断更新，以实现能量与物质转换的良性循环，保证农业生产的稳定增长。同时，在农业经济方面，要求每个地区的农业都成为一个主导部门与辅助部门密切结合、多部门经济综合发展并具有最佳经济效果的农业经济系统。因此，合理的农业地域结构既不同于片面的农业地域专业化或单一经济，也不同于"小而全"的自给自足的小农经济。

(二)农业生产地域分工

农业生产地域分工，是指不同地区利用各自的特有条件发展各具特色的农业生产，并在地区间进行商品交换，是农业生产社会分工在地域上的体现。这种地域分工是在生产力发展到一定水平，每个地区除满足区内需要外，还能提供区外大量商品性农产品才形成的，故各地区农业中的商品性生产乃是农业生产地域分工的标志。实现合理的农业生产地域分工，必须因地制宜地发挥地区生产优势，并具有较高的生产力水平和便利的交通运输条件，才能使不同条件的地区分别生产具有地方特色的农产品，并进行区际交换，这比不论条件好坏，每个地区均实行自给自足的生产，在经济上有利得多。

(三)农业生产专业化

农业生产专业化，是指一个国家、地区或农业生产单位，根据其农业生产发展条件与优势，为适应市场需要，专门生产一种或几种有商品意义的农产品，所以农业生产专业化，是农业分工的一种形式。随着科学技术、机械化和交通运输的发展，经济发达国家的农业生产专业化程度已由地区专业化、企业专业化发展到农业生产工艺(或作业)的专业化。农业生产专业化是农业生产社会化、地域分工高度发展的结果。其优点为：①便于把一定的农业部门和农作物集中在条件适宜的地区，以便充分而有效地利用资源和发挥地区优势，挖掘增产潜力；②便于集中使用农业机械和技术装备，加速实现农业机械化，提高土地利用率、农业劳动生产率和农产品商品率，取得更大的经济效果；③便于扩大农产品的商品生产，以保证国家对某些农产品日益增长的需要。但实行农业生产专业化，必须全面考虑需要与可能、产地与市场、运输与储藏，因地制宜确定专业化生产的方向，提出适度的规模和发展途径等。衡量农业生产专业化的主要指标为：农产品商品率和农产品商品量。

（四）农业商品生产基地

农业商品生产基地，是指大量、稳定地为国家提供某种商品农产品的集中产区。主要包括粮食作物、经济作物、热带作物、蔬菜、木材、畜产品、水产品等。其形成条件是自然、社会经济条件适宜，原有生产基础较好；资源量丰富，生产发展潜力大，在全国或地区商品经济中占有重要地位；商品量大，商品率高，交通运输较方便；投资少，见效快，经济效益高等。

四、农业产业化

农业产业化是实现传统农业向现代农业转变的新型的经营方式，它使传统农业向市场农业、生产专业化、布局区域化、经营一体化、服务社会化、管理企业化的现代农业迈进了一大步，是已被世界发达国家和国内发达地区实践证明了的成功之举。所以说，农业产业化的出现，是社会化大生产和社会生产力发展的必然结果。

推进农业产业化，形成农业产业新的利益调节机制，对促进市场农业的自我积累、自我调节、自我发展有着组织、导向的作用。其表现是：有利于建立新的市场农业运行机制；有利于把农业和农民引向市场，实现小生产与大市场的连接；有利于增加农民收入，提高农业比较利益；有利于规模化经营、区域化布局和高新技术的应用；有利于生产要素的组合和流动；有利于农业的自我积累、自我补偿、自我发展；有利于促进农民经营意识和科技素质的提高；有利于提高农民的组织化程度；有利于农业劳动力的转移；有利于加快小城镇建设的进程。

农业产业化的组织形式有：①公司＋基地＋农户。这是"龙头"企业带动型；②主导产业＋农户。这是主导产业带动型；③专业市场＋农户。这是市场带动型。

推进农业产业化发展，应注意抓好以下环节：①选准主导产业；②抓好"龙头"企业；③发展规模经营；④加强外向牵动；⑤抓好科技带动；⑥培育、拓展市场；⑦健全服务体系；⑧完善经营机制；⑨注重与发展乡镇企业相结合，与建设小城镇相结合。

第四节 农业区域开发

一、农业区域开发的涵义、特点与原则

（一）农业区域开发的涵义

农业区域开发，是指在农业区划与农业区域规划的基础上，以特定的地域单元(包括农业区域、自然区域、行政区域)为范围，以农业自然资源为开发对象，以一定时段内的劳力、资金、技术和物质投入为主要开发条件，以提高农业新增生产能力和农产品产量，发挥地域优

势，发展商品经济，富裕农村为目的的区域经济活动。

农业区域开发，不仅包括对未经人类利用的农业资源(主要是自然资源)的开发利用，而且包括对利用不充分或不合理的农业资源潜力的发掘和集约利用，前者称为农业资源的广度开发，或叫外延性开发；后者可称为农业资源的深度开发，或叫内涵性开发。对于一个国家、一个地区来说，这两种开发形式通常是同时并存、交叉进行的。

农业区域开发，不但指一定区域农业资源本身的开发，而且包括对农业资源开发条件的开发，如农业信息开发、技术开发、智力开发、基础设施开发、农产品新品种开发和市场开发等等。而其核心一般是指一定区域内农业资源的开发，这种开发的结果形成新增农业生产力，集中反映在区域农产品和加工产品总产量及经济效益的增长。

至于农业资源开发的方针、政策、法规和经营管理也是农业区域开发不可缺少的重要条件。

(二) 农业区域开发的特点

农业区域开发与常规农业比较，既具有农业生产固有的一般特点，又有其自身的特点，其表现是：

1. 外延性

从开发对象看，虽然也包括农村劳动力、智力等农业经济资源的开发，但主要是开发土地、水、气候、生物等农业自然资源，其中尤以耕地以外的土地资源开发为重点。就整体而言，内涵性开发与外延性开发并存，侧重于外延性开发，着眼于拓宽农村生产空间领域。

2. 长期性

从基础设施与生产资金的投入和利用看，农业区域资源开发的基础设施和投资规模特别是起步阶段的投资一般较大，形成生产力的时间和投资回收期较长，而且具有开发的时限性，一经开发终止期即进入常规生产。

3. 风险性

从农业资源开发利用的稳定程度看，一方面由于开发活动常常有初始性质，缺乏前人的生产经验，加上自然灾害的可能侵扰，导致技术风险、生产风险大，稳定程度低。开发不当，不但不能产生预期效益，还可能产生负效应；另一方面，大多数开发产品需要流入市场，而市场的需求常常是捉摸不定的，在一定程度上又使农业开发要冒市场风险，特别是一些新产品的开发更属于风险投资性质。

4. 商品性

从产品开发方向看，主要是市场尤其是国内、国际市场需要的地方名、特、优、稀产品或国外优良品种和新品种的引进与培育。因而，这些产品的开发从一开始就同产品的市场开发紧密相连，使开发性农业多数与创汇型农业捆绑在一起，把资源开发与市场需求结合起来，并以市场为导向，具有明显的商品性特点。

5. 区域性

农业区域开发是以一定的地域单元(如农业区域、行政区域或流域)为范围来进行的,而不同的区域无论在开发条件、开发潜力、开发重点、开发措施以及开发效果上都显示出地域差异,从而引出不同的农业区域开发类型。

6. 整体性

从农业区域发展的总体看,它是一项庞大而复杂的系统工程,涉及的因素和部门多,其中某一个因素或部门的开发都会影响和制约整个农业区域的开发。

(三)农业区域开发的原则

农业区域开发是一项庞大而复杂的系统工程,涉及农业、渔业、工矿业、港口建设、交通、旅游、环境保护等部门的利益。即使是农业开发本身,要协调的矛盾也很多。因此,为了科学地、合理地开发利用各地的农业资源,在进行农业区域开发时,必须遵循以下原则:

1. 统筹兼顾,协调矛盾

农业区域开发的主要对象是农业资源,而农业自然资源本身也是一个相互联系、相互制约的有机整体,对其中一项资源的开发利用,常常会引起其他资源的相应变化,而开发条件的变化也直接或间接地影响开发的进程。同时,对一定地区来说,农业自然资源数量的有限性和用途的多样性加剧了各种开发之间的竞争,往往因此而发生各种矛盾。为此,开发利用农业自然资源必须从全局出发,统筹兼顾,协调各部门、各种资源利用之间可能出现的矛盾,协调长远利益与眼前利益的矛盾,做到远期与近期相结合。在确定区域内部某项农业自然资源的主要利用方向和主导产业部门的开发目标以后,应立足于综合开发,综合利用,兼顾各产业部门的利益,防止顾此失彼,或只顾局部不顾整体。单项开发与综合开发要协调好,前者应以后者为指导,不能各自为政,而要统一规划,全面安排。

2. 因地制宜,分类开发

农业资源在种类、数量、质量和组合状况上存在一定的地域差异,形成各地具有不同的资源优势和劣势。它为农业区域开发提供不同的条件,使不同地区有不同的开发方向和开发的主导产业或开发项目。同一种资源在不同地区的开发利用方式也不同,同时,各地的社会经济条件也千差万别,生产力发展水平高低不一,因此,只有根据当地的开发条件,因地因时制宜,才能防止盲目性,发挥优势,避开劣势,取得农业资源开发利用的最佳效果。

3. 适度开发,持续利用

一个国家、一个地区,在一定时期内可供开发的农业自然资源数量总是有限的,绝大多数的农业自然资源的再生能力和负载能力也是有限的。过度的开发,就会破坏资源的再生能力,导致资源衰退,甚至枯竭,引起生态失调。因此,农业自然资源的开发利用应该适度、适量,把开发的数量限制在资源再生能力极限以内。在开发中防止掠夺性、破坏性经营,把资源的开发、利用与整治、保护紧密结合起来,以保障农业自然资源的持久供给与持续利用。

4. 量力而行,逐步开发

农业资源的开发能力和开发规律受制于各种科学技术、资金、生产资料的投入和供应,受制于交通运输、储藏、加工、销售和市场需求状况等因素。而就一个地区、一个企业来说,在一定的时期内,这些条件和因素在数量上又是相对有限的,因而不但要考虑开发的必要性,而且要考虑开发的可行性。根据当地不同时期的开发条件来确定开发的速度和规模,循序渐进。一般应由小到大,由少到多,由易到难,由点到面,有计划分期分批分项目逐步开发,切忌贪快贪大,急功近利。

5. 有偿开发,节约资源

农业自然资源的有偿开发是指资源所有者向资源的开发者收取一定的费用作为资源开发的补偿。因此,对土地、水、矿物等自然资源的开发利用,应实行有偿开发原则。同时,除了像气候资源可以"取之不尽,用之不竭"之外,其他的自然资源可供开发利用的数量都是有限的。所以,在开发中,必须珍惜农业自然资源,千方百计节约资源。

6. 全面讲求综合效益

综合效益,指的是经济效益、社会效益与生态效益三者的统一与协调。农业区域开发必须以获得一定的经济效益为主要目标,而经济效益目标的实现应以社会效益和生态效益为前提,这是因为三者是相互制约、相辅相成的,既有统一的一面,又有矛盾的一面。增加农产品供给,满足社会需求是农业区域开发的根本宗旨,如果开发活动离开了这一宗旨,单纯追求经济效益,则可能置社会需求于不顾,开发单位只从本身的利益出发进行决策,对一些经济效益好而社会效益差的开发项目立项开发,而抛弃或不积极开发那些社会效益好而经济效益不理想的开发项目,使开发迷失了方向;同时,生态效益是取得经济效益和社会效益的基本条件与自然源泉。在资源开发中,只考虑生态效益而忽视经济效益和社会效益,固然达不到人们开发和利用农业自然资源的经济目的,但片面强调经济效益和社会效益而忽视生态环境的保护,甚至采取掠夺式开发,虽然得到一时的经济效益和社会效益,却常常因此换来了农业自然资源生产力的降低和对生态环境的破坏,反过来又影响经济效益和社会效益的增进。可见,在开发中只有协调三者的关系,全面权衡利弊得失,才能在取得良好的社会效益和经济效益的同时,保持自然生态系统的相对平衡,使农业区域开发沿着健康的方向发展。

7. 既要开发,又要保护

资源的开发与保护是辩证的矛盾统一关系:开发是保护的主要目的,保护是开发的手段和条件。从长远和根本利益看,两者是一致的;但从眼前来看,两者又往往是矛盾的。不合理的农业资源开发,非但不能促进农业生产的发展,而且可能阻碍生产的发展,甚至破坏固有的生产力。所以,把农业资源的开发利用与整治、保护放在同等重要的地位,坚持以开发促整治,以整治保开发,开发与整治相结合的原则,在开发利用过程中做好整治与保护是非常重要的。

二、农业区域开发规划

(一) 农业区域开发规划的意义与内容

1. 农业区域开发规划的意义和作用

农业区域开发规划是指根据国民经济发展的需要，以一定的地域和时段为规划的空间及时间范围，对区内农业资源的开发、利用、整治与保护进行部署与筹划。它是农业区域开发战略的进一步具体化，也是农业区划的后续工作。

农业区域开发规划与农业区划既有共同点，又有不同点。前者指的是农业区域开发规划与农业区划都是对未来农业区域的资源利用与经济发展的设想与安排；后者说的是农业区划侧重于研究农业生产的地域差异，解决区域农业发展的定向、定位，对区域的资源开发与农业发展没有明确的具体的目标和时间要求。而农业区域开发规划虽然也带有明显的地域性，却是在农业区划的定向基础上，着重于定量分析研究，对区域的资源开发利用与农业发展有明确的目标和时间要求，各项开发指标、比例、开发规模与速度均以数值表示。可以说，农业区域开发规划是农业区划成果的应用与深化。所以，搞好农业区域开发规划，对于提高农业区域开发的计划性、科学性有着重要的意义：

第一，农业区域开发规划是合理开发利用农业资源的重要前期工作；

第二，农业区域开发规划可以减少和避免开发的盲目性，增强开发利用农业资源的计划性；

第三，编制农业区域开发规划是提高农业区域开发科学性的重要保证；

第四，农业区域开发规划是协调和平衡各种开发矛盾的客观要求。

2. 农业区域开发规划的等级与内容

农业区域开发规划的种类很多，内容广泛。我国按全国性的和省、市以及地、县三个等级分别编制。其中，地、县级农业区域开发规划是省、市和全国农业区域开发规划的基础，全国性的和省级农业区域开发规划属于较高层次的规划，应对地、县的开发规划起宏观指导作用。每一个等级的农业区域开发规划一般由农业区域专题(专项)开发规划、重点区域开发规划与农业区域开发总体规划所组成。

专题(专项)开发规划是以某种资源或产品的开发利用为对象所作的规划，如荒地、荒山开发规划、小气候资源开发利用规划、地下水资源开发利用规划、农产品新品种开发规划等等；重点区域开发规划，是指对资源潜力大，开发条件好，开发整治投资少、见效快，能新增较多农产品商品或者改善环境质量，综合效益良好的地区所进行的区域开发规划；农业区域开发总体规划，是对一定空间和时间内农业资源的综合开发、利用和山水田(土)林路的综合治理，农林牧副渔开发及其加工所作的统筹安排与总体布局。它是确定开发、利用、整治、保护方面的目标，选定重点开发区、重点开发产品和重点建设项目及其具体安排的主要依据，是一种宏观的、综合的战略性规划。以上三种农业区域开发规划各有不同的具体内容和作用，组成一个完整的规划体系。

就农业区域开发规划的内容来说，主要包括下列几方面：

（1）分析评价农业综合开发后备资源；

（2）确定开发总方针、开发目标与开发项目；

（3）安排开发项目实施的步骤；

（4）论证开发目标实施的可行性；

（5）制订实施开发目标的对策与措施。

（二）农业区域开发规划的指导思想与方法步骤

1. 编制农业区域开发规划的指导思想

（1）正确体现与贯彻党和国家关于大力加强和发展农业，加强区域性农业资源综合开发等一系列重大决策与部署；

（2）符合国家或地区的农业资源开发利用战略；

（3）严格遵循农业开发中的自然规律和经济规律；

（4）运用系统论和唯物辩证法的观点为指导；

（5）坚持自力更生原则。

以上指导思想适合于所有农业区域开发规划的编制。

2. 编制农业区域开发规划的方法

规划方法是否完善、科学直接关系到规划的质量高低。通常采用的有以下几个结合：

（1）领导人员、专业人员和群众相结合。三者密切配合，可以集思广益、取长补短，从而增强农业区域开发规划的科学性和实用性；

（2）常规方法与现代方法相结合。两者结合，可以相互补足，相互印证，有利于提高规划的质量；

（3）室内作业与室外调查相结合；

（4）定向、定量、定位、定时相结合。定向主要指确定区域开发的原则与方向；定量指的是对规划期内各项开发目标、速度、规模、比例、效益所作的量的规定；定位指的是开发规划项目的空间安排；定时则是指实施开发规划方案各项指标在时序上的安排。在实践中，必须把这"四定"结合起来，使开发规划有明确的开发方向和数量数据，有时空安排的具体要求；

（5）方案比较与分析论证相结合；

（6）点面结合。

3. 编制农业区域开发规划的步骤

（1）准备阶段。一是统一思想认识，二是组建规划领导小组，三是制订规划工作计划，四是做好规划工具、图纸的准备；

（2）资料收集与室外调查阶段。资料是进行规划的重要基础，应广泛收集，并经过科学整理；通过室外调查，掌握第一手资料，发现新情况、新问题、新趋势；

（3）室内综合分析阶段。在资料搜集、整理的基础上，根据开发规划的要求，对待开发的自然资源与开发条件进行综合分析；

（4）拟订农业区域开发方案阶段。规划方案是规划内容的具体表现形式，也是区域开发活动的主要依据。方案的制订，必须遵循农业区域开发的原则，做到因地制宜，统筹兼顾，择优投入，综合开发，综合整治；

（5）编写农业区域开发规划报告阶段。报告的编写要求主要是：内容完整、简明扼要、结构合理、重点突出、论证充分、指标明确、方法恰当、措施针对性及可操作性强。以农业区域开发总体规划为例，其框架大致包括：

前言：简要说明编制规划的目的、范围、编制经过、完成时间、参加编写的单位和人员；

概况：概述开发的地区范围、地理位置、地区的基本情况；

开发条件分析评价：主要对开发地区或开发项目的农业资源特点、条件的优势与制约因素进行分析与评价；

开发目标与重点：包括不同时段开发的总方针和总目标、主要农作物的种植面积、农产品及其加工品的产量目标、产值目标、综合效益目标和开发手段目标等。关于开发重点，一方面要阐述开发重点地区的开发产品目标、规模及基地的建设与分布；另一方面要陈明重点开发项目的名称、依据、开发目标、开发规模和开发效益、开发步骤；

实施开发目标的对策与措施：包括组织领导、资金筹措、项目管理、基础设施等，措施要注意针对性、科学性和可行性，要明确、具体，切忌笼统和一般化；

附图：一般应附农业区域开发范围图、总体规划图、"四低"（低产田、低产园、低产林、低产水面）分布和整治规划图、"四荒"（宜农林牧渔荒地、荒坡、荒滩、荒水）分布和开发规划图、农业分区开发图、主要农产品基地图；

附表：按实际需要列出。

报告初稿完成后，要组织有关部门与专业人员进行审议，然后修改定稿。报上级主管部门批准，作为实施的依据。

（三）农业区域开发规划常用指标体系

1. 开发规划指标的作用

农业区域开发指标是分析和评价开发活动中各种数量关系的一种尺度。离开指标，规划就无法进行定量分析。指标数量的高低、大小往往反映规划的科学性和实用性。

2. 开发规划指标体系的分类

农业区域开发规划涉及的因素很多，需要用许多不同性质和作用的指标来分别反映开发规模、速度、效益的大小、快慢、高低，比较不同开发方案的优劣。这些指标一般可分为以下4类：

（1）农业开发条件指标。这类指标用来反映规划地域范围内主要农业资源已开发利用的程度和利用水平，可供开发的农业后备资源的数量、质量和组合、分布状况，包括开发的农业自然资源条件、社会经济条件及技术条件。

反映农业自然资源条件的指标有：

土地可开发利用指标：如可开发利用的"四低"、"四荒"土地的数量、质量等级及其构成、土地适宜类别、各种农用地的利用率与开发潜力、土地人口承载力等；

农业气候资源开发利用指标：如光能及其利用率、光能开发潜力、农业界限温度的初终日与持续天数及年积温、冬季气温的开发利用潜力、降水量及其时空开发利用、农业气象灾害的种类及其出现频率和对农业生产的危害程度；

水资源开发利用指标：如地表水、地下水量及其可开发数量、水能蕴藏量及可开发数量、工业用水的循环利用和重复利用率；

生物资源的开发利用指标：如供开发利用的动物和植物资源的种类、数量、分布，可供引进的动植物资源种类和数量等。

反映农业开发的社会经济、技术条件指标主要有：

人口、劳动力的数量、质量以及地区分布、劳均负担农业用地数量、农业劳动力利用率、劳动力的余缺及季节分布、每百亩耕地、林地或草地拥有的农机具数量、每个农业人口占有的有效灌溉面积、每亩耕地的化肥施用量和用电量、可开发的农村能源种类和数量、主要运输方式和运输工具的数量及其运载能力、每 km² 拥有的道路里程、主要交通线路的通过能力和码头吞吐能力、城镇分布密度、农产品加工能力、每亩耕地和林地拥有的固定资产值、人均收入和储蓄率及人均储蓄量、开发期内资金可筹集数量、每百人拥有的科技人员数、每 km² 拥有的农牧试验推广站数等等。

（2）农业开发社会效果指标。这类指标是通过具体数值，反映农业区域开发的目标及实施后对满足人民和社会需要的水平和状态。主要包括：①开发产品的生产规模指标，如种植面积、饲养量、新增产量；②生活条件改善指标，如人均新增社会总产值、人均新增农产品产值、人均国民收入增长额、人均纯收入增长额、人均主要开发产品占有量、人均提供开发产品商品量；③就业效果与劳动条件改进指标，如劳动就业率、每万元开发投资提供的就业人数、每万元投资新增固定资产和生产能力、年积累总额、人均积累基金等。

（3）农业开发经济指标。这类指标是通过具体数值反映农业区域开发项目实施前后投入与产出的数量关系及其变化。它们既可用相对指标表示，也可用绝对指标表示，前者包括农业总产值增长幅度、土地生产率和劳动生产率、成本产品率、单位投资产品（产值）增长率、内部收益率；后者如每百元投资的年均纯收入、投资回收期、净现值等。

（4）农业开发生态效果指标。这类指标是通过具体数值反映区域农业开发活动中要达到的生态环境要求。常用的如：森林覆盖率、土壤有机质含量、土壤侵蚀率、水土流失量、旱涝灾害率、主要污染物排出量、三废处理率、农产品农药残留量、全员发病率及死亡率等。

上述 4 类指标构成一个有机的指标体系，运用这一指标体系，不仅可以对开发地区的农业综合开发现状作全面评价，而且更重要的是可以比较不同农业区域综合开发规划方案的优劣，为选择最佳的开发方案提供全面的数量依据，提高农业区域综合开发规划的科学性。

（四）农业区域开发重点的选定

1. 农业开发重点地区的选定

合理确定农业开发重点地区是农业区域开发规划的一个重要任务。但如何确定农业开发的重点地区呢？这就要从当地的实际出发，因地制宜，区别对待。对经济较发达地区，确定重点的主要依据是：①开发条件较好，具有某种或多种农业自然资源的绝对或相对优势；②

农业自然资源的开发潜力大，开发后形成现实生产力所需的时间不太长，并能较长期、持续、稳定地为社会提供数量可观的农产品商品，获得较好的开发综合效益；③开发后能发挥经济辐射作用和连锁作用，带动邻近地区农业开发与农村经济的发展。

对经济欠发达地区，开发重点应放在目前仍然比较贫困而开发潜力较大的地区，使这些地区逐步脱贫致富，促进社会经济发展。

2. 重点开发项目的确定

重点开发项目一般是指具有资源优势、开发后能形成"拳头"产品或支柱产业并且效益好，能带动当地其他产业或资源开发的"龙头"项目。一般包括以下重点项目：

（1）以中低产田改造为重点，改造"四低"（中低产田、低产园、低产林、低产水面）、开发"四荒"（荒地、荒坡、荒水、荒滩）和提高资源利用率、产出率和投入产出效益的水利工程建设项目、农业工程项目、生物工程建设项目；

（2）开发利用光热、小气候资源；改革耕作制度，提高复种；调整农业生产结构和布局，实现多熟高产的建设项目以及利用山地小气候提高资源利用率、产出率和产出效益的项目；

（3）良种繁殖、农林牧渔和水利、农机等先进适用技术和手段的推广以及科技进步的建设项目；

（4）农田防护林、水资源涵养林、水土保持林等改善生态环境的建设项目；

（5）重点地区的草地（包括草山、草坡）改良和人工草场建设项目；

（6）为发挥地区优势所安排的多种经营建设项目；

（7）同农业区域开发相配套的、必要的农村道路、农村电力、农村能源、农村科教建设项目；

上述农业区域开发的重点项目的选定并非一成不变，而应因地因时制宜。

（五）农业综合开发实验区

1. 农业综合开发实验区的任务

农业综合开发实验是农业区域开发前期工作的一个重要环节（其他环节按先后顺序分别为后备农业资源调查、农业区域开发规划制订、开发项目可行性论证），是在区域开发规划与开发项目投资可行性论证与评估的基础上，根据项目需要，选择若干地点，建立不同层次（全国性的、省〈市〉的、县的）和不同类型（如山区农业开发、沿海滩涂农业开发、贫困地区农业开发、湖区农业开发）的农业综合开发实验区进行试验性开发。其主要任务，一是通过实地实验，摸索开发项目有关的技术经济指标与投入产出的各种参数，验证农业区域开发规划方案的科学性和可行性，发现农业开发规划方案存在的问题和薄弱环节，以修改原订方案，使决策者更有科学依据地作出决策；二是探索开发的路子，为项目在更大地域范围进行农业综合开发积累经验，提供示范，以此推动面上的全方位农业开发。因而它是农业区域开发规划付诸实施的桥梁，是大规模开发前的一种超前性实验，对加强农业开发活动的科学性和宏观指导有很大意义。

2. 如何办好农业综合开发实验区

农业综合开发实验区是面上农业开发的缩影，尽管规模不大，但涉及面广。许多地方的经验证明，办好农业综合开发实验区必须抓好以下几点：

（1）实验区的选点要有代表性。即在资源优势、开发条件、开发方向、开发措施等方面与所代表的"面"相似，以便于实验成果和经验能够在同类地区由点向面推广应用。

（2）实验区的实验内容因开发项目类型不同而不同。一般应与农业区域开发方案或开发项目的要求相一致，重点放在农业区域开发条件、潜力评估、开发结构与布局、经营规模、措施实施可能性和适用先进开发技术的选择以及农业区域开发规划方案实施后所能取得的综合效益评价。

（3）做好实验区各项实验原始数据的记录、整理、分析，务求资料、数据准确可靠，以提高实验成果的科学性。

（4）加强实验区的管理。如制订实验区的开发计划，实行岗位责任制，对实验人员进行培训，及时总结经验，改进工作，组织观摩评比，把实验区办成农业开发的示范点，以点带面。

（5）领导重视，各部门配合。从组织管理、资金、技术、物资、设备等实验条件给予相应的资助和扶持，这是搞好农业综合开发实验区的关键。

第五章 第二产业布局

通常，第二产业应包括工业和建筑业两大部门，限于篇幅等原因，本章只论述工业布局问题，建筑业从略。

工业布局亦称工业分布、工业配置和工业区位等①，是指工业这一重要产业在地域（地理空间）上的静态和动态布局的表现形态和演变过程。工业布局所研究的内容，既包括对工业生产布局条件和因素的定性定量分析，又包括对历史、现状和未来工业布局变化趋势的论证和规划。从地域结构层次来说，既有全球和跨国的工业布局的总体演变态势研究，又有对全国和国内各级经济区域的区际和区内企业集团工业布局的宏观总体发展战略的论证，也有基层单个企业、工厂工业布局的中观、微观的规划。工业布局的性质和形态取决于生产方式，当然要受社会制度和生产关系的影响，但其发展演变主要受生产力的发展特别是科学技术进步的制约。

工业布局是一动态变化的过程，有其发生、发展、发达的经历，也有起伏反弹、停滞不前，直至滑坡萎缩、破产消亡的境地。可见，工业布局是不以人们主观意志为转移的、极为复杂多变、千姿百态的客观存在和过程。因而工业布局研究应当是全过程研究，有前因、有后果、有头、有尾，不限于某一阶段，某一断面或新建项目；应当是反复多次，而决非一次性研究。

我国投资列项分基本建设和技术更新改造两种渠道。那么，工业布局（含再布局）既是基本建设中具有长远性和全面性的问题，也是技术更新改造中具有长远性和全面性的问题。当前，我国工业建设和发展中，基本建设和技术更新改造及其结构调整并行，而且原有企业的改造和调整的任务将越来越多，适时把握工业布局研究的新领域、新课题是非常必要的。

第一节 工业布局特点与制约因素

一、工业生产与布局特点

工业为国民经济第一、二、三产业的各个部门行业，包括农业、工业、建筑业、运输业、商业以及服务业等，提供多种能源、原材料和几乎全部的生产资料——生产工具和技术装备；并且也为满足人们物质生活需要提供大量的生活资料。工业生产和布局同其他物质生产部门有着不少共同的规律，也有许多自己的特点。特别是同农业相比，这些特点尤为突出。

---

① 同义词，但国内学术界习惯上因场合不同而有不同用法.

工业是人们利用农(农、林、牧、副、渔)产品以及直接向自然界索取的矿产、水资源、空气、动植物等自然资源，进行加工制造获得工业品的过程。这一过程主要是物理的和化学的变化过程，以及少量的微生物作用和生物工程的过程。因此，工业布局不像农业布局那样，必须直接受热量、水分、土壤资源所引起的时间、空间的严格制约。对于工业说来，除少数个别部门(行业)如制糖、制茶、晒盐等(这些原料不便远运)以外，只要以市场需求为前提导向，并发挥运用其基础作用，具备资金、原材料、能源、设备、技术、劳动力等"软"、"硬"条件，就可以设厂进行生产，并随时调整其发展规模。但是，这决不是说工业布局不受地理条件和客观规律的制约，人们可以任意布点设厂。相反，对于农业布局不甚紧密相关的绝大部分矿产等资源，却成为工业布局的重要和理想的地缘优势区位因素，甚至是起决定性作用的。

工业生产过程可分为许多阶段，这些阶段又可以是不连贯的、不依次的，甚至可以分散异地独立运作，相距远达国内外。虽然这些阶段从总体上还是要求有序，并以一定比例约束的。如钢铁工业分为采矿、选矿、烧结、炼铁、炼钢、轧钢等，纺织工业分为纺纱、织布、印染等。但是这些阶段既可以依次安排生产，也可以同时交错进行生产；既可以集中在同一地点生产，也可以分散布局到各地去。工业生产和布局的这种阶段的可间断、交错和导致区位上可游离等特点，与农业生产阶段必须是连续、依次并集中于一地的特点截然不同。这正是工业布局日趋展开、集聚、分工、协作和专业化、联合化等过程的原因。一个部门、一个行业内部是如此，各部门各行业之间也是如此，从而构成一幅形态多样、错综复杂的工业分布图。

但是，工业布局并非无章可循、随心所欲，而是要求从微观到中观到宏观，综合多种因素，扬长避短，发挥优势。既要坚持持续协调发展的要求，又要充分体现劳动地域分工的特色。

综观各国各地区工业布局，尽管千差万别，但其基本趋势均遵循集聚—展开、不平衡—平衡的格局发展，沿着点—线—网的基本形态演变，形成诸如据点式(极核)、钟摆式(两点对流)、沿线式(交通干线)、网络式(综合区域)等基本布局模式。这种趋势、形态和模式，是受因地而异的工业布局诸因素和条件所制约的。

二、工业布局制约因素条件

工业布局和整个产业布局一样，受制于不以人们意志为转移的客观规律。其中既有工程技术自然规律，也有经济社会规律。所以，影响工业布局因素和条件是多方面的和综合的，它们因地、因时而异，程度不同地影响和作用于工业布局。因此，各国各地区工业布局既可资借鉴，但又不能千篇一律或重复照搬。地理因素是各个因素中的主要方面，以下侧重于地理因素对工业布局的影响和作用的分析。

(一)自然资源和自然条件

自然资源可分为矿产资源、野生动植物资源和水资源等。

1. 野生动植物资源

野生动植物资源种类很多，其中最主要是原始森林，它们与农业部门为工业提供的农林牧副渔产品资源相似，都具有可再生性。只要坚持合理采伐(集、捕、猎等)和培育的比例关系，森林采伐就可能得到永续保障。否则，采取掠夺式经营，采伐大于生长，资源就会越来越少，甚至枯竭。此类教训国内外屡见不鲜，后果不仅危及工业，而且使生态环境系统严重失衡。

2. 矿产资源

矿产资源是在特定的地质年代和成矿条件下形成的，属于"有限性"资源，开采利用多少就减少多少，不具有再生性质。当然，随着科学技术的不断进步，现代工业原料和能源资源领域也将不断向新的广度和深度拓展。

当今世界，约95%左右的能源为矿物能源，80%左右的工业原料也来自矿物资源。世界工业化过程表明，在国民生产总值(GNP)中，都含有相当数量矿产品的使用量，人们称之为对矿产品的"使用强度"。当人均GNP在800美元以下时，矿产品需求尚处于低增长阶段；800~3 500美元阶段，矿产品使用强度处于高峰时期，这也正是我国从现在到21世纪中叶的经济发展的重要历史时期；超过3 500美元时，需求又趋平衡增长甚至负增长。

可见，矿产资源是工业，特别是传统工业发展和布局的重要物质基础和条件。矿产资源的种类、储量、品位、埋藏条件、开发环境以及各种相关矿种结合状况，特别是它们的地理分布在很大程度上不仅影响工业和企业的生产规模、工艺路线、劳动生产率、生产成本和经济效益，而且还影响工业结构和工业布局，最终必定影响产品的市场竞争能力和经营成败。

评价矿产资源一般可分为单项矿种评价和地区多种矿产的综合评价或总体评价。单项矿种评价是指对单一矿种进行评价，为某一工业部门的发展规划以及矿山开发和工业布局提供依据；若一矿多用(如煤、石油等)，则为某几个工业部门的发展规划以及矿山开发和工业布局提供依据。地区矿产资源的综合评价或总体评价是指对相关矿种(如钢铁工业所需铁矿、焦煤、动力煤、石灰石、锰矿等)或区内所有矿产资源的总体评价，为区域综合开发或区域远景规划提供依据。这两种评价都将对矿山开发设计、工业结构与布局、地域分工与协作等产生直接影响，是规划、计划和设计的重要基础性工作。经济地理工作者既可参与有关专业部门进行的单项评价，尤应参与综合部门进行的地区综合总体评价，后者更能发挥本学科综合性、地域性的专长和特色。在评价矿产资源的经济意义时，不论是总体评价或者单项评价，都须从矿产资源的种类、储量、品位、埋藏赋存条件、地域分布、矿种地域组合，以及矿区和毗邻地区的自然、经济、人文地理等方面进行综合分析评价。具体内容为：

(1) 矿种。自然界中的矿产资源种类丰富多样，目前世界各国已利用矿种多达160~170余种。这些矿种我国均有发现。其中主要的有40余种，按其工业用途和利用特征分类为：①能源：煤、石油、天然气等；②黑色金属：铁、锰、铬、钒等；③有色金属及贵重金属：铜、铅、锌、镍、钴、钨、锡、钼、铋、汞、锑、铂系金属、金、银等；④稀有、稀土、分散、放射元素：钽、铌、铍、锂、锆等，铈、钇、锗、镓、铟、铀等；⑤冶金辅助原料：熔剂用石灰岩、硅石、菱镁矿、耐火粘土、萤石等；⑥化工原料非金属：硫铁矿、岩盐(池、井)、钠硝石、天然碱、磷灰石、钾盐等；⑦特种非金属：金刚石等；⑧建材及其他非金属：水泥用石灰岩、玻璃用砂、陶瓷粘土、云母等等。

不同矿种满足不同工业部门和行业对原料和能源的需要，因而其经济意义也不相同。对于各国各地区的工业化进程特别是工业布局有重要影响。但是，包括那些国土辽阔的大国在内，完全具备上述有用矿种者绝无仅有。因此，国家和地区间开展矿产品贸易，互通有无，是绝对必需的。

(2) 储量。矿产资源的储量是指由地质勘探部门提供,并经政府有关部门审核的有开采价值的矿量。它作为国家宏观经济部门和工业企业制定规划、计划和设计的重要管理依据,直接影响企业生产规模和工业布局。

由于地质勘探工作的程度和精度不同,所提供的矿产资源储量是分不同等级的。世界各国还没有统一的矿产储量分级标准。目前我国分为四类五级:第一类为开采储量(A 级);第二类为设计储量(B+C 级);第三类为远景储量(D 级);第四类为地质储量(不作探明储量级别)。A+B+C 级为工业储量,A+B+C+D 级为探明储量。工业储量是矿业和矿山编制采掘计划和矿山建设设计的依据;探明储量是工业和经济管理部门制订长远规划和长期计划的依据;地质储量则仅作为地质勘探部门进一步布置勘探工作计划的依据。

由于地质条件和采掘工艺技术水平等原因,矿产资源的探明储量和实际可能采出的数量之间有一定差距。可采出量与工业储量之比称回采率。目前我国矿山的回采率一般为 70%～80%,损失率为 20%～30%。在评价矿产资源储量时,必须减去这部分损失量。工业储量还决定着矿山合理服务年限,即经济开采年限。储量大,开采规模适中,合理服务年限和开采年限较长;储量小或开采规模过大,服务年限或开采年限会缩短。如果服务年限过短,势必造成开矿基建投资折旧过大,直接影响矿山经营经济效益。对此,国家有关部门从有利于环境保护和可持续发展的大局出发,对各种矿山的一般合理服务年限制定了相应的规章制度,并根据各类不同矿山合理服务年限调控矿山的合理开采规模。

(3) 品位。矿产质量指标包括品位(指矿石中有用组分的单位含量,以%、g/t、g/m³、g/L 等表示,为衡量矿石质量的最重要指标)、伴生有益和有害成分以及矿石的结构特征等。矿产资源的质量如何,直接影响其开采利用价值,也是技术经济评价的重要项目和内容。

地质部门在计算矿产储量时,将矿石品位分为边界品位和工业品位两种。前者为矿与非矿的临界品位,是圈定矿体的最低品位。后者则为工业上可利用的矿段或矿体的最低平均品位。只有达到工业品位的矿段或矿体,才可计入工业储量,作为工业生产发展和工业布局规划的依据。工业品位与边界品位之间的储量列为平衡表外储量。矿石品位越高,开采利用价值越大,各项生产技术经济指标越好;反之,品位越低,开采利用价值越小,各项生产技术经济指标越差。一般将品位高的矿石称富矿,品位低的称贫矿(如铁矿<30%、铜矿<1%)。有些矿石品位虽高,但含有害成分,则影响矿产资源的开发利用价值。

(4) 矿产资源赋存条件。矿产资源的赋存条件是指矿产埋藏深度、矿体产状(矿层厚度、倾斜度、夹岩厚度等)、矿体围岩性质以及区域地质构造等。它们对开采利用方式有较大影响,因而直接关系到矿产开采利用程度(回采率)、矿石生产成本和劳动生产率等经济效益。矿体埋藏越深,开采的基建投资越多,生产费用增大,生产成本提高,经济效益降低。因此,确定合理开采深度是技术经济评价的重要内容。埋藏较深的矿体要用井工开采;浅层矿或出露地表矿体,则可采用最经济的露天开采工艺。露天生产比井工生产有许多优越性,如投资少、工期短、见效快、工效高、成本低、安全、回采率高等。矿山能否露天开采通常用剥采比这一技术经济指标(指开采每单位有用矿物所剥离的废石量,用 m³/t 或 m³/m³ 表示)来选定。

(5) 矿区地理条件。矿产地的自然、经济、人文地理诸条件,是矿产资源评价的重要内容之一,它们对矿产开发与利用有很大影响,特别是在其他条件,如矿种、储量、品位、赋存条件等相似或相近,而矿区的地理条件存在优劣明显差异的情况下,其制约性就更大,往往成为一个矿区能否新建、扩建或改建及其次序先后的决定性因素。地理工作者对此尤应责无旁贷，实事求是，深入实地考察，认真进行定性定量分析评估，为决策提供科学依据。

矿区地理条件(区位条件)主要包括：①矿区与市场主要用户的关系(运距、运量、运输方式)；②交通运输区位与条件；③为矿山开发提供服务的能源、建筑材料等基础、配套条件；④矿区经济基础，如工业生产协作条件、基本建设和技术改造条件，农业生产粮食、副食品供应情况，第三产业、公用基础设施等；⑤矿区内及毗邻区域矿种结构及地理分布组合状况；⑥矿区自然条件，如地貌、气象、水文等条件。此外，还应认真充分评估竞争态势，这就是矿区毗邻区域以及更大范围(含国内外)的相同矿种供应来源的经济评价等等。

3. 水资源

水资源是现代化大工业生产的重要资源和条件，同时，又与农业和其他产业以及人民生活息息相关。水资源不仅可直接作为工业生产中分解、化合、混合等生产工艺的必不可少的原料；而且又是工业生产过程中蓄热、冷却、空调、洗涤等必需的载体；水能更是能源开发的重要资源。

众所周知，世界淡水资源的数量相对有限，且分布又极不平衡。水资源分地表水和地下水两种，工业用水的来源也是如此。工业企业如临近江河湖泊等丰富的地表水体，则取水方便，费用低。但地表水常因水质混浊需建净水设备，因季节丰枯要建蓄水工程，从而提高了用水成本；与地表水相比，地下水水质混浊度小，水温低且稳，水量年变率也小，更适宜于工业用水需要。但勘探找水和凿井取水费用高，水中又往往含有矿物质，过量汲取地下水又会导致水位下降和地面沉降等不利影响，也应予以重视。那些淡水资源严重不足的地区，采取长距离甚至跨流域引水调水，不仅工程量大投资多，而且关系到各区域用水平衡和生态环境的演变等一系列复杂问题，需要在较大范围内更为审慎地综合研究、论证、决策。海水利用越来越引起人们的重视，随着经济技术水平的提高和改善，作为化工原料早已广泛利用，替代部分淡水用做工艺生产载体(如冷却用)正在推广，海水淡化也已起步。

水资源不同于矿产资源，用户特广，关系到第一、二、三产业的方方面面，可见其宏观研究的复杂性和重要性。各种不同部门、行业的工业企业对水资源要求，特别是耗量需求有很大差异。一般来说，电力、钢铁、基本化工、有机化工和石油化工、氮肥等，要求紧靠大型水源；有色冶金、感光胶片、制药、人造纤维、印染、造纸、制糖等，要求接近优质水源；选煤、选矿、林产化工、重型机械、纺织、食品加工等，要求接近有保证水源；采掘、水泥、制砖、陶瓷、玻璃、橡胶、机械、皮革、卷烟、针织等，要求有一定的水源；仪器、日用品轻工业、文教艺术用品、缝纫、制鞋、印刷等，对水源要求较宽。

工业生产同其他物质生产一样，与自然条件也有着密不可分的联系。工业布局以一种物质形态存在于地球表面，并占有一定的地理空间，地球表面的各自然要素——地质、地貌、气候、水文等，也是工业生产发展和布局的不可须臾离开的基础和环境。工业企业选择厂址和布局，要求占用一定数量和质量的土地，有适宜的地质基础和地貌条件，应避免受洪水等自然灾害的威胁，还要注意风向频率等小气候条件等。这些自然条件对工业布局的影响，不同程度地反映到工业企业厂址和布局方案的开拓以及基础工程量大小、厂内外各项工程设施投资多少、职工管理和劳动的环境优劣，最终影响产品质量与生产成本的高低等一系列经济问题和社会问题上来。

如果说矿种、储量、品位、赋存条件等属矿山本身的微观评价，那么矿山所在地以及毗邻区域的地理条件，应属矿区中观和宏观评价。微观、中观和宏观研究共同构成全面完整的矿山和矿区的综合评价，三者缺一不可，相互补充，才能避免决策失误。

（二）技术条件

如前所述，自然资源和自然条件确实是工业布局非常重要的物质条件，但是准确地说这种条件还仅仅为工业布局提供一种可能。要把这种客观存在的可能性变成现实，首先必须具备工艺技术条件这一中间纽带。这里所说的是将自然资源和自然条件所提供的可能性变为现实性的那些技术条件，也就是与工业布局有直接关系的技术条件。由于制约工业布局的技术条件仍很广泛，地理工作者则应侧重于与地理事物有关的技术条件研究。

1. 科技进步导致工业布局向新的广度和深度的领域发展

随着科技进步，不仅使自然资源和自然条件与工业布局联结起来，而且新的资源不断发现和自然环境不断拓展，使工业布局从原来自然资源和自然条件的束缚中进一步解放出来。技术进步，可利用资源种类数量不断增加，许多相对劣质的资源也被开发利用，工业布局就有可能和必然走向更加集中和分散的态势。如能源工业经历了水能到蒸汽到电力再到核能的过程，过去几次重要的科技革命在很大程度上体现为能源革命，而每次革命都为工业布局提供了新的机遇和环境，向更广、更深的空间领域发展。工业布局靠近河流曾是早期历史条件下的产物；当蒸汽机发明之后才有可能转向和集聚到煤产区；发电、送电技术的发展，使电力所到之处具备了新兴工业区条件；核能的普遍利用，更使能源条件对工业布局的制约作用大为改观。当今世界的新技术革命中，将涌现更多的新能源、新材料、新工艺技术，在不久的未来，工业生产和工业布局定将发生更为深刻的变化。科技是第一生产力的思想必然反映在工业布局的新领域。

2. 科技进步使工业生产工艺流程更加复杂，使工业布局模式更加多样化

在现代科学技术基础上，工业分工越来越细，不少原来的"万能厂"被更多的专业化企业所代替。一方面是专业化的日益发展，另一方面又要求紧密协作。工业生产的这一变革过程给工业布局形态带来深刻影响。专业化协作的经济效益是显而易见的，例如便于组织大批量生产和流水作业；采用专用设备，提高生产效率和技术水平；促进品种增加，提高制造大型和成套设备的能力；改善企业结构，促进工业管理水平的提高等。劳动地域分工正是建立在各地区优势（包括地缘优势）分异的基础上，囊括工业生产在内的产业分工与协作的形成和发展。当今，随着科技进步和世界经济一体化，各国、各地区工业生产的专业化和协作将日益显示其在社会地域分工中的主导作用和地位。

3. 科技进步使工业生产对自然资源质和量的物耗不断调整，使工业布局更趋优化

随着工业生产技术的日新月异，各个工业部门行业对原料和燃料的消耗量及其比重在不断变化。如钢铁工业要消耗大量铁矿石和炼焦动力用煤，最初由于炼铁高炉的冶炼技术水平低，炼 1t 生铁要耗用焦煤和动力煤 5t 以上，而铁矿石因用天然富矿最多只需 2t，因此钢铁厂多分布在煤炭产地，如德国鲁尔等许多老钢铁基地就是如此。后来由于冶炼技术的不断提高，焦比（冶炼1t生铁所耗焦炭数量）急剧下降和配煤技术发展，人造富矿比重（即利用贫矿比重）的增加，钢铁厂就逐步趋向铁矿，所谓由移铁就煤到移煤就铁，这是目前许多钢铁基地的基本布局模式。

4. 科技进步使原料制约对工业布局日趋弱化，为资源短缺的国家和地区发展原材料加工工业提供机遇

矿产资源的地理分布，不仅国家与国家、地区与地区之间不平衡，就是一国一地区之内，各地也往往不平衡。因此，国家、地区之间互通有无不仅是必要的，而且也是不可避免的。技术进步，特别是大型远洋船只的建造和陆路交通的改善，使区际、国际甚至洲际间的大量原料、能源运输变得十分便捷和经济。世界主要发达国家发展钢铁工业所需原料铁矿石和燃料焦煤、动力煤等的货源，进口都占很大比重，如日本、美国、德国、英国、意大利等。特别是日、意等国近年来一方面向大吨位船只要原料，另方面在沿海甚至填海造陆建厂，大船直驶厂区靠岸，原料和产品都靠大船，大大降低了运输费用和产品成本，形成了工业布局的一种特有的地域类型——沿海贸易型。我国上海、大连、宁波、福建、茂名等新兴的大型钢铁、石化等原材料加工业基地均属此例。

5. 高科技诞生，高技术工业雨后春笋，高科技工业园区大量涌现

随着世界新技术革命的到来，许多国家相继出现集约化产业、高技术产业和尖端技术工业，相应诞生了一批新兴产业发展区域和科技工业园区。如美国加利福尼亚州的"硅谷"，日本九州的"硅岛"等。如果说传统工业布局是以"硬资源"（指矿产原料、能源等资源）为其重要基础，那么新兴工业布局则以"软要素"（指科学技术、信息等优势）为其重要支柱。实现工业现代化，要不断使用和发展各种各样的新技术、新设备、新工艺、新材料、新能源、新产品、新设计、新规划等一系列的新方案。但是，究竟采用哪些新技术方案，才符合不同国家和地区的自然、技术、经济和社会的实际情况，使国民经济发展最快，经济效益最好，这就要求必须进行技术经济比较，选定经济效果最佳方案。

（三）经济条件

从逻辑系统来看，研究制约工业布局的经济条件，主要应研究论证区域的现有经济基础态势，而不是进行技术条件的技术经济论证。准确地说后者属技术条件研究范畴。还应指出这里所说的经济条件也是同工业布局密切关联的经济条件，而非其他一般的经济问题，否则研究领域会杂而泛。在探讨了制约工业布局的自然资源和自然条件的可能性与技术条件的可行性之后，进而研究规划区域的经济现状基础条件，这是研究论证的深化和必然过程。规划区域完全处于"一张白纸"、经济上毫无基础的"新区"并不多见，而是多多少少有了不同基础的待开发区和开发区。对制约工业布局的经济条件的研究，就是评估论证相关区域经济基础态势与新规划项目的质与量，使之进一步协调发展。

制约工业布局的经济基础条件涉及第一、二、三产业的主要领域和方面，其中主要是指农业、运输业、商业、公用事业等，特别是工业自身的基础条件如何，对新工业布局有重要影响和制约作用。

1. 农业

农业是国民经济的基础产业，无农不稳，对一个国家一个地区来说都是如此。它对工业以至整个国民经济的发展有很大影响，其主要表现在：①农业为工业和城镇发展就近提供粮食、副食和劳动力，"米袋子"和"菜篮子"两大工程关系全局，影响地区经济繁荣和社会稳定。农业生产制约工业生产和布局，如果当地农业生产长期落后，必然要拖工业发展的后腿；②农业是工业（主要是轻工业）的主要原料来源。我国目前约有70％的轻工业原料来自农业，主要是种植业（包括经济作物和粮食作物的加工和精深加工制造）、畜牧业及其对应的轻工业。虽然由工业本身提供的轻工业原料有不断增长扩大趋势，但不论哪个国家和地区，来自农业的轻工业原料仍占很大比重，迄今未能替代。而这类原料地域性强，一般又不便远运，适宜就近供应；③农业不仅为工业提供粮食、原料、劳动力，广大农村特别是那些农业占国民生产总值较大比重的发展中国家，还为城镇工业提供了广阔的市场，因而农业布局也影响着工业布局，由此促进了城镇发展和城乡结合。

可见，要尊重客观规律，正确处理工业与农业的相互关系。一旦违背客观规律，像早年工业化初期那样，农业长期落后于工业，甚至成为工业发展的障碍，最终还得加速农业现代化。新中国成立以来我国的农业虽有较大发展和变化，但与国民经济发展（其中包括工业现代化发展）的需求仍有许多不适应。近年来国家把大力加强农业作为一项战略重点来抓，成效显著。

2. 运输业

运输业是整个国民经济发展的重要关联产业和基础产业。对于高度专业化与协作的工业发展和布局，交通运输业更是不可缺少的必要条件之一。工业合理布局的重要标志，就是力求各项生产能够获取最大经济效益，不断提高劳动生产率，降低生产成本，提高产品竞争能力。运输条件乃是其重要因素之一。特别是那些消耗大量原料、燃料，产品体积大、分量重、不宜远运的工业部门行业在选择厂址布局时，运输条件便利和降低运输费用是项目技术经济论证和可行性研究的一项重要内容和任务。我国近年来力求改善投资环境，其中都把改善交通运输条件作为重中之重。

交通运输条件对工业布局的影响主要有：①影响工业建设项目的确定。一个工业建设项目是否列入国民经济发展的远景规划和中长期计划，要受许多因素制约。其中，运输条件占重要地位，特别是对于那些运输费用占产品生产成本比重大的工业部门和行业，如煤炭工业、石油工业、冶金工业和建筑材料工业等；②影响工业建设规模和专业化程度。运输条件不仅影响工业企业和工业区建设的先后次序，而且还直接制约工业的建设规模及其形成的地区专业化与协作程度；③由于交通运输业本身的特点及其在国民经济中的地位，交通运输业作为基础产业必须先行。

评价交通运输条件和评价其他条件一样，必须注意动态分析研究。随着科学技术的不断进步，运输方式和运输工具不断革新和改善，效率和费用也不断发生变化，对此必须有充分足够的估计。另外，交通运输业的发展也不是孤立的，运输业固然影响工业布局，反过来工业布局也影响运输业的发展和逐步完善。

3. 商业

商业包括内商外贸，它虽然不同于直接生产物质产品的第一产业和第二产业，但是商业和交通运输业一样，担负着产品生产过程的继续职能，也创造和追加一部分价值，是国民经济中的重要物质生产部门。有一个时期我国经济地理学对商业地理研究曾一度认识偏颇，因而对商业如何制约工业布局的研究被忽视。当前和今后相当长的时期内我国处于社会主义初级阶段，建立和实行社会主义市场经济体制。研究和正确评估商业和市场活动对产业布局制约已经引起人们的广泛关注。考察工业项目建设区域的商业经营基础条件时，除了解商业基础设施和发展水平，所在区域里人们的商业、市场观念、竞争意识外，应着重研究：①原料、燃料、装备等来源渠道；②产品（最终产品和中间产品）销售渠道；③国内市场范围容量和动态；④外向型经济的国际市场商情（事实上许多现有企业和规划项目都面临着国内外两个市场销路和国内外两种原料来源问题）等。

4. 原有工业基础

工业布局随着工业的不断发展而逐步向深度和广度演变展开。在多数情况下，不仅扩建和改建（含技术改造）项目选在已有一定工业基础的地区，就是许多新建项目也是如此，这是工业集聚效应作用使然。当然，事物发展变化过程都有一定限度和机制，当工业集聚效应达到极限时随之会产生工业分散效应的趋动，要求开辟和建设新工业区。于是，就出现了原有工业基础与新建、扩建和改建工业关系问题，特别是原有工业布局态势与随着新建、扩建和改建工业而引起工业布局新变化之间的关系问题。

如果说工业外部诸条件，如农业、交通运输业、商业等是制约工业布局的重要条件，那么工业基础自身更是制约工业布局的不可忽视的直接条件和因素。在现代化工业中，无论是一个地区或是一个城市内部，部门与部门之间、行业与行业之间、各工艺流程之间关系环环相扣，构成紧密联系的有机整体，分工与协作相互制约。因此，新项目（包括新建、扩建、改建等）的规划布局，必须妥善处理与原有工业布局的关系，并且还应预见今后工业布局可能发生的变化和趋势。要从经济效益、社会效益和生态效益相统一的原则出发，围绕上述关系重点研究：①供、产、销各环节是否完全落实，是否顺应优胜劣汰的市场竞争规律；②经济、社会和生态环境容量，是否坚持可持续发展的客观规律；③对于原有工业基础，是否扬长避短发挥优势；④无论新建、扩建和改建，是否存在重复建设，结构趋同的问题，是否遵循地域分工与协作的重要原则等。

同其他所有事物一样，工业布局不是静止的、一成不变的，而是处于动态演变过程中，有其发生、发展，甚至消亡、替代的问题。这是由于工业布局的制约和条件随时间的推移而不断变化，从而导致工业布局也必然随之调整。对初始工业布局的调整，也就是工业布局的继续过程或工业再布局。如果说初始工业布局是工业布局的横向运动外延展开，那么工业再布局则主要是工业布局的纵向运动内涵深化。工业布局继续或工业再布局包括以下多种方式：①扩建。一般来说，在区位优势以及其他主客观条件允许的情况下，在企业原址通过基本建设，采取追加固定资产投资、扩厂房、添设备、增加员工编制等方式扩大生产规模，往往可以获得投入少，产出多的事半功倍的较好效益；②改建。与扩建有所不同，改建是指对原有企业设备进行固定资产的更新改造。其目的是要在技术进步的前提下，通过采用新技术、新设备，提高劳动生产率，既提高产品质量，又增加产品品种规格，加速产品升级换代，并扩大生产能力。同时收到降低能源和原材料消耗，加强资源综合利用和整治环境等一系列的综合效益。随着科学技术进步和经济条件的不断改善，更新改造项目会越来越多，这是由粗放经营向集约经营转换的一项战略措施；③迁建。一些老企业由于区位条件的变化，原有优势渐被劣势所取代，企业效益日益下降，继续维持原址不动已不可取，出路是另寻他址迁建。这样一是要对原址的劣势和问题进行评估，一是要对新址的优势和条件研究论证，进行认真对比和综合分析；④替代产业。对于那些严重亏损而又无法扭亏为盈的企业，只有果断采取关、停、并、转(含破产)。不仅采掘工业资源枯竭有其时日，在市场激烈竞争和科技日新月异的形势下，就是一些加工制造工业也不可避免这种厄运。当然，这种工业布局的消亡，将被另外其他工业或产业所替代，工业布局、社会生产将继续向前发展。现代化大工业部门行业错综复杂，它们既有严密分工，又有紧密协作联系。当一种工业企业布局的区位劣势来临，往往又有其他部门行业企业布局的区位优势显露，替代工业或产业随之应运而生，其过渡常常是逐步实现的。如抚顺曾经形成以煤、油(页岩油)、电、钢、铝等能源原材料工业为主的综合工业结构，持续较长时间之后，以煤炭工业为主的状况已逐步被其他电、油产业所替代。但是高耗能低效益依然困扰着抚顺，因此向"油头"(以天然原油加工为主)、"化身"(石化乙烯等)、轻纺尾的新的工业结构替代产业升级；⑤"迹地"利用。企业迁建和关停并转后，"迹地"如何利用，也是工业布局研究的内容之一，除前述替代工业继续利用外，其他产业包括第三产业的"迹地"利用途径也很广。国外城市由于工业和人口向城郊新区转移而使城市出现空心化。近年来我国大城市发展也遇到类似问题。要通过区位分析评估，找出理想开发利用方案，或工或农或三产(如金融、旅游、服务等)，使"空心"的"迹地"得到尽快合理的更新和开发利用，"迹地"将成为各产业振兴和再布局的"争地"。

50年代以来，美、英、日等国对工业再区位(relocation)、再分布(redistribution)、再配置的研究已取得不少成果。我国此项研究起步较晚，与我国工业布局理论建设和实践还很不适应。但是，随着我国工业由粗放经营向集约经营的战略转换，工业布局将继续向外延、特别是内涵进行双向演变，工业布局、工业布局继续或工业再布局问题必将层出不穷，经济地理特别是工业地理的研究领域将继续得到扩展深化。

(四) 社会条件

人口、劳动力、城镇居民点以及第三产业等社会条件，同样对工业布局起着不可忽视的制约作用。

1. 人口与劳动力

一个国家和一个地区的人口、劳动力数量、分布、劳动技能、文化素质、民族状况，以及人们的生活习惯、消费水平和特色等，都对工业布局产生深刻影响。人作为劳动者，是社会生产力的重要组成部分。现代化工业生产不单要求要有足够数量的生产工人，尤其要求要有较高文化科学技术水平和劳动素养的技术工人、工程技术人材和经营管理人材，以便用较少或同样的劳动消耗，生产出更多更好的产品，努力提高劳动生产率。特别是高科技尖端工业，对人才要求极为严格。人作为消费者，常年要消费数量可观质量可靠的工业产品。人均国民生产总值和消费水平对工业布局的深刻影响是显而易见的。而社情风俗习惯往往也影响工业布局特别是轻工业布局。政通人和、朝气蓬勃的 12 亿人口大市场，既利于招商引资加快发展与世界接轨，也是自力更生奋发图强发展民族工业的巨大潜力所在。

2. 城镇居民点

城镇居民点是近代工业建设和发展的重要载体和基础条件。工业特别是大中型企业的建设，必须有道路、站场、电力、煤气、蒸汽、给排水、仓储、商贸、金融、信息等一系列生产、生活服务设施，而这些条件只有城镇及其毗邻地段才能完全或部分具备。即使像我国为数众多的乡镇工业，它们的主体部分也主要集中乡镇所在地，那里有较好或初步基础设施。当然，采掘、采伐业和一些加工工业，一开始就建在城镇以外的新区，但是也尽可能地接近现有城镇，否则就要付出较大代价建设必要的基础设施，随后形成新的城镇。不同工业部门和行业对城镇公用基础设施要求有同有异，如高耗能、耗料、耗水的原材料工业，一定要选建在基础设施最好主要是水、电、交通便利的大中城市郊区；专业化协作网络密集的工业，如机械工业的汽车制造，特别是轿车工业应当选建在重要工业基地的中心城市；至于高技术工业则严格要求选建在不仅工业发达而且科研机构、高校集中、环境质量又好的区域等。可见，对城镇居民点基础设施的正确认识和评估，是工业布局研究论证的重要课题。

3. 政府职能

政府（各级）行使的管理职能，由于国情不同各有所异，但均为制约其工业发展和布局的重要社会因素和条件。我国是发展中的社会主义国家，当前尚处于社会主义初级阶段，实行社会主义市场经济体制。我国经济和工业的建设和发展要实行政企分开，这样必须充分发挥市场机制对资源配置的基础作用，与此同时又要加强改善政府职能宏观调控的引导作用。两者缺一不可，决不应偏废，而应相互补充，相互协调，在当今由计划经济向市场经济转轨阶段，尤应特别关注。

我国政府行为作为工业布局的重要社会条件，近年来随着相继制定和颁布了一系列方针政策，其中特别是关于国民经济长远发展目标和规划、关于各项产业发展和布局政策、关于外商投资的产业结构与布局政策等等，对改善我国工业结构的优化升级和工业布局的合理调整，均发挥了极其重要的指导和决策作用。尤应指出，随着世界科技进步和经济一体化步伐的加快，我国经济建设和发展面临严峻挑战和难得机遇。人口、资源、环境等问题日益尖锐突出，有识之士提出可持续发展这一远见卓识。我国作为国际社会的重要成员，积极参与并率先制定和实施了《中国二十一世纪议程》，把经济社会的可持续发展作为我国一项基本国策和发展战略。

走可持续发展的道路，为现代工业的建设和发展指出了新的目标和方向，改传统的经济增长战略为生态经济发展战略，使社会、经济、人口、资源、环境之间相互协调和共同发展。不仅要安排好当前的发展，还要为子孙后代着想，决不能走浪费资源和先污染、后治理的路子。工业布局，面临着生态工业和生态工业园区的建设、发展和布局的新课题。

第二节　工业部门结构与布局

工业结构是一复杂系统，体系内涵很广。本节所述主要涉及工业的部门结构和工业的地域结构，两者既有区别又有联系。

工业部门（行业）结构，是指按产品用途、加工原材料、工艺过程等的同异，纵向划分许多工业部门和行业。其划分的主要目的在于研究工业部门以及行业组成和结构的态势是否协调合理，以达到提高经济效益、社会效益和生态效益，进一步相应地使工业部门行业结构得到调整和升级的目的。而工业地域结构，是社会分工的地域表现，是从横向（空间）的角度划分工业，其目的在于研究工业布局地域形态，以便进一步调整工业布局。可见，工业部门结构和工业地域结构是工业生产客观存在的不同侧面，是从两个不同角度研究同一对象。这也就是从事工业布局研究的人不能脱离工业部门结构研究，和从事工业部门研究的人也不能脱离工业布局研究的原因。

工业部门行业的划分，一般是根据工业产品的经济用途，或原材料，或工艺过程性质等来划分。总的趋势是越分越细，使工业部门行业结构日益复杂。如食品工业、建筑材料工业等工业部门行业就是由产品经济用途相同的企业组成的；金属加工工业（机械工业）、橡胶工业等工业部门是由使用相同的原材料的企业组成的；冶金工业、化学工业等工业部门是由工艺过程性质相同的企业组成的。但是，各国划分工业部门行业的方法也有不少差别。我国1984年以前和1985年以后对工业部门的划分就有很大不同。1984年以前，我国工业划分为15个部门：①冶金工业；②电力工业；③煤炭及炼焦工业；④石油工业；⑤化学工业；⑥机械工业；⑦建筑材料工业；⑧森林工业；⑨食品工业；⑩纺织工业；⑪缝纫工业；⑫皮革工业；⑬造纸工业；⑭文教艺术用品工业；⑮其他工业。这种体系划分简而赅，对突出轻重工业关系等也有一定意义。但是这沿用多年的体系不仅一般化，而且更主要的是它难于体现工业布局和工业地理研究特色。

从1985年开始，根据中华人民共和国国家标准（GB4754-84）《国民经济行业分类和代码》的规定，工业部门行业分40多个大类、200多个中类、500多个小类。这种分类法既总结了我国几十年的应用实践，又及时借鉴了国外长处，是一大进步，但是分类过细行业太多似嫌繁琐。在宏观研究定性定量分析时，两种划分方法均可参用，但须注意两者对应参照关系。有鉴于此，对教材的处理，既不宜继续因循旧序，也不宜简单照用新分类法使教材内容的繁简详略难于处理。应吸收新分类体系从采掘（采伐、采集）到原材料加工到最终产品制造这几大生产阶段和过程的基本框架，适当沿用过去那种简明的部门划分，重组工业部门工业布局，揭示各工业部门工业布局的特点和规律，以期达到突出工业布局和工业地理研究的宗旨和特色的目的。还应指出，开采—加工—制造的分类法不应只限于重工业，而应囊括全部工业，它们均有开采—加工—制造的阶段和过程。

一、开采工业布局

开采工业只能是哪里有资源就在哪里布局。因此，确切地说，研究开采工业布局是论证选择已知自然资源的开发先后次序、规模以及如何开发等一系列问题。开采工业行业很多，下面仅就最有代表性的采矿工业的煤炭工业和采伐工业的森林工业为例予以论述：

（一）煤炭工业

煤炭工业在采矿工业中具有量大、面广、过程又较复杂的特点，是研究采矿工业布局很有代表性和典型性的一个工业部门。煤炭工业包括煤炭开采和洗选，炼焦、气化以及煤炭深加工，可分属冶金、化工、电力等工业部门。采掘业是煤炭工业的主业，加工制造业也在迅速发展。

煤炭工业属能源工业，而且是其中的重要部门。能源的种类及其提供能量的形式是多种多样的，它们可以通过一定的设备开发和转换过程而相互转化。这对于整个能源工业和能源的开采工业的开发和布局有直接影响和重要意义。尤其是常规能源煤炭、石油的采掘业，在工业和国民经济中占有先行地位，对工业布局和整个产业布局有着重要制约作用。

煤炭是一种资源分布比较普遍、藏量丰、笨重、价廉、消费量大、商品性强的大宗物资，不适宜长途远运。因此，接近消费区的煤田，当然优先开发。但是，由于资源分布（主要是大煤田）不均衡，许多国家包括美国、俄罗斯等大国的长途运煤仍然是不可避免的，因而需要制定合理的煤炭产销区划和不断改善输煤方式。对于远离消费区的大型煤田也应积极创造条件加紧开发建设，因为它们的开发建设不仅可以调剂余缺，而且它本身又能凝聚其他工业特别是大耗煤工业的发展，促进新工业区的尽早形成，对于改变工业和产业的合理布局有重要意义。另外，接近消费区的中小煤矿也应因地制宜积极发展。

研究煤炭工业布局，除根据煤田区位诸条件论证新煤田开发和老煤田扩、改建的先后次序和规模等之外，关于煤炭就地利用和转化应注意研究：①论证就地发电建坑口电厂，实行煤、电结合模式的可能性，这是大中型矿区最常见模式；②煤炭不仅是能源，而且是重要的发展煤化工原料，搞焦化、气化，生产化肥等，实行煤、电、化结合模式，使煤炭综合利用更加深化；③在有条件的炼焦基地还可利用外运煤炭（或焦炭）的回空车运回铁矿石等建钢铁厂，这样就可出现煤、电、化、冶结合模式；④此外，煤城还可以利用煤矿、电厂、化工厂、冶炼厂等众多副产品如煤矸石、煤炭、矿渣等发展建筑材料工业，建立为矿山服务的机械修造的机械工业，以及其他为矿区生产生活服务的轻工、食品等，形成以煤为基础的综合工业城市；⑤随资源枯竭而来的工业、产业再布局的替代产业和可持续发展战略研究。

如前所述，无论中外煤炭就地综合利用程度如何深广，都不可避免还要外运相当数量。运煤是各国铁路、水运的大宗物资，任务繁重。关于运煤问题应当注意研究：①根据煤炭资源分布和煤炭工业布局的煤源供应态势，针对毗邻区域耗煤市场需求，充分调动各种运输资源条件，协调、平衡数量和煤种，划定煤炭合理产销区划，并适时不断调整；②论证输煤方式。铁路运煤是最常见的方式，通达范围广且供应及时，但造价和费用过高。水运价廉且量大，特别是海运。但水运受地域季节限制，主要是内河航运。公路运输比较灵活，但运量有限、运费高。管道运输是一种全新方式，大大提高了输煤效率。当然建设投资较高，还有用水平衡问题，但对环保十分有利；大型、特大型煤炭基地煤炭外运需要多种运输方式并举，要研究综合运输网问题；③除劣质煤（不宜远运）外的各煤种都要外运，其中主要是动力煤（电厂用煤），这样就需要研究论证沿线（铁路、水运沿线）、路口、港口建电厂问题，以便尽快变输煤为输电，节约运费和建设用投资。

总之，无论就地利用还是外运，都因煤炭工业的开发和煤炭的综合利用带动多种工业部门行业的崛起，促进地区工业、经济结构和布局的新变化，这是经济地理研究最为关心和感兴趣的课题。

（二）森林工业

森林资源不同于矿产资源，属于可再生资源，并且对保持全球和人类社会的生态系统平衡，占有举足轻重的地位。森林资源能否再生取决于森林工业特别是森林采伐业的经营方略和举措。如果尊重可再生、可持续发展的这一自然、经济、社会的客观规律，科学和严格地从总体和总量上控制年采伐量始终不超过年生长量，加上及时抓紧营造和"迹地更新"，那么森林资源不但可以保持采伐、生长均衡，甚至由于资源的繁衍还会越采越多，真正做到青山常在，永续利用。如果反其道而行之，采取急功近利掠夺式经营，资源将越来越少，林缘后退甚至枯竭。此类教训国内外屡见不鲜。我国是个少林国家，必须认真对待。对于一个林区来说，一定要以营林为基础，坚持总量均衡，确定合理采伐指标，留有休养生息的余地。要实行以场（林场—林业基层单位）定居、以场轮伐，采育兼顾，坚持下去，就可收到较好效果。林区道路建设是一项重要基本建设，是林区开发和建设的基础和前提，对于森林工业是如此，对于营林也是如此，特别是在原始林区的过熟林地区尤为重要。

林区所产原木和原煤、原油等原料一样，也有就地加工（靠山制材）的问题，而且这种加工比重有日益增加的趋势。在林区还是在非林区（销区）城市开展木材加工和多种林产工业，这是一个有争议的问题。由于各自条件的不同，因而也确有各自优缺点。从总的和长远观点来看，林区加工得天独厚，但须创造条件逐步形成。在林区加工的优越条件是显而易见的：①就地就近加工，减少长距离运输造成的浪费；②加工增值提高经济效益，为确定合理采伐指标和搞好营林创造稳定条件；③集中利用加工过程中所有剩余物，唯有林区才能做到，这是一项巨大物质财富；④改善林区经济效益、社会效益和生态环境，实现可持续发展可谓一举多得。林区与销区城市特别是与大城市比较，技术条件明显逊色一筹，但这是可以逐步扭转和改善的，而前述林区一些优势则是城市所无法比拟和解决的。

林区空间比矿区还要广阔得多，因此林区工业和城镇布局不宜太集中，但也不要过于分散。过于分散不利于基础设施建设，太集中则不利于资源的充分利用，应当坚持适当集中和分散。森林工业第一产品是原木，原木靠山（林区）制材，即原木加工的"第一工序"是制成最适于后续加工利用的半成品原料板、方材。这种布局应当说是最合理的。板、方材的进一步加工，制成工业、建筑业以及各行各业所需用材。虽然用户要求品种规格繁杂多样，但加工工艺并不十分复杂，只要有统一严格标准，也理应在林区加工。利用前述包括采伐、制材、再加工过程中为数众多的枝、桠、皮、边、碎屑等剩余物，更是林区的长项，可由分散的粗加工到逐步集中再深加工，生产刨花板、纤维板、胶合板以及制浆造纸和酒精等多种林产品工业。同时还可发展林业机械等为林区生产、生活服务的多种轻、重工业和林区其他资源的开采加工利用工业等林区特色工业体系。至于一些特需专用材和技术要求复杂的制造业产品，林区也可逐步创造条件发展。但由于原料用量不大，产品又不适于远距运输，继续在基础较好的消费区城市经营也是合理的。这样，林区随着加工的逐步深化，必将形成以森林资源为基础，以林区环境为特色的由粗到精，由分散到集中的多行业、多层次的工业、城镇结构和布局系统。还应指出，当前在探讨和建设生态工业这一工业布局的新领域新课题中，林区是人们非常关注的热点之一。

二、原材料工业布局

原材料加工业是将由开采并经分选等比较简单处理的原字号产品，如原煤、原油、原木等进行加工(一次或多次)利用转化，并为后续工业——制造业提供原料、材料半成品的工业部门和行业。从工业布局形态上看，原材料工业中有的靠近资源产地，与开采工业结合组成一个联合企业；有些则脱离甚至远离资源产地。现仅就原材料工业中有代表性的石油、电力、冶金、化工等部门分述如下：

(一) 石油工业

石油工业包括石油、天然气的开采和加工。石油、天然气是比煤炭发热量更高，但开采技术比煤炭复杂的一次能源。石油、天然气资源的发现和利用虽有千年之久，但形成一个独立产业只有百余年的历史。进入 20 世纪后，尤其后半叶，随着工业、农业、交通运输业、军事、宇航以及科学技术的现代化，对石油这一液态燃料和原料的需求急剧增长，成为世人特别关注的重要战略物资。至 60 年代石油在世界能源构成中超过煤炭居第一位，其次是煤炭、天然气、水力和原子能发电。石油、天然气不仅是优质能源，而且更是优质化工原料。因此，石油开采业的布局，几乎是一有了资源的发现，紧接着就要开发这些新资源，几乎不存在诸如煤炭等资源的论证开采顺序。但是，原油加工精制的区位选择却要复杂得多，经济、社会因素成分很大。原油(含天然气)的有益组分含量高，适于外运又便于运输，不像煤炭含有很多杂质，而在外运过程中大量浪费运力。相反，原油加工后的成品油质轻且易燃易爆，品种规格又多，不利远运，因此，受销区市场因素制约大。

原油在油田就地加工炼制，这不仅因为油田和随之出现的油城本身要消耗相当数量的成品油及其他原油加工过程所产的副产品；而且从长远看石油资源终有枯竭之时，就地开展综合利用和深加工，大大增强油田、油城的综合经济实力，对扶持和发展替代产业有特殊意义；再者，油田、油城毗邻区域的工、农、交各行各业也需要就近获得油田提供的各种燃料和石化产品，这应是油田油城辐射功能日益强大的必然趋势。当然，从宏观角度分析，就地加工的原油数量要有合理比重，虽然这个比重不是一成不变的，但从总的趋势看，比重是逐步增加的。

一般来说，油田所产原油的大部分输往销区城市进行加工炼制。原油输送方式主要是管道，其次还有铁路等，洲际间则靠大船。和输煤相似，原油也在沿线(管道)和终点的大中城市设厂加工炼制。根据主产品的不同，炼油厂分为多种类型。以各种燃油为主产品的燃料型炼油厂要接近工业、农业、交通等经济发达，对汽油、煤油、柴油需求量大的消费区；润滑油型炼油厂要接近机械制造等工业中心的消费区；化工型炼油厂要接近和结合石油化工中心的消费区；包括燃油、润滑、化工等燃料和原料产品在内的综合炼油厂须接近发达的经济区域。当然，能打开国门吸纳两种原料(国产和进口原油)、开拓两种市场(国内和出口成品油)、区位得天独厚的著名沿海沿江港口建设特大型炼油基地，不仅能形成新的经济增长点，而且是加强国际交往的重要组成部分。总之，原油就地加工或输往外地加工，是同国民经济各部门特别是大量消耗燃油、润滑油、化工原料等产业部门以及外贸等产业布局紧密相联的。

当今世界，一方面以石油产品燃料油为优质能源，支撑第一、二、三产业的正常运行；另一方面以石油众多产品和副产品为原料，发展石油化工和后续工业的深精加工。正像炼油厂厂貌姿态那样罐塔林立，管线交织，而生产流程井然有序；石油工业也要在工业和国民经济的错综复杂关系中，选择和确立包括采、输、加等行业的最佳区位，这就是石油工业结构和布局论证研究的重要课题。

油田的开采周期相对比较短，因此，研究论证油田和油城加快发展替代产业的任务更加紧迫。首先要强化科技投入，千方百计扩大石油资源储量和增加资源采收率，提高就地加工比重和深精加工，为建设和发展替代产业创造条件；从实际出发大力挖掘当地新的资源优势（自然、经济、社会、科技等）特别是经济、技术优势，使工业结构逐步升级；要大视野、全方位调整产业结构，加强非工产业主要是第三产业的拓展；在时间安排上要有序运作，在空间布局上要适度集中和分散，既有利于保护环境，又有利于可持续发展。大庆油田和油城的发展战略和实践带有我国自己的特色。

（二）电力工业

电力工业是将一次能源矿物燃料煤炭、石油、天然气等热能和核能以及水力、风力、潮汐的机械能等转换为电能的工业部门。电能是一种便于转换和传输的能量，通过输变电设备可将强大的电流输送到几百 km 到上千 km 以外。电力生产、输送和使用还可以进行有效而精确的数控和遥控。因此，电力是当前各个产业应用量最大、效率最高的二次能源。在以常规能源利用为主的当今世界，电力工业的发展仍以一次能源煤炭、石油等工业的发展为基础。各国发电仍以大量燃煤为主，其次是油、气，水力也占有一定比重，原子能发电比重在逐步提高。电力工业的这些特点，使它在整个能源工业中占有特殊地位。

大型发电厂（群）的区位选择，除对微观选址有严格要求外，还要对中观、宏观条件诸如交通运输、燃料供应、电力（热）负荷、输电系统、强化电网、区域开发、流域开发等综合性、区域性的经济地理条件进行全面分析论证和技术经济比较。负荷中心或接近负荷中心的大中型煤矿、油气田最适宜建大型火电基地，国内外许多老工业基地为电—煤、电—油、电—气结合，建起燃煤、油、气的大电厂，就近供负荷中心耗电，这是最理想的电力工业区位模式。但是，由于资源分布的局限，这种最佳区位并非多见，一般尚难满足负荷中心大耗电要求。解决途径是：①从外地输煤、油、气建负荷中心电厂。这种形式从工业区形成初期就已开始，直至目前仍是一种重要的电厂区位模式。但受燃料供应主要是长距离输煤的制约；②接近负荷中心的水电坝址的开发，就近供应水电。这不仅可解决负荷中心燃眉之急，而且还会带来多种效益；③建设和发展核电站。它从根本上解决了燃料运输问题，但对水、环境安全的要求很严，是负荷中心建电厂（包括核电厂群）大有前途的一种方式，近年来得以迅速推广。

在远离负荷中心的大型煤炭、石油天然气基地和大型的流域梯级开发水电坝址，建设大型或特大型火电和水电基地（群），然后向外长距离超高压输电，也是电力工业发展的重要趋势。特别是煤矿坑口电厂、矿区电厂已成为当今最典型、多见的火电区位模式。所谓坑口电厂是严格指距矿、井最近，不经铁路转运而径直靠传送带输煤者，煤矿与电厂的出入口直接相连，从根本上节省了输煤环节，从而显著提高了经济效益。往往水源条件会限制坑口电厂的发展，于是用耗水量少的空冷新机组代替耗水量大的水冷老机组，使坑口电厂继续迅速发展。坑口电厂是火电的最佳区位模式。距矿、井仍较近，但依赖铁路转运，建在矿区边缘或外围的毗邻矿区电厂一般称为矿区电厂。矿区电厂依然是火电的常见模式。坑口电厂和矿区电厂共同组成重要火电枢纽。坑口电厂和矿区电厂对那些不适宜远运的低热值燃料(褐煤、泥煤、石煤等)的利用，更具有重要意义。为了减轻铁路运输压力，简化煤炭装卸环节和充分利用廉价水源条件，还涌现一批路口、港口电厂，变输煤为输电。

大江大河进行梯级开发而建设起来的水电站群，也是电力工业的重要枢纽所在。水电与火电相比有许多优点和特点：江河奔腾不息，水能不但可以连续不断利用，而且可调节抽水蓄能循环(将网中多余的电能转换提水为积蓄水能，调节系统中能源的积蓄贮藏)运用；水利资源的综合利用和多效益性；水电站效率高、成本低、启停灵活，利于系统调度调峰；水力是清洁而又可再生能源，从区域经济综合发展和改善环境，特别是从可持续发展战略高度来评论，开发水电是最有竞争力和生命力的理想能源，是火电不能比拟的。但是水电建设和运行要受坝址条件和气候水文等因素制约，基建投资大，建设周期长和牵动面广。因此，对水电区位的研究须超越电力工业，进行有关农业、水利、交通运输业、旅游、城建、城市供水、防洪、生态环境等领域更广、区域更大的宏观论证。

自从1954年世界上第一座核电站投入运营以来，核电发展很快。现在，利用核聚变发电已是一项完全成熟的新技术。虽然核电站初期投资比火电高，技术也比水、火电复杂，但耗用燃料很少，既能大量节约运储费用，选址可更靠近负荷中心，大大缩短输电距离。但是，防范核电危及环境也为世人所关注。

前述这些非负荷中心的火、水电厂群的大批涌现，不仅能服务于原有负荷中心，同时也是未来新负荷中心的逐步形成过程。把一定地域范围(取决于送电半径)的负荷中心和在煤矿、油(气)田、江河梯级开发等的所有大、中型火、水、核电厂联成有机的整体，使发电、输变、供电统一调度，这就是电力系统和电网。从电力工业安全、效益角度看，联网比非联网电厂有许多优越性。特别对于区域经济来说，电网就是众多经济网络中的重要网络。各级电力枢纽、超高走廊、电力系统和电网，同工业枢纽和经济中心、工业地带和经济走廊、工业地区和经济区域等形影相依。

(三) 冶金工业

冶金工业包括黑色冶金(钢铁)和有色冶金两部门，跨越开采工业和原材料工业两方面。其产品几乎都作为原材料供后续加工制造业，主要是供机械工业加工利用，而用作最终产品者很少。冶金工业的金属矿采选业的产品——矿砂的用户，不像原煤、原油、甚至也不像原木等用户那么多样，它单纯面向冶炼业，几乎成了冶炼业的附属原料车间。冶炼业主要是钢铁冶炼压延行业，时至今日仍然是传统工业中牵动和波及功能最广的工业部门和行业。因此，冶金工业是名副其实的原材料工业。

冶金工业为国民经济各个部门、国防工业和尖端技术提供多种金属原材料。世界各国特别是工业发达国家，都拥有强大完整的冶金工业体系。冶金工业主要是钢的产量往往作为衡量一个国家和地区工业发展水平和经济实力的重要标志。

钢铁工业分采选、烧结、焦化、炼铁、炼钢、轧钢等工艺过程和行业。它们不仅在技术上可以各自独立存在，而且在经济上也可以联合或独立存在，受各地工业布局因素和条件制约，它们可集中一地或分散各地，类型各异。

钢铁联合企业(或称钢铁公司、钢铁总厂等)一般建在大型铁矿附近。联合企业包括铁矿采选、辅助原料石灰石、锰矿、菱镁矿、耐火粘土、铁矾土等的开采、烧结(人造富矿)、焦化、炼铁、炼钢(包括普通钢和特殊钢)、轧钢,以及许多辅助分厂车间和多种经营项目。因此,典型的联合企业应当包括采矿、炼铁、炼钢和轧钢这四大行业。但也有不少联合企业(总厂)脱离铁矿甚至远离矿山,靠外地甚至国外进口矿砂(原矿和精矿粉)建立炼铁、炼钢、轧钢等除矿山部分以外的其他所有项目。随着铁矿的大规模开采,和炼焦配煤技术的发展,钢铁工业日趋离煤就铁。但是,煤种齐全的大型煤炭基地仍不失为钢铁联合企业的较优区位。

就近铁矿的联合企业应根据铁矿储量确定合理的钢铁生产规模,同时兼顾焦煤、动力煤供应半径、运输、水源和供电、环保等经济效益、社会效益和生态效益,不应盲目扩建。受国际铁矿市场的竞争,就近铁矿的联合企业也面临可否利用进口原料(天然富矿)问题。近几十年来,一些资源贫乏的国家(主要是日本、意大利等)依赖进口原料、燃料,以后美、法、德、英等也都进口矿砂,纷纷在沿海建厂。我国铁、煤资源储量都很丰富,但铁矿贫多富少,又多处边远的地区,且矿山建设投资大,周期长,难于满足急需;而国际市场却可缓解这些不足。我国第一个沿海钢铁联合企业——上海宝山钢铁总厂应运而生,经过几期连续建设,现已成为全国技术最先进、规模最大、出口创汇最多的一流企业。它是我国钢铁工业现代化新的生力军,也是我国钢铁工业区位模式的重大突破。内陆与沿海竞相发展,必将加速我国钢铁工业在量和质上双跃进的步伐。

钢铁工业的独立矿、厂,国内外比比皆是。海南铁矿就是我国最大富铁矿基地,所产矿石供应全国许多钢铁企业。独立炼铁厂一般接近矿山,所产生铁有的供钢厂炼钢,有的直接供机械厂翻砂铸造。特殊钢厂(多为炼钢和轧钢厂)多与机械工业中心结合,一是可以部分利用机械工业废钢铁,二是能够就近供应机械工业所需的钢和钢材等,许多大的机械工业中心都设特殊钢厂。独立的轧钢专业厂也多与金属加工业结合。

论证钢铁工业区位,重点是钢铁联合企业区位,是受原料、能源、运输、水源、基础设施、环保、市场等多种综合因素制约,其中又主要是原料(铁矿)、燃料(焦煤)和市场等几大因素起牵动作用,必须经过定性与定量相结合的综合分析,进行宏观和中观论证。提起宏观,凡对大型钢铁基地,特别是沿海、沿江大的基地的区位分析论证,不应只封闭于国内,必须放眼国际市场,以利于原料、市场、资金、技术等的及时接轨。钢铁工业布局研究在整个工业布局研究中最具有典型和代表性,所以许多经济地理学者都以其为重任,为结合实际探讨理论做出贡献。

有色冶金工业与钢铁工业布局有不同特点,这是由于有色金属矿石品位和冶炼技术的特点不同。有色金属矿种类多又分散,冶炼技术复杂且耗能(电)高,所以其采选业和部分粗炼分散各地矿山,去粗取精;精炼则集中能源充足的地方,特别是水电枢纽,或与机械、化工(基本化工原料)结合的城市。有色冶金排污严重,应靠近有廉价电源的中小城镇,并强化治污力度。

(四) 化学工业

化学工业是一个包含多行业、多品种,为工业和国民经济各个部门服务的重要原材料工业部门,部分产品(如化肥、农药、农膜等)又属生产最终产品的制造工业,与工业、农业、国防、科技等紧密相关。化学工业所需原料来源非常广泛,几乎所有自然资源和工、农业产品及众多副产品,均可作为化工生产原料进行加工。因此,化学工业在所有工业部门中是最能充分利用一切物质资源的一个部门,能生产出成千上万种原料、材料和产品。所以从工业部门结构看，化学工业是沟通工业各个行业、国民经济体系各个部门的重要链条；从工业地区布局看，化学工业是联结工业地域综合体和地域经济综合体的重要环节。随着时间的推移，化学工业的原料来源范围和产品供应领域之广，与工业和经济各部门、行业联系之密切都将与日俱增。

化学工业生产过程中大多数半成品是液体和气体，故多以密闭管道传输；生产又经常在高温高压下进行；排放"三废"量大又多有害。因此，要求厂址开阔宽敞，各工艺流程保持必要的空间距离，有热电站配合就近供热供电，注意环境保护，与其他工业和建筑之间设有绿化隔离带等。从研究生态工业角度看，化学工业可能是污染和危害生态环境的最严重的一个工业部门；但是化学工业长于综合利用变废为宝，又是不断改善和净化生态环境的最有潜力和希望的工业部门。随着科学技术的日新月异，用最新技术武装起来的化学工业将是建设和发展生态工业系统的重要中坚。化学工业包括许多行业，如化学矿开采、基本化学、有机合成以及橡胶、塑料、医药、化肥、农药工业等。

基本化学工业主要是生产"三酸"（硫酸、硝酸和盐酸）、"二碱"（纯碱和烧碱）的化工生产行业。原料多为天然化学矿（硫铁矿、自然硫、钠硝石、盐、天然碱等），产品广泛用于化学工业的基本原料，其他工业部门和国民经济的许多部门以及人民生活所必需的重要原料和物资。硫酸大量用于化肥工业（约占总量的近一半左右）、冶金工业、石油工业等。硫酸属危险品，不宜远距离运输，厂址宜接近耗酸工业，其中主要是化肥工业。硝酸与盐酸工业相似，它们也当布置在消费区域。纯碱广泛服务于化学工业自身，如硫酸、农药、合成氨、合成纤维、合成橡胶等生产过程中，都大量使用纯碱。其他如纺织、印染、造纸、冶金、建材、玻璃等工业耗量也不小。纯碱厂址多近盐产区（沿海和内陆湖、池、岩盐）。烧碱与纯碱不同，不便运输，多与石油化工、有机化工、农药厂以及大型人造纤维厂和造纸厂等邻近。

与基本化学工业比较，有机合成工业是现代化学工业中出现较晚但发展很快的部门。最初的有机产品是以农副产品为原料，后从煤焦油中分离苯、酚制成染料、医药等少量产品，再后用焦炭、石灰石生产电石、乙炔、乙醛、醋酸等，进一步生产染料、医药、农药，并用煤生产合成氨等，成为煤化工发展阶段。60年代初由于石油化工的发展，煤化工的主导地位渐被石油化工所取代。现代化工生产，特别是有机合成的三大合成材料的生产，需要大量的烯烃（乙烯、丙烯、丁烯）和芳烃（苯、甲苯、二甲苯）为原料。以煤为原料的煤化工所得烯、烃极少，芳烃也不多；而以石油、天然气为原料，可获得烯烃、芳烃还有烷烃（甲烷、乙烷）等几乎全部有机原料品种，在经济上和技术上都有很多优点。因此，目前以石油、天然气为主要原料的有机化工产品包括基础原料（烯烃、芳烃等），中间原料（基础原料加工所得近百种产品如甲醇、甲醛、乙醇、乙醛、醋酸等）和最终产品（中间原料再加工生产合成纤维、合成橡胶、塑料、医药、农药、染料、涂料、合成洗涤剂等），这里所说的最终产品主要是指化工内部而言，对整个工业而言，绝大部分还都是原材料。乙烯是用途最广的基本有机化工原料，所以乙烯产量成为衡量一个国家石油化工和化学工业发展水平的标志。目前，石油化工原料仍以轻质烷烃和石脑油为主，但逐步向重质化和多样化发展。各国因资源等条件的不同而有所不同。这样，有机化工的区位规律主要趋向于油（气）田和大的石油炼制中心。近年来，随着外向型的沿海、沿江大型石油炼制基地的不断涌现，相继出现一批大型石油炼制——石油化工综合基地。部分以煤为原料的有机化工厂除接近煤田外，还须考虑水、电和交通运输以及生产协作条件等。

化学肥料和农药工业是重要支农工业，化肥和农药施用量成为一个国家和地区农业现代化的重要指标。化学肥料已经成为当今世界最重要的肥源，因为化肥具有养分含量高、肥效快、运输贮存和施用方便等优点。化肥品种很多，可分氮肥、磷肥、钾肥、复合肥和微量元素等几大类。现在，国外浓度高的化肥比浓度低的发展快，复合肥比单一品种发展快，液体化肥比固体的发展快，液体化肥生产简单，成本低，便于机械化施肥。氮肥消费量最多，品种有硫酸铵、硝酸铵、尿素、碳酸氢铵和氯化铵等。生产氮肥的原料主要是石油、天然气、焦炭和褐煤等，（原先是焦炭和褐煤，以后被石油、天然气所代替，因为后者具有投资省、成本低等优点）。氮肥因需要量多，原料来源广，各主要经济区域特别是重要农业区，都应建设大中型合成氨厂发展氮肥工业。因原料路线不同，氮肥工业布局有就气（主要是天然气田）、就油（主要是油田气、炼厂气、重油）、就煤（包括烟煤、无烟煤、褐煤和焦炭）以及其他水电解氢气和工业副产氢和碳氢化物等不同类型。总之，大型氮肥工业接近油田、气田和煤田，并注意与其他化学工业结合。

农药是防治农作物病、虫、草害，保证农业丰收必不可少的手段。随着环境污染问题日益突出，农药进一步向高效低毒方向发展，并在加工和使用两方面寻求新的提高。农药分杀虫剂、杀菌剂和除草剂三大类。因除草剂多属低残留品种，生产发展受环保方面限制不多，而更主要的是需求量大，在一些发达国家，农业机械化、现代化水平高，倚仗化学除草，增产作用显著。因此，除草剂生产已成为农药工业的主体。农药工业与基本化学原料关系密切，在布局时一般与基本化学工业结合。

三、制造工业布局

对制造工业的内涵界定有广有狭，从本章结构层次看是从狭义方面理解，即它是将工业（指原材料工业和部分开采工业）和农业（指大农业）提供的原料和材料，进行工业生产的最后阶段的加工制造，其产品则是最终产品直接投向生产资料和生活资料市场，供社会生产和生活消费的工业部门。如果概括地说，原料地、燃料地对工业区位制约力度，首先是开采工业，然后依次才是原材料工业和制造工业；那么消费区对工业区位制约力度，则首先是制造工业，然后依次才是原材料工业和开采工业。当然，在实际和在研究论证时这些要错综复杂得多。制造工业的突出代表是机械工业，轻纺工业就其产品性质来说也属制造工业。

(一) 机械工业

机械工业是制造各种机器设备与技术装备武装国民经济各个部门的工业部门，是实现农业、工业、国防和科学技术现代化的根本手段，是整个工业系统的心脏，是制造工业的核心。机械制造工业发展水平，集中反映着工业现代化发展水平，它是衡量国家经济实力和科学技术水平的重要标志。总之，机械工业在整个工业结构和整个国民经济体系中占有特殊主导地位。它在加速我国现代化建设和带动国民经济各行各业发展的作用是显而易见的。

机械工业属金属加工制造业，当然是以金属（钢铁和有色）原材料为主，但是另外也需要相当数量的化工、建材、森工以及轻纺等多部门提供的非金属原材料。机械工业又是专业化分工很强的工业，其协作配套零部件遍及各地，甚至延伸国外。这样，机械工业所需能源、原材料、协作件和产品（其他制造工业部门提供）的生产厂家之间关联部门众多，联系地域又广。

但是，机械制造业的主机厂的进出总量仍不能与原材料工业相比，更不用说开采工业。因此，机械工业区位主要是倾向消费地区。当然，少数重型机械工业要求与钢铁工业(钢铁联合企业和大型特殊钢厂)结合，对冶金、矿山等重型装备制造业来说，这也是与消费区结合。至于众多的中型和精密型机械工业，更是趋向消费地区。由于机械工业的组成行业十分复杂，用户分散于不同部门和地区，情况千差万别。所谓趋向消费区，绝不是千篇一律的笼统概念，而是内涵有序、有章可循的，要做具体分析。

重型机械包括矿山、能源、冶金、化工、建材以及建筑业等部门所需大型、特大型机械设备，生产厂家如重型机器厂和矿山机械厂等。它们的共同特点是消耗金属量大，产品供应对象又相对集中，这类并非多见的大厂应靠近钢铁基地或与钢厂成组布局。大型发电设备(有锅炉、汽轮机、涡轮机、发电机等火、水、核电机组)制造，因协作需要，特别是一些特大主件(如转子)的加工，要求靠近重型机器厂和机械工业中心。机床(工作母机)制造业是生产机械的机械工业，其发展水平在很大程度上反映着整个机械工业的发展水平，属技术密集型产业，应集中于工业发达和科技发达的城市。农业机械包括农、林、牧、副、渔等门类，应因地制宜，大型农业机械(拖拉机、联合收割机等)的制造应靠近重要农业区的工业城市。精密仪器仪表设备制造是机械工业中的"小而精"产业，更具有制造工业的特色，是传统工业中知识、技术、资金密集型较高的行业，它们应当集中在工业、科技发达的工业区和城市。此外还有许多工业设备，其中也包括轻纺设备制造，行业繁多，要求各异，一般应选择工业基础较好，协作方便，尽量与对口工业结合之地。

交通运输机械(包括公路、铁路、水运和航空)是实现工业、农业产品的流通环节和人口流动的重要媒介和承担者。随着经济现代化，运量越来越迅速增加，而且要求连续、快速、准确、高效，对运输工具要求越来越高。飞机制造技术要求复杂，许多部件都是由精密仪器仪表组装而成，因此，飞机制造厂布局严格要求在精密仪器仪表工业和科技发达的工业基地，由于飞机种类多，也要注意地区专业分工。造船工业分海轮、江轮两种，造船厂分别分布在海运和河运枢纽。铁路机车、车辆制造集中在重要铁路枢纽。

汽车制造业是交通运输机械制造的重要和特殊产业。汽车分重型(大吨位)、中型、轻型和轿车以及多种变型车。汽车制造所需的原材料几乎牵连所有原材料工业和开采工业，所需能源涉及煤、油、电等各个行业。组装汽车的成千上万种零部件中，除主机总装配等关键部件的制造和装配集中总厂生产外，还有相当大比重的协作件，实行专业分工分散各地，充分体现了机械工业分工协作的特色。各国汽车工业区位类型不完全相同，有的集中生产关键零部件，分散生产其他零部件，总装也比较分散；有的集中生产关键零部件，集中总装，分散其他零部件。但有一点是共同的，即汽车工业布局集中于最发达的工业区、经济区，但须注意各种类型汽车制造的地区分工。轿车工业已成为许多工业发达国家的支柱产业。轿车需要量大而且更新快，技术复杂，是汽车工业的精华。轿车工业当处汽车工业最优区位。我国汽车工业包括轿车工业与发达国家比较，无论在行业结构还是地区布局方面都存在一些问题，迫切要求进一步强化结构调整和宏观管理力度。

(二) 轻纺工业

轻工业产品虽然也有一部分作为生产资料，参与扩大再生产，但主体部分是生活资料，满足人民物质文化需要。轻纺产品包括吃、穿、用等广泛涉及衣、食、住、行的大量生活用品。

早期，轻纺产品中吃、穿方面的比重较大，而生产吃、穿产品的原料主要来自农业，因而轻工原料也主要来自农业，仅有少部分原料来自工业。随着人们消费水平的提高，消费结构不断变化，穿、用方面的比重增大，而生产穿、用产品的原料相当部分是来自工业，因而轻纺原料来源于工业的比重有不断增长之势。因此，农业的发展和布局直接影响轻工业的发展和布局，工业的发展和布局也在一定程度上影响轻工业的发展和布局。轻纺工业行业多而杂，现仅就纺织工业、食品工业、造纸工业和耐用消费品制造业概述如下：

纺织工业是近代工业发展最早的传统工业部门之一，百余年来结构不断调整，质量、花色、品种不断改进提高，一直是轻工部门中最重要行业。纺织工业的工艺过程是由原料加工（梳）、纺纱（纺）、织布（织）、印染（染）等几个阶段构成。根据原料的不同，分为棉、毛、丝、麻和化纤等五类。棉纺工业从生产规模、产品花色品种、销售范围等方面看，均居纺织工业的首位。棉花集中产区的城市是棉纺特别是大型纺织联合企业（群）布局的最优条件。但是，也有脱离棉区而在消费区设独立纺织或印染厂，有的是为了协调轻重工业比例而建的。毛纺织品多为高档消费品。毛纺织工业布局兼顾原料产区（牧区）和消费区，高档毛料呢绒则多集中大城市。毛纺既可联合设厂，也可纺织与印染独立设厂。丝纺织品也是高档衣着产品，原料有桑蚕丝和柞蚕丝两种，与毛纺区位相似，有的建在丝产区，高档产品则多集中大城市。麻纺织产品除供衣着外，还作为其他领域的生产资料。麻纺原料来源广（黄麻、洋麻、亚麻、苎麻等），粗加工应在原料产区，精加工则集中城市。

由于棉毛丝麻等农产品植物纤维资源的增产要受到许多农业生产要素的制约，而野生纤维资源也不可能大量满足需要。随着科技进步和衣着追求，到20世纪初开始出现人造纤维，以后又逐步生产合成纤维，两者统称化学纤维。化纤具有经济耐用等优点，所以它在纺织工业原料中的地位迅速提高。人造纤维生产方法比较简单，建设投资少，生产成本低。初期的人造纤维中要掺用较多的天然纤维素原料，如棉籽绒、木材等，故布局多接近林区、棉区等原料产地。后来发展了原料更为广泛的合成纤维，其产品性能更优，规格多种多样，经济效果显著，迅速上升成为纺织工业的新兴部门。合成纤维工业系三大合成材料之一，属化学工业的有机合成工业部门。根据化学纤维的特性，多与其他天然纤维混纺合用。

食品工业是历史最久、门类多样、分布普遍、与人民生活最为密切的工业部门。食品工业特点是：①原料来源极为广泛，几乎到处可以发展；②产品需求极其普遍，到处需要发展；③原料几乎全部来自农业，依赖农业，而农业生产有强烈的地域性、季节性，特别是地区差异，也直接、间接影响食品工业；④生产规模一般多为中小企业，有些则适于大规模集中生产，名优高档产品则受特殊工艺条件限制；⑤食品工业产品种类多、销量大、时性强，一般不适合远距离运输，但有些名、优、特传统产品则不然，甚至出口国外。食品工业主要包括有粮、油、烟、糖、茶、酒和肉类、水产、禽蛋、乳类、瓜果等的加工制造业等20多个行业，共同构成一个独立工业部门。

造纸工业主要是满足人们文化生活的需要，也是不可须臾离开的生活必需品。目前，造纸工业常用的原料有木材、芦苇、甘蔗渣、麦稻秸、龙须草等，此外，还需要使用一部分棉、麻、废旧布、树皮和回收的废纸等。木材是造纸的主要原料之一，它适合于制造各种高级印刷纸及工业用纸等。国外一些森林资源丰富、森林工业发达的国家（有的为了保护本国环境宁可进口木材和纸浆）木浆造纸业都很发达。草类纤维原料资源十分丰富多样，而且分布极为广泛，是重要造纸原料来源，特别是那些少林缺林国家，除进口一定数量木浆外，则应主要利用当地各种草浆造纸。造纸工业布局：大型木浆造纸特别是木浆厂应接近林区；中小木浆纸厂和草浆纸厂因原料来源不集中，应选建在交通方便和水源充足的地区。造纸工业是排污比较严重的工业，应当充分注意环境保护工作。

随着人民生活水平的逐步提高，吃、穿、用的消费结构也正在发生变化，在吃、穿方面继续增长的同时，用的方面增长尤速。上述造纸工业的发展体现了人们文化生活水平的不断提高和改善；而更主要的反映是大批家用电器的相继问世和迅速更新，令人目不暇接。诸如电视机、收录机、录像机、空调、电冰箱、洗衣机等，以及办公用品的复印设备，电子计算机等，其技术复杂程度已经远远超过自行车、缝纫机、手表、照相机等传统产品。这些新产品在我国虽起步较晚，但发展很快，普及更快，有些产品已经抢占国际市场。这些耐用消费品技术要求复杂，更新换代周期越来越短，其区位须与电器、电子等工业密切结合。

四、高科技工业和农村工业

虽然各个工业部门和行业所处地位和作用均有所不同，本章不可能一一列举所有工业部门和行业。但是具有特殊意义的高技术工业和农村工业，它们也都分别包含开采、加工、制造业。由于从整体上与前述工业部门在生产力发展水平上的差异，它们的布局也各具特色。从一定意义上讲，高技术工业是传统工业改造和发展的先导，农村工业是城市工业（我国为设镇建制以上的城市）的延伸和普及。第一、二、三产业相互渗透彼此交融，是世界各国也是我国工业化和现代化的必然发展过程和重要组成部分。兹分述如下：

（一）高技术工业

高技术工业不同于传统工业。目前"高技术"（或"高科技"）概念已经规范化，是特指和特定的，不是指比自己以前层次高的科技就是"高科技"，也不是指全国最高的科技就是"高科技"。首先，迄今传统工业是以尽可能多地利用甚至掠夺自然资源，不考虑或较少考虑环境、生态效益和社会效益，来获取最大利润和单纯经济效益为经营目的。而高技术工业则是科学、合理、综合、高效地利用现有资源，同时开发尚未利用的富有自然资源来取代几近耗竭的稀缺自然资源，使经济效益、环境生态效益和社会效益统一，以实现可持续发展为目标。其次，传统工业需要巨量资金、装备等有形资产，而高技术工业则需要知识、智力等无形资产的投入。所以，高技术工业和高技术产业都是以知识为基础的经济——知识经济，人类正步入一个以知识（智力）资源的占有、配置、生产、使用（消费）为最重要因素的经济时代。再者，高技术工业较之传统工业如钢铁工业、机械工业和纺织工业等工业部门的另一显著不同就是产业技术领域十分广阔。仅以信息科学技术为例，任何国家都不可能在错综复杂的计算机技术、微电子技术、芯片技术、大规模集成电路技术、光电子技术、光纤技术、激光技术、网络技术、软件开发技术以及层出不穷的高新技术中全面领先，任何一个国家都可能充分利用自己的智力资源，以"有所为，有所不为"来占一席之地，挑战与机遇并存。总之，高技术工业和高技术产业具有高增值性、高渗透性、高竞争性和高智力、高投资、高风险等特征。

因此，高技术工业区位与传统工业布局注重资源、原料地、燃料地以及消费地等传统观念不同，必须以新思维着眼于高科技（科学与技术的融合）密集区。当然，高科技工业并非完全脱离传统工业而孤立、凭空产生，而是从传统工业中科技密集的加工制造业区和新技术研究开发的集聚区，推陈出新脱颖而出。按联合国组织的分类，高科技工业基本包括：新能源（含可再生能源）工业、新材料工业和信息科学技术、空间科学技术、海洋科学技术、环境科学技术等等，它们分属加工和制造业。

新能源包括核能、太阳能、地热能、风能、海洋能、氢、燃料电池等多种能源，其中大多都是可再生能源，或很少受地区限制，也没有运输问题，甚至也很少或没有污染问题。核能是未来能源的重要支柱，因为核燃料便于贮存和运输，它能廉价运送到世界的任何地方。太阳能是理想的持久性能源，目前太阳能的开发技术正处于突破的边缘。

与传统工业相似，新材料工业也是高技术工业发展的前提和基础。新材料包括新型金属材料和合金材料、聚合物材料、新型陶瓷材料、复合材料、光纤材料等。与传统材料相比，新材料具有高功能化、超高性能化、复合化和智能化等特色。如非晶态金属的抗磨性，形状记忆金属的超弹性，聚合物材料的耐腐蚀性，精细陶瓷的耐高温、抗辐射性，复合材料集中多种材料的综合性能等。

电子工业是高技术工业的重要制造业部门，电子计算机是其主要产品之一。电子计算机（电脑）是用电子元件及其组合，模拟人的思维和神经系统的新型机器。它具有科学计算、信息处理、自动控制、智能模拟等特殊功能。目前，电子计算机已向第五代人工智能机的方向发展。微型机的问世，成为计算机的第二次革命，它的出现使电子计算机跨入社会生活的各个领域，并将产生深远影响。装有电子计算机的机器人，可用在人所不能适应的环境下代替人工作。即将进入第四阶段研制的可移动多用途机器人一旦问世，可以代替人做许多工作，并将影响信息、生命、空间、海洋、环境许多高科技产业的发展和变化。

高技术工业集聚区称高技术园区，包括科学园、科学公园、科学城、科学工业区、科研工业园、电子村研究园、技术园、技术创新中心、高技术密集区、高技术开发区、高技术工业园、高技术工业带、高科技区、高新技术产业开发区、新产业开发区、出口加工区、军用技术科研生产基地、头脑都市、硅谷、硅岛等，形式多样，各国各地区特色各异。现在全世界已建立数百个，其中较有影响的如美国的加利福尼亚州的硅谷（是世界第一个，创建于1951年）、128号公路工业区，日本的筑波科学城、九州硅岛，英国的剑桥科学公园，法国的索·安蒂波利斯科学公园，俄罗斯的新西伯利亚科学城等。我国最早最大的高技术工业集聚区是北京新技术产业开发试验区（中关村电子一条街）、全国已经发展数十个。随高技术工业的突飞猛进今后高技术工业区位将向海洋，甚至将突破人类居住的星球——地球，向更广阔的空间宇宙等新领域扩展。

（二）农村工业

就我国而言，前述位于设镇建制以上（含建制镇）的工业属城市工业，这里所讲的农村工业是指建制镇以下（不含建制镇）的工业即乡镇工业（包括乡办、村办、联户办、户办等形式）。如果说高技术工业是工业的先端和前沿工业，那么农村工业就是工业的另一端，是城市工业的外延和下伸。所以，农村工业是我国完整工业体系的重要有机组成部分。今天的农村工业不论从质和量哪方面来看，原来的农、林、牧、副、渔五业中的副业（其中的工副业）都已不能准确地表述它的地位、作用和意义。农村工业在农业发展和农村各方面建设中，尤其是在加强农业生产的基础设施，完善社会化服务体系，活跃农村经济，加速农业现代化等方面发挥着重要作用；农村工业与城市大工业是互补互促的关系，可使资源优化配置，促进城乡工业的合理分工和协调发展,逐步缩小城乡差别;农村工业不限于为农业农村服务,也不限于为城市大工业服务,农村工业特别是生产名、优、特产品的部门和企业,为扩大出口创汇,参与国际分工等也大有作为。总之,我国农村工业的发展,极大地丰富了中国特色的社会主义工业化和现代化道路的实践和理论。

农村工业因所处区位的不同,而有不同地域类型:①城郊(工矿区毗邻)型,一般说这是农村工业发展较早的地区。城郊型农村工业因靠近城市和大工业,区位优越,是农村工业发展最有生命力的部分;②外向型,地处与沿海港口、经济特区、对外开放城市、开放区和内陆边境口岸等毗邻地区的农村工业,区位得天独厚,不仅与当地城市和大工业有着密切联系,而且也深受这些外向型城市和大工业的影响,逐步形成外向型农村工业地域类型;③普通农区、林区、牧区、渔区型,比起前两种类型,更体现农村工业特点,对解决农村剩余劳动力,繁荣农村市场,改善农村产业结构,促进乡镇建设,加速农业现代化有重要作用;④偏远型,偏远地区因交通等基础设施差,应因地制宜,因陋就简,就地取材(资源开采),就地加工,活跃当地经济,积极创造条件,逐步提高和壮大。

随着经济技术条件的不断改善,农村工业必将由少到多、由低到高、由简到繁,成为繁荣农村经济,调整农村产业结构,振兴国家和地区工业,完善整个工业结构的大有发展前途的工业部门。

五、工业部门(行业)结构的内在联系

前述许多工业部门和行业并非杂乱无章随意发展,而是必须因时、因地按着一定质和量的内在联系,构成相互制约的有机统一整体。事实一再表明,工业部门结构协调,效益就比较好,如果结构失衡,将连锁反映导致一系列问题,甚至恶性循环。应当指出,工业部门结构如何,既受工业自身发展规律制约,又无不打上国情、区情的烙印,也和地理(自然和人文)环境条件关系密切。现就几个主要关系论述如下:

(一)消费资料生产和生产资料生产的关系

就工业而言,消费资料生产和生产资料生产的关系,也就是轻工业与重工业的关系。由于轻、重工业的地位、特点和作用的差异,轻重工业关系会因时、因地的变化而不断调整,没有也不可能有一个划一的固定模式。从我国这样一个发展中的又处于初级阶段的社会主义大国的实际出发,为维护主权独立,坚持改革开放,有利于发展社会主义的生产力,有利于增强社会主义国家的综合国力,有利于提高人民的生活水平,为建立独立完整的工业体系和国民经济体系,为加速实现国家的现代化,必须正确处理轻、重工业的协调关系,始终保持合理比例关系。

(二)国有企业和多种经济成分的关系

坚持国有工业占主导地位,并且通过不断改革,进一步增强国有工业的活力,这是何时何地都不能犹豫和动摇的。但是,必须解放思想实事求是,从全国和各地区的国情和区情的实际出发,充分调动和发挥国家、集体、个人的所有积极性,鼓励城乡集体的街道、乡镇农村工业、私营个体工业和多种形式的外商合资、独资企业的发展。目前,我国中、西部进一

步发展乡镇工业和东部乡镇工业，上水平、上档次的潜力都很大。同时，必须通过发展外商的合资、独资工业，加大引进外资、技术、装备和经营管理等的力度，加快与世界接轨的进程，使各种经济成分各得其所共同发展。

(三) 开采工业和加工工业的关系

开采工业为加工工业(含原材料工业和制造业)提供能源(一次能源)和原料，是加工工业发展的前提和基础。因此，开采工业和加工工业之间必须保持合理比例关系。开采工业同本国自然资源的开发利用密不可分，虽然投资大、建设周期长，许多国家仍十分重视开采工业的发展，从而满足加工工业的发展需要。

(四) 原材料工业和制造工业的关系

原材料工业和开采工业同属基础工业。顾名思义，没有基础工业的相应发展，制造工业的发展必将是无米之炊。冶金、化工、建材、森工等的发展，直接关系到制造工业的发展。与前述开采工业相似，虽然原材料工业建设也有投资大、周期长等问题，许多国家仍十分重视发展原材料工业以提高自给率。同样，为弥补本国原材料工业的不足，适当组织进口也是必要的。当然，那种过分依赖和盲目进口，甚至影响民族工业的发展规模和速度是不可取的。但那种只顾本国环境保护，把污染和破坏环境转嫁他国更是不可取的。

(五) 能源工业和耗能工业的关系

能源短缺世人关注。能源短缺造成设备开工不足，这是极大浪费。能源工业分属开采工业和原材料工业，它们投资大，建设周期长，必须花大气力，使其名副其实成为先行工业。还要处理好能源生产结构(构成)和能源消费结构问题，使之比例协调。能源工业的基础如煤、石油、天然气等资源，同时又是化工原料，也需要协调。正确处理能源工业和耗能工业关系，对能源工业来说是开源，而对耗能工业则是节流，两者必须兼顾。

(六) 高技术工业和传统工业的关系

高技术是人类智慧的最新结晶，高技术工业是整个工业的带头产业。因此，高技术工业的发展举世瞩目。工业发达国家的高技术工业日新月异，发展中国家也急起直追。我国高技术工业起步虽较晚，但是发展势头非常喜人。无论新材料、新能源的开发，还是电子计算机、机器人的研制，都取得了显著成就。由于高技术工业的崛起，可以大大缩短甚至跨过某些传统工业的发展阶段，我国为迎接这一挑战和机遇，必须建立和加速发展高技术工业。同时必须充分利用高技术工业成果改造和强化传统产业，使传统工业焕发青春。在这传统工业和高技术工业并存的时代，兼顾两者关系的工业布局工作，更加繁重和更加复杂。

还应指出，近年来随着"生态工业"的出现和发展，对今后工业结构的演变和整个工业的发展将产生无可估量的深刻影响。生态工业——这种工业的发展是与生态环境的保持和优化完全相互协调，并适应人类社会可持续发展的神圣目标要求的全新工业。生态工业采用高新技术，发展方向同高技术工业是完全一致的。这是一场新的产业革命、工业革命、传统工业革命、工艺技术革命。既然是一场革命，当然就需要一个相当时日的过程，在此过程中，一切顺应这一革命的技术革新和举措都具有重要意义。开始，在工业部门结构和地域结构中，生态工业比重不大且作用有限，但同一切新生事物一样，星星之火，可以燎原，最终，传统工业将被生态工业所改造、更新和取代。生态工业布局研究和生态农业、生态经济一样，必将引来经济地理学者的浓厚兴趣。

上述工业部门结构的内在有机联系，仅仅勾勒一个基本框架。通过正确处理工业部门结构的内在有机联系，达到工业部门结构有机体系新的协调，地区工业和产业的经济效益、社会效益和生态环境效益的最佳统一，这是一个较长的动态过程。因此，必须从实际出发，发挥优势，扬长避短，通过定性与定量分析来不断优化各地区的工业结构。

第三节　工业地域结构与类型

如前所述，工业结构内涵较广，但是最基本的应当包括工业部门结构和工业地域结构，两者既有区别，又相互统一。如果说工业部门结构是指工业生产什么，是工业部门分工，那么工业地域结构就是指工业在什么地方生产，是工业地域分工。这是一个事物和过程的两个不可分割的侧面。在现实的经济生活里，既不存在脱离地域的孤立的工业部门结构，同样也不存在脱离部门的孤立的工业地域结构。经济地理学研究工业布局，应是从部门结构和地域结构的辩证统一中，以研究地域结构为主线。从部门角度去看，工业建设和发展似乎最好以部门行业越全越好，但从地域角度去看，有的有这种可能，而多数情况下，不用说一个地区，就是不少国家也不具备这种条件，而且实际上也没有这种必要。因此盲目去搞"大而全"、"小而全"从理论上讲是不切实际的，从实践上讲是极为有害的。

工业地域结构就是工业布局的地理空间组合的表现形式。工业生产力的地域形态决非杂乱无章，也不单凭主观愿望随意所为，而是必须遵循特定的工业布局规律，组合起有机联系的整体。随着科学技术的不断发展，经济技术水平的日益提高，以及生产关系的相应调整，这种结构(组合)也随之发生演变。总之，与处理和解决工业部门结构一样，工业地域结构也要严格按客观规律办事，任何不从实际出发的安排，都将事与愿违并造成失误。

工业的最基层单位是工业企业。一般来说，一个工厂企业内部各分厂、车间单位的配置，属微观的厂房建筑规划设计范畴。经济地理学应从企业外部的中观区域乃至宏观区域角度来研究工业布局。工业布局的地域表现形式，有的是单个企业的布局，但更多则表现为群体组合布局。无论是单个企业布局还是成组布局，都须受自然、技术、经济、社会等多种因素制约，使工业布局的地域形态呈现不同性质特点和不同规模水平，从而构成多种多样的工业地域类型。通常，按等级层次可以划分为工业点、工业区、工业枢纽、工业地区、工业地带等。

(一) 工业点

工业点(industrial point)，是由一个或为数不多的小型工业企业所组成，是工业布局地域类型的"基层细胞"。工业点不仅企业规模小，占用工业用地范围也小，一般来说，经济水平也较低，相当数量分布在农村，少部分在城镇，它们的影响多限于地方意义。部分技术水平高的地区(比如工业发达国家和地区)对外联系发达，工业点也是外向的。

工业点由于其主体工业的所在地及特点的不同，可分为农村工业点和城镇工业点两大部分。农村工业点又分为城镇郊区、对外开放(开放港口、城市、特区、开放区)毗邻区、农区、林区、牧区、渔区工业点等；按部门和行业的不同，也分为以开采工业(如小煤矿、金属和非金属矿等)为主、原材料工业(小水电、小铁厂、小建材等)为主，以制造工业(小食品、小机械、小纺织等)为主，或兼而有之的比较综合性的工业点等；城镇工业点是指城镇工业区以外的分散工业等，以加工制造为主，类型也比较多。城市工业点与工业区企业共同组成城市工业的整体。工业点的工业，特别是发展条件较好的应向"小而专"、"小而精"的方向发展，有的小企业可逐步向中型企业发展。上规模、上水平，使工业点向工业区演变。

针对我国国情，研究工业点要和乡、镇、县、市(县级市)域规划和小城镇规划有机结合。因为工业点的性质特色和发展规模水平，是同乡、镇、县、市域经济和小城镇发展紧密相联。工业又往往是当地经济的支柱产业。近年来我国城乡特别是广大农村的工业发展很快，水平也在迅速提高，随之乡、镇、县、市各级居民点也发生很大变化，大量基础设施(水、电、交通、环境等)迫切需要通过规划进行合理安排和建设。工业点内的工业建设和发展，虽属小企业而又多变，但这是工业布局的起始，必须坚持按客观规律办事，绝不应草率盲目行事，以免带来资源、环境、规划等诸多问题。

(二) 工业区

工业区(industrial district)，是以一个或几个大中型工业企业(含联合企业)为骨干，由若干大中小型组成的工业企业群体。这些企业之间在生产、工艺技术和经济上协作配套关系密切，并有共同的市政工程设施。与工业点比较，由于工业区位比较优越，不仅工业企业群体规模大，且拥有大中型骨干企业，工业用地面积大(从几 km^2 到十几 km^2)，其地位和影响所及具有区际意义乃至全国意义，因而对外联系比较广泛。工业区有分散分布在矿区、林区和水电站，大量的则分在加工工业城市。

城市工业区一般是选在城市的有利地理位置建设发展起来的一种工业地域类型。除开采工业和水电站等工业区距离城镇中心稍远(也是城镇下属区)以外，其他大部分为加工工业区，一般均位于市区及其边缘。城市工业区往往是中小城市的经济主体，是大城市多种产业的重要组成部分。城市工业区又分为许多专业部门工业区，如冶金、能源、化工、建材、机械、轻纺、高技术工业以及综合工业区等。城市工业区有的是地区的工业基地，有的是全国的工业基地，为国家提供重要的工业产品(含名、优产品)、装备、技术、资金、人才等。

工业区的形成、发展和演变，同城市(我国含建制镇)的形成、发展和演变息息相关。因此，研究工业区必须同城市规划和发展战略的规划研究相结合。工业区的用地、用水、用电、人口、产值等均在城市中占较大比重，直接影响城市性质、规模和功能分区等总体规划和建设实施。城市工业区与城市特别是工业城市的关系相互依存，相互制约的。工业区的形成、发展为城市建设和发展增强了物质基础；城市的发展，又为工业区的进一步形成和发展创造了环境条件。

(三) 工业枢纽

工业枢纽(industrial junction)，是由若干个工业区和众多的工业点所组成。这个工业区群体应具备工业区数量多、规模大、工业门类多样的特点，特别是它的辐射、凝聚的枢纽功能较大。可见，工业枢纽是工业城市中那些矿产资源丰富(如大型煤田、油田、铁矿等资源所在地)，地理位置优越，并有交通枢纽以及政治、经济、科学、教育、文化中心相互配合的佼佼者。工业枢纽是由工业区组成的，工业枢纽又是工业地区的支柱。

工业枢纽的工业用地范围从几十到上百 km²，众多的工业区和工业点星罗棋布在几百 km² 范围的市区内。工业枢纽工业结构虽错综复杂，但由于区位因素的制约，格局井然有序，特色极为明显突出。工业枢纽多为综合工业城市，有的包括开采工业、原材料工业和制造工业，有的包括原材料工业和制造工业，而且又是传统工业和高技术工业并存，尤以著名制造业和高技术工业为支柱和主导产业。还应指出，由于工业枢纽的功能加上其他产业的作用，工业枢纽城市往往是全国高层次经济区域的中心城市。我国北京、上海、天津、重庆、广州、沈阳、武汉、西安等，是典型的工业枢纽。此外，其他特大城市以及部分省(区)会和计划单列城市等，也是重要的工业枢纽。它们是全国工业和经济的支点和基石，为国家提供重要产品和成套装备，是国家重要工业基地。

工业枢纽的形成和发展，同所在城市和以该城市为中心城市的经济区域的形成和发展紧密相联，也是与其相伴生的过程。因此，研究工业枢纽要同特大城市的城市规划和市域区域规划相结合。一般来说，工业枢纽是经过长时期的建设和发展而成的，工业区位有明显优势，应当进一步充分利用和发挥。但是，其建设和发展主要是市区中心部位的过密，带来的如环境严重污染和土地价格、建设费用的过高而效益下滑等弊端，呈现"外移"和"中空"的动向，应通过经济手段和相应法规等加强宏观管理举措，统筹兼顾协调解决。这类问题在发达国家比较突出，我国个别城市有类似现象产生，应引以为戒并加强立法和规划力度。近年欧美兴起的生态工业园区的尝试和推出，也应注意研究和借鉴。

工业枢纽的建设和发展，仍然不可避免地还有一定数量的新建、扩建等外延的基本建设项目，如我国大中城市开发区特别是高科技工业园区的建设，为我国工业发展注入新的活力。但是，大量的应该是对原有老工业企业强化技术改造进行内涵提高，使老工业基地焕发青春。此外，对于能源、原材料、水源供应、环境、交通、基础设施、第三产业、城郊经济、工农城乡关系以及中心城市功能的发挥等问题，也都需要通过工业枢纽所在地的城市规划和市域区域规划予以解决。

(四) 工业地区

工业地区(industrial area)，是由两个以上的工业枢纽，集聚在几千到几万 km² 范围内的城市群所组成的一种工业地域结构类型。工业地区往往形成于蕴藏有极为丰富的矿产资源，特别是煤、油、铁、水力等关键资源的地区，富庶的江河下游三角洲、河湖交汇、铁路枢纽密集地区等。如美国纽约、日本东京、英国伦敦、法国巴黎、德国鲁尔等以及我国长江三角洲、珠江三角洲、辽东半岛、山东半岛城市群等，均为典型的工业地区类型。

工业地区内部的工业结构更加综合，部门行业特别复杂多样。工业地区的内部联系同工业区或工业枢纽的内部联系已不完全相同，后者主要是公共工程设施、工艺技术以及若干经济联系和协作，且其经济联系和协作多限于本市范围的某些产品的零、部件配套；而工业地区则大量是经济联系和协作，以及部分的技术协作，其经济联系和协作范围广。为国家提供更多系列产品和成套装备，充分显示工业地区在全国工业体系中举足轻重的地位，为各国和地区的工业和经济的精华所在。

研究工业地区，因其地域广，结构特别复杂，仅仅研究各枢纽城市规划是不行的，必须与区域规划和国土规划等相结合。工业地区和城市群处于市邻市、郊连郊甚至城接城的地带，彼此之间绝非孤立，而是相互关联、优势互补的有机整体。单靠各个城市的城市规划解决不了城市间的有机联系问题，就是各个市域规划也同样解决不了工业地区的总体问题。必须涵盖和包容全工业地区，把该城市群及其毗邻地区当作一个有机的整体，进行跨市域的区域规划、国土规划，从工业地区的全局角度，甚至更大的宏观范围考察、分析、论证问题，方可避免偏颇。这样的区域规划、国土规划，所要解决的问题，不可能像城市规划、市域规划那样具体细致，而应侧重宏观发展战略问题，特别是围绕扬长避短，发挥优势，处理好区内外的专业分工与协作关系，做到经济效益、社会效益和生态效益的统一。

（五）工业地带

工业地带(industrial zones)（或称走廊、长廊），顾名思义是由重要交通干线（沿海、沿江、铁路、高速公路等）联结起来的若干工业地区和工业枢纽形成的带状工业地域结构系统，这是最高层次的工业地域结构类型。如美国的大西洋和五大湖沿岸，日本的太平洋和濑户内海沿岸，西欧的莱茵河沿岸，俄罗斯的西伯利亚大铁路沿线等。我国的沿长江、环渤海以及京沪、京广、京哈、陇海、胶济、成渝、哈大、同蒲等铁路和珠江、湘江、汉水、大运河等江河的若干区段，已经形成和正在形成工业地带。

工业地带比起工业地区，地域范围更广，且工业部门结构尤为复杂多样，其功能所及牵涉省（区）、大区（国家一级区）甚至全国。要从更大的宏观角度，把整个工业地带看成一个整体，客观评估全地带和每个工业地区所处区位条件，扬长避短，优势互补；实事求是地论证各工业地区之间的相互关系，以及每个工业地区的地位作用；确定全地带的专业分工与协作体系。还应指出，联结各工业地区的链条（交通干线）对相关工业地区的发展曾起过重要促进作用，反过来各工业地区的发展又必然推动交通干线的进一步开发和利用。这种相互依托，相互促进的关系，必将使工业地带形成各个产业均得到发展的发达经济地带。

与工业地区的研究一样，研究工业地带更应与国土规划、海域和流域规划、高层次经济区划相结合，居高临下统揽全局，发挥宏观研究的特点和优点。工业地带内的工业布局同样既受地带本身多种因素制约，又受大环境的直接和间接影响。应通过较大范围国土规划的综合平衡，统筹协调，才能实事求是、因地制宜解决各种矛盾和问题。

总之，上述五种工业地域结构类型，都反映了工业布局的地域形态，但是它们的性质、规模、内在联系、功能等却存在很大差异。概括言之，其基本研究内容应当包括：①区情分析，优势和特点的评估；②现状工业部门（行业）结构的诊断；③今后工业结构调整建议和依据；④从质和量两个方面确定专业分工和协作系统方案及实施举措等。经济地理工作者尤应注意与这些内容有关的地理（自然和人文）方面，切实把前述部门结构研究落实到地域结构研究中去。

关于工业地域概念，学术界和社会上还有一些其他的说法，如工业中心、工业综合体、工业基地等，它们从不同角度反映工业地域形态。工业中心是区别于其他产业中心，如交通中心、旅游中心、金融中心等的称谓。工业基地是指工业中心那些有区际意义产品，特别是有优势产品外调的工业中心。工业综合体则反映在工业中心或工业基地内部的工业部门结构的主导和辅助部门之间的内在联系。可见，这些称谓都有其特定的内涵，也不妨是工业地域概念的一种表述，与前述五种工业地域结构类型的说法并不矛盾、重复，完全可以互补。但是，工业中心、工业基地、工业综合体本身很有伸缩性，可大可小，似乎没有确切的层次和数量的界限，因而难以比较准确反映工业地域结构类型。

第四节　工业布局理论研究的总述

近代工业和工业布局理论始于欧美，然后逐步扩散到世界各国。我国近代工业的产生晚于西方一个世纪，且长期以来发展缓慢。新中国成立以来，工业虽有较快发展，工业布局理论也有所建树，但是，我国作为发展中的社会主义国家，又处于社会主义发展的初级阶段，探索适合我国国情特色的工业现代化道路和工业布局理论方兴未艾。因此，认真总结本国实践的经验教训是完全必须的；同时，注意借鉴国外，特别是工业发达国家的经验教训也是非常必要的。全方位开放，多视角观察，去粗取精，去伪存真，弄清来龙去脉，为我所用，是本单元研究的宗旨。

随着科学技术的进步和在工业中的广泛运用，世界工业生产面貌日新月异。20世纪以来，特别是第二次世界大战以后的几十年来，各国各地区工业发展更是突飞猛进。工业布局总的变化趋势是：传统工业不断更新和新兴产业异军突起，传统工业与新兴产业并存；工业的专业化和协作的进一步加强和更大范围的一体化，工业地区布局除原地改造外，继续向新区特别是偏远地区多向扩展；工业与第一、第三产业的相互交融、渗透等等。总之，世界范围的工业布局正在进一步向新的外延和内涵、广度和深度演变。与此相适应，工业发达国家研究工业区位理论已有200余年的历史，工业布局理论从无到有，由浅入深，逐步趋于系统完整。回顾各国学者对工业布局理论研究的成就和贡献，过去不仅起着开创、奠基作用，为后人实践研究提供继承基础；他们后来的继续研究，也对进一步发展理论和丰富实践具有重要意义。因此，对前人和他人的历史遗产和现实成果，一定要以科学态度，正确对待，认真研究，积极借鉴，切忌简单化，为建立符合中国特色的理论和实践服务。

早在西欧近代工业发展初期，英、法、德等国的一些学者率先着手探索制约工业区位的某些因素，虽然他们的研究还不可能立即形成完整的理论体系，但已成为工业区位理论研究的先驱。最早工业区位论奠基人是德国经济学家韦伯，他的工业区位理论的基本思想就是最低生产成本费用吸引工业布局，这一观点一直被后人所重视和沿用。当然由于历史发展变化等原因，韦伯工业区位论不仅不完全适用于今天的世界，而且在当年也是评论不一的，其理论并非所有资本经营者都予接受并按其行事。韦伯以后，工业区位理论研究又有长足的发展和进步，许多经济、地理、社会学家纷纷研究工业区位，从各自学科的不同角度进一步充实、丰富和发展了工业区位理论。他们的研究涉及自然、市场、运输、劳动力、集聚等诸多制约工业区位因素，形成了成本、市场、成本—市场等许多学派。近些年来，国外工业区位理论又有新的发展和变化，除对前述传统的自然、市场、运输、劳动力、集聚等因素继续进行深入研究外，又已延伸到社会和行为等多种因素的研究，相继出现了社会、行为等新学派，研究领域继续扩大，理论还在不断发展。

（一）韦伯工业区位理论

韦伯（A. Weber）是研究自由资本主义时期工业区位理论的重要代表人物，居西方区位论的突出地位。他的代表作有《工业区位理论——论工业区位》（1909年）和《工业区位理论：区位的一般及资本主义的理论》（1914年）。韦伯理论的核心，是认为在选择工业区位时，要尽量降低生产成本，尤其要把运输费用降到最低限度，以实现产品的最终销售。因此，韦伯当然也就是最低成本学派的代表人物。

韦伯在其研究工业区位时，先假定了若干前提条件，如认定研究区域是一孤立国家和地区这一环境，只探讨工业区位的经济因素，其他自然、社会以及技术等都是相同的；原料地、燃料地、消费区和劳动力来源为已知；其他矿藏条件、产品需要量、劳动力供应状况和工资等不变；在这里有普遍存在的原料（如水和沙子——简称遍在原料），也有局部地区存在的原料（如煤和铁矿——简称非遍在原料）；运费是重量和距离的函数，运输方式为铁路等等。在这些假定前提条件下，韦伯认为理想的工业区位和企业厂址，应当选在生产费用最低的地点。这里影响生产费用的主要区位因素有：原料和燃料、工资、运费、集聚、地租、固定资产的维修、折旧和利息。他认为在这些因素中主要的是运费、工资和集聚三者。运费起着决定性作用，工资影响可引起运费定向区位产生第一次"偏离"，集聚作用又可使运费、工资定位产生第二次"偏离"，即在运费、工资和集聚三者关系中寻求最佳区位，并以此为基础，联系其他因素对区位的影响，这就是韦伯工业区位理论体系的基本思想。

韦伯在分析运费定向，寻求最小生产费用点时，根据原料和市场的不同情况提出：

其一，一个市场和一种原料场合，则视原料状况如何而定位：如原料属遍在可取的，区位当选在市场；原料属非遍在的，则看原料的纯、粗性质，若为纯原料（在加工过程中不减少重量），区位选在市场、原料地均可；若为粗原料（在加工过程中减损重量），区位应选原料地。

其二，一个市场和两种原料（R_1 和 R_2）场合，工业区位则有如下几种形式：如 R_1 和 R_2 为遍在原料，区位选在市场；R_1 为遍在的，R_2 为市场以外任何地点的非遍在的原料，又都是纯原料，区位选在市场；R_1 和 R_2 为非遍在的纯原料，区位选在市场；例外的是一个原料地通过另一原料地的场合，因为连续通过的原料地和市场间的任何一点的总运费相等，区位可选在其间任何一点上；如 R_1 和 R_2 均为非遍在的粗原料，区位选择出现较复杂形式，韦伯发展了龙赫德的区位三角形模式，设：SR_1、SR_2 分别为原料 R_1、R_2 的所在地，M 为市场，SR_1、SR_2 与 M 相距均为100km；R_1 和 R_2 在生产过程中的减损均为50%，各自年需3 000t。如工业区位在 M 时，一年的总运量（t·km）为：①就 R_1 而言，从 SR_1 到 M 为3 000t×100km＝300 000 t·km，②就 R_2 而言，从 SR_2 到 M 为3 000t×100km＝300 000t·km，年总运量为①＋②＝600 000t·km；如区位在 SR_1，则年总运量仍为600 000t·km；区位在 SR_2 或 M，年总运量同样为600 000t·km。现在如将区位选在 SR_1 和 SR_2 两者之间的 X 点，计算把 SR_1 和 SR_2 原料运到 X 点加工，然后成品运到 M 的年总运量为561 000t·km，说明 X 点比 M、SR_1 和 SR_2 任何一点均优。从韦伯区位三角形模式看，由三角形三个顶点 M、SR_1 和 SR_2 到 X 点的直线长度与 SR_1、SR_2 和 M 的引力成反比。如若 R_1、R_2 两种原料的损重率不同，需要量也有差异，为寻求运费最小支出点，企业就需靠近引力较大的地点 X 建厂。

其三，一个市场多种原料场合，韦伯进而应用多角形模式求解，如五角形从五个顶点连线到 X 点，同理，其直线长度也与运费成反比，这时的 X 点就是最优区位。此外，对于两个市场以上和两种原料以上的比较复杂场合，韦伯认为也都可以利用区位三角形的变形区位多角形求解，以确定生产成本费用最低的区位。

基于上述遍在、非遍在、纯、粗等原料对运费影响特点的不同，韦伯提出了原料指数概念。原料指数是指需要运输的非遍在原料的重量与成品重量之比。在工业生产过程中，如使用非遍在的纯原料，则原料与成品之比为1；如用非遍在的粗原料，原料重量大于成品重量，原料指数大于1；如掺用部分遍在原料（无需运输），结果需用原料总重量有可能小于成品重量，原料指数可能小于1。由此韦伯得出结论：①从运费看，决定原料指数大小的两个因素（非遍在粗原料的损重程度和遍在原料的掺用或替代程度），对区位选择有决定影响。一种工业如原料指数大于1，区位应近原料地；如小于1，区位应近市场；②应尽量采用遍在原料，以便使工业趋向市场；③利用非遍在纯原料生产，其区位应视其他因素条件而定。

韦伯在分析工资对运费定向模式的影响时，注意到了由运费定向的工业区位将发生第一次"偏离"。为解决这个问题，他引用了等费线概念。所谓等费线就是将生产费用相等的点的轨迹连接起来的线(图 5-1)。在这里他仍依据市场和原料的不同条件提出：

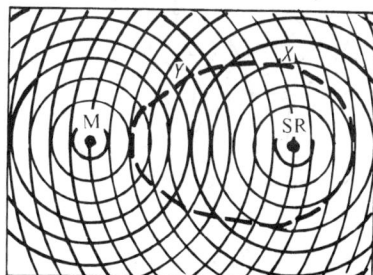

——单位运送费　　---等费用线
M: 市场城市　　　SR: 原料供给地
图 5-1

其一，一个市场和一种原料场合，假定两个条件：①原料与产品每 t·km 运费相等，以市场(M)或原料(SR)为中心的同心圆表示单位运费，称费用等位圈；②如 SR 为粗原料，损重率为 50%，他认为区位如在 SR 时，从 SR 向 M 运输 1t 产品需要 10 个单位(1t×10 单位距离)的运费；区位如在 M，生产 1t 产品需用 2t 原料，从 SR 到 M 运费为(2t×10 单位距离)20 单位运费；现在假定区位在 X 点，原料的运费为 8 个单位，产品的运费仍要 10 个单位，两者合计 18 个单位，以 18 个单位诸点的轨迹连接起来就是等费线。如工业区位在距 M 较近的等费线上的 Y 点，原料和产品的总运费仍为 18 个单位。与 SR 相比，18 个单位的等费线的运费高于 SR 区位 8 个单位，显然是不利的，但其所以要将工业区位选在 18 个单位的等费线上，是因为生产每吨产品的劳动费用的节约大于 8 个单位的运费。

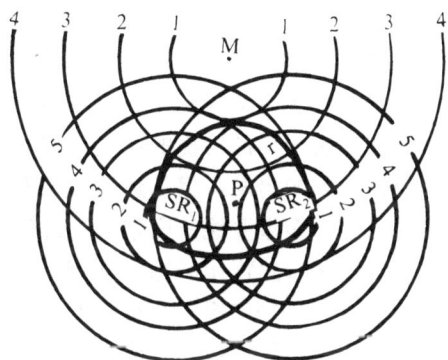

图 5-2

其二，一个市场和两种原料场合，韦伯仍先以区位三角形运费最小点来定向(图 5-2)。假定条件与一个市场和一种原料场合相同，即原料与产品的每 t·km 运价相等，其费用等值圈为以 M 为圆心的单位产品运往市场的费用。如 R_1、R_2 皆为损重(50%)的粗原料，所环绕 SR_1、SR_2 的费用等值圈的间距比环绕 M 的要密，P 是运费最小点。假定在 Y 点生产 1 个单位产品所需的劳动力费用比 P 点低 2 个单位，而为在 Y 点建厂追加的运费小于 2 个单位时，则 Y 点是生产费用较低的区位。虽然 P 点的总运费为 7，Y 点的总运费大于 7 而小于 9，9 的运费等费线成为决定是否从 P 点移向 Y 点的临界等费线，Y 点位于临界等费线以内，表明 Y 点总生产费用低于 P 点。韦伯的等费线模式，被认为是工业区位分析的得力手段，它不仅可用于几个原料地和市场，而且还可用于许多在费用上有空间差异的方面的研究。

韦伯在考察运费与工资对工业区位影响时，还注意到不同工业部门的作用：①所需运输的原料和成品的总重量越大，则越不容易被工资低廉地区所吸引，反之则不然；②如劳工成本指数(是指每个单位重量产品的平均工资成本)越大，则该种产品的生产就越容易被工资低廉地区所吸引，反之则不然。他还进而将这两个因素结合起来考察，这里又用劳工系数这一概念，它是指劳工成本指数与所需运输的总重量之比。在同样的社会环境条件下，劳工系数越大，工业区位越容易被工资低廉地区所吸引。

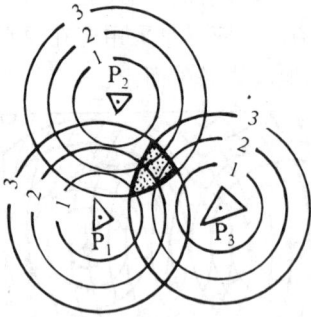

图 5-3

如同工资成本的节省那样，韦伯区位三角形中的集聚作用可能离开运费最小区位的引力，使运输和劳动力的工业区位产生第二次"偏离"。即当一个工厂由集聚作用所节省的费用，大于因偏离运费最小或劳动力费用最小的区位所需追加的费用时，其区位将由集聚因素定向。他仍用等费线模式来确定生产成本最低点(图 5-3)。图中 P_1、P_2、P_3 代表 3 个区位三角形中运费与劳动力费用最低点，围绕 P_1、P_2、P_3 3 个最低点构成等费线。求 P_1、P_2、P_3 的临界等费线，即求由集聚所节约的费用等于偏离运输与劳动力费用最低点 P_1、P_2、P_3 需追加的运输与劳动力费用的等值线。假设集聚所得的经济利益为 3，则等值线 3 就是临界等费线。在需要增加的运费与劳动力费用小于 3 的情况下，新的工厂企业的区位将出现在由 3 条临界等费线交叉形成的重叠部分(阴影)内，形成由集聚因素定向的新区位。

(二) 20 世纪 20 年代以来西方工业区位理论的发展

前述韦伯工业区位理论对后来工业区位理论研究无疑起了奠基作用。但在后继学者看来，它的局限和缺陷也是很明显的。20 年代就有学者指出，韦伯理论只是就生产过程本身来探讨的，缺少一般经济理论的基础，因而缺少普遍的经济理论意义；有人认为韦伯以技术经济因素来代替价格理论，不但许多情形不可能被考虑，而且使得在现实经济环境下，很难运用这种学说解释工业区位；也有的学者指出韦伯区位理论研究方法属于局部均衡的研究，仅从个别企业的区位出发，仅从少数几个因素(运费、工资、集聚)的影响出发，仅从运费、工资的某些假定命题制约区位出发，而忽略对整体的工业区位问题、许多重要经济因素和非经济因素客观实际的研究，因而无法回答他自己所提出的要解决工业区位的规律问题。随着世界经济和工业的进一步发展，学者们对工业区位理论研究也相应有所改进和提高，最主要变化是由个别企业或中心的单因素研究，过渡到对整体经济及其地域组织的探讨。其中最具代表性是克里斯泰勒和廖什的理论研究。

德国地理学者克里斯泰勒(W. Christaller)于 1933 年写了《南德的中心地》一书，提出了中心地理论，并成为韦伯以后区位理论的重要组成部分。克里斯泰勒的研究是以前人韦伯等人区位论的静态局部均衡理论为基础,他特别发挥地理学的地域性和综合性等特点和优点，紧紧同区位论学说相结合，逐步形成比较完整的市场区位论即中心地理论，比原来的区位理论更胜一筹，进一步发展和丰富了工业区位理论。中心地理论是适应资本主义商品经济发展和产业结构改变而建立发展起来的。商业服务业的市场区位组成了企业经营者生死攸关的问题。以往只从点、线研究区位，不可能解决面的问题，即市场区位问题。随着科学技术的进步，能源条件的改善和技术密集程度的提高，特别是加工工业的原料、燃料指向逐渐削弱，市场指向与日俱增。因此，中心地理论不仅对解决商业、服务业特别是城市区位具有直接意义，而且对研究工业区位也很有启示和意义。

德国经济学者廖什(A. Lösch)继承和发展了韦伯理论，并博采了同时期各家观点，特别是吸取了克里斯泰勒的中心地理论，形成了独具特色的思想理论体系，廖什成为研究工业区位理论的市场学派的代表人物,其代表作为发表于 1940 年的《区位经济学》。进入 20 世纪,随着资本主义制度已由自由资本主义发展到垄断资本主义,市场问题作为工业区位的重要影响因素越来越成为首要问题。为适应这一转变,西方工业区位理论也由原来以韦伯为代表的成本区位思想,演变为以廖什为代表的市场区位研究,这既是经济、工业发展的必然结果,也是理论研究的一个进步深化。

廖什市场区位理论同前人不同的显著特点是:①廖什不是孤立研究单个企业而是把每个企业放到企业群体中去,从总体均衡角度揭示整个系统的区位问题;②廖什不是孤立研究生产区位而是同市场结合起来,从生产和消费结合的市场区入手,正确选择区位谋求最大市场或市场区获取最高利润;③廖什从其市场区这一概念出发,提出区域集聚和点集聚问题,为空间结构理论和地理学中景观学说奠定了理论基础;④廖什关于市场区等思想和研究,从理论上剖析了经济区域形成发展的内在机制和运动规律,这促进了区域经济学的形成和发展。同期,为市场学派作出贡献的经济、地理学者还有胡佛、费特、帕立德、罗斯特朗、史密斯等。

(三)近 30 年来西方工业区位研究动向

20 世纪上半叶西方工业区位研究,无论是韦伯的成本学派,或廖什的市场学派,都限于微观经济分析方法,他们总是假定厂商以最低限度成本或最大限度利润,作为确定工厂区位的条件和目标,他们的研究仍然受时代的局限,因而存在明显缺陷。战后,随着宏观经济研究的发展,西方工业区位的宏观研究的著述日渐增多,这是近 30 年来关于工业区位研究的一个新的动向。从微观经济角度考察工业区位时,着眼于个别生产要素供求价格之间的均衡关系,而从宏观经济角度进行分析时,则着眼于区域范围、全国范围甚至更大范围,而且是多因素分析其工业区位的形成和演变,同时还注意到非经济因素的影响作用。

从宏观经济角度研究工业区位时,他们注意到对资本、劳动力、原料、燃料、市场、技术、环境以及许多"不确定因素"如政治(政府干预、区域政策等)、军事方面以及其他社会方面的因素的综合分析等。从 60 年代到 70 年代末,工业区位论,处于大变革时期,由于行为地理学和感应地理学的发展,西方工业区位理论又有新的变化。

这一时期美国经济学者伊萨德(W. Isard)吸收了前人成本学派和市场学派的可取之处,摒弃微观分析之不足,从宏观和综合角度考察工业区位,形成了成本—市场学派,其代表作为《区位和空间经济》(1956 年),他主张从空间经济出发研究工业区位,并利用各种计量经济学的方法论证工业区位,引用比较成本分析与投入产出分析,把工业区位论作为"区域科学"的核心。美国地理学者哈里斯也持此学派观点。此外,一些经济、地理、社会学者主张延伸到社会和行为方面研究工业区位,建立行为学派,代表人物如美国地理学者普雷特(A. Pred),代表著述为《行为与区位》(1947 年)。英国地理学者汉密尔顿(E. I. Hamilton)的《地理模式》(1971 年)是社会学派的主要代表作。

近年来,工业发达国家和许多发展中国家的工业有很大发展和变化,一方面对传统工业加快改造步伐,一方面大力发展高新技术产业。最近,欧美一些国家兴起一种互相利用工业废物的工业园区,这种既有利于保护生态环境又节约资源的生态工业和生态工业园区,正以崭新的工业区位受到世人瞩目。在这种生态工业园区里,生产经营者根据合作互利的原则,相互利用对方在生产过程中所排放的废物作为自己加工的原材料或能源。如发电厂利用造纸厂的废物作为燃料,又把本厂生产过程中排放的蒸汽余热供纸厂利用。丹麦凯隆堡的生态工业园区是其中的一个典范。在这里各个公司与工厂间充分体现了彼此相互协调关系。发电厂利用炼油厂排放的废气,炼油厂和其他公司又分享电厂排放的余热(热水和蒸汽),单此一项就节约25％水资源的消耗。电厂排放的废灰渣是水泥厂和道路建材厂的原料,余热又可供附近养鱼和采暖。美国北卡罗来纳州的诺瓦·诺迪斯克制药厂也在实施生态工业园区的计划,该厂排放的一种污泥营养非常丰富,正好是制作农用化肥的原料,销往就近农场。美国的得克萨斯、弗吉尼亚、马里兰等州也都在推行和开发生态工业园区。

众所周知,工业发达国家和不少发展中国家的高新技术产业的发展突飞猛进,一大批高新技术工业园区相继出现。无论是传统工业改造的生态环境区位因素和高新技术工业发展的知识经济区位因素,都必将为工业区位理论研究提出新的课题,必将推动工业区位理论新的进展。

(四) 社会主义国家工业布局理论研究成就

十月革命后,东西方相继出现一批社会主义国家,几十年来虽然历经波折,沧桑多变,但社会主义国家特别是中国的经济和工业建设的实践,其中包括工业布局(或区位)理论和实践,值得认真研究和总结。新中国建立几十年来,紧密结合我国工业建设和发展的实际,重视坚持解放思想实事求是,既认真总结本国实践过程中的经验教训,又借鉴吸收国外一切有用的科研成果,探索和建立具有中国特色的工业布局原则和理论。为此,多年来,中国科学院、中国社会科学院、北京大学、中国人民大学等有关科研院所和高校院系以及中央有关部委等专业、研究部门一批专家学者,深入实际,在调查研究基础上,进行项目评估论证可行性研究,为国家有关决策部门提出许多很好建议。并为丰富和发展工业布局理论,作出贡献。

工业布局首先是一项重要经济过程和工作,必须遵循客观经济规律和经济因素的制约。比如:①工业生产必须接近原料、燃料地和消费区,特别是那些大中型的原材料工业和制造业企业,从而达到最大限度降低生产成本提高劳动生产率,千方百计增强产品竞争力,获取最好经济效益。当今世界,面临两种原料(含国内和国外原料、能源)和两个市场(国内和国际),从根本上改变了过去一国一地区的封闭状态,加速经济一体化,赋予这一经济原则以新的内涵。②使工业和农业接近起来,以保证在从前的农业地区建立新的城市工业中心,加速工业化和城市化的进程。我国农村工业的蓬勃兴起,城市工业(建制镇以上、含建制镇)和农村工业(建制镇以下,不含建制镇)两大巨轮一齐转,这不仅加速我国社会主义现代化建设的总进程,特别是加速广大农村的现代化和城市化的催化剂和推动力,对早日实现工农结合和城乡结合,消灭工农差别和城乡差别作出新的贡献。③在建设具有中国特色的独立和完整的国民经济体系和工业体系的同时,必须因地制宜,扬长避短,发挥优势,实行合理的劳动地域分工,地区生产专业化与综合发展相结合。但是,各地在工业建设和发展过程中,不从实际出发,盲目攀比,造成结构趋同、重复建设的弊端也时有发生。必须采取多种经济手段,加大宏观管理的力度,使因地制宜,合理布局的目标落到实处。④必须把工业生产力平衡分布全国,使各地共同发展和富裕起来,这是社会主义的根本原则和本质特征。但是,这是一项长期的发展过程和历史任务,必须制定相应的区域政策并坚持实施。我国实践表明,正确认识和处理地区差距问题,一要看到各地区发展不平衡是一个长期的历史的现象;二要高度重视和采取有效措施正确解决地区差距问题;三是解决地区差距问题需要一个过程,应当把缩小地区差距作为一条长期坚持的发展战略。要解决地区发展差距,必须坚持区域经济协调发展。

工业布局不仅仅是经济工作，而且带有很强的社会意义和政治意义，社会和政治因素也是制约工业布局的重要因素。人口问题特别是民族问题是制约工业布局的重要社会因素。民族问题既是政治问题也是经济问题，解决民族地区存在的事实上的不平等，根本问题是通过现代工业建设和发展把经济搞上去。我国少数民族地区地域辽阔，资源丰富，但是长期经济落后，一旦工业合理布局，建立地区经济新的增长点，必定促进经济繁荣和社会稳定。

工业布局的集中与分散，是工业布局客观存在的重要表现形态和发展过程，既是经济问题，也是关系国家安全的政治问题。关键是处理好集中与分散这个相对关系的度，而这个度又随时间、地点而不断变化。片面畸形集中造成基础设施欠账，环境质量恶化，经济效益下降，一些发达国家的大城市出现中空化就是一例。但是，不充分利用原有基础，盲目扩散，战线拉得过长过散，结果是必将事与愿违，这一教训应当认真吸取。因此，必须因时、因地调查研究，从实际出发，充分考虑做好经济、政治等多种因素的评估论证，科学决策。

国家干预反映在政府政策中，对工业布局的制约作用是显而易见的。不同国家采取手段可能有所不同，但都予以重要影响。在市场经济条件下，一方面要积极发挥市场导向对资源的配置作用，充分尊重企业自主经营，各级政府部门不应过多干涉，而应政企分开；但是，必须重视利用多种经济手段和法规，加强对企业的宏观监督和管理，使工业企业的建设和发展符合产业政策，与区域经济网络和全国国民经济长远发展目标和战略保持一致。那种认为市场经济中对工业布局决策政府不必认真严加宏观调控，放任自流是一种误解。因此，企业在重视微观经营活动研究的同时，政府必须加强宏观管理的论证，充分体现社会主义市场经济的特征和本质。

近年来，随着工业的飞速发展主要是传统工业的飞速发展，资源（主要是不可再生的矿产资源和淡水等）尤其是环境、生态等问题已在世界范围内令世人关注，日趋严重和迫切，人类生存面临严峻挑战；与此同时，科学技术进步也在日新月异，特别是高技术工业的蓬勃兴起，人类社会发展又迎来新的机遇，挑战与机遇并存。于是，可持续发展的新思维、新理论应运而生，它具有重要历史和现实意义，理论和实践意义。毫无疑义，可持续发展的提出，对今后工业布局的实践和理论研究，具有深刻的和全新的指导意义。原来制约工业布局的诸因素如经济、社会、政治等，都将按着可持续发展的目标赋予新的内涵和意义，尤应从新的意义上去认清环境和生态对工业布局的重要制约作用，决不能再低估环境和生态对制约工业布局的重要影响。

跨入 21 世纪，传统工业的现代化的重要标志，就是如前所述，发达国家开始向生态工业转变，建设生态工业园区。我国虽起步较晚，但成果已初步显露。最近，就污染环境最为严重的化学工业如何实现绿色化开展国际交流：设计对环境无害的新材料和新化工产品；研究如何在无毒无害条件下生产制造这类产品；研究化学反应如何减少废物，直至实现"零排放"；研究用绿色植物代替石油作有机化工原料和能源。特别是近年来我国高技术工业和各类科技工业园区有如雨后春笋蓬勃发展，不仅为生态工业的发展和生态工业园区的建设，增添了新的血液和生力军，而且也为传统工业的改造和现代化提供了条件和动力。高新技术工业就"高"和"新"在实现资源的最大节约和挖潜，特别是生态环境的不断改善方面，正在向可持续发展的目标前进。当然，无论发达国家或是我国，要发展高技术工业和改造传统工业，都需要有一个较长的过程。但是，对此新工业布局理论的研究，特别是按生态工业和可持续发展的高标准要求，必须勇于实践探索，认真总结自己的经验，又要不断吸取国外研究成果。

坚持解放思想、实事求是，就一定能建立和发展符合我国国情的工业布局理论。

时至今日，回顾和总结工业布局（或工业区位）理论的由来发展，并展望和预想未来，工业布局的应用实践和理论建树应当遵循如下要领：

——工业布局既然是一项经济工作和过程，经济因素就是制约工业布局的首要因素，是经济、技术、政治、社会、生态等等诸因素之重点，并且贯穿在诸因素之中。

——工业布局不只是单纯的经济工作，同时还赋有技术、政治、社会、生态等意义和作用，必须兼顾技术、政治、社会、生态等因素对工业布局的重要制约作用。切实对待主与从、重点与一般及其相互转化的关系。

——对诸制约因素要进行定量与定性相结合的综合分析。重视量化评估论证，建立适用数学模型，但也不应忽视定性分析，如实反映定性分析与定量的相互依存关系。

——没有也不可能有一成不变和到处套用的工业布局模式或理论，必须一切从实际出发，既要因时制宜，更要因地制宜，始终掌握对具体问题要做具体分析处置。

——工业现代化在不停地发展变化，工业布局面临的新情况和新问题层出不穷，工业布局模式和理论需要不断丰富发展。只有坚持解放思想，实事求是的思维，才符合中国国情，并为国际社会作出应有贡献。

第六章　第三产业布局

第一节　第三产业概述

第三产业在国民经济中日益突出的地位，已成为现代经济增长的显著特征之一。本节主要介绍一些有关第三产业发展和布局的知识，目的是为以后各节的分析奠定基础。

一、第三产业划分与特点

(一) 第三产业概念及分类

第三产业又叫第三次产业或第三部门，是国民经济中各种服务行业的统称。它是现代西方经济学划分的国民经济三个部门之一。第三产业的概念，最早是由在新西兰任教的英国经济学家费希尔(A. B. Fischer)于 1935 年在其名著《经济进步与安全》一书中提出来的。英国另一位经济学家科林·克拉克(Colin Grant Clark)的功绩是把产业结构划分为三大部门(第一、第二、第三部门)。这种分类方法，在第二次世界大战以后逐步被大多数国家所采用。各国划分第三产业范围大同小异，都包括为消费服务的部门和为生产服务的部门，一般又都细分为 4 个类型：①公用事业，包括供电、供气、自来水、通讯、邮电、运输、仓库等；②商业、金融、保险事业，如银行、信托、广告、社会保险、批发商业、零售商业和房地产业等；③服务性行业，如理发、洗染、饮食、旅馆、旅游、娱乐场所以及各种修理业和商业性的家庭服务业等；④文教、宣传、卫生、科研事业，如学校、医院、广播、新闻、电视等。

1985 年 4 月，国家统计局规定我国第三产业的范围是除第一、第二产业以外的其他各业，分为流通部门和服务部门两大部分，具体又分为四个层次。第一层次为流通部门，包括交通运输、邮电通讯、商业、饮食、物资供应和仓储等；第二个层次是为生产和生活服务的部门，包括金融保险、地质普查、房地产、公用事业，居民服务业、旅游业、咨询、信息服务业等；第三个层次是为提高科学文化水平和居民素质服务的部门，包括教育、文化、广播、电视事业、教学研究事业、卫生、体育和社会福利部门等；第四个层次是为社会公共需要服务的部门，包括国家机关、政党机关、社会团体，以及军队和警察等。

可见，我国第三产业的范围与国外一般划分略有差别：一是我国把自来水划归了第二产业，从这点看，我国第三产业的范围似乎比国外小了一些；二是我国第三产业增加了国家机关和警察军队方面内容，从这个意义上说，我国的第三产业范围似乎又比国外大了一些。可见第三产业无论是分类还是界定，都不存在唯一的权威性意见，各国之间可能存在这样和那样的差别,这在对比时应特别注意。

(二)第三产业的基本特点

为社会生产和人民生活服务的第三产业,与工农业等物质生产部门相比较,具有自己的许多特点,最主要的有易行性、服务性和普遍性等。

1. 易行性

第三产业具有资本和劳动的可进入性,是最容易产生的一种生产活动。农业生产活动,需要劳动、资本、土地三要素结合在一起才能进行,而且土地是极为重要的社会资产,其价值是相当高的。如果一个人只有劳动和简单的工具,无钱购置土地,农业生产便不能进行。即使一个人同时具备了土地、劳动、劳动工具三要素,也不一定能从事农业生产活动,因为农作物的栽培还受时令的限制。所以说农业的可进入性较难。同样,工业生产也必须同时具备劳动、劳动对象、劳动资料等三要素才能进行,而且任何工艺流程,都必须待这些生产要素积累到一定规模以后,才能有效运转。所以工业生产必须拥有比较雄厚的资本和技术才能进行,因此,可进入性也不太高。但是第三产业的情况就大不相同了。一个身体健康的经济人口,只要有少量资金就能够从事第三产业活动,如一个人可卖书、卖报,夫妻二人可以开个小饭馆或杂货店。有时即便没有任何资金也可以搞三产,如可以凭体力扛麻袋,搞搬运;也可以做家庭服务,或者当清洁工。所以说第三产业具有资本和劳动的可进入性,也就是说,不需要太多劳动和资本便可从事第三产业经营。这是第三产业迅速发展的重要原因之一。

2. 服务性

所谓第三产业的服务特性,是指第三产业的生产成果与第一、第二产业有所不同。它生产的不是有形有体的实物产品,而是以某种形式提供的服务和劳务,即以各种形式为社会生产和人民生活提供特殊的使用价值或恢复物品的使用价值的活动。例如开采出矿井的煤炭,如果堆在矿山煤场,它的使用价值就得不到实现,只有通过运输工人的劳动把它送到消费者手中,煤炭的使用价值才能实现,这种把煤炭潜在使用价值变为现实使用价值的活动,就是服务。因此,国外一些研究文献中,往往把第三产业直接称之为服务业,以突出它这种唯一的特性。此外,必须强调服务性质的产品必须参与社会交换,才能称为第三产业的产品。那些家庭的或企业内部的自产自销的服务和劳动,虽然也具备服务性,但它们没有参与社会交换,不能算作第三产业范畴。只有当家庭劳动社会化或修理业服务外部化以后,才能把它划归第三产业。为此可将第三产业的产品称为服务商品。根据以上分析,在确定第三产业的范围与内容时,必须强调第三产业产品的服务特性,并把它规定为第三产业区别于其他产业的唯一特性。

3. 普遍性

由于第三产业具有服务性和资本与劳动可进入性的特点,因此它普遍存在于一切社会经济活动之中。第三产业在一切社会和经济活动中起着特殊的作用,它既与工农业等社会物质生产部门有不可分割的联系,又与社会生活的各个方面不可须臾分离。故而哪里有社会物质生产活动,哪里便有相应规模、水平的第三产业活动。同时,还因为第三产业又为整个社会消费服务，在现代经济条件下，凡有人口、生活之地，往往都有相应的第三产业的活动。所以，从繁荣发达的大中城市，到偏僻的边远乡村；从经济发达地区到经济欠发达地区，都有规模不等、行业互异、各具特色的第三产业服务部门，形成普遍分布的第三产业空间组合格局。所以，普遍性也成为第三产业有别于其他产业的特点。

三、第三产业增长机理分析

增长是发展的核心。第三产业增长分析必须从供给与需求两方面入手，但从短期看，更应该强调需求的作用。由于第三产业是为工农业生产和人民生活服务的，毫无疑问，工农业生产规模的扩大、人口数量的增长和人民生活水平的提高，都将直接对第三产业部门产生新的需求，从而成为第三产业增长的直接动力。从理论上讲，如果第三产业的增长只是上述几种作用力的简单线性叠加，则第三产业应与第一、二产业保持同步增长。但实际上第三产业的"超平均"增长已成为世界经济发展的一大特点。这点才是人们对第三产业真正感兴趣的地方，也是应该揭示的重点。学术界一般把前面所讲的几种同步增长因素称为比例增长因子，而把促使第三产业"超平均"增长的因子称为非比例因子，它们是收入弹性特征、技术创新及城市化与服务社会化等因素。以下重点分析这些非比例因子对第三产业增长的作用。

（一）收入弹性驱动

收入弹性因子主要用于分析生活性服务。它是指收入变动所导致的生活服务性需求的变化。生活服务需求的变化受到居民消费心理、消费习惯、收入水平、价值观念等诸多因素的影响。人类生活资料可分为生存、发展和享受等类型，生存资料用于最基本的生活需求，发展与享受资料则用于满足社会尊重和自我实现的需求。从物质形态上看，生存资料中实物商品较多，而享受与发展资料较多地表现为人类劳动的直接服务。

随着收入的提高，人们的消费欲望也将变化，需求结构随之发生转移。收入增加所导致的生活服务需求的变化，可用需求收入弹性来反映，表达式为：

需求收入弹性 ＝ 需求量变化百分比／收入变化百分比。

即：当价格和其他条件不变时，需求收入弹性等于需求变化率与收入变化率的比值。根据豪克萨和泰勒对美国 60 年代消费情况的研究，在当时美国消费结构中，燃料、电力、煤气、食品等生活必需品需求收入弹性最低，都小于 1；衣服、住房、家用电器等需求弹性大于 1；而牙科服务、娱乐、家庭教育等服务的需求收入弹性均在 1.5 以上，弹性最高。

商品需求收入弹性，即收入的函数，随着人均收入的变化而变化，所以被称为变弹性。当然，当收入变动相当大时，这种影响才会显露出来。这一动态特征有利于分析收入弹性因子对第三产业增长影响的变化趋势。据美国经济学家托克维斯特的研究，可把收入弹性分为 3 大类型，即：必需品、相对奢侈品、奢侈品。它们对应于 3 种收入弹性曲线：

必需品：
$$d_1 = a_1 \cdot \frac{x + y_1}{x + \beta_1};$$

相对奢侈品： $$d_2 = a_2 \cdot \frac{x + y_2}{x + \beta_2};$$

奢侈品： $$d_3 = a_3 \cdot \frac{x + y_3}{x + \beta_3}。$$

其中，x 为可支配的收入，d 为需求量，a、y、β 为大于零的参数，可用多元回归求得。

3 种类型商品的需求曲线特征，反映在其收入弹性随收入变化的规律上(见图 6-1)。必需品的收入弹性在低收入时很大，随着收入的迅速减少，逐步趋于零。相对奢侈品需求，只在收入水平达到一定程度时产生，其弹性也是随收入减少递减，但减小速度较慢；奢侈品需求临界值更高，且弹性随收入增加而递增。说明需求收入弹性因子对第三产业增长的促进作用不但存在，而且将随着收入的增加发挥越来越突出的贡献。

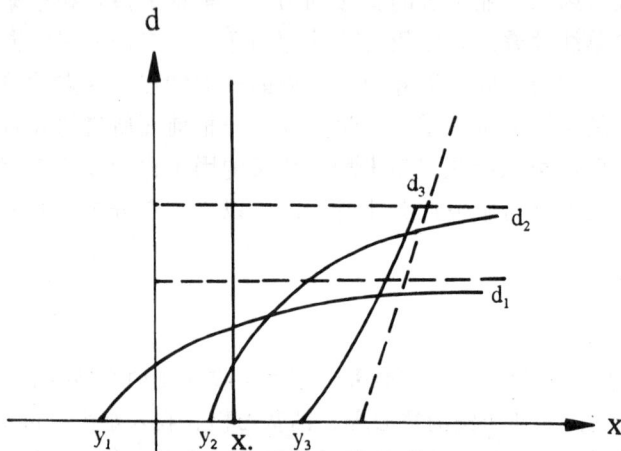

图 6-1 三种类型的托克维斯特曲线

(二) 技术创新驱动

技术创新泛指经济中的新思想、新工艺、新流程的引进以及由此引发的一系列经济效果。与收入弹性因子不同的是，技术创新对第三产业的影响更多地表现在生产性服务的增长方面。技术创新对第三产业增长的驱动，主要表现在生产的专业化和多样化影响方面。随着生活水平提高和技术进步，人们的消费越来越趋向多样化、个性化，结果导致产品也向多样化、精细化方向发展。新产品的出现及伴随着产品本身体现的新技术、方法、性能、知识被消费者了解接受的过程，都要求有相应的专门服务来实现。这些服务承担着新产品与消费者之间信息反馈交流的任务，是产品从创新到标准化过程不可缺少的中介。

与多样化、精细化密切联系的是生产的专业化。新技术手段的应用与专业化经济的引力是生产专业化的主要推动力。生产专业化对服务增长的作用表现为：

1. 生产组织形态变化诱发额外服务需求

在现代化运输、通讯技术飞速发展、城市问题日益严重、劳动力价格日益昂贵的情形下，生产组织形态的典型变化是传统的"福特生产模式"向新兴的"机动生产模式"的转变。其结果导致原来的"一条龙"式的流水线生产分离为多个独立的经济实体，相互衔接的生产流程发生经济联系和空间上的分离。虽然生产环节之间保持技术联系上的固有特征，但从经济角度考虑的生产投入与产品市场联系不再维持原来的专一性，即每个企业面对更多可供选择的投入来源与市场购买者。这种组织分化的结果，必然诱发额外的生产服务需求，如运输、市场调查研究、商业服务等。

2. 企业内部服务的社会化

生产组织分化的另一效果，是企业内部服务机构因专业化效果和空间集聚经济的吸引力而成为独立面对全社会服务的专门机构。技术进步和生产社会化还通过成本降低、市场扩大等途径诱发对专门服务的投资，从而进一步促进某些生产性服务的投入由内部自给转向外部购买，并增大投入比重。

在居民消费需求结构服务化的前提下，作为服务商品生产领域的技术进步的延滞，必然促使一、二产业释放出的资金、劳动力等生产要素，向第三产业转移，进而构成第三产业增长的供给推力。这也是第三产业劳动就业增长快于产出增长这一普遍规律的内在原因。

(三) 城市化和服务社会化的驱动

城市作为特殊的地域性社会经济实体，其基本特征之一，就是高度发达的第三产业。城市化不仅表现为人口、生产活动、权力的空间集中，同时也体现为价值观念、生活方式、消费模式诸多方面与农村地区的巨大差别。城市化对第三产业增长驱动是多方面的，主要表现为：

1. 城市化经济促进服务业增长

城市化经济是指人口或不同类型工业企业空间集聚的经济效果，它使各种相关需求形成空间集中。这种需求，对于市场吸引范围小、临界规模低的第三产业部门来说，需求空间集聚将使零散无效需求变为集中的有效需求，从而诱发新厂商进入。

有效需求扩大的结果是新厂商进入或原有企业的扩大，进而实现第三产业的增长。此外，服务商品与实物商品有所不同，它没有典型的标准化产品特征，其生产针对具体的顾客要求，随时有所变动。城市化的空间集聚显然有利于生产企业与顾客的接触与交流，并可实现信息搜寻成本的节约。

2. 城市化的闲暇效应与服务社会化效应

除城市化经济以外，其他非经济因素也对第三产业增长起着十分明显的作用。服务社会化包括企业内部服务的社会化和居民家务劳动社会化两大内容。城市化对生产性服务社会化的影响表现为城市化经济促进服务供给增加、价格下降，诱使企业生产服务投入或职工生活服务由内部自给转向外部购买，或内部服务机构为获得规模经济而向社会开放，成为专门的服务实体。

城市化对家务劳动社会化的推动与城市化的闲暇效应紧密相关。城市化闲暇效应表现为城市居民生活中闲暇的增值和分布规律化。城市相对农村具有较高的劳动生产率，故城市社会中时间成本相对要高。此外城市社会生活的快节奏，物质资料相对充裕和文化素质水平的提高，都会使城市居民价值观念中的闲暇升值。闲暇的增值及其分布的规则化使越来越多的居民从繁忙的家务劳动解脱出来，把它交给专门服务机构完成。尤其是随着城市家庭结构的小型化和双职工家庭比重的增大，这种社会化趋势愈益明显。

3. 城市是创新和信息的中心

城市既是人口和经济的集聚地，又是信息交流汇集的中心。信息的汇集交流最有利于服务的创新（即新服务类型、服务方式的产生）。城市人口与经济活动的集中，为这种创新提供了潜在的巨大市场。空间上的接近有利于创新的传播，使新兴服务能较快地取得规模经济效益。城市还作为权力的中心，集中了各类政府和公司企业机构。这些机构不仅本身构成第三产业的重要组成部分，同时也带动相关服务性行业如政策、法规、咨询及信息业的发展。

上述城市化的各种作用及其关系途径可用图 6-2 表示出来，图中虚线表示第三产业增长对城市化的反馈作用，可见第三产业与城市化两者之间是互相促进的循环累积过程。一般认为，城市化对第三产业增长的驱动作用也是一个递增的变函数，其贡献随城市水平升高而日趋增强。

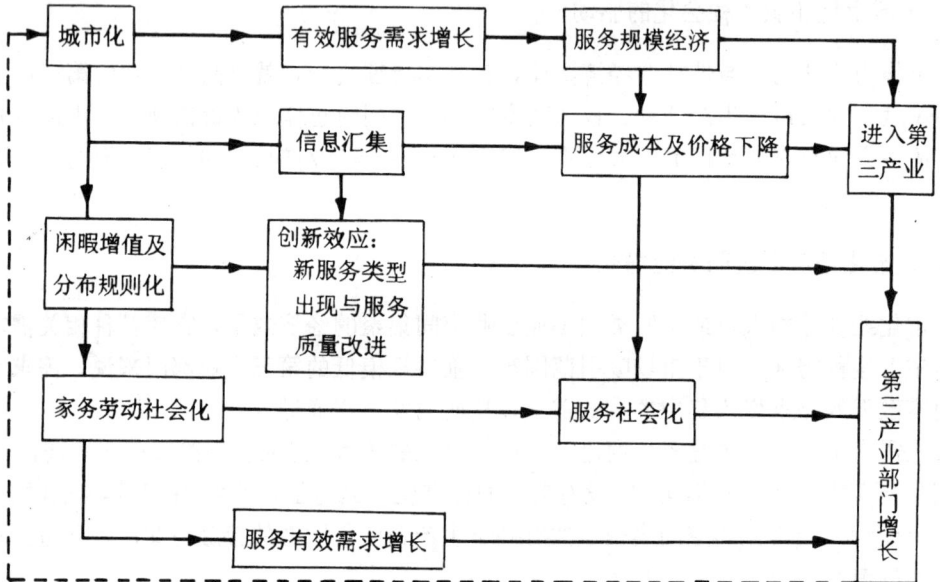

图 6-2　城市化促进第三产业增长的途径

四、第三产业发展趋势

第二次世界大战以后，第三产业在许多国家都得到了迅猛发展，第三产业在国民经济中日趋突出的地位，已成为全球经济发展的新潮流，其具体表现是：

（一）第三产业的经济地位日趋重要

无论是发达国家，还是发展中国家，第三产业产值占国民总产值的比重和从业人员占全部从业人数的比重，均呈现上升趋势，而且愈是经济发达国家，所占比重愈高。从表 6-1 中可看出，经济发达国家第三产业产值比重均在 60％以上。

同样，发达国家第三产业从业人员比重也都在 50％以上，说明第三产业在国民经济中地位会越来越重要。

表 6-1 部分国家第三产业从业人口和占国民生产总值比重与人均国民产值

项目 国家	占国民生产值比重（％）		从业人口比重（％）		人均国民产值（美元）
	1980 年	1994 年	1980 年	1994 年	1995 年
中国	21.4	31.9	13.00	23.0	
印度	36.0	41.8	25.6		340
印尼	34.3	41.9	22.2	30.9 *	980
日本	54.4	60.0	54.0	59.3 *	39 640
巴基斯坦	45.6	49.8	26.4	28.0	460
埃及	45.0	59.1	35.7	43.3	790
南非	43.2	64.5	26.8	51.9 *	3 160
尼日利亚	25.2	32.3			260
斯里兰卡	42.8	51.5	27.8	34.8	700
加拿大	59.6		66.0	73.3	19 380
美国	64.0		66.7	72.8	26 980
巴西	45.2	49.0	42.6	51.4	3 640
德国	49.6		50.3	59.4	27 510
意大利	55.2	66.0	47.8	59.8	19 020
俄罗斯	37.0	51.1		41.2	2 240
英国	55.0	66.0	53.1	70.8	18 700
澳大利亚	58.2	70.0 *	62.6	71.0	
法国	62.0	71.0	55.5	67.2	24 990

资料来源：1997 年《国际统计年鉴》。有 * 者为 1993 年数据。

（二）第三产业内部结构的新变化

随着第三产业的迅速发展，其内部结构也在发生新的变化，主要表现为：①战后一些国家，尤其是发达的资本主义国家，金融保险业迅速发展，逐步成为第三产业的支柱产业；②智力投资大幅度增长，可以提供长期有效的生产潜力，能在许多生产周期中发挥作用的科学和教育事业获得迅速发展；③旅游业方兴未艾，许多国家和地区把旅游业作为发展经济的突破口。1994 年国际旅游人数已达到 5.4 亿人次，旅游收入 3 467 亿美元，同 1990 年相比，分别增长 18.9％和 30.9％；④饮食交通运输、信息服务和咨询服务业等第三产业行业也都有较迅速的发展，特别是信息产业，乃是西方经济重要战略资源，目前已有成千上万家信息企业商品化，为向信息化社会迈进创造条件。作为一种知识、智能专业化的服务行业，咨询服务业也渐趋发达。

(三) 发展中国家第三产业增长潜力大

尽管发达国家第三产业产值和从业人数比重已相当高，在国民经济中居于主导地位。但从长远的观点看，发展中国家第三产业增长潜力却是最大的。从比较劳动生产率分析，发达国家第三产业的比较劳动生产率一般都低于发展中国家。发达国家 1980 年和 1994 年的比较劳动生产率分别变化在 0.90～1.15 和 0.93～1.10 之间，同期发展中国家的比较劳动生产率分别变化在 1.06～1.72 和 1.35～1.77 之间。说明发展中国家第三产业中的产值比重大于其劳动力所占比重，具有较大的发展潜力和发展后劲。

总体说来，世界第三产业虽然发展很快，但发展水平很不平衡。无论是其产值比重，还是从业人员比重，发展中国家都比发达国家低得多。所以，对发展中国家来说，大力发展第三产业仍是国民经济发展的当务之急。

第二节　交通运输业布局

人类社会的一切活动都是建立在交通运输和信息流通的基础上的。一个国家和地区交通运输发达水平及其空间分布状况，对它的社会经济活动有着深刻的影响。

一、交通运输概述

从理论上讲，交通和运输是两个不同概念。交通指的是交通线网及其节点的空间分布和通达状况。运输是指人类为了生产、工作、学习、观光、社交等各种目的，借助运输工具促使人或货物沿着交通线路移动的过程。但交通和运输二者密不可分，交通是运输的基础，运输是交通的目的，因此人们习惯上将它们合二而一，统称为交通运输。凭借运输工具和交通设施专门从事人和货物的移动，以期获得经济报酬的行业，叫做交通运输业。所谓交通运输业的布局，是指由线路和货(客)流构成的各种运输方式的空间分布和地域组合现象。交通运输是人类社会的一种特殊的物质生产活动，是社会经济、政治、军事、文化活动的产物，它的形式、规模和范围总是受不同时代生产力发展水平制约的。从以人力、畜力、驯鹿、大象、风力等自然驮拉力为特征的原始运输，到以蒸汽力、内燃力、电力、原子能以及最新航天技术为标志的现代化运输，反映了运输方式随生产力变化的沧桑历史。

(一) 运输系统与运输方式

人类社会活动，是一个由自然环境、人工环境以及人类本身构成的一个多因素、多层次、无限复杂的人类生态系统。交通运输是维持这个巨大系统正常运转的一个子系统。运输系统是一个开放系统，H·P·怀特(H. P. White)等人将它分为三个部分：一部分是由于社会系统发展所产生的需求和供给的投入，前者指货运量和客运量，后者指运输所需要的建筑物、构筑物等基础设施和运输工具，是运输发生的基础和前提；另一部分是运输市场中运输需求和运输供给的相互作用，即运输需求和运输能力在地域结合并产生现实运输的过程；第三部分为运输效益(产出)部分，也就是运输系统实现人或货物以 t·km 和人·km 为单位的空间位置移动，满足社会需要的过程(见图 6-3)。交通运输产生并服务于它所依附的那个人类生态系统，它像动脉和静脉维持人体生命那样，是人类生态系统生命机能的基础和命脉。

运输系统是相当复杂的，可由五大要素构成：①线路。这是人和货物位移的基础，运输现象发生的首要前提；②动力。这是推动和牵引运具位移的力量，如人力、畜力、风力、内燃力、核动力等，是运输方式的主宰；③运具。它是人和货物的容器，以及人和货物空间位移的依托工具；④终端设备。它是车船作业和运营所需的建筑物、构筑物以及通讯设备的集合体，如场站的枢纽设备、通讯设备，以及售票厅、候车(机、船)厅等；⑤

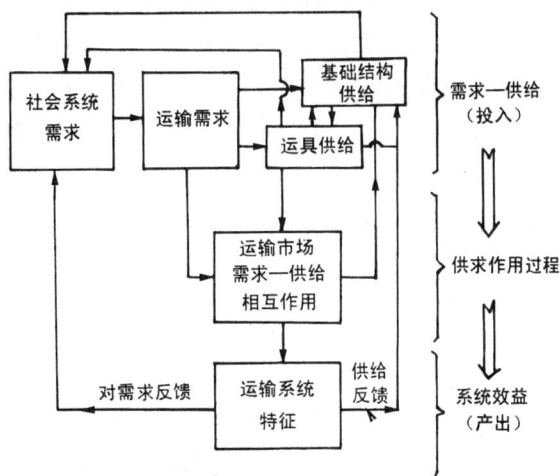

图 6-3 运输系统结构

资料来源：H. P. White：Transport of geography

客货流。这是运输对象，也是空间运输的主要出发点和归宿。

以上每种运输要素具有不同的表现性，不同的运输要素，可以组合成各种各样的运输方式：由铁路、机车车辆，车站枢纽组合而成铁路运输；由公路、汽车、场站组合而成公路汽车运输；由内河航线或航海线、船舶、港口等运输要素组合而成水路运输；由航空线、航空港、飞机、导航设备等运输要素组合而成航空运输；由管道、加压站、货物输入输出设备等运输要素组合而成管道运输。以上铁路运输、公路运输、水路运输、航空运输和管道运输是当今最重要的 5 种现代化运输方式，但在发展中国家，帆船、马车运输仍占一定地位。

运输方式是随着社会生产力的发展而变化的。根据运输方式、驱动力以及运输方式在国民经济中的地位，可将交通运输归纳为 4 个发展时期：①帆船、马车时期(1830 年以前)。此时运具的牵引动力多为人力、畜力，以及风力、水力等自然力，运载量小，速度慢，送达范围十分有限；②铁路运输时期(1830～1920 年)。1830 年英国修建的世界第一条铁路所显示出的巨大优越性，激起了欧美各国疯狂的筑路高潮，从 1861 年至 1920 年的 60 年中，全世界修筑了铁路 100.7 万 km，基本奠定了目前世界的铁路面貌，成为当时的主要运输方式；③各种运输方式竞争时期(1920～1950 年)。随着汽车、飞机等现代化交通工具的相继问世，内燃力比蒸汽力显示出更大的优越性，因而出现了铁路、公路、航空等多种运输方式的相互竞争和综合发展时期；④运输方式变革时期(1950 年至今)。科学技术的发展和各种运输方式的竞争，推动了运输方式实现重量化、大型化、高速化的变革，高速公路、长大重载列车、超级巨轮以及集装箱运输的迅猛发展，推动了产业结构和生产区位的转变。

(二) 运输发生与运输联系

运输是社会经济系统内物质、能量和信息运动的产物。美国芝加哥社会生态学家 E·L·乌尔曼(E. L. Wuillman)曾提出两地互相作用产生运输现象的 3 个基本前提条件。

1. 互补性

从供需角度出发，两地间运输产生需要这样一个前提，也就是它们之中的一个有某种东西提供，而另一个对此种东西恰有需求。这种通过满足供需双方欲望而导致两地间发生运输关系的现象称互补性。例如中东地区有丰富的石油资源，如果世界上根本没有石油需求，它会永远静静地沉睡在那里。只有石油成为许多国家需要的经济和战略物资时，才会有石油输出国与石油输入国之间的互补性，才有石油产品的流动。可见互补性是自然资源分布和区域经济发展不平衡的产物。

2. 干扰机会（可介入性）

两地间的互补导致了货物、人口、信息的移动和流通，因而产生了运输现象。但是，当货物在 A、B 两地之间流动时，可能在它们之间介入另一个能够提供或消费同类货物的 C 地，它或以便宜的运费，或以优质的货物，使消费者得到经济上的好处，从而产生了干扰机会，破坏了原来的互补联系，引起原定的货物起止点的变更，产生了新的流向，这种现象称之为干扰机会或可介入性。例如，当前亚洲国际移民的首选流向是北美洲，但受到西欧和中东人口流入中心的介入，有些原定移居北美洲的人，可能改道迁往西欧或中东。

3. 可运输性

距离是影响运输移动的阻力，它影响运输费用的多少和运输时间的长短。一般说，两地之间运输联系的程度是与它们之间的距离呈反比的，距离愈近，运输联系愈强，反之，距离愈长，产生的运输阻力愈大。所以，距离的摩擦效果将产生空间联系的距离衰减效应。另外不同货物对距离的敏感性与它们可运输性有关。一般说，货物的可运输性是由它们的单位重量产品的价值所决定的。单位重量价值低的货物，如煤炭、水泥、木材等，经济运距较短，可运性小；单位重量价值高的货物经济运距较长，可运性大，如电脑、电视机和金银饰品等，它们的经济运距可遍及全世界。

两地之间相互作用所产生的旅客和货物的空间移动，叫运输联系。从生产角度讲，运输联系包括三方面的内容：粗原料的搜集；成品和半成品的输送；最终产品在批发零售商与消费者之间的分配。由此可看出，影响货物运输联系的基础是由劳动地域分工所决定的生产和消费的地理分布状况。一个地区与区外联系的内容、规模和强度，是由它的产品产销状况决定的。衡量地区间运输联系强度的经济指标有两个：一个叫客、货运输的旅客和货物的数量，其数值等于该地区输入量、输出量、区间运输量和直达运输量之和；另一个叫运输工作量（又称运输周转量），其数值等于客、货运量与其运输距离的乘积，单位分别为人·km 和 t·km。在合理运输的前提下，地区经济愈发达，专门化程度愈高，商品率愈高，其运输量愈大，运输联系愈密切。

两地间的客运联系，是由社会成员工作、学习、观光、社交、探亲等行为引起的。1880年英国人口统计学家瑞温斯坦（E. G. Ravenstein）首次将牛顿定律应用于两地间人口移动分析，提出了描述两地客运联系的引力模型。该模型认为，两地（城市）间相互联系的潜力，与它们的人口规模成正比，与两地之间的距离成反比，其一般表达式为：

$$T_{ij} = KP_iP_j/D_{ij}^b$$

在这里，T_{ij} 为 i、j 两地的运输联系潜力；P_i 和 P_j 分别表示 i 和 j 两地的人口规模；b 为由线路质量和通达状况确定的距离摩擦系数；K 为由经验确定的系数。显然，两地间的客运联系状况,取决于两地人口的数量、经济发展水平和人口的职业构成。一般讲,两地间距离愈近,人口数量愈大,地区经济发达,人们的文化和生活水平愈高,T_{ij}也愈大,反之亦然。需要说明的是,两地客运联系不仅存在地域上的差异性,而且还具有明显的时间波动性。例如一日之内有早高峰和晚高峰,一年之内有暑期高峰和春节高峰。反映客运波动的指标叫波动系数,它是高峰时间的客运量与平均时间客运量的比值。所以在旅客运输中必须有足够的储备运力,才能应付客运高峰的紧张状况。

(三)交通运输业的生产特点

交通运输业是一个既一般而又特殊的物质生产部门。之所以说它是一个一般的物质生产部门,是因它与工农业等物质生产部门有许多共性:存在独立的投资领域;也生产产品,并创造价值和使用价值;具有物质生产的三要素,即运输工人的劳动,作为劳动对象人和货物,作为劳动资料的交通线路和运输工具。正如马克思所说:"除了开采业、农业和工业,尚有第四个物质生产部门,……那就是运输业,那或是运输人,或是运输商品。"[1] 但是,同工农业等物质生产部门相比较,交通运输业又有它自己的特点:

1. 运输产品的非物质性

工农业生产是人类通过物理的、化学的或生物的作用过程,改变产品的质量或增加产品的数量,从而得到新产品,以满足社会生产和人民生活需要。而交通运输则不同,它并不改变它所输送的产品的质量和数量,也不能创造新的物质产品,它的唯一产品是以 t·km(或人·km)表示的客货位移。这是一种特殊的产品,客货运量愈大,运输里程愈长,反映运输工作量的运输产品量也愈大。

2. 运输产品的非实体性

工农业的生产和消费,是在时间上和空间上绝然分离的两种行为,它的产品可以运送、储存和调配,具有很大的机动性。交通运输则不然,以 t·km 或人·km 表示的运输产品不能脱离生产过程而单独存在,它生产出来的同时,也就被消费掉了。由此赋予运输产品两个内在特点:运输产品看不见,摸不着,不能调配和储存,要扩大生产只能采取不断增加运输手段和扩大运输能力的办法;运输工人同其他劳动者一样,通过自己的劳动也创造价值和使用价值,并把它们全部追加在所输送的那些产品上面。

3. 运输产品的同一性

工农业生产部门是以多种多样类型和规格的产品,满足社会千差万别的需求。但各种运输方式只生产一种产品,都是以 t·km 或人·km 表示的客货位移。这就为各种运输方式的协调配合和发展综合运输提供了条件。

(四)交通运输与国民经济

交通运输既是国民经济发展的结果,又是国民经济发展的基础命脉和先行部门。一方面,

---

[1] 马克思:《剩余价值学说史》,1卷,405 页.

交通运输是生产的经常的必要条件，离开交通运输，生产便无法进行。在工农业生产过程中，原料、燃料、成品和半成品，从一个工序流入另一个工序，从一个场所到另一个场所，在实现物理的、化学的和生物学的转化而获得新产品的过程中，交通运输自始至终起着桥梁的作用；另一方面，交通运输又是生产在流通领域的继续，是联系工业与农业、生产与消费、城市与乡村的主要纽带，没有交通运输一切社会经济活动也不可能存在。工农业生产为交通运输发展提供机车、车辆、钢材、水泥等必要的物质基础和运输需求，而交通运输以其特有的产品——人和货物的空间移动为国民经济服务。现代化大企业的生产，既要求为生产者按时、按质、按量提供必需的原料和燃料，又要求及时将产品运往市场。也就是说，每个企业由生产要素到产品和由产品到货币的双向循环的实现，都是凭借交通运输完成的。企业生产规模越大，对交通运输依赖越强烈。根据投入产出表分析，生产一吨冶炼设备需要12 500t·km的货物周转量。生产一吨纯碱需要 16 900t·km 货物周转量，生铁和钢分别需要 460t·km 和 1 225t·km 的货物周转量。除此之外，交通运输还必须将数以千万计的劳动者准时运送到各自的工作岗位，实现劳动者与生产资料的结合。作者曾以国民生产总值为自变量，以运输周转量为因变量，对中国、印度和美国的历年资料作了相关分析，发现两变量之间存在显著相关（见图 6-4），说明交通运输是国民经济的命脉。所以，四通八达和管理合理的交通运输，可促进生产过程各环节自如运转，从而有效地提高了劳动生产率；既不完善、又不合理的交通运输，则可能影响生产和堵塞产品流通渠道，这样不是造成停工待料，就是造成停产待销，最终造成生产上的重大损失。这反映了交通运输的服务性和先行性的特点。

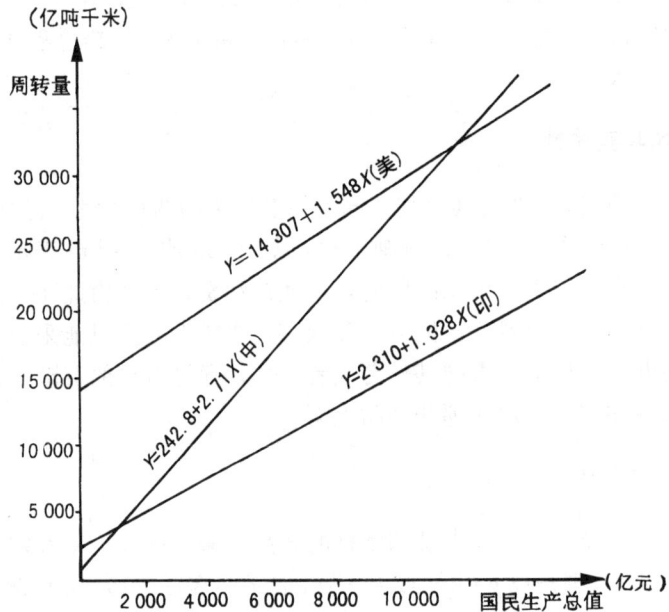

图 6-4   运输与国民经济的关系

（五）交通运输与产业布局

交通运输对产业布局的影响，主要指运费对产业区位的吸引作用。生产费用包括原材料取得费、生产加工费和产品销售费三部分，其中，原材料取得费和产品销售费都含有运输费用。1984年美国经济学家胡佛提出了一个使用一种原料，生产一种产品、销售于一个市场的生产企业最小费用模型（见图6-5）。如果原料取得费用曲线高于产品运费曲线，即原料在加工过程是失重的，总运费曲线在原料地KM处最低，企业布局于原料产地较有利；相反，若原料在生产过程是增重的，如酿造业和食品业，则总运费曲线在市场M处是最低，市场M就是企业的最优区位。由于图中总运费具有中间隆起的性质，胡佛认为终端区位优于中点区位。当货物由一种运输方式转向另一种运输方式时，一方面要增加转运装卸费，另一方面要损失运价递减率。这就造成转运点支付的费用急剧上升，如果企业建于此将减少装卸转运费。所以，港口、铁路枢纽、航空港都是工业企业的理想区位。当然，胡佛模型只是理论模型，只能在其他条件相同的情况下才具有实用性。对于常规的工农业生产来说，由于它们的生产特点和运费在生产成本中的比重有差别，交通运输对它们布局的影响也不尽相同：

1. 交通运输与制造业布局

在制造产品的过程，消耗的原料和燃料的重量与产品重量的比值，叫原料指数。根据原料指数，可将受运输影响的制造业区位分为三类：

第一类为原料指向工业，原料指数大于1，如冶金、制糖和水泥等工业，一般布局于原料地运费最低。

第二类为市场指向工业，原料指数小于1，如硫酸制造和食品、饮料工业，它们所生产的产品重量大，经济运程短，布局于消费地运费最节约。

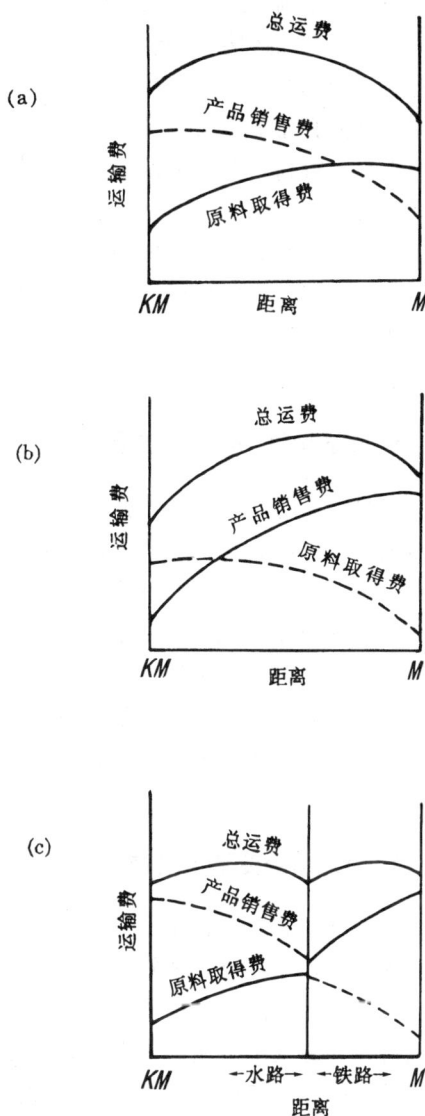

图 6-5 交通运输与生产区位

第三类为无明显指向的工业，原料指数等于1，运输条件对此类工业布局影响较小，分布有一定的灵活性，如机床、纺织、面粉等工业，它们对地域生产力发展具有重大意义。

近年来涌现出来的以微电子、生物工程、光导纤维等为代表的高新技术产业，其产品具有轻、小、细、精和价值高的特点，可运性大，距离阻力影响小，但要求运输快速化，因而出现了"临空"型布局的新趋势。这说明交通运输业对产业布局的影响，是随着科学技术的发展而变化的。

2. 交通运输与采掘工业布局

由于许多采掘部门的产品具有体积大、价值低、可运性小的特点，交通运输对它们布局影响甚大。采掘工业布局的实质是资源的开发顺序和开发规模，而这些又取决于它的单位产品的生产成本和运输费。可见一个矿区开发顺序和规模，主要受矿区对外交通条件的影响。交通运输条件好的矿区，必然得到优先开发；交通条件差而资源状况好的矿区，它的开发须以新建或改善交通条件为先导。一个位于消费区附近、交通方便的矿区，即使其矿床质量较低，也可能首先得到开发利用；相反，远离消费中心的矿区，交通不便，往往在它最有价值时才适于开采。

此外，交通运输还影响采掘工业的集中和分散程度。一般说，交通运输部门的劳动生产率的增长速度高于采掘部门时，由于运价降低，经济运距增加，会使采掘工业更集中分布于一些开采条件优越的矿区；反之，如果交通运输落后，运价便提高，经济运距缩短，则引起采掘工业布局的分散趋势。

3. 交通运输与农业生产区域化、专门化

农业生产的合理布局，就是依据自然可能性与经济可行性两个原则选择社会所需产品的实际生产区位，实现生产的区域化和专门化，最大限度地发挥地区优势，建立某几种农产品的生产基地。在此过程中，土地、热量、水分、光照等自然条件，以及劳动力、技术、资金等社会经济条件，只能提供可能性，要将这种可能性变为现实性，交通运输是关键条件之一。商品农产品的销售范围与它们的可运性成正比，与它们的生产成本成反比。在生产成本一定的条件下，运费越低，运输条件越方便，产品销售范围越大，农业生产的区域化、专门化越发达。美国大西洋沿岸的水果和蔬菜带，大城市周围的乳制品带，中西部的玉米带，大平原区的小麦带，它们的形成、发展和壮大都与市场需求和交通运输条件有密切关系。

4. 交通运输变革与生产分布大势

科学技术的发展和交通运输的革命，都给产业布局带来巨大的影响。19世纪以船舶运输为主的时代，工业企业多分布于通航河流两岸。19世纪后半期，铁路运输迅速发展，工业布局遂向内陆腹地深入，工业中心和大城市在铁路沿线和铁路枢纽地区陆续兴起。第二次世界大战后，公路汽车运输迅速发展，轻工业，尤其是民用电子和电器工业纷纷在大城市周围公路网发达的地区集中，乃是一种新的发展趋势。随着船舶吨位的大型化，水运费用大幅度降低，沿河、沿湖、沿海建厂又受到人们的重视。由于交通条件的改善，产业布局选择空间日趋扩大，原料地对加工工业的吸引力逐渐下降，包括冶金工业在内的许多制造业开始由原料指向转变为市场指向。当前高技术工业向科学文化中心和航空港集中，形成"临空型"布局，是工业布局的又一新的趋势。

二、运网系统布局的地域类型

运网系统是多因素、多层次、多部门协调配合，共同实现客货位移的一个有机整体。它的基本要素——线路、动力、运具和终端设备，是运输能力的物质表现形式。它们的空间分布，都可看作点和线以及点和线的集合体（运网）三种形式。线路是条线，终端设备可看点，一个国家或地区线路和终端设备的集合体便构成了运网。运具和动力虽然属于流动设备，或运行于线路，或停靠于港站，但其产权也是属于某个终端设备所有的。经济地理学着重研究

这些点线的空间分布状态以及由这些点和线组成的运网系统的地域类型，进而探索交通运输布局的规律性。

（一）运网系统布局条件

同工农业生产一样，运网系统的布局受到社会经济、自然环境和科学技术水平诸因素的深刻影响。

1. 社会经济因素

社会经济条件是运网系统发展的基础和依据。社会经济活动的深度、形式和内容，规定着交通运输的方式、规模和范围。首先，交通运输是社会经济活动过程产生的一种需要。维持社会经济系统生命机能的物质能量转换，是凭借交通运输实现的。其次，社会经济系统运行中所产生的人流、物流和信息流，为交通运输生产提供了必要的劳动对象，并且塑造了交通运输地域组合特征。再次，国家或地区的经济状况，为该地区的运输发展提供不同程度的人力和财力保证。所以正像前面所述，交通运输条件总是与国家和地区的经济发展水平相适应的。例如，美国 1995 年人均收入 26 980 美元，每两人拥有 1.5 辆汽车。同期印度人均收入 340 美元，平均 14 人拥有一辆汽车。

2. 自然环境因素

交通运输业的生产，是凭借天然的和人工的线路在运动中进行的，它涉及的空间很大，自然环境对交通运输的影响更深、更复杂。

有些自然因素如水力、风力和空气的浮力等，是水运和航空运输等不可缺少的辅助力。所以，一定深度的水域和达到一定浮力的天然河道是水运发生和分布的基础；有些自然因素，如高山大川和地质灾害区，则是陆上交通的阻力，它影响线路质量、走向、分布和投资。交通运输的发展在很大程度上就是克服空间阻力，逐步向更大范围扩展的过程。因为，交通运输的目标是多拉快跑，而且投资要少，这就要求陆上交通线要平坦、顺直、坡度小、弯道少。所以在崎岖地形和地质灾害区，为保证线路标准，往往需要开山、架桥、开凿隧道及采取制止滑坡、塌方、岩堆、崩堕等防护措施。在陡峻的山岳地带以及岩溶区、黄土区、地震频繁地区布局平直的高标准的铁路和公路时，工程艰巨，其造价要比平原区高 2～3 倍。这就是许多国家的铁路和公路网主要集中在平原地区的基本原因之一；有些自然因素影响交通运输的连续性。例如，位于中高纬地区的通航河流，往往因冬季结冰而被迫终止航运。台风、风暴和浓雾等天气现象，直接威胁海运和空运的安全。特大台风和浓雾有时也影响铁路列车和公路汽车的正常运行。

3. 科学技术因素

鉴于交通运输在人类生存系统中的重要地位，科学技术的最新成果总是优先在交通运输系统中得到应用，是交通运输发展和布局的内在因素。具体表现为：

首先，技术促进了运输动力革命。最原始的运输，运具与动力是合二而一的，例如人力搬运和畜力驮运。随着技术的发展，产生了帆船和马车，实现了运具和动力的分离，成为运输史上最重要的革命。尤其是车轮子的革命，使运输力类型和结构出现了日新月异的变化。如铁路牵引动力从蒸汽机到内燃机、电力机车和核动力船舶的发展，使交通运输业的布局有了明显的改观。

其次，技术提高使运网伸展到了更广阔的范围。本来沙漠和冻土带被认为是修建铁路的禁区，但一系列的防沙、固沙以及处理冻土技术的成功应用，可以克服流沙和冻土对筑路工程和列车安全运行的威胁，使铁路能按照人们的需要伸向沙漠和冻土地区。人工开凿运河技术的发展，改变了天然通航河道的面貌，使航道伸展的范围和方向更适合社会经济发展的需要。

再次，技术推动运输工具的大型化、重量化、高速化，加深了世界各地的经济联系。实现运输"多拉、快跑"的目标，核心问题是克服距离和时间的阻力。随着科学技术的发展，运输工具的运载量和运行速度空前提高。在运量方面，除铁路万吨长大列车以外，100 万 t 级的超级油轮正在制造中。在速度方面，除超音速飞机应用以外，法国、日本试制的磁力气垫火车的时速达到 400～500km。运输技术发展的一个综合结果，是缩短了两地之间旅行时间，提高了世界各地的可达性，使世界成为一个密不可分的整体。

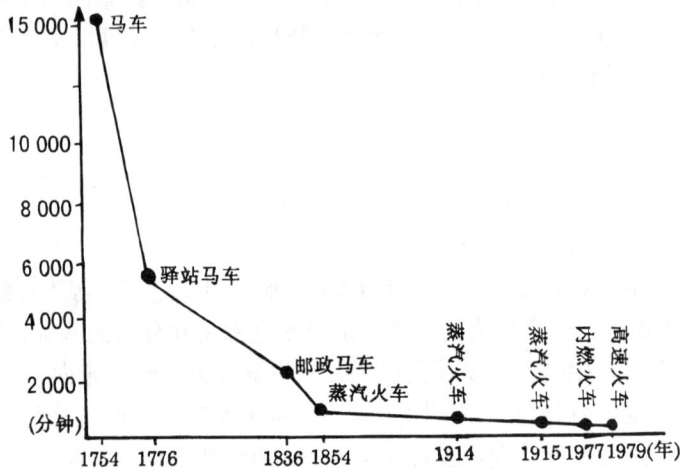

图 6-6　伦敦—艾丁堡之间运输时间变化

例如从英国伦敦到艾丁堡的旅行时间，1754 年马车运输需要 10 多天时间，1854 年的蒸汽火车需要 16 小时，1979 年的高速火车只需要 130 多分钟(图 6-6)。

(二) 运网中的线及其布局

运网中的线，是指运具借以运行的天然的或人工的轨道，是运输发生的最基本要素之一。

1. 线路的类型和特点

地球表面的交通运输线路可归纳为三种类型：第一种为一维空间线路，主要包括铁路、公路等陆上交通线。它的特点是运具只能在其既有线性轨道或轨迹行使，受自然环境限制大。要提高行车速度和扩大货物通过能力，需经人工建造和整治。因要绕过造价高昂地段，一般回路指数(两点间线路长与其直线距离之比)大于 1，很难实现最短运输。第二种为二维空间线路，包括海洋航线和湖上航线。其活动范围是辽阔的海面和湖面，船舶可在其上前后、左右自由行驶,并能以较大的曲线半径绕过暗礁,回路指数可接近于1,能实现两点间的较短航程。第三种为三维空间线路,如航空线。运具在其上的活动是广阔的天空,可以上下、前后、左右任意升降和飞行,不受陆上地形阻碍,回路指数等于1,可实现两点间直线运输。

除以上特征外,对于铁路和公路等陆上交通线来说,还有某些共同特点:反映线路位置和形态特征的长度、走向和起止点;反映人工影响程度的线路质量标准和最大通过能力;由吸引范围和客货流量决定的它在统一运网中的地位。

根据线路技术状况和经济运量,各种运输方式的线路都分若干等级。例如俄罗斯的铁路分五级,即:一级铁路为国家铁路网中的主要干线,在运营第五年和第十年每km的货运密度分别达到1 200万t·km以上和2 000万t·km以上,一昼夜通过列车在12对以上;二级铁路为路网中的一般干线,在运营第5年和第10年每km货运密度分别达到700万～1 200万t·km和1 000万～2 000万t·km,每昼夜通过列车在5～12对之间;三级铁路为地方铁路,在运营第五年和第十年的每km货运密度分别达到300万～700万t·km和500万～1 000万t·km,一昼夜通过列车在4对以内;四级铁路为地方支线,运营第五年和第十年每km货运密度分别为300万t·km和500万t·km;五级铁路为工业专用铁路。

我国公路分5级,即:高速公路,具有特别重要的政治经济和国防意义,专供汽车分道高速行驶,并全部封闭控制出入,每日平均汽车交通量达25 000辆以上;一级公路,是连接重要经济中心和重要工矿区,可供汽车分道行驶,并部分控制出入和部分立交的公路,日平均汽车交通量在5 000～25 000辆之间;二级公路,为连接政治、经济中心或大工矿区的干线公路,或运输繁忙的城郊公路,每日平均汽车交通量为2 000～5 000辆;三级公路,是沟通县及县以上城市的一般干线公路,日平均汽车交通量在2 000辆以下;四级公路,为沟通县、乡、村,直接为农业运输服务的支线公路,日均汽车交通量在200辆以下。

天然河道情况十分复杂,可根据平均水深,航道宽度以及曲率半径等因素划分等级。据此,俄罗斯内河航道共分7个等级(见表6-2)。

表6-2 俄罗斯内河航道等级 (米)

级别 指标	超级干线	一级干线	二级干线	一级地方水道	二级地方水道	小河	小溪
平均水深	＞3.0	2.4～3.0	1.65～2.40	1.35～1.65	1.00～1.35	0.75～1.0	＜0.75
航道宽	85～100	75～85	75～85	40～50	40～50	/	/
曲率半径	600～1 000	350～600	350～600	200～300	200～300	/	/

2. 交通线路布局

交通线路的建设耗资大,工期长。所以,在一定时期内应修建哪条线路,必须从国民经济的需要与可能出发,进行周密认真的实地勘察和经济可行性分析。首先,要在既定的吸引范围内进行经济调查和运量的科学预测,掌握有关矿产和森林资源分布,以及工业、农业和运网的现有水平与发展前景、人口分布、城市状况及其发展规划等方面的资料,科学预测它们的发展对运输的要求;其次,在满足预测的运输需要的前提下,根据当地的自然条件和运网状况,选择最经济的运输方式和线路等级标准;再次,在确保拟定线路质量标准的前提下,根据自然条件上有利、技术上可能和经济上合理的原则，确定线路的经由和走向问题。

单一线路布局的最基本原则是耗费最小原则和交通流量最大原则，也就是要处理好线路长度与交通流量的关系。前者是愈短愈好，因为这样造价低，运输里程短，运输成本低；后者则是愈多愈好，这样才能最大限度地满足社会经济对运输的需要，充分发挥运输设备的潜力。在一般情况下这两个目标很难统一，所谓线路的区位选择和布局，就是在二者之间寻找最佳结合点。假定要在 A、B 两城市间修建一条公路（见图 6-7），那么这条公路的位置应该在什么地方？一般认为应该是连接 A、B 两城市的一条直线。但实际情况与此相去甚远，都与理论的直线发生这样和那样的偏离。在区位理论中，线路的实际区位常发生两种偏离，即正偏离和负偏离。

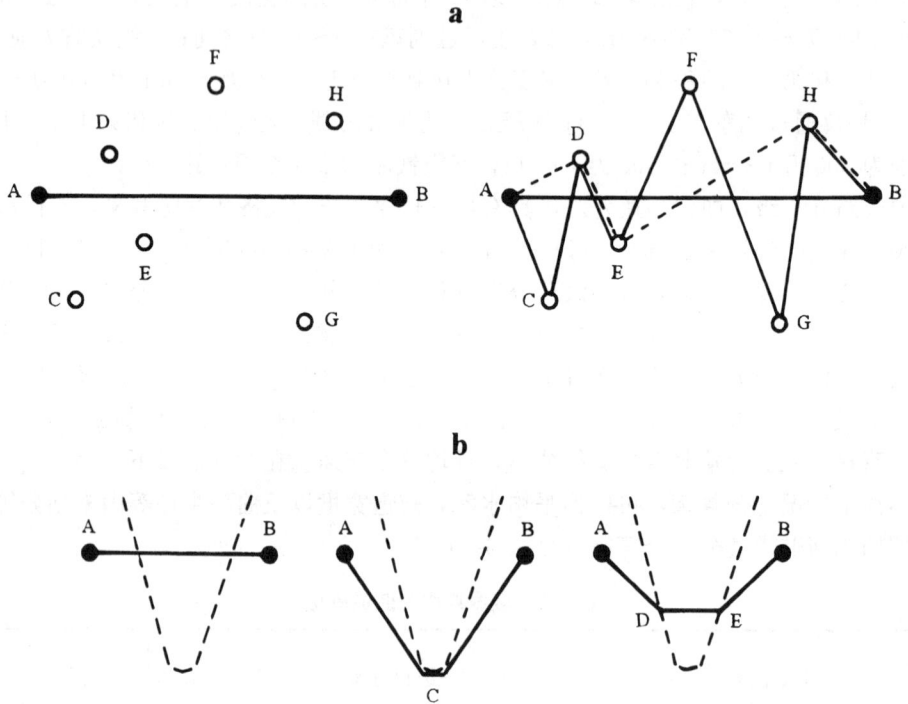

图 6-7　线路布局区位

（a）正偏离：AB、ACDEFGHB 为极端方案，ADEHB 为最佳方案

（b）负偏离：AB、ACB 为极端方案，ADEB 为可取方案

（资料来源：Peter Haggett Locational Analysis in Human Geography，1997）

正偏离（positive deviations），这是指为了增加交通量而导致线路增长，使之与理论最优值（两点之间的直线）发生的偏离。这个术语最早是 1887 年由维力格通（Welligton）提出来的。从图 6-7 可看出，由 A 至 B 的公路区位有三个可供选择的方案：第一个方案是 AB，这是保证最短线路的一个极端方案，假定线长为 2.0 个单位，交通量为 1.62 个单位；第二个方案是 ACDEFGHB，这是保证最大交通量的一个极端方案，但线路最长。交通量为 2.0 个单位，线路长为 2.92 个单位；第三个方案是 ADEHB，这是只连接重要工业城市的一个折衷方案，线路长 2.64，小于第二方案，交通量 1.70，大于第一方案。所以后一方案是最理想方案。显然这一方案与几何直线发生了偏离。

负偏离(negative deviations)，这是为了避开障碍或缩短通过高造价地区的距离，导致线路增长，使之与理论最优值发生的偏离。这个术语是廖士(Losch)于1954年首先使用的。一般地，平原修建铁路的造价要比跨越水域架桥的造价小得多。假如由A至B的公路要穿越水库W(见图6-7b)，也有三种选择方案：第一方案是AB，这是线路最短，但经过水域最长，造价最大的一个极端方案；第二方案为ACB，这是经过水域最短，但运营线路最长的一个极端方案。第三个方案为ADEB，这是一个折衷方案，跨越水域距离小于第一方案，线路总长小于第二方案，投资最经济。这样的线路区位也与几何直线距离发生偏离。

(三) 运网中的点及点的布局

运网中的点，是指线路终端的港口、车站、航空港以及由它们构成的运输枢纽。

1. 运网中点的功能

运网中的点的职能主要是通过专门的技术装备和建筑物办理客、货的到、发、中转服务业务和运输业务，包括车船的停靠、编解、修理和上水、上油、上煤。但以点为标志的这些终端设备，其外部景观特征和功能因运输方式而有不同的表现。

铁路车站按其技术业务性质，可分编组站、区段站、中间站等若干等级。铁路枢纽是几条干线相互交叉衔接地区所修建的一个联合车站或几个专业车站，以及连接这些车站的线路设备的统一体。根据铁路枢纽中线路和车站设备的组合形态，铁路枢纽分为一站枢纽(鹰潭)、十字形枢纽(徐州)、三角形枢纽(广州)和环形枢纽(长沙)等类型。

公路的车站和枢纽与铁路有些相似，但由于汽车运量小，行动灵活，又不需要专门轨道，有些货运装卸可以不在车站进行，故其车站、枢纽的设备较铁路简单得多。

港口是港池、航道、外堤、码头、库场、起重机械、交通网络线等各种建筑物、构筑物和设备的统一体，是水运的起点和终点。港口的分类很多，按用途可分为商港、军港、渔港和避风港；按其所在的地理位置可分为海岸港、岛港、河口港、内河港等。无论哪种港口，其经济价值大小，往往取决于如下几种因素：港口的经济地理位置；港口腹地大小及其经济发达程度；港口的自然条件(图6-8)。例如，世界第一大港荷兰鹿特丹港，地处莱茵河和马斯河入海口，直接与大西洋相通，是欧洲的门户，除荷兰之外，西欧重要工业区均在其吸引范围之内，并有四通八达的铁路、公路、内河航道与内地许多重要城市相连，港内港阔、水深，两岸有约35km长的码头和超过30ha供远洋轮船行驶的港池，能同时停靠万吨级以上船舶350～380艘，30万t级的超级油轮可自由出入；从这里出发的

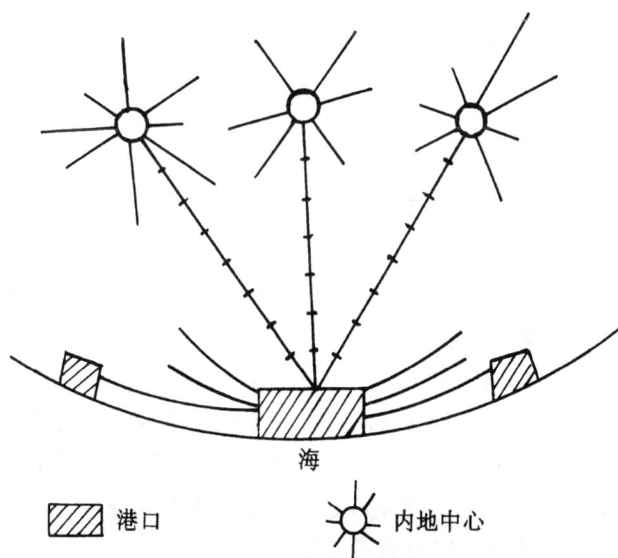

图 6-8　港口区位示意图

图例：港口　　内地中心

180 条航线连接世界上 300 多个港口，每年有 3 万多艘远洋货轮在此进出，港口全年吞吐量最高可达 3 亿吨以上。

航空港拥有执行客货运输业务和保养维修飞机的全套构筑物和设备，是航空运输活动的基地和线路枢纽。按其性质，可分为军用机场、民用机场、体育用机场和农用机场等类型；按飞行站之间的距离，可分为国际航空港、国内航空港、短距离航空港等类型。航空港是由飞行区和服务区两部分组成的，前者均配备有供飞机起落的滑行道、跑道和临降带，后者设有为机场工作人员、旅客、邮件、货币服务的建筑物以及指挥飞行、通讯联络、发布信号、技术保养、维修服务的各种构筑物和设备。

由两种以上运输方式可以构成综合运输枢纽。它是共同办理长途、短途、城市与企业内部客货运输所需的互相衔接的各种运输方式、运输设备的统一体。这里既有各种运输方式的客货到发，也有同一运输方式的客货中转，以及不同运输方式的客货联运，是统一运网中的心脏。综合运输枢纽有多种组合形式，可分铁路—公路、水路—公路、海港—铁路—公路、内河码头—铁路—公路、铁路—海港—内河码头—公路等多种综合运输枢纽。在每一种综合运输枢纽中，都有一种运输方式起骨干作用，其他运输方式为它担负集散客货的任务。

2. 运网中点的布局

车站、港口、航空港以及由它们组合而成的各种运输枢纽，尽管它们的职能和规模有很大的差别，但都是运网中的节点，在布局上有许多共同要求：首先，要与城市规划和工农业生产布局相适应，既要满足运输的要求，又要防止它们对城市和生活的干扰；其次，要保证港、站、枢纽对自然环境的要求，尽量节省建设成本。港、站、枢纽占地较多，如一般最大的国际航空港占地达 1 000～4 000ha，一般国际航空港为 700～900ha，国内航空港亦需200～500ha。既要保证有平坦开阔的空间，又要避免各种地质灾害和洪水的影响。对港口来说，还须考虑航行和停泊条件，须有短、直、深、少淤积的航道，要有供船舶安全抛锚、系泊以及装卸、倒驳的足够广阔的水域和足够长的深水岸线，还要防止潮差、冰冻、雾日和能见度差，泥沙回淤，波浪冲击等自然条件影响，保证一定规格的船舶不分季节、昼夜能迅速安全地进出港口。航空港还要注意风向、风速、能见度的影响，并要有 3～4km 的临降区，在此范围之内，不应有高层建筑和其他障碍物；再次，要位于运网中的总运费最低点，并根据它们在统一运网中的地位和作用，吸引范围、运量和运输特点，合理安排枢纽能力和设备，以满足运营要求；最后，既要保证港、站、枢纽与城市的联系，又要注意城市环境。铁路和公路的车站、枢纽一般应布局于城乡结合部。机场与城市在运输联系上的时间最好是 30 分钟，最多不宜超过 1 小时，并应布置于城市盛行风向的两侧，避免飞机起降时穿越城市上空。

廖士 1954 年提出的"折射法则"也可以应用到运网中点的布局中。假定 A、B 两个城市之间被陆地和大海阻隔，而且海岸线建港造价处处相等，也就是说海岸带的自然条件分布是均匀的，而且由 A 到 B 的直线通过海岸带，如要选择一个新的港口，那么这个港口的区位应该位于由 A 至 B 总费最小的点。在当今技术条件下，一般海运价格 P_1 低于路运价 P_2，那么，港口布局的最优区位的条件是

$$P_1\sin r - P_2\sin\varphi = 0$$

这里的 r 和 φ 分别代表海陆交通线与海岸线相交成的锐角。总运费最小的港口区位在 b 点。如果海运与陆运的运价比越大,港口最优区位便越接近 c 点;反之,当海洋运输费用增加时,港口最优区位便趋于 d 点。这说明,在各种布局条件相同的情况下,港口区位还与海陆运价有关系(图 6-9)。

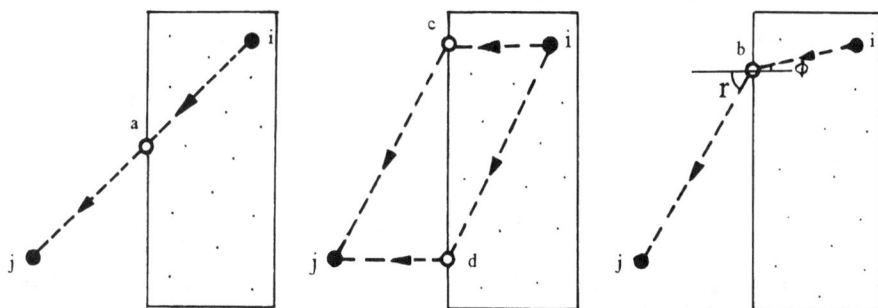

图 6-9　运输网中点的布局

c、d 为极端方案,b 点为被选方案

3. 运网功能与运网布局

目前世界铁路、公路、内河航道总里程达 2 373.5 万 km,它们彼此衔接,构成一个宏大的运网系统。

运网系统即运输网络,它是指交通图中点和点的连线的集合体,国家或地区相互交叉衔接的各类交通运输线路的总称。它既是运输能力的标志,又是反映社会经济大貌的一面镜子。

运网系统的类型是复杂多样的。一个国家的运输网络由三维非平面网络(管道网与航空网)和两维平面网络(铁路网、公路网,内河航道)构成。就平面网络而言,根据它在发展过程点和线的组合情况,可分为 4 种类型(见图 6-10):

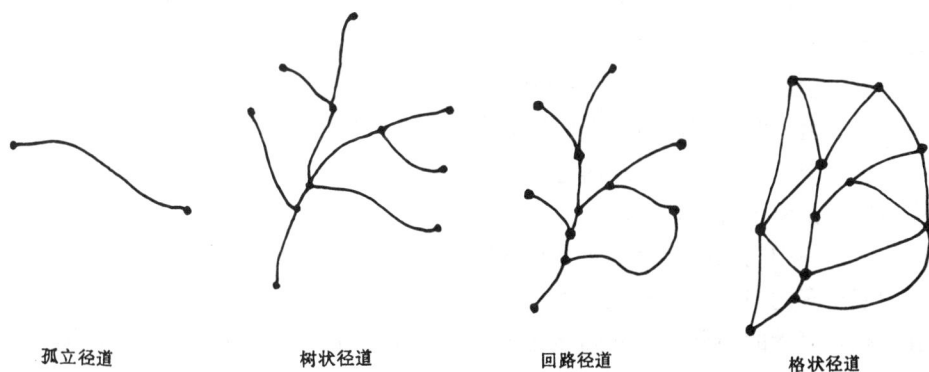

孤立径道　　　　树状径道　　　　回路径道　　　　格状径道

图 6-10　运网类型示意图

第一种为孤立径道。它的特点是交通图中仅有两个点被一条线路所连接,是最简单的、代表萌芽时期的运网类型。

第二种为树状径道。其主要特点是交通图中线路的数目少于点的数目,任意两点间都有并且仅有一条线路连接。两点间的往返交通只有一条道路实现,即必须是原道而来、原道而去,代表早期发展中的运输网络类型。

第三种为回路径道。它的特点是交通图中线路数目正好等于点的数目。对偶两点间的交通可以通过两条道路实现，代表发展较好的运网类型。

第四种为格状径道。其特点是交通图中线路数目大于点的数目，有多个闭合环路，对偶两点间的交通可以通过多种途径实现，代表成熟时期的运网类型。

运网的扩展，是与区域经济的发展同步进行的。美国 E·塔费（Edward Taaffe）根据加纳和尼日利亚的资料研究，提出发展中国家运网发展的 6 个阶段（见图 6-11）：

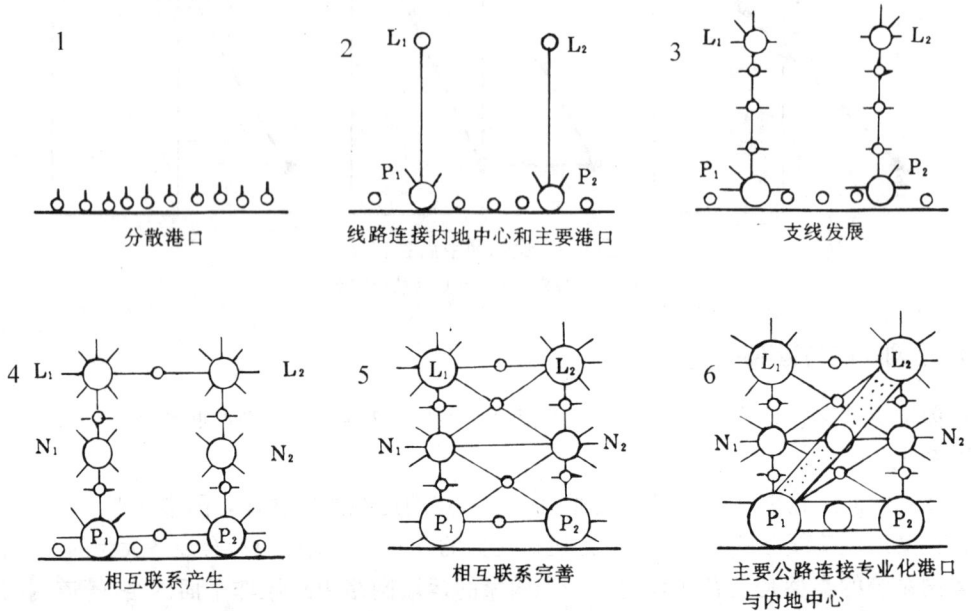

图 6-11　运网发展过程图

第一阶段，由新殖民居民住宅区和小港口组成，它们的腹地有限，除传统的渔业和偶尔出现的商船贸易外，这些分散的新居民点之间很少有横向联系；

第二阶段，伴随贯穿内地的铁路缓慢伸展，在内地矿区和人口中心形成比较重要的聚落。随着贸易增长，由铁路贯穿的最好港口的运输专业化得以发展；

第三阶段，交汇于主要港口和内地中心的铁路支线有了显著发展，相当数量的一批居民点在通往内地的铁路干线上发展起来；

第四阶段，在中间的结节上形成支线网络，主要港口、内地中心和居民点之间的横向联系发生，为数众多的内地城镇相继出现；

第五阶段，完善的内部联系开始显露出来，围绕港口、内地中心和中间结点的铁路，迅速增长并逐渐联系起来；

第六阶段，区域经济日趋发达，并且成为一个有机整体，大大小小的中心地由纵横交错的铁路联系起来，最高级的干线联系着更大、更重要的经济中心。当然，任何地区的运网扩张都是继往开来和循序渐进的。上述 6 个阶段，只是运网发展中具有典型意义的 6 个侧面。

运网的功能是指运网中各点连接程度和通达状况，它取决于运网中点和线的数目以及它们之间的连接程度。测量运网功能的方法很多，除了人们熟知的运网密度以外，比较常用的

度量指标有连接率(β)、环路指数(H)和通达性(A_i)，它们的表达式分别为

$$\beta = E(线路数)/v(点的数目), 0 \leqslant \beta \leqslant (n-1)/2$$

$$H = E(线路数) - v(点的数目) + q(网络数), H \leqslant (n-1)(n-2)/2$$

$$A_i = \sum D_{ij}(点对间距离), A_i \geqslant 0$$

运网的连接率是交通图中线路数与节点数之比值。这是美国经济学家 R·J·伦斯基（R·J·Ransky）最先提出来的。网络中 β 指数愈大，连接状况愈好。对于线路数小于点数的树状网络而言，其 β 指数是小于 1 的。一个以单一回路连接的网络，β 指数正好等于 1。一个

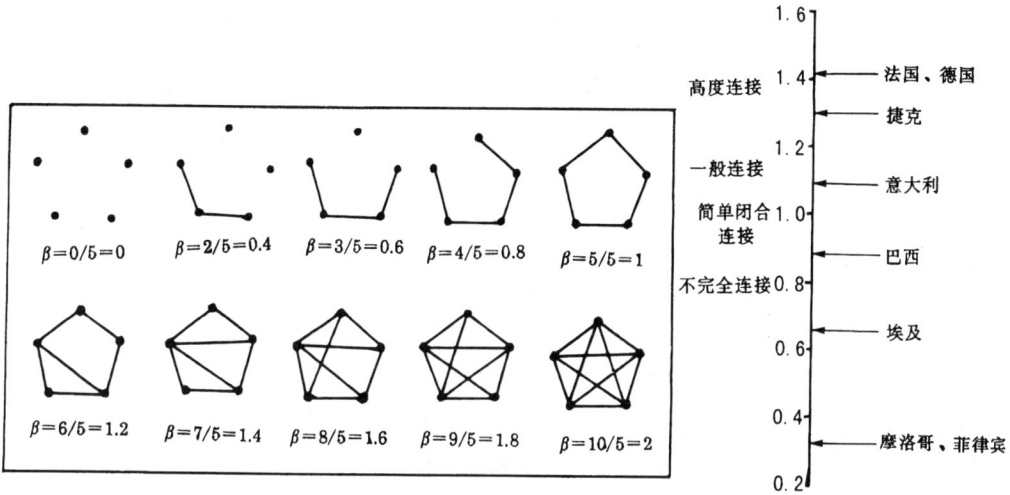

图 6-12　运网的连接率

包含了几个回路的格状网络，β 指数必然大于 1，表现出高度连接性（见图 6-12）。一个国家交通愈发达，β 指数愈高。

环路指数 H 是线路数减去点数加网络数的值，它表示网络中所包含的环路数。例如，

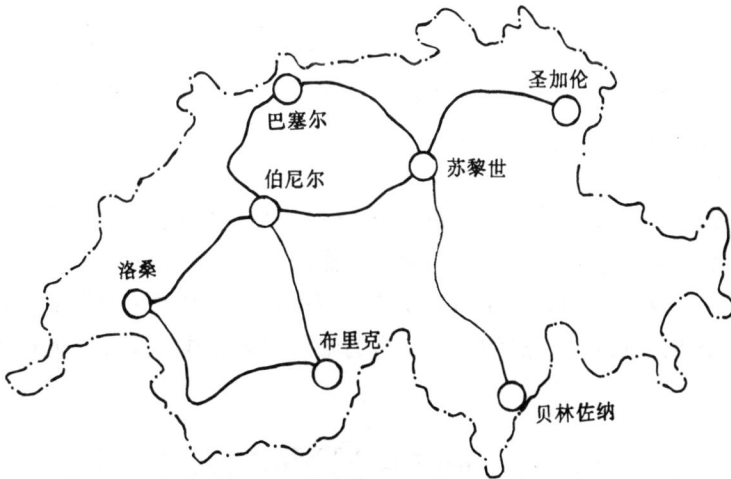

图 6-13　瑞士铁路网的通达性

图 6-12 所示两个图形的环路指数 H 分别为 8 和 10。

网络中某一点的通达性 A_i，是指网络中该点到其他各点最短径道所经过的线路数目的总和，其值愈小，通达性愈好。很显然，运网的连接程度愈低，通达性愈差；连接程度愈好，通达性愈好。利用表示交通图（只考虑连接关系，不考虑线路长度和方向）的矩阵，有助于理解网络的通达性。图 6-13 是瑞士的铁路交通图，表 6-3 是代表这个交通图的连通矩阵，矩阵中的元素代表点对之间最短径道所经过的交通线路网目，每一行的总数，就代表相应点的通达性。由矩阵可知，伯尔尼和苏黎世的通达性指数均为 8，数值最小，通达性最好；圣加仑和贝林佐纳的通达性指数均为 13，数值最大，通达性最差。

表 6-3

地名	圣	苏	巴	伯	桑	布	贝	A_i
圣	0	1	2	2	3	3	2	13
苏	1	0	1	1	2	2	1	8
巴	2	1	0	1	2	2	2	10
伯	2	1	1	0	1	1	2	8
桑	3	2	2	1	0	1	3	12
布	3	2	2	1	1	0	3	12
贝	2	1	2	2	3	3	0	13

此外，判断运网中点的功能还有一个指标，为网络交通中心。它可用网尼克指数确定。一个点的网尼克指数表示从这个点到运网中最远一点的最短径道所经过的线路数目。在一个运网中，网尼克指数最小的点，就是这个运网的交通中心。有时网络的交通中心是多个。从瑞士的铁路交通图中可看出，伯尔尼和苏黎世的网尼克指数均为 2，在网络中是最小的，所以它们都是瑞士铁路运网的交通中心。这种情况在连通矩阵中很容易看出，每一行中数值最高的元素就是该点的网尼克数，从所有网尼克数中取最小数，与其相应的点就是该网络的交通中心。

4. 运网布局

所谓的运网布局，是在作为点的城市位置既定的情况下，寻找接合这些城市的最短径道问题。其基本原则是线路建设投资最少和运输成本最低。美国波士顿大学城市和区域地理部教授彼得·哈格特(Peter Haggett)曾在《人文地理区位分析》一书中提出运网布局的两种方法，即动点布局法和定点布局法。

动点布局问题(floating ponit location problems)。所谓的动点布局，是指在定点之间再寻找一个新的点，并通过它实现联系各点的网络总距离最小。为了方便，下面讨论一个简单情况。假定要设计一个连接 3 个人口相同的城市的网络，并使其网络径道最短。问题就归结为要寻找一个新的节点，使这个节点到 3 个城市的辐射距离之和 S 最小，彼得·哈格特给出的表达式为：

$$\min S = \sum_{i=1}^{3} \sum_{j=1}^{3} d_{ij}$$

在这里，d_{ij} 为对偶两城市 i 和 j 之间的距离。有两种可能结果：如果 3 个已知城市 A、B、C

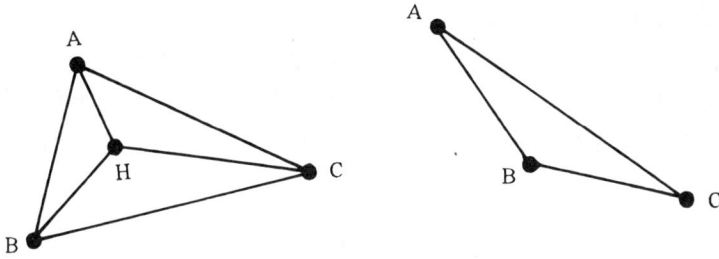

图 6-14　运网布局

H 和 B 点为所造动点

连成的三角形中没有大于 120°的角，则最优点应位于使其与 3 个城市连线均为 120°角的位置（见图 6-14 左）；如果 3 个城市构成的三角形中有一个大于 120°的角，则节点的最优位置应该在这个角的顶点（见图 6-14 右）。上面讲的是 3 个城市的人口是相同的情况。如果城市人口不同，如果 A 城市的人口比 B 和 C 多，在这种情况下，节点将趋向 A。这种问题的解决，在于使这个节点到城市的加权距离之和最小。对于 3 个城市的例子，彼得·哈格特将其改为：$\min S = \sum\sum W_j \mathrm{d}_{ij}$，其中 W_j 为根据人口或交通流量赋予城市 j 的权重。

定点布局问题（fixed plint location problems）。所谓的定点布局，是在节点既定情况下，根据网络布局原则寻找接合定点的线路问题。追求不同目标，网络布局有不同的表现形式。图 6-15 提供了 5 个已知城市按照不同目标表示的 4 种网络布局。

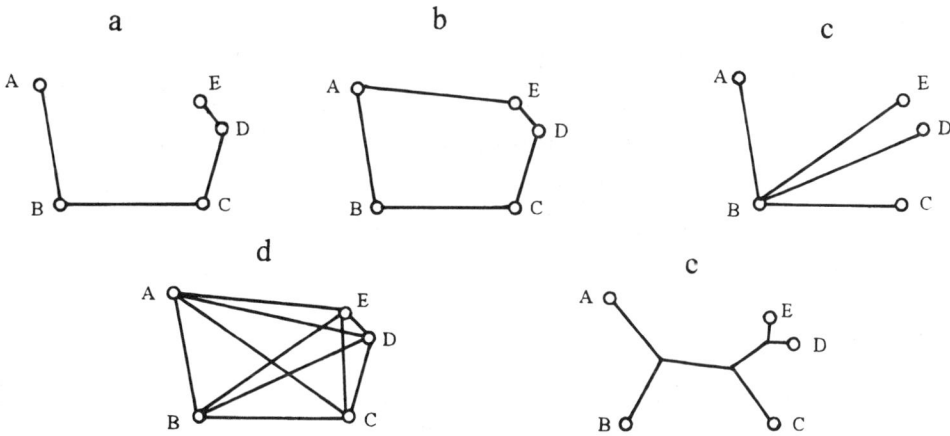

图 6-15　定点网络布局

（根据 Peter Haggett：Locational Analysis in Human Geography）

（a）勾型网络　（b）环形网络　（c）等级网络　（d）成熟网络　（e）最优布局网络

第一种网络布局，是由 A 点出发，依次通向 B、C、D、E 4 个城市的最短径道，称为勾型网络，是追求线路建设投资最小的运网布局；

第二种网络布局，是环 5 个城市的最短距离，是一个推销员的最短线路，线路虽然比第一种网络长，但运输联系要比前者方便些；

第三种运网布局，是由 A 点出发，连接其余各点构成的一个运网等级体系问题，是以 A 为中心的一个集中型网络，线路虽然比前两种网络都长，但运输联系比它们方便多了；

第四种运网布局，表现为城市两两连接的最完全成熟网络，是一个以运输便捷性为目标的网络，但线路最长，建设成本最高。

以上 4 种运网布局都不是最短径道。彼得·哈格特认为，要寻找最短径道，则要结合动点布局问题来解决。如果以 7 条线路相交于 3 个新的节点，并使每两条线段均构成 120°的交角，便出现了第五种网络布局形式，这个网络既保证了径道最短，也具有较好的便捷性，是较理想的运网布局。

三、各种运输方式的经济评价

运网系统的基本职能是改变人和货物的空间位置，以满足人类社会生产和生活的需要。由不同线路和终端设备构成的各种运输方式，输送客货的方式和功能各不相同，但经济社会对运输的要求是综合的和全面的。首先，要求运载量要大，劳动生产率要高，成本要低，投资要少，既能以足够的运量满足社会和经济发展的需要，又能最大限度地节省运输开支；其次，要求有尽快的输送速度，既能减少物资积压，加速流动资金的周转，又能在时间上满足人们对商品的需要，再次，要求尽可能保持持续不断的运输，以及运输的安全性和舒适性，以保证各种生产活动和社会活动能有条不紊地进行。各种运输方式在技术经济上各有长短，都有最适宜的使用范围，必须妥善组织安排，合理地协调使用。

（一）铁路运输

铁路运输，是由铁路、车站枢纽设备、机车车辆诸要素协调配合，共同实现客货位移的现代化运输方式之一。1825 年 G·斯蒂芬森制造的蒸汽机车在英国斯托克顿—达灵顿铁路上试验成功。从 1840 年至 1990 年的 60 年间，世界各国先后出现了筑路高潮，并使铁路运输成为居统治地位的运输方式。之后由于公路运输和水路运输的强烈竞争，铁路运输下滑。进入 60 年代，随着资源大规模的开发和铁路运输的高速化、重量化，铁路又出现复苏趋势，目前世界仍有 130 余万 km 的铁路，仍然是当代最重要的运输方式之一。

铁路运输在陆上运输中的骨干作用，归功于它固有的许多独特优势：

1. 牵引重量大

机车的牵引力是动力和线路状况的函数。在 4‰的坡道上，蒸汽机车、内燃机车和电力机车的牵引力分别为 4 100t、5 700t 和 5 500t，国外内燃机车和电力机车最大牵引力可达 7 000～8 000t，长大列车可达万吨以上。

2. 输送能力强

输送能力取决于机车、线路和运输管理状况。在 6‰的坡道上，蒸汽机车、内燃机车和电力机车的年输送能力分别为 1 280 万 t、1 520 万 t 和 2 000 万 t，在复线和自动闭塞的线路上，年输送能力可达 7 000 万～8 000 万 t。

3. 长途运输成本低

运输成本与运距、运量和运输密度成反比。铁路运输的重载量和高密度，决定了它能保持较低的运输支出。一般说铁路的运营成本比河运和海运要高一些，但比公路和航空运输要低得多，美国铁路运输成本分别为公路汽车运输的 0.14 倍和航空运输的 0.06 倍。

4. 运输连续性强

铁路运输凭借独特的钢制的固定轨道，能克服自然条件的种种限制，保证一年四季昼夜不停地连续运输。但铁路运输耗资大（每 km 造价可达 2 500 万～4 000 万元），短途运输成本高（在 100～400km 范围内铁路成本可能高于汽车运输），它的速度低于航空运输，运载量低于海洋运输，灵活性不及汽车运输。

为了提高竞争能力，本世纪 60 年代以来，铁路运输展开了以提高运载量和运行速度为中心的运输革命。除了采用集装箱运输和组织万 t "长大" 列车，以提高输送能力外，西欧各国以及日本和澳大利亚等国则致力于高速铁路的建设。利用 "气垫" 列车和 "磁浮" 的列车，可使行车速度达到每小时 200～480km。在法国已有巴黎至里昂（时速 210km）、巴黎至大西洋（时速 270km）和巴黎至北方（时速 270km）等三条高速铁路。1984 年，法国、德国、比利时、荷兰、卢森堡等国批准了西欧高速铁路方案，届时将有 2.7 万 km 的高速铁路将巴黎、布鲁塞尔、阿姆斯特丹、科隆、伦敦等地联系在一起，铁路运输的地位又将迈上一个新的台阶。

显而易见，铁路运输最适合于大宗、笨重的物资如煤炭、矿石、建材、粮食等货物的中长距离运输，也适合于要求准时到达的大批量旅客和日用工业品的长距离移动。

（二）公路汽车运输

公路汽车运输是发展最快、应用最广、地位日趋重要的一种运输方式。自 1885 年德国 K·本茨制成以内燃机作动力的第一辆汽车以来，汽车运输迅速发展，逐渐成为铁路运输的强大竞争对手，在某些国家它已取代铁路运输，在运输中占据主导地位。目前世界各国汽车保有量达 3.5 亿辆左右，公路总长 2 000 余万 km。汽车运输迅速发展，是与它独特的优点紧密联系的。

1. 直达性和门对门运输

汽车运输的直达性和门对门运输，可转换为三个效益，即：距离差效益，主要指汽车运输可走近路，可在简易道路甚至无路空间行驶，能使其运距小于铁路和水路；时间差效益，指公路汽车运输的速度比铁路和水路运输快而带来的经济效益。据北京商业储运公司发送百货统计，平均送货时间，火车需一个月，而汽车只需三天；质量效益，主要指 "门对门" 的汽车直达运输，只要一装一卸，货物损伤少，又可简化包装，节省包装费用。而铁路运输通常要三装三卸，货物损伤要大得多。

2. 汽车运输具有灵活性

汽车运输以一人一车为基本特点，体形小，操作方便，又无需铁路那样的专门轨道，机动灵活，对各种自然环境有较强的适应性。所以农村运输，城市内部运输，城乡联系，以及铁路和水运港站的客货集散，日常百货和鲜货的定期运输，主要由公路汽车运输承担。

当然，汽车运输也存在缺点，这主要表现为：运载量小，劳动生率低，成本高。单车平均运量在美国也只有 20t 左右，在俄罗斯汽车运输劳动生产率分别为铁路和海运的 1/9 和 1/42，而运输成本分别为铁路和海运的 16 倍和 18 倍。因此，汽车运输不适于运输大宗、笨重物资。

随着科学技术和汽车工业的发展，第二次世界大战以后，汽车运输大有改善，西欧、北美的一些国家推行汽车 t 位大型化和汽车运输系列化，使单车运载量和列车运载量分别达到 40t 和 100t，汽车运载量小的缺点有所克服。为了提高行车速度和解决车流拥挤和堵塞，具有双重通道、全封闭，车速可达 120km 以上的高速公路迅速发展。因此汽车公路运输能在短途甚至中长途运输中与铁路运输展开激烈竞争，并在部分国家取得明显优势。

(三) 水路运输

水路运输包括内河运输和海洋运输两种方式，它由船、航道、港池、泊位、码头设施诸要素组成，凭借水的浮力与机械动力实现客货位移，是历史最悠久的一种现代化运输方式。从 1807 年 R·富尔顿制造的世界第一艘蒸汽机驱动的轮船在哈德逊河下水以来，水路运输借助水的浮力这一优势曾经占据世界运输的主导地位。随着铁路、汽车、航空等现代化运输方式的蓬勃发展以及随之而来的运输竞争，水路运输因受自然环境限制大，一直处于不利地位。当前随着集装箱运输的兴起和船舶 t 位大型化、高速化和专业化、水路运输又受到重视。据联合国《统计年鉴》，1994 年世界商船总 t 位已达到 4.7 亿 t 以上。世界内河航道总长达到 250 余万公里，存在 6 个内河水运系统，即：欧洲中部和西部河流系统；法国北部河流系统；伏尔加河——顿河河网；亚马孙河网；巴拉圭河网；中国河网。水运的基本优势是：

1. 线路投资少

水运是以水域存在为前提的，江河、湖、海为水运提供了天然廉价的航道，只要稍加治理，建立一些轮船泊位和装卸设备，便可供船只通航。据统计，内河航道单位基建成本只有公路的十分之一，铁路的百分之一。

2. 运载量大

因受惠于水的浮力，水运比其他陆上运输有较大的运载量。近几年油轮的大型化更为突出，目前最大的油轮载重已超过 50 万 t，一些主要海运国家大多以 5 万～20 万 t 级油轮作为远洋石油运输的主力。运营中的最大矿石船为 28 万载重 t 级，最大的集装箱船达 6 万 t 级。就是内河驳船的运载量也相当普通列车的 3～5 倍。

3. 运输成本低

由于线路投资少和运载量大，水路运输成本比陆上运输方式低得多。根据美国的资料分析，其内河航运成本分别为铁路运输和公路汽车运输的 1/5 和 1/35，海运成本分别为铁路运输和公路汽车运输的 1/8 和 1/53。

水运的最大弱点是受自然环境限制大，主要表现为：灵活性差，水运网的分布是自然环境作用的结果，往往与运输的经济要求不一致，而且很少能直线行驶；连续性差，航道往往因河流枯水、冰冻以及大风和浓雾而中止交通；速度慢，船舶的技术速度慢，一般只有汽车的 1/2 和火车的 1/3，而且在港停泊的时间长（约几天到十几天），有些货物要几个月甚至半年才能送到用户手中。

因此，水运最适于大宗、笨重、大型货物的长距离运输。但在承运的货物上，水运与铁路运输有一定分工，前者更适于煤炭、矿石、谷物的散装运输，后者则适于承运需要迅速、准时到达、并以捆包成件的货物为主。随着集装箱运输的发展和船舶的大型化、高速化和专业化，水运条件大大改善，在西欧、北美的一些国家中，水运仍占有相当重要的地位。

（四）航空运输

航空运输是由飞机、机场、导航设备诸要素协调配合，共同实现客货位移的最快速的一种运输方式。从 1903 年由内燃机为动力的飞机首飞成功以来，以飞机为运具的空中联系在 90 多年内较其他运输方式有了快速的发展。从 1950 年至 1995 年的 45 年间，美国和法国的航空运输货物周转量分别增长了 50 倍和 137 倍。随着社会交往和旅游业的发展，航空运输越来越成为普通人出行的重要的运输工具，1980 年至 1995 年我国航空客运周转量增长了 16 倍。世界航空线网呈现密集的带状，横贯于北半球中纬地带，并由此纵向延伸至南部三大洲。航空网最密集的地区是欧洲西部、美国东部、加勒比海地区和东南亚。伦敦、巴黎、莫斯科、卡拉奇、曼谷、北京、香港、纽约、东京等都是重要的航空辐射中心。航空运输最大的优点是：

1. 速度快

飞机运行速度之快，是其他运输工具望尘莫及的。当前一般型号的飞机飞行速度都在每小时 1 000km 以上。1976 年投入航线的协和号超音速飞机，最大航行速度为音速的 2.2 倍，而目前高速铁路的机车时速也只有 200 余 km。

2. 径路短

航空运输是在三维空间进行的，它几乎不受地面任何障碍物的影响，能实现两点间的直线运输，并可以到达别的交通工具所不能到达的地方。

3. 基建成本低

航空运输的基建投资，主要在线路终端设备方面，而线路几乎不需要任何投资，所以基建成本不高。开辟一条 1 000km 的民用航空线路，占地约 700ha，需要投资 5 亿元；而建同样长的铁路，占地是前者的 4.5 倍，需要投资 20 亿元。

4. 客运能力大

目前世界民航运输使用的最大飞机是波音 747，其中最大的一种可载客 550 人（B747—100）。航程最远的一种可达 12 230km（B747—200B）。一列从北京至广州的火车，4 天往返一趟，可载旅客 2 000 人左右。而一架 300 座的波音 747 飞机，4 天往返 8 趟，就可运载 4 800 人，为火车的两倍多。航空运输的缺点主要集中在两个方面。第一是它的运输成本高，运价昂贵。由于飞机造价高（每架波音 747 飞机价格为 1.5 亿美元），飞行时消耗的高级燃料多，（每 km 燃料消耗约为汽车的 10 倍，火车的 6.6 倍），运载量较小（最大飞机载重量也只有 40～70t），因此它的每 t·km 运输成本相当高，大约是汽车运输的 7 倍，铁路运输的 18.6 倍，水运的 146 倍；第二是受天气状况限制大。由于航空运输主要受惠于空气的浮力，所以天气状况是它的最大限制因素。早期的飞机形体小，速度慢，燃料容积小，只能在低空飞行，暴雨、大风、雷电均能使飞行受阻。第二次世界大战后，飞机的性能得到显著改善，而且人们还用雷达、除冰设备，夜航标以及各种辅助设施同恶劣天气作斗争，由天气限制和支配航行的现象比以前大有改善，尽管如此，在冰、飘尘、暴雨和其他异常天气出现时，飞行仍受干扰，甚至造成事故。以上这些缺点在很大程度上限制了航空运输的广泛应用。

在发达国家，航空运输已广泛应用于社会经济生活的各个方面。在一般国家，它只是担负大城市间和国际快速客运，以及贵重、紧俏、保鲜、急救等物资和报刊、邮件的运输。

（五）管道运输

管道运输是运具与线路合二而一的一种新兴的运输方式。它既可以输送液体和气体（如石油、天然气），又可以输送固体物资（如煤炭、矿石、建材等）。在中国，大约 5 000 年前就已利用粘土与石块构成的管道长距离供水。现代管道运输是伴随石油的开发利用而发展起来的。1861 年美国建成世界第一条输油管道（木制的），之后各种口径的输油管道迅速在世界各地兴建。到目前为止，世界管道总长已超过 200 万 km，已形成庞大的运输系统，正向高压、大口径、长距离、新工艺、高效设备和自动化方向发展。世界著名的管道有：俄国西伯利亚—西欧输气走廊（6 条线路总长 2 万 km），俄国友谊输油管道（5 237km），美国科洛民成品管道（4 613km），加拿大油气管道（8 500km），阿尔及利亚—意大利输气管道（2 506km），沙特阿拉伯原油管道等。1957 年，美国建成世界第一条长达 175km 的输煤管道，之后英国、法国、俄罗斯、澳大利亚等国也相继建成口径不等的煤炭、石灰石、矿石输送管道。目前世界固体管道共有 110 多条，总长 1 万多 km。世界管道分布不均匀，总长的 87% 以上的管道集中在美国和苏联。

同其他运输方式相比较，管道运输具有如下优点：

1. 连续性好

管道运输运量大，受自然条件影响小，不产生空驶，可保证一年四季昼夜连续均匀地运输。在国外，一条直径 1 200mm 的管道，每年可输送原油 4 300 万 t，相当于一条复线铁路的运输能力。

2. 运价便宜

管道运输成本低，耗能少，尤其在石油产量大的情况下，管道的技术经济效益更加明显。如果管道输油成本为 1，则铁路油罐车为 1.6，油罐汽车为 4.6。如输油管道消费能量为 1，则铁路和汽车运输分别为 3 和 16。

3. 工期短，资金回收快

按我国输油管道的设计施工能力，一条直径 720mm、长 500km 的管道，可在 2～3 年内建成投产，一般在投产后 4～5 年内可偿还投资。

4. 永久性占地少

由于管道埋在地下，所以除沿线每隔 60～70km 有一座泵站需要占地以外，管道沿线大部分土地仍可耕种。

5. 管理方便

管道运营时是在密闭的条件下输送的,劳动生产力相当高,所需劳动力不多。英国管道输货运量占总货运量的 18.2%,而从业人员只占运输从业总人数的 0.7%。

管道运输的主要缺点,是修建管道、加油站和贮油器都要耗费巨额投资。此外,管道运输弹性小,线路一经铺定,运量便没有调节余地,灵活性较差。但是管道运输仍不失为输送液体气体货物最好的运输方式,堪称为名副其实的能源输送者。

四、运输部门的合理构成

运输系统的部门结构,是指满足一个国家和地区社会经济发展需要的各种运输方式的合理组合和它各自所承担的运输任务的数量比例(见表 6-4)。运输系统的部门结构取决于如下三方面要求:第一,由国家和地区自然和社会经济所决定的运输系统的特征,它决定着选择哪些运输方式的可能性。很显然,不靠海的国家便不可能发展海洋运输;第二,国家和地区经济系统所产生的运输对象的特征,它对运输规模、运输时间和运输速度都有具体要求;第三,在保质、保量完成运输任务的前提下,运输系统部门结构的核心,是根据各种运输方式的技术经济特点确定每种运输方式的合理使用范围,并以此选择运输方式和确定运量分配比例。各种运输方式在技术经济方面各有长短,它们的运输能力和作用,制约着各自的适用范围(见表 6-5)。

表 6-4　1994 年俄罗斯运输部门结构

周转量 ＼ 部门		铁路	公路	内河	海洋	航空	管道	合计
货运	绝对数(亿 t・km)	11 950	380	870	3 110	15	19 360	35 685
	比重(%)	33.50	1.10	2.40	8.70	0.04	54.26	100
客运	绝对数(亿人・km)	2 271	2 953	12	3	723	/	5 960
	比重(%)	38.10	49.55	0.20	0.05	12.10	/	100

注:公路客运含各种市内交通。

表 6-5　各种运输方式技术经济特征比较（数字表示优先顺序）

运输方式 ＼ 项目	基建投资		载量	运价	速度	连续性	灵活性	劳动生产率
	线路	运具						
铁路	5	2	3	3	2	1	3	3
河运	3	3	2	2	4	5	4	2
海运	1	4	1	1	5	4	5	1
公路	4	1	4	4	3	2	1	5
航空	2	5	5	5	5	3	2	4

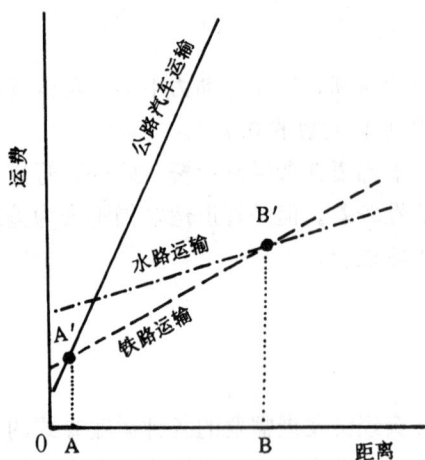

图 6-16　各种运输方式使用范围

影响运输方式使用范围的最重要的因素，是由装卸费和线路运行费二者构成的总运费。任何运输过程都需要一装一卸，很明显，装卸费不受运输里程的影响，相反，长途运输可将固定的装卸费分配到比短途运输更多的里程上，这就使长途运输的每 km 的平均运费低于短途运输。由于各种运输方式的装卸费和线路运行费都不是整齐划一的，例如水运装卸费用高而线路运行费低，公路装卸费用低而线路运行费高。因此各种运输方式（如铁路、水路和公路）总运费与运输里程关系的比率也各有不同（见图 6-16）。各种运输方式运费与运距的关系曲线都存在一个交点，如公路与铁路运输的交点 A′ 和水路与铁路的交点 B′。这些交点在横坐标上的投影 A 和 B，就是各种运输方式合理使用范围的分界点。在 OA 距离范围内，汽车运输的总费用最低，适于短途运输；在 AB 范围内，铁路运输的总费用最低，适于中长途运输；在 B 以外的范围内，水路运输的总运费最低，适于长途运输。至关重要的是确定始发点 O 到 A 和 B 的距离。美国经济学家 M·胡佛曾求出从始发点 O 到 A 和 B 的距离分别为 56km 和 608km。

这就是说，在 56km 以内，汽车运输最经济；在 56～608km 范围内，铁路运输最合理；在大于 608km 的范围内，水路运输最经济。很显然，分界点 A 和 B 不可能是固定不变的，随着运输条件的改善，A 和 B 也将随之变化，但胡佛发现的这个规律是客观存在的。

由于各个国家自然环境，资源禀赋、经济状况和运网系统的特征各不相同，世界各国没有相同的和一成不变的运输结构。尽管如此，现在各国运输结构的变化仍有某些共同特点：

第一，铁路运输的地位急剧下降，在许多国家中已丧失了在运输中的原有统治地位。例如，美国 30 年代铁路货物周转量和旅客周转量分别占运输总量的 75％和 77％，在运输中居主导地位，到 1993 年分别下降到了 38.1％和 0.6％。

第二，早先作为运输辅助部门的航空运输和管道运输的相对地位有了显著提高。俄罗斯管道运输货物周转量，1970 年仅占运输总量的 9.7％，到 1994 年猛增至 54.3％，跃居货物周转量的主导地位。1970 年日本航空旅客周转量仅占运输总量的 0.4％，到 1994 年上升至 4.8％，24 年间提高了 12 倍。

第三，汽车公路运输的地位迅猛提高，在许多国家它已取代铁路运输一跃而为运输中的主力。日本的公路汽车运输的货物周转量和旅客周转量分别从 1970 年的 48.3％和 38.8％，上升至 1994 年的 54.4％和 51.6％，成为客、货运输的主力。

第四，水路运输重新受到重视，在运输中的地位日趋重要。韩国海运货物周转量 1980 年占运输总量的 32.2％，到 1995 年上升至 57.7％，在运输中占据重要地位。

第五，集装箱运输蓬勃发展，使运费结构和运输时间发生了深刻变化。集装箱是 60 年代以来迅速发展和广泛应用的一种运输工具，它是将大小不等、难装卸、易损坏的货物集中装到一种特制的、能反复使用的货箱里，以便于机械化装卸和在水陆联运时避免货物倒装。集装箱运输的最大优点是提高了货物装卸效率。据计算，货轮每个工班每天只装卸 740t 货物，而集装箱一台吊机可装卸 8 400t 货物。这就使轮船在港停泊的时间，由 7 天减少到 1 天，从而大大降低了运输费用。例如美国货轮每 t 装卸需 15～20 美元，而集装箱装卸只有 2～3 美元。美国、日本、英国、澳大利亚、瑞典等国是世界主要的海上集装箱运输国。集装箱吞吐量在200 万 t 以上的港口有鹿特丹、香港、高雄、纽约、新加坡和神户等。1968 年世界海运集装箱6.5 万个，船舶 116 艘，到 1995 年集装箱已成为各国普遍使用的运输工具。

五、货流与合理运输

货流是运输的对象，合理运输则是运输部门追求的根本目标。二者均在运输布局中占重要地位。

（一）货流

货流是指货物在地域上的定向移动，它是与运输过程一道发生的。构成货流的基本要素是：货流的名称、数量和规模；货流的收点、发点和距离；货流的方向和速度。货流的计量单位是 t·km。在交通线上某一段的单位时间货流量叫货流密度，它是该线路上一年内通过的货流量与该线路长度的比值。线路愈重要，货流密度愈高。

1. 货流的种类及其分布

货流种类繁多，有各种各样的分类。从货流移动的方向看，有上行货流和下行货流，前者指流向首都方向的货流，后者指从首都方向流出的货流；从货流的内容上看，有不同品名的货流。我国铁路运输将货流分为煤炭、原油及其制品、金属矿石、钢铁及其制品、矿物性建筑材料、木材、棉布、粮食、盐、植物油、棉纱布、其他等 12 个品名；从货流移动和区位上看，有区内货流(收发点在同一区域)、区间货流(只有收点或发点在同一区域)和过境流(收点和发点均不在本区)等；从发展的观点看，有历史货流，现状货流和规划货流等。

货流分布取决于人口以及生产和消费的地理分布。因此货流的主导流向有三种形式，即：自森林、矿山向工厂和消费市场的流动；自工厂、农场向消费市场的流动；自工厂向工厂的流动。由于城市既是人口集中的场所，又是工业生产的集中地，所以各级城市都是货流的集中区位。需要指出的是，货流在时间上和空间上的分布是不平衡的。货流空间分布不平衡，是由于生产的地区分布不平衡而引起的；货流时间分布不平衡的成因比较复杂。有些是运输方式的季节性所致，如高纬地区的内河和海上航道往往由于冬季冰冻而被迫停航；有些是由于区域生产和消费不平衡引起的，如有些货物生产具有季节性，而消费在全年却是均衡的。而有些货物生产比较均衡，消费却有季节性。还有些货物生产和消费均有明显的季节性。此外，各类货物的产销状况、供应范围、新企业投产、运输条件的变化等，也都会引起货流分布的时空变化。

2. 货流预测

货流是运输的出发点和归宿。交通运输的布局，首先要预测客、货流的数量及其发展趋势，并以此作为选择运输方式和确定线路质量标准的基本依据。货流预测最常用的方法有两种：

一种是指标系数预测法，主要是根据货运量与国民经济主要指标之间的比例关系来预测计划期的货运量，其表达式为 $V = \beta G$，式中 V 表示预测年度的货运量；G 为预测年度的主要经济指标；β 为指标系数，表示某一经济指标与货运量的比值。由于经济指标测算方法有差别，用上式计算的货运量也会有差别。

另一种叫运输系数预测法，它是根据生产每 t 货物所产生的运输量来预测未来运量的，表达式为 $V = \sum\limits_{i=1}^{n} A_i P_i$，$V$ 仍表示预测年度货运量，P_i 为某一主要物资的年产量，A_i 为某一种主要物资的运输系数，即生产该物资每 t 产品所产生的运输量。很显然，只要知道预测年度各种物资的总产量以及与其相应的运输系数，便可求出未来的总运输量。

（二）合理运输问题

合理运输的目的，是以廉价、质优的运输，最大限度地满足社会对运输的需要。它不仅取决于社会生产方式，也深受产业布局、自然条件、运输线路状况和运输技术水平的影响。由于产业布局的继承性和复杂性，以及运输组织的艰巨性，因而导致各种不合理运输问题。

1. 不合理运输的种类及成因

合理运输总是与不合理运输相对立而存在的。要实现合理运输，有必要了解不合理运输的种类和成因。最常见的不合理运输有：①对流运输。主要指相同的或可以互相替代的货物在同一线路或同一流向上的相向运输，是无计划运输中最常见的一种不合理运输；②重复运输。这是指产品输入那些本身生产该种产品，而且数量等于或大于自身需要的地区的运输；③迂回运输。这是指未采用便捷的交通线，引起了多余的行走 km 的运输；④过远运输。指当地或附近有某种物品，却要从超过合理货流图规定范围以外的远距离地区输入产品的运输；⑤短途运输。这是指在短距离运输中，不采用适合于短途运输的汽车运输，而采用适合于长途运输的铁路和海运等方式，造成严重浪费的运输。此外，在我国目前情况下，长途运输弃水（运）走陆（运），弃铁（路）走公（路），也属于不合理运输之列。

不合理运输产生的原因是多方面的：生产分布的不合理，可能造成原材料、半成品的不合理流动；地区产销不平衡和信息不灵，可能造成产品的对流运输、过远运输和重复运输；某种运输方式远不能满足运输需要，可能导致迂回运输和短途运输；人们对运输方式的特点和适用范围的认识不清，或者由种种原因确立的不合理产销联系，都可能造成货物的不合理运输。

尽管不合理运输类型多种多样，但均产生两个严重后果。第一是引起了多余的行走 km，浪费了动力，增加了运输费用。据我国有关部门估计，仅铁路部门不合理运输货物一年就有4 000 万～5 000 万 t，托运部门为此多支付的运输费多达 4 亿～5 亿元；第二是延长了运输时间，积压了在途物资，延缓了国民经济流动资金的周转，贻误了生产时机。

2. 实现合理运输的途径

实现合理运输，乃是交通运输部门面临的一个极为重要的现实问题，在市场经济条件下，实现合理运输便更加困难。但实现合理运输的根本途径，仍然是合理布局产业，大力发展综合运输，科学合理地调配运量，做好产、运、销平衡。

所谓的产业合理布局，是指社会生产总费用最小的产业布局。影响产品生产费用的因素很多，其中运输费用往往占有相当比重。根据国外统计，在社会产品的最终成本中，运输支出约占 10%～30%左右。所以在社会生产条件相同的条件下，合理的产业布局能保证运费支出达到最小的程度。使生产地、原料地、燃料地和消费地尽可能在地域上结合起来，便能有效地降低单位产品的运输消耗，消除过远运输和原材料、成品之间的对流运输。

产品运费支出主要取决于：由技术水平决定的单位产品原料、燃料的消耗额，运输距离、运输条件。因此，从运输的观点看，产业合理布局的原则有三条，即：使生产接近原料地、燃料地和消费地，尽可能缩短货物运输距离；使生产接近便捷的交通线，或者尽可能支出便宜的运费，或者尽可能缩短运输时间；尽可能沿河、沿湖、沿海建厂，充分发挥水运载量大、运费便宜的优势。

要大力发展综合运输。因为国民经济的运输任务是由铁路、公路、水路、航空和管道等多种运输方式共同完成的，而各种运输方式在技术经济上各具特点，各自适应于一定的自然环境和社会需要，实现综合运输就能合理地组织各种运输方式的分工协作，做到：充分利用各种运输方式的优点，降低运输成本；在各种运输方式之间合理分配运量和线路建设投资，实现运输结构的合理化；协调各种运输方式之间的联系，实现"一条龙"联合运输。像我国这样国土辽阔、区域经济发展水平不均衡的国家，一方面要发挥铁路的骨干作用，同时也要尽量利用水运、公路运输和管道运输的长处，合理组织各种运输方式的联运。

水运具有巨大的优越性，在我国运输较为紧张的情况下，发挥水运优势十分重要。为此，一方面要增加水运投资，整治港口、码头和航道，扩大吞吐和通航能力；另一方面，要沟通港口与铁路和公路车站联系，组织铁路—海洋联运，铁路—内河联运，提高货物送达速度，降低运输成本。例如在阳泉—青岛—上海间组织水陆联运，每年可节约运费数百万元。

实行综合运输，还应注意协调长、短途运力，发展公路汽车运输。随着交通运输向现代化方向发展，干线运输愈发达，需要通过短途集散的货物也越多。因此必须发展具有短途运输优势、方便、灵活的汽车运输，使其与长途运输保持适当比例关系，使之相互协调，紧密配合。

在产业布局和运输方式既定的情况下，实现合理化运输的基本途径是合理调配运量和实现产销平衡。这有待于运输的科学管理，由产、运、销各部门共同拟定物资调运的合理流向。而要做到这些，这就要求进行货流规划，在运输工作中引进数学方法。最常用的物资调运的数学方法是运输规划。例如有 m 个煤产地，其产量分别为 a_1, a_2, a_3, …a_m；有 n 个煤炭消费地，其销量分别为 b_1, b_2, b_3, …b_n；X_{ij} 表示由第 i 个产地到第 j 个消费地的煤炭运输量；C_{ij} 表示第 i 个产地到第 j 个消费地的运费（或距离）。运输问题的经济数学模型一般表达式是，在满足以下 4 个约束条件下，即：

$$\sum_{j=1}^{n} X_{ij} = \sum_{i=1}^{m} a_i, \qquad 各产地产品的运出量等于其产量；$$

$$\sum_{i=1}^{m} X_{ij} = \sum_{j=1}^{n} b_j, \qquad 各消费地产品的到达量等于其需求量；$$

$$\sum_{i=1}^{m} a_i = \sum_{j=1}^{n} b_j, \qquad 总的生产量等于总的需求量；$$

$$X_{ij} \geqslant 0, \qquad 各生产地到消费地的运量大于等于零。$$

便可以确定所有 X_{ij} 的值，使得其总运输费用最小，即

$$\min \sum_{i=1}^{m} \sum_{j=1}^{n} C_{ij} X_{ij}$$

例如有大同、原平、太原、阳泉等 4 个煤炭发运地，其发运量分别为 14、6、10 和 8 个单位；有北京、石家庄、天津、郑州等 4 个消费地，其销量分别为 4、6、12 和 16 个单位。调运方案如表 6-6 所示，其运输周转量等于 4×460＋10×593＋2×527＋4×767＋10×643＋6×121＋2×533＝20 114 单位 km。

表 6-6　模拟煤炭调运方案

	北京		石家庄		天津		郑州		总产量
大同	4	460		743	10	593		1 076	14
原平		390		355	2	527	4	767	6
太原		514		231		651	10	643	10
阳泉		404	6	121		541	2	533	8
总销量	4		6		12		16		38

很明显，这个方案便是 t·km 最小的方案。实现合理运输还有很多方法，如图上作业法、Q 表上作业法以及网络规划法，但目标是一致的。

<h2 align="center">第三节　邮电通信业布局</h2>

邮电通信业是以从事信息采集和传送等位移活动换取经济报酬的社会生产部门，它是社会的"神经系统"和先行部门，对社会繁荣、经济发展、科技进步、国防巩固和人民生活的提高都起到"倍增器"的作用。随着电子邮政、电脑电话、视频电话和卫星信息传送技术的发展，"信息经济"的流通正取代传统经济的流通，推动着世界经济的重大变化和工业社会向信息社会发展。

一、信息流

由于邮电通信业是以信息流为劳动对象的，信息流的数量、特征、空间分布和流动趋势，都直接影响邮电通信业的业务状况与经济效益。所以在讨论邮电通信业布局之前，先要介绍一些有关信息流的知识，以便把握邮电通信业的内在特征和运行规律。

（一）信息流的空间要素

信息是借助文字、语言、数字、符号、图像传送的能够充实接收者智能和改变接收者行为的最新消息。所以凡是信息，必须是新的和有用的。控制信息空间流动的要素有三个：信

息源、信息场和信息环境。

1. 信息源

信息源是产生信息的源地。美国地理学家约翰·劳尔(John Lowe)等人曾将信息源分为两种类型，即公用信息源和私人信息源。公用信息源是指利用一定的技术装备和手段，同时向多数人传送同一信息的源地。除了无线电台、电视台、报纸等新闻媒体属于公用信息源以外，还包含了其他许多传播媒介，例如广告牌、传单以及为数众多的期刊和杂志。私人信息源又称非公用信息源，它是指个体为了某种需要向少数的其他人提供的信息，是私人利用的信息，例如由个人发出的信函、电报、传真以及命令和要求等均属非公用信息源。

根据信息源的表现特征以及采集和播放信息的不同方式，可将信息产业分为三种类型：邮电通信业、新闻广播业、计算机软件产业。邮电通信业的劳动对象是私人信息源，即从私人信息源采集信息，再传送到私人接收者手中去。新闻广播产业的劳动对象既有公用信息源，也有私人信息源，即从私人那里采集信息，经过编辑、汇总，再由媒体传送给众多居民。计算机软件产业的劳动对象兼有上述两个产业特点，是从私人信息源和公用信息源两个源地采集信息，然后再以文字、数据、图像、语言等形式向私人和公众传送出去，它是邮电产业和新闻广播产业发展的技术依托，在信息产业中占有特殊的地位。

2. 信息场

它是指信息到达和作用的空间范围，一次信息流动的目的地。居住地点决定一个人的信息场或利用的全部信息源，而一个人的信息场决定着什么时候接收和接收多少信息。个人与公用信息源接触的数目决定着信息场接收信息的多少，以及接收时机的选择。个人信息场为领导者的行为和决策提供了重要基础。需要说明的是，信息场对信息有过滤功能，也就是说，信息场接收信息有一定选择性，不是什么信息全都接收的。例如，正在麦收期间的农民，可能对天气预报感兴趣，一个股民可能对股市行情及其走势信息最关心，一个球迷可能为收看世界杯足球赛而废寝忘食。人们总是根据自己的爱好和需要，选择接收来自信息源的信息。

3. 信息环境

信息环境是指多种多样信息源的集合体。一个区域信息环境的优劣，是以它拥有的信息源数目来度量的，信息源数目多，种类齐全，信息接收快，选择性强，就是优越的信息环境。反之，如果信息源单调、贫乏，信息传送慢，又没有选择余地，就是贫乏的信息环境。

在地球表面，分布着各种各样的信息环境(见表6-7)，但其表现特征有相当大的差别，信息环境的优劣与国家经济发展水平呈正相关。在相对贫穷国家，例如印度和巴基斯坦等国，国民经济发展水平不高，相应的信息源也相当有限。两国每百人拥有的电话机数仅相当于美国的1.7%，电视机拥有量也仅分别相当于美国的4.9%和2.3%。在这样的环境里，很难形成多种多样的信息流。因而对信息利用处于一种饥饿状态，无论来自哪里的信息都要利用，这就导致政府要控制和审查境内的信息源，只允许对政府有利的电台和电视台存在。在富裕国家，经济发达，人均国民生产总值均在1万美元以上。相应的信息源也相当丰富，例如日本每百人拥有的电话机数和每10万人拥有的移动电话数，分别相当于巴基斯坦的48倍和105倍，每千人日报发行量和电视机拥有量分别为印度的16.7倍和17.0倍。在这样的信息环境里，信息利用达到相当高的程度，人们可以根据众多的信息源，选择接收所需的各种信息。随着国民经济和科学技术的发展，各国信息环境的差距将日趋缩小，信息环境的均匀性，将有助于提高信息的传送质量和传送速度。

表6-7　部分国家信息环境比较

项　目 国　家	人均国民生产总值 （美元）	电话用户 （每百人）	移动电话用户 （每10万人）	日报发行量 （每千人）	电视机 （每千人）
巴基斯坦	460	1	12	21	19
印　　度	340	1	/	31	40
伊　　朗	2 120	7	/	18	62
马来西亚	3 890	15	442	142	157
美　　国	26 980	59	4 326	228	817
日　　本	39 640	48	1 260	576	681
英　　国	17 800	47	2 595	315	479
德　　国	27 510	48	958	317	560
俄　罗　斯	/	16	4	267	377
澳大利亚	18 720	50	2 150	297	489

注：根据1997年国际统计年鉴整理。其中日报发行量为1995年资料，移动电话为1992年数据，其余为1994年数据。

（二）社会网络和信息流产生

信息流是人类社会特有的一种社会现象，它产生于人类社会的生产、工作、学习、交往活动中。从信息流产业的观点看，人有两重性：一方面，人是个信息源，每时每刻向其周围传送各种信息；另一方面，人又是一个信息场，它可接收来自各种源地的信息，并以此调节自己的行为。为此，每个人总是通过互补联系与其他人发生接触，形成一个促进信息流通的社会网络。

1. 社会网络类型

美国华盛顿大学教授约翰·劳尔等人在其所著的《人文地理》一书中曾将社会网络分为三个一般类型，即：亲属社会网络，友谊社会网络，职业社会网络。

亲属社会网络是建立在生物学关系基础上的。一个宗族是一个亲属网络，在这里成员之间是由一个极为复杂的关系连接在一起，是通过源于一个共同的祖先确定的。在这样的社会网络中，连接是十分广泛的，并按相似的人的外观延续着。在东方国家，亲属社会网络较稳固，父母、兄弟、姐妹以及他们的后代围绕着长者的接触相当频繁。但在美洲一些国家，这种关系简单得多。

友谊社会网络是在共同的经历、思想和感受的基础上，与志同道合者频繁接触建立起来的一种社会联系，而这种联系大部分是在邻居中进行的。当然，这种社会联系的广度和强度，与其行为主体的性格有密切关系，乐于与人打交道的，朋友间的信息联系就很广泛、很频繁；反之，性格内向的人与朋友的信息联系便很有限。

职业社会网络是在与同事直接接触当中建立起来的，是建立在人与人工作接触基础上的。但是一个人在社会分层结构中的位置，总是随着竞争发生变化的。一个人可以由一个单位转到另一个单位，从一个行业转向另一个行业，从一个地区转向另一个地区。所以职业网络是非常不稳固的。

在以上三种社会网络中，每个人的具体接触情况也有不同。有些人的接触是短暂而且很少发生的；而另一些人则是长久的经常发生的。因此对信息流的产生，也有不同作用。有些人可能同时属于三个网络，而另一些人可能只属于某一个。

2. 社会网络的结构

社会网络的结构，指与信息流有密切联系的网络的空间范围特征。有开放的结构与封闭的结构两种形式(见图 6-17)。前者涉及范围广，接触类型多，亲属、友谊、职业等三种社会网络在此重叠较少，而且由于它与许多不同类型的人接触，有潜力产生大量的多种信息流；后者空间范围有限，亲属、友谊、职业三种社会网络的范围差别不大，且重叠较多，是一个地方信息不断扩展增大的结构，而且许多外部连接的限制阻止了非地方信息的进入。由于所有的接触都限于一个有限的小区域之内，接触基本在地方的邻里间进行，因此产生的信息流是极为有限的。

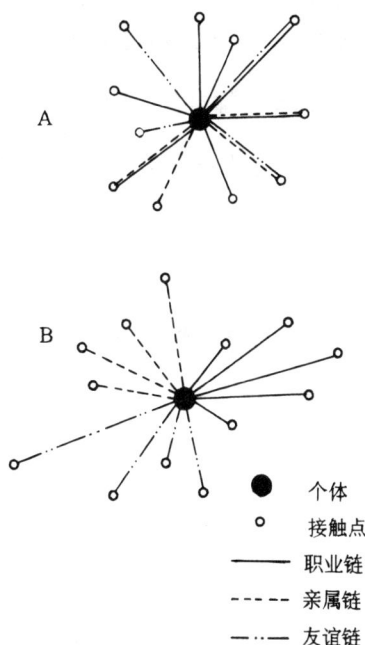

图 6-17　社会网络结构

(来源于 J. Lowe：Human Geography)

(A) 闭网络　　(B) 开网络

社会网络的结构，控制着行为主体之间的信息流。一个网络的开放程度，既影响人口传播新思想的速度，也影响一个人得到信息的数量和种类的多少。封闭的空间限制信息扩散，而开放的社会网络可以覆盖广大的区域。所以社会网络结构决定着信息流的空间过程。

(三) 信息流的空间传播

信息在空间扩散和传播是有其规律的，认识和掌握信息传播规律对邮电通信业的布局十分重要。

1. 信息传播过程

无论是来自私人信息源的信息，还是公用信息源的信息，其自然扩散过程都遵循基本的、扩展的、凝结的及饱和的 4 个传播阶段。基本阶段又称初始阶段，是信息源和信息场均十分有限，传播速度十分缓慢的阶段；扩展阶段是信息源与信息场大量增加，传播速度相应加快的阶段；凝结阶段，是信息源、信息场和扩展速度均处于同步增长的阶段；饱和阶段，指某一特定信息在传播中，远、中、近地域的信息流均达到很大规模，潜在信息源大大减少，采用和接受该信息的人数趋向饱和的阶段。

克利福(Cliff)、A·D·奥得(A. D. Ord)和 J·K·奥得(J. K. Ord)于 1975 年在《人文地理空间模式建立和分析》一文中提出了一个描述信息传播过程的对数模型，表达式为

$$y_t = K(1 + e^{a-bt})^{-1}$$

在这里 y_t 为采用某种信息者的数目，K 被理解为最有可能采用某信息的人数，a 是截距，b 是斜率。这个公式描述出一个反映不同阶段传播状态的 S 型曲线。

2. 信息传播类型

从空间过程看，信息传播可归纳为单串型、集中型、随机型、重新区位型和等级传播型

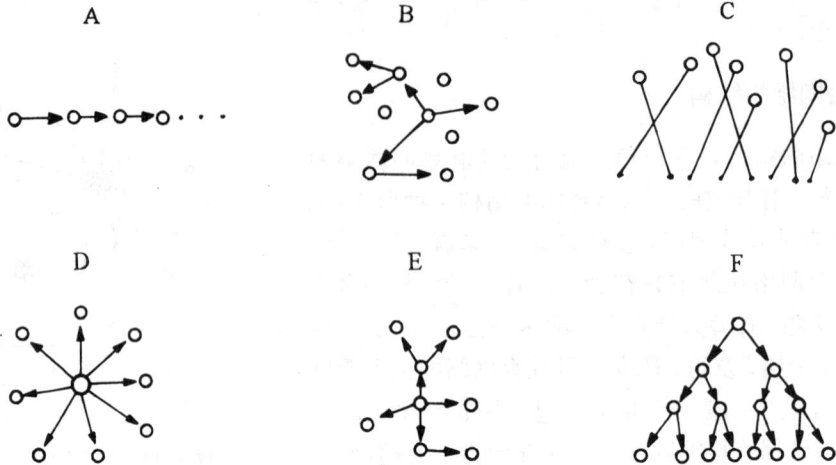

图 6-18 信息传播类型

(A) 单串型 (B) 随机型 (C) 重新区位型 (D)(E) 集中型 (F) 等级型

等 5 种类型（见图 6-18）。单串型是一种传递传播，首位行为主体为信息源，末位行为主体为信息场，其余介于中间的行为主体，既是信息源，又是信息场，并依次将某种信息传播到每个采用者；集中型表示只有一个信息源；随机型表示有些行为主体只做信息源和信息场的一种，有些行为主体既做信息源，又做信息场，这样一步步随机地信息传播下去；重新区位型是若干信息源移动位置，到别处传播信息，这对促进不发达地区经济振兴具有重要意义；等级传播型是以信息丰富和信息环境优越的中心城市为信息源，逐级向下传播，最后到达最底层，这是效益最高、速度最快的一种信息传播类型。在现实生活中，信息传播多数情况并不是只单独采用某种传播方式的，而往往是几种方式混合使用的。

二、邮电通信业生产特点和空间布局要素

在我国，邮电通信业同时办理邮政和电信两类业务。前者指信函邮件的收寄和传递、报刊发行和汇兑等业务；后者包括电话、电报、传真和数字通信等业务。无论办理哪种业务，邮电通信业的基本任务都是准确、迅速、保密、安全、方便地为国民经济和人民生活服务，是社会活动的"中枢"。在当今信息时代，邮电通信更具有重要意义。它通过邮路和电波把数以千万计的信息源与信息场紧密联系在一起，并通过迅速、准确的信息收集、整理和传递，高时效地指导和调节着社会市场供求、商品生产布局，以及国民经济和人民生活的节律；信息流的传输和处理活动，极大地克服了人类社会联系的空间阻力，从而替代了两地间的许多人流和物流，大大节约了运输时间和运费开支。所以在大多数情况下，邮电通信业为社会提供的间接经济效益，远远大于邮电业自身的直接经济效益。据苏联长途电话的效益调查，直接

效益占 5%～10%，而间接效益占 90%～95%。因此，随着社会生产力的发展，世界各国都致力于邮电通信网的现代化建设。我国 1995 年邮电通信业的业务总额为 988.5 亿元，仅占国民生产总值的 1.7%，发展任务十分艰巨。为了避免邮电通信业建设投资的失误和风险，必须要把握邮电通信业的生产特点及其布局要求。

（一）邮电通信的生产特点

邮电通信业的劳动对象是各种信息，因此它与交通运输业一样，同工农业物质生产部门既有共性，也存在差别，是一个特殊的物质生产部门，其主要特点是时效性、公用性、准确性和全程网络性。

1. 时效性

邮电业产品是信息和邮件的传输和移动，它的生产和消费是同时进行的，不同时间信息流的内容和形式都不尽相同。而且信息流都要求有极强的时间性，例如商品地区流通要求以最快的速度来搜集、整理和传递各地最新的市场动态和商品需求走势，信息不同则会给生产经营和社会生活带来重大损失。所以时效性是邮电通信业追求的最重要、最基本的目标之一。

2. 公用性

邮电业既是私人信息源的信息场，又是私人信息场的信息源。它点多、面广，具有极强的公用性和服务性，个人、集体、企业事业单位、党政机关和人民团体的一切活动，都与邮电通信业有密切联系。这种公用性，使邮电通信业较一般工商业具有相对稳定的发展机遇和较小的竞争风险。

3. 全程网络性

邮电通信包括信息源、信息接收终端以及连接信息源与接收终端的邮路、电缆和电波三个部分，它们彼此交织，形成生产、交换、消费过程一体化的全程网络，邮电产品的生产只有通过全程网络的协作才能完成。任何一个邮电企业只是这个全程网络的组成部分，而且它们的经济效益需要通过对邮资的再分配才能实现。这就造成邮电企业在生产经营上对全网以及其协作单位很强的依附性。

（二）邮电业空间布局因素

从本质上讲，邮电通信是信息和邮件在地理位置上的移动过程，它与自然地理和社会经济环境有密切的关系。

首先，作为邮电通信业劳动对象的信息流，都是产生、并服务于一定的社会经济系统的，信息流量与区域人口数量、密度，尤其是经济发展水平和经济联系的外向性呈现正相关。人口数量大、经济发展水平高的国家或地区，信息流量大，种类多，推动了邮电通信业的迅速发展。例如，1995 年，北京、上海、江苏、广东等发达省市的人均函件分别为 48.0 件、40.1 件、7.6 件和 14.4 件，而经济欠发达的甘肃、宁夏和新疆等省区的人均函件分别只有 3.7 件、4.5 件和 5.4 件，发达地区的信息流比欠发达地区要大得多。

其次，信息和邮件的传输是通过克服空间阻力实现的，自然地理环境对邮电网的分布以及信息流的流量和强度都有深刻的影响。邮政通信基本上是利用特定交通工具在既有交通线路上进行的，所以台风、冰雪、暴雨、浓雾、山洪、塌方、地震、泥石流等自然灾害都可能导致邮政通信的中断；此外，有线通信的架空明线和地上、地下电缆的敷设、管理和维护，都要受地形地貌和水文地质条件的影响，高山、深谷、地质病害，江河、湖、海都可能增加有线电网的建设和运营费用。无线通信是通过电波传输信息的，地形障碍可使电波发生反射、吸收和绕射现象而中断和衰减，如果要保证通信质量，还需要采取各种工程措施，从而也大大提高了通信成本。

三、邮政通信网布局

邮政通信网是由各级邮政中心和各种类型的邮路相互交织而成的一个有机整体，它统一调度和协调配合，使信息和邮件传递能经常保持衔接和畅通无阻的状态。建国以来，随着国民经济的发展，我国邮政通信业也取得了举世瞩目的成就。截至1995年，我国已有邮电局所61 898处，相当于1952年的1.25倍；包括农村投递线路在内的邮路总长，已由1952年的128.9万km发展到523.2万km，增长了3.1倍。

(一) 邮政通信中心布局

邮政通信中心是指负责收寄、经转、投递邮件的专门机构，是邮政通信网的心脏。在我国可分为一般邮政通信中心，国内邮件转口中心和国际邮件互换中心等3种类型。

1. 一般邮政通信中心

有不同等级的区别，包括邮电局、邮电支局和邮电所三级，其功能、地位和布局条件各不相同：邮电局一般以国家县、市行政辖区范围设置，多布局于人口集中、工商业发达的县级以上政府机关的驻地。负责经办辖区范围信函、邮包的收寄、经转和投递。在我国邮政与电信分设，它们分别负担邮政通信业务和电信业务；邮电支局的通信业务量仅次于邮电局，一般按社区、街道、交通要道、车站、码头以及较大的乡镇和重要工矿企业所辖的范围设置；邮电所的通信业务量又次于邮电支局，在有较繁忙的业务量而又不够设置支局条件的社区、街道和重要的乡镇、大企(事)业单位设置。

除以上邮电通讯中心以外，星罗棋布的邮政信箱、信筒以及邮政代办所和邮票代售处等，也是邮政通讯服务网点的组成部分。1995年，我国散布于各地的信筒、信箱就有20余万处。

2. 国内邮件转口中心

这是指负责经转各类邮件的邮政通信中心。所经转邮件的源点和终点均不在本局辖区，而是通过一条邮路交发本中心，再由另一条邮路发往其他邮政通信中心。国内邮件转口中心的经转业务，一般包括邮件运输上的经转和邮件分拣、封发上的经转两种类型。前者是将经某一转口中心接收到的总包邮件，原封不动地按规定的发运路线转交另一条邮路，寄往另一转口中心或邮政通信中心；后者指接转中心接收到的，不够直接封成套袋的零散邮件，经过分拣后，按寄达地点分成套袋，再发往其他接转中心或寄达局。转口中心的布局，要充分考虑交通的便捷性，至少要布局在两条邮路的交叉点上。它是邮政通信网络的枢纽，其发送、分拣的准确性和时效性，直接影响全网的通信效果。

转口中心的选择，是一个极其重要的现实问题。因为如果近道远发、远道近发或不顾邮路乱发经转，都将延误邮件寄达时间。转口中心选择和布局的标准是：经转层次少；邮件邮路短；传递快和经转作用大等。因此在转口中心布局时，必须认真研究其地理位置、交通条件、邮路衔接状况以及它在统一通信网中地位和经转范围。

3. 国际邮件互换中心

它的任务有三项：一是向外国邮政机构封发邮件总包；二是接受、开拆和处理由外国邮政机构发来的邮件总包；三是经办零散过境的国际邮件。国际邮政通信的另一类中心是国际邮件交换站，它的业务范围较小，既不封发出口邮件总包，也不开拆进口邮件总包，其任务是直接或间接同外国邮政机构交换邮件总包。我国的国际邮件互换局兼交换站在北京、天津、满洲里、二连、大连、丹东、集宁、图们、长白、南宁、凭祥、水口、塔城、喀什、昆明、河口、开保、亚东、上海和广州。国际邮件互换局在沈阳、哈尔滨、青岛、福州、厦门、汕头、海口、深圳、拉萨、伊宁和乌鲁木齐等地。

（二）邮路及其类型

邮路是连接各级邮政通信中心，担负输送邮件任务的线路。由于邮政通信业务是借助交通运输实现的，而承接邮件运输的交通线都是有质量标准和输送能力要求的，所以邮路有两类分类法，即邮路交通分类和邮路功能分类。

1. 邮路交通分类

按交通线路的差别，可将邮路分为旱班邮路（指利用步行、自行车、畜力驮拉等非机动工具输送邮件的邮路）、水道邮路（利用船舶输送邮件）、航空邮路、汽车邮路和铁路邮路等5种类型。

2. 邮路功能分类

按照邮路输送邮件的功能和管理体制，可分为干线邮路、地区邮路、乡村邮路和市内邮路4种类型。

干线邮路是指具有全国意义的重点邮路。包括：从首都至一级行政区邮政通信中心的邮路，连接国内一级行政区邮政通信中心间的邮路，通往重要港口国际邮件交换站的邮路。其共同特点是邮件流通量大，线路运输最繁忙，送达速度快，由高级邮政机构进行管理和调度，流通井然有序。

地区邮路是邮件流通量仅次于干线邮路，并由国家一级行政区邮政机构管理的邮路。包括：省会（首府）至各县、市的直达邮路，沟通省区内各县市之间的邮路，连接邻省市、县的邮路，以及由省级邮政管理局通往重要农业区、重点工矿区邮政通信中心的邮路等。它们是担负城乡联系的重要邮路。

乡村邮路指邮件流通量较少，传递功能较低，由市、县邮政机构管理和调度的邮路。包括：由市、县邮政通信中心至区、乡、镇、村邮政通信中心的邮路，区、乡、镇、村通信中心之间的邮路，以及连接千家万户的农村投递线路。这是沟通广大农村信息源的邮路。

市内邮路具有邮路较短，服务对象较多，业务类型复杂，邮件接转量大等特点。它是指市级邮政通信中心至市区各支局、所之间的邮路，其中，包括报刊拉运，到交通枢纽接发邮件，以及开取信箱和市内转趱投递的邮路等。

（三）邮路选择

邮政通信业的基本要求是邮件送达速度要快，运营过程的支出要少。所以邮政通信业生产需要合理布局。由于邮政通信业接转、寄发和运送邮件是借助既有公路、铁路、水路和航空线路等交通线路进行的，不存在对运输线路的建设和投资问题。所以，邮政通信合理布局问题实质上是对运网中交通枢纽和既有线路的选择利用问题。实际工作中，不仅存在转口中心选择问题，同时也存在邮路的合理选择问题。邮政通信的邮路选择需要坚持两条原则：一是要保证全程服务，要与邮路上的每个信息源和信息场保持面对面的接触，以满足服务对象在时间上和地域上对邮政通信的要求，所有的邮路都必须走到；二是要保证走最短径道，杜绝因迂回运输和过远运输造成的投递时间过长和运费开支过大而造成不必要的损失。

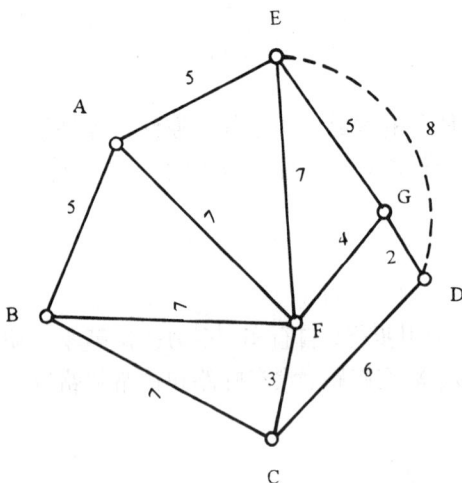

图 6-19　邮路选择
线路表示街区，点为街区交点，数字为街区长度

邮路选择问题，可借图论中的连通法来解决。假定存在一个邮政通信网（见图 6-19），线表示居民分布的街道，点代表若干条街道的交点，数字表示街道的单位长度。那么在这样的邮政通信环境中，邮递员应该如何选择邮路，才能满足邮路选择的两条主要原则呢？首先，将邮政通信网看作图论中所说的网络。在这样的网络中，把原来代表街道的线叫做边或弧，把点叫做节。1 条弧与节相交叫 1 弧结，2 条弧与节相交叫 2 弧结，n 条弧与节相交的结叫 n 弧结。如果节与偶数弧相交，叫偶节，与奇数弧相交，叫奇节。其次，要掌握不间断、不重复、一次性通过网络全程即最佳邮路的条件。按照图论的观点，一个连通图（或连绘图）必须具备以下两个条件：如果网络中起点和终点在一个节点上，这个网络只有全部是偶数节时，才能不重复地一次性通过；如果网络中起点和终点不在同一个节点上，它必须只有两个奇节，其余全是偶节时，才是能够连通的网络。凡不符合这两个条件的网络，都不是连通的网络。再次，来具体分析已知网络是不是连通网络。如果是连通网络，那么按一定次序不重复地通过全程的径道就是最佳邮路。如果给出的网络不是连通网络，则要想办法使其变为可连通的网络，通过全程的最短径道便是最佳邮路。图 6-19 的网络，是 7 个节点的网络，其中有 1 个偶数节（E），6 个奇数节。很明显，这不是一个连通网络，也就是说，它不能不重复地一次通过全程。所以要在其上添加辅助线使它变成一个符合连通条件的新网络。由于加上了辅助线，新网络比原网络线路长度也增加了，也就是说原网经过一定的重复，才能变成可以不重复通过的连通网络。由于要追求线路最短的目标，辅助线一定要加在原网络最短的线路上。在图 6-19 中，DG = 2，FC = 3，是网络中最短的线路，所以应该将辅助线加在 DG 和 FC 上。这样新网络变成了 5 个偶数节和两个奇数节，成为一个连通网络。投递员的最佳邮路

为 AEDGDCFCB—FGEFAB，全长 71 个单位，是这个邮政通信环境中的最短线路。

（四）邮区划分

邮区是为选择合理邮路，避免邮件迂回运输，对邮政通信中心邮件经转范围的地域划分。我国将 2 400 个县、市级邮政通信中心和 34 000 多个乡镇级通信中心划分为 280 个邮区，邮区范围大致与行政地区的范围一致。每个邮区拥有一个通信中心，经办本区范围的进出口邮件。这些邮政通信中心，大都位于邮政通信网络的枢纽上。在 280 个邮区中心局中，51.4% 位于全国干线邮路上，44% 位于省内干线邮路上，设在工矿区的仅占 4.6%，说明我国邮区的划分是基本合理的。

四、电信通信网布局

电信通信网是由各级电信传输、接转中心与架空明线、短波、超短波、微短波以及卫星地面接收站等多种电路组成的通信系统。包括公用电信网与专用电信网两部分。在我国，前者由邮电部门建设和经营，为整个社会服务，是统一电信网的主体；后者是仅供军事、铁路、水电、石油、广播等部门专用的电信网。专用电信网对公用电信网有较大的依附性。一般在公用电信网所及范围，专用电信网是租用公用网的部分电路进行工作的，只有在公用网没有到达的地方或公用网不能满足专用网的通信要求时，才由有关部门建设仅供某一部门业务使用的专用电信网。

（一）公用电信网布局

公用电信网承担全社会的信息传递任务，是全国的"神经系统"。一个国家的公用电信网，应当覆盖全国，要尽可能伸展到有人居住的每个角落，并通过若干点与世界各国电信网接转。实际上，在信息现代化的今天，各国公用电信网已相互连接，构成一个庞大的全球公用电信网。公用电信网内部结构也相当复杂，它包括电话通信网、电报通信网、传真通信网、数字通信网、图像通信网、计算机通信网，以及电视、广播等专业通信网。而电话通信网又可分为国际电话通信网、长途电话通信网、市内电话通信网和农村电话通信网等多种类型。在公用电信网中，电话通信网是基础，其他许多通信网是借助电话通信网进行工作的。

1. 公用电信中心

这是各种电信网的汇接和辐射点，办理各种信息传输和接转业务，是统一电信网的心脏。根据汇接和辐射电信网的规模和范围，公用电信中心又可分为大区中心、省区中心、地区中心和县级中心等 4 个规模等级。

大区中心一般位于政治、经济、文化、交通集中的中心城市和电信网络的枢纽，以大区电信网中心所在地的电信局领导该区电信传递业务。我国北京、天津、上海、南京、武汉、沈阳、西安、兰州、成都、重庆都是大区电信通信中心。它们或者是大区政治、经济、文化、交通中心，或者是处于电信网络的枢纽地位。

省区中心由省级电信网络进行设置，一般省会就是全省的长途电信网络中心，省会电信局负责领导全省的电信传输业务。

地区中心一般位于行署、市或自治州政府驻地，是本地区的电信网络中心，该地邮电局负责本区范围的电信传递业务。

县级中心一般位于县城，是全县的电信网络中心，县邮电局负责该县范围的电信经转和传递业务。

2. 电路等级类型

无线通信是通过各种频率的电波实现的，而有线通信则要靠架空明线和地上、地下电缆传输信息。电缆和架空明线的规模，是以它们所承载的电话线路数表示的。根据电路容量规模，可将长途电路分为一级电路和二级电路两种类型。一级电路是指电缆容量很大，是电信传输中特别重要的电路。在我国，北京至大区电信中心的电路，大区电信中心之间的电路，北京和大区电信中心至各省电信中心的电路，各省电信中心间的电路，均属一级电路。例如建国后相继建成的京沪杭和京汉广两条中同轴1 800路电缆干线，在沪宁、杭福、沈大、济青、成渝等地建成的许多电缆干线，以及与日本共同敷设的中日海底电缆等，都属一级电路。二级电路的规模和重要性均不及一级电路，仅具有地方意义。主要包括：省级电信中心至地区电信中心之间的电路；省级中心、地区中心至县级中心的电路；县级中心间的电路。

以上各级电信中心与各级传输电路相互连接，构成一个迂回绕转、安全畅通、灵活调度的统一完整的电信通信网。

(二) 专用电信布局

专用电信网种类很多，最常见的有军事电信网、铁路电信网、交通电信网和广播电视传输网。

1. 军事电信网

这是用于军事目的的由军事部门经办。具有高度机密性的电信网。在各国军事电信网中，以美国的军事电信网最为完整。它建成于60年代，拥有长达6 720万km的传输电路，遍及五大洲的75个国家和地区，有4.3万条专用线路和3.2万条交换线路，其中60%在美国本土，40%在国外军事基地。

2. 铁路电信网

这是由站间电话，区间电话，线路调度电话，货物、电力调度电话，场站专用电话，列车预报电话以及相应电话设施构成的无线通信与有线通信电网的有机集合体。俄罗斯和德国都有比较完善的铁路电信网，有相当数量的微波和同轴电缆，基本实现了全路统一编号，并正在实现全路数据通信网络化。我国铁路电信网以电缆和光缆为主，微波为辅。目前专用地下电缆和架空明线在5万km以上，并有1.1万km以上的小同轴和对称综合电缆，共有各种交换机20余万门，电报、电话网点1 100个，担负着繁忙的铁路运输任务。

3. 交通系统电信网

这是一种以交通运输和对外贸易为目的，多用途、综合性的电网。既有无线通信，也包括有线通信，全网由江岸和海岸电台、港口区域通信枢纽、沿运输线路自建的长途电路、以及租用的邮电长途电路等 4 部分组成。这对保障船舶航行安全，及时救助遇险船只，提高运输生产效率，都起了重大作用。

4. 广播电视传输通信网

这是一种以传输音、像为目的的无线电信网，由广播电台、电视台、插转台、卫星地面接收站、视频和音频电波、以及数以千万计的视频和音频接收终端等要素构成，具有众多服务对象，网络几乎覆盖了全国范围。我国于 1986 年开通了国内卫星通信网，建设了 2 000 多个卫星电视地面接收站。通过微波线路和卫星通信地面站收看的全国性电视节目传输网已初步形成。

（三）电信通信网布局的地域类型

尽管电信通信网有各种各样的类型，但无论哪种电信通信网，都可以看作通信中心与通信电路的集合体。它们在布局上具有共同的目标和要求，因而表现出共同的布局类型。从电信通信网的功能上看，可以看到三种不同的布局类型，即集中型、蔓延型、内聚化型（见图 6-20）。

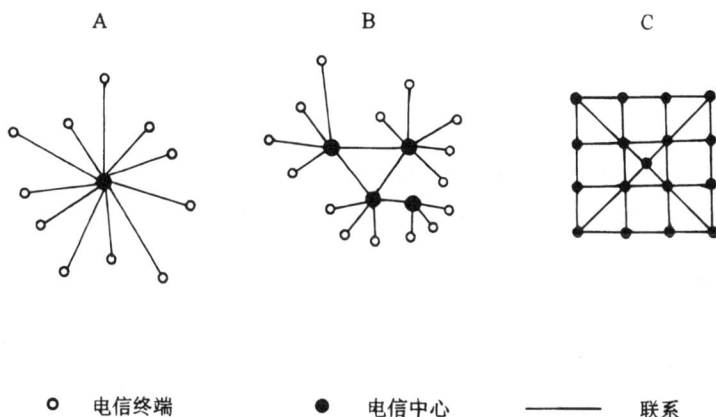

A　　　　　　　　B　　　　　　　　C

○　电信终端　　　●　电信中心　　　————　联系

图 6-20　电信通信网布局
（A）集中型　　　（B）蔓延型　　　（C）内聚化型

1. 集中型电信网

是一个电信中心与众多终端信息源组成的电信网，电路全部由中央电信中心向终端辐射，来自各个终端全部信息必须由中央电信中心接转和输送。在这种情况下中央电信中心的设备及其接收和输送信息的功能，基本上决定了整个电信通信网的功能；中央电信中心传输信息的可靠性，决定着整个电信网的可靠性。这是电信通信业发展早期的布局类型。

2. 蔓延型电信网

这是由几个电信中心与众多终端信息源组成的电信通信网。很显然，这是由集中型电信网扩展而成的。它的特点是除了中央电信中心以外，又增加了一两个次一级的电信中心，处理和接转来自终端的信息。因此它的传输信息的功能和可靠性，比集中型电信通信网提高了。

这代表发展中的电信网的布局类型。

3. 内聚化型电信网

也可称网格式电信通信网，它的特点是电信网中的任何一个电信中心至少与两个电信中心直接相连，因此它传输信息功能和接转信息的可靠性最高，代表了成熟的电信通信网的布局类型。

一般而言，现代化电信网中的主干电信网多为内聚化型布局，而非主干电信网则多为集中型布局，而有些电信通信网布局时兼有集中型、蔓延型和网络型布局的特点。

（四）世界电信通信发展趋势

60年代以来，随着高技术的广泛应用，电子通信进入了蓬勃发展的时代。1994年美国的电话普及率已达到60%以上，加拿大、法国、英国、德国等发达国家每百人拥有的电话机已分别达到57部、54部、48部和50部。通信技术已成为当今信息社会发展的重要支柱之一。从当前发达国家竞相开发的动向来看，通信技术与计算机技术、微电子技术、激光技术、空间技术和生物技术等其他高技术的互相渗透和融合，已成为今后通信技术发展的新趋势，其主要表现是：

1. 信息图像化

传统的话音通信业务已满足不了经济发展的需要。可视信息系统、电视图文广播业务、图文传真和可视电话将不断取代话音信息传递方式。1993年日本、加拿大、美国、法国、德国、英国、意大利、澳大利亚等发达国家拥有的传真机已达到2179.8万部。

2. 信号数字化

由于数字传输和数字交换设备的引入，将使电信网结构发生根本变化，线路结构逐渐向网状过渡。美国电报电话公司（AT&T）早在1990年就在电信网上使用了动态无极选路技术。

3. 电路光纤化

利用光导纤维替代电缆和架空明线可解决超距离信息传递问题。日本、美国竞相开发 $1.55\mu m$ 的长波长单模光纤通信系统，光纤传输正成为世界传输技术的主流。

4. 设备微型化

随着电子技术的发展，通信设备正向集成化、微型化、智能化的方向发展。伴随数字交换技术的发展，尤其是电子通信设备采用了中大规模的集成电路，机器体积不断缩小，而智能化程度则大大提高。

由于以上电信通信技术的发展，电信通信传输将出现两个显著特点，即：由信息传递转向信息搜集、传递、处理和控制的一体化，成为一个由传感、通信、计算机技术相结合的具有高度智能化的综合业务数字通信网；将单一的人—人的通信扩展为人—机、机—机、机—物等多种通信手段，人机会话将得到更加突出的发展。

第四节 商 业 布 局

商业布局是指商业机构及其活动过程的空间排列组合形式和地域表现特征,一直是经济地理学的传统研究领域之一。商业布局的研究主要集中在空间分析和区域开发两个方面,前者侧重于集市、商业中心、商业机构、商业设施以及消费者的空间结构研究,后者则致力于以商品流、商品生产和商品消费为中心的区际联系和区域商业发展环境的探讨。

一、商业发生机制与布局要求

商业亦称贸易,是以专门从事商品流通而获取经济回报的国民经济部门,属于第三产业的重点行业。它的基本职能是通过商品买与卖的经营活动,在生产者与消费者之间媒介成商品交换,实现商品所有权的让渡。很显然,商业在促进商品生产、繁荣地方经济、保障城乡人民的物资供给等方面,发挥着极为重要的作用,是国民经济不可缺少的重要组成部分。

(一) 商业发生机制

社会商品交换,是以社会分工、生产资料和劳动产品属于不同所有者为前提的,并且是一种极为复杂的社会现象。它不仅涉及范围相当广泛,几乎包括了有关生产、生活、生存、发展和享受在内的全部社会产品,而且它的交换形式与内容经常随着商业的客体和载体的变化而变化,不存在一成不变的固定程式。但是商品交换不是凭空发生的,而是由一系列社会因素驱动和触发的。法国巴黎大学地理系比约·高涅尔(J. Beaujeu. Garnier)教授曾将引发商品交换的原因归纳为差异,愿望和距离等三种主要力量。

差异是一切贸易发生的基础。个人、企业、地区乃至国家之间,客观上都存在着差异性。对某种财富而言,如果一个人有剩余,而另一个人缺短,便产生彼此交换的可能性。例如,一个人可以用出售彩电产品的货币所得,换回别人的劳动、知识和创造力。财富所有者之间的差异是多种多样的。第一个差异,是商品生产和商品消费之间的差别,或生产多,消费少,或生产少,消费多,由此出现了商品的剩余或短缺。第二个差异,是由专门化生产而导致的商品种类的差异,有的生产粮、肉、蛋、奶等农副产品,而缺少耐用消费品,有的则正好相反。第三个差异,是来自加工手段以及信息广告方面的人为差别,导致产品质量、规格和人们认知上的差别。以上三种差别,在各个国家和生产者之间都是存在的。因而地区或个人之间便出现贸易"势差",这就为商业发生提供了可能性。

然而,可能性并非现实性,要将这个交换势差变为现实的交换,还要靠人们的需求愿望来驱动。生产者为了实现产品价值,希望部分或全部出售他的产品,同样,消费者为了得到使用价值,希望部分或全部购买所需产品。没有这个买或卖的欲望,商业过程既不能存在,也不可能维持。当然,消费者的欲望也不是固定的,它可能由于价格扰动、购买力提高,以及展览会、广告、旅行等直接的或人为的刺激而强化。

距离是对贸易刺激因素进行干扰的"缓冲器"。如果两地差异显著,买与卖的愿望都很强烈,而且距离较短,那么中心地将有相当大的商品交换频率和强度。相反,如果两地差异甚微,距离可能成为影响商品交换的重要因素。按照雷利(W. J. Reilly)的零售引力模型,商品交换量将与两地的距离呈反比。如果线路不仅仅是简单的直线距离，其地表的自然特征、运输条件、媒介成本甚至意识形态和社会偏见等因素，都会影响消费者和商品的空间移动。

（二）商业机构和交易中的财货循环

商业活动是在消费者、生产者、零售商、批发商以及经纪人、代理人之间进行的。它们之中，"点对"之间均存在买与卖的行为，并且彼此间都被货币和商品表示的双向循环链连接在一起，形成一个巨大而复杂的商业网络。商业网络的结构状况，决定着商业流通的强度、速度、频率和效率。根据商业网络中生产者、批发商和零售商之间的交易联系，法国巴黎大学比约·高涅尔和安妮·德罗毕（Annie Delobez）等人将其划分为 4 个交易循环类型。（见图 6-21）。

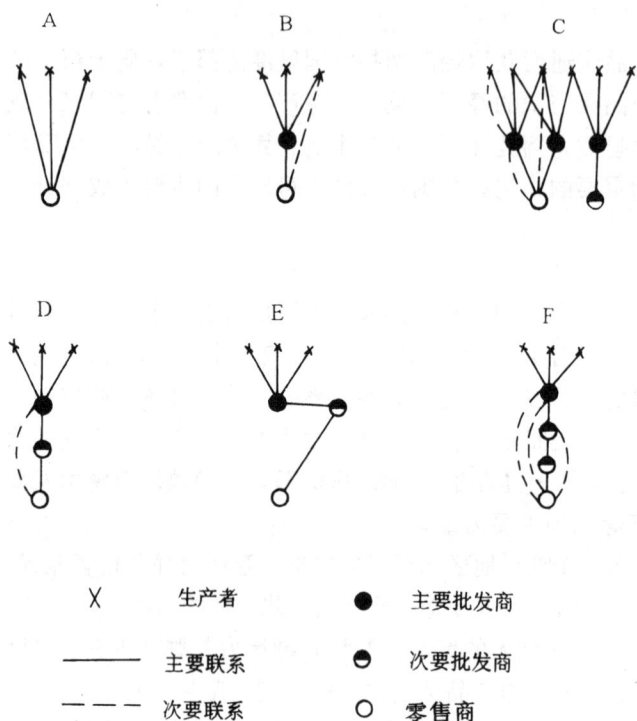

图 6-21　商业交易循环类型
（A）一次循环　（B C）二次循环　（D E）三次循环　（F）多次循环

1. 一次循环

这是由生产者与零售商之间的直接交易。前者通过让渡使用价值换回货币，后者通过让渡货币价值换回使用价值。一般而论，由于不存在中间环节，买卖双方均有利可图。但这种交易通常是小范围的，在运输距离和运输数量两方面受到限制。如果两地距离较远，而且销售的产品体积较大，为了保证市场供应不中断，则需要建设若干储备设施，负责产品的搜集、保护和储存，这就需追加额外开支。如果有果农向附近城市水果商供应水果货源，由于水果生产有很强的时令性，而消费则是全年均匀的，为了保证供应，水果商需要一定的保鲜和储存设备，这就需要以一定利润来给予补偿。

2. 二次循环

这是包含若干个产品搜集中间环节的交易类型，产品从生产者手里到达零售商店，需要二次买卖过程。很显然，它的商品交换速度、频率和效率，会受到一定影响。这种贸易循环类型有多种形式，但共同的特点是存在将分散的产品集中起来再销售给零售商的批发商以及利用既有仓库销售产品的中介人等双重机构。独家代理商的数目，取决于它的边际收益。

3. 三次循环

这是在生产者与零售商业之间，介入两个以点对方式直接联系的不同级别的批发商，这里的贸易参与者有生产者、主要批发商、次要批发商、零售商以及中间代理商等多种法人类型，它们既充当购买者，又充当销售者。商品从生产者手中转移至零售商，需要三次买与卖的过程。若干个批发商向同一综合商店提供一系列商品，它们之间也存在价格竞争。

4. 多重循环

这是指商业网络中具有三次以上循环的贸易循环类型，具有两个以上的中间批发机构，由多种法人类型构成，产品由生产者手中转移至零售商手中，要经过多次买与卖的经营活动过程。它是更为复杂的循环类型，因为商业与产品制造联系在一起。在商品生产地，第一个汇集点是仓库，它既是购买集中的点，又是销售分散的点，这些仓库和货物集散地，可以吸引众多厂商存在，它们是以批发连锁店为基础连接在一起的，是伴随不同水平的交易循环类型而产生的，也可以说是其他三个交易循环类型的复合体。

参与贸易循环的商业机构，是按它们拥有的商业设施状况反映出来的，有方便食品店、杂货店、百货商店、超市、连锁店、购物中心等，商品在他们之间流动依赖于产品供应过程和短缺循环周期。

（三）商业的一般特征

商业是国民经济的一个特殊的部门，它与工业、农业、交通运输业等物质生产部门比较，有许多不同特点：

1. 依附性

商业是从事商品流通的经济部门，它的性质、内容和作用，取决于并依附于它所服务的那种社会生产方式。在奴隶制和封建社会，往往由奴隶主或封建主兼营商业，主要是为奴隶主和封建主推销掠夺来的剩余产品，换取奢侈品和掠夺小生产者的剩余产品服务。尽管如此，它也促进了商品经济的发展和地区间的经济联系，加速了小生产者的分化，对奴隶社会和封建社会的瓦解起了促进作用。在封建社会的末期，商业通过提供原料、包买商品的办法，帮助小生产者进入商品市场，造成少数人发财致富，上升为资本家，多数人破产沦为一无所有的穷人。此时商业资本家的一部分，逐渐由包买商发展成为产业资本家，促进了资本主义生产方式的建立和发展。资本主义商业的任务，主要为产业资本家采集原料，推销商品，从中获取超额利润。

2. 中介性

由于商业的基本职能是专门对商品交换起中介作用，所以它通过商品在市场上的流通活动，为生产与消费、工业与农业、城市和农村、地区与地区之间的经济联系，发挥着桥梁和纽带作用。

所谓的商品生产过程，是在特定范围的土地上投入一定量的资本、活劳动以及各种原材料，实现生产要素的空间结合，通过人类的劳动和智慧，改变投入物的性质和形态，使之成为人们需要的各种产品的过程。从本质上说，商品生产的过程，也是其价值和使用价值形成和增值的过程。商品市场存在价值循环流和物质循环流两个循环过程，它们的存在，都是通过商业活动的中介作用完成的。

价值循环流是 $G \to \overset{m}{\underset{L}{d}} \to W \to G'$，这里 G 表示货币，m 表示原材料，L 表示劳动，d 表示土地，W 表示商品。价值循环流的经济意义是：生产者通过货币资金的投入，购买土地、劳动、原材料等生产要素，并将其加工为商品，再将商品出售，换回货币，然后再将其中一部分货币投入再生产过程。在这里由 $G \to W$ 和 $W \to G'$ 两个阶段，即由货币资本转化为商品和由商品转化为生产资本的两个阶段，都是通过商业流通实现的。

物质循环流主要表现为 $W \to G \to \overset{m}{\underset{L}{d}} \to W'$，以及 $\overset{m}{\underset{L}{d}} \to W \to G \to \overset{m'}{\underset{L'}{d'}}$ 两个表达式，它们的经济意义是：出售现有商品，换回货币，将其中一部分货币投入再生产，用以购买土地、劳动、原材料等生产要素，生产出新的商品。以上两个物质循环表达式中，由 $W \to G$，由 $G \to d$，即由商品转化为货币，以及由货币转化为生产要素，这两个流通环节也是通过商业的交换活动实现的。

很显然，商品的流通过程是极为复杂的，它可以从不同的起点和不同的角度进行描述，因而表现出各种不同的过程和环流。按照马克思的观点，流通是生产在消费（包括生产消费）领域的继续，只有产品到了消费者手里，这个生产过程才算完结。之后，得到货币的企业，又用来开始新一轮的社会再生产过程，因而又重复进行下一次生产循环。所有这些，离开商业的经营活动，一切都不可能进行。所以商业是再生产过程的先导，是生产过程继续的保证，也是生产社会化和现代化的"加速器"。

3. 链环性

商业活动具有密切的内部联系，是购、销、存、调四个环节共同构成的有机统一体。购进商品，使商品从生产领域进入流通领域，乃是商业经济活动的开始，它既为生产部门实现了商品基金向货币基金的转化，保证了再生产过程的继续进行；又为商业部门执行销售职能提供了物质基础。

销售是商业流通的终点，通过销售，商品从流通领域进入消费（包括生产消费）领域，它既最终实现了商品的价值，为社会再生产周期创造了新条件；又满足了消费者的需要，所以是最后一个环节。购是为了销，销是购的制约因素。因而从购销关系看，应当是以销定购，而不是以购定销。

存、调是指商品的调运和储存，它借助各种交通运输工具、线路以及相应数量的仓库来实现，这是联结商品购销活动的必要流通纽带。因为购和销在时间上和空间上存在着相互背离的矛盾，一方面购进商品，不可能立即销售出去，总需经过一段或长或短的储存过程；加上有些商品的生产和消费具有一定的季节性，也要求保持一定数量的商品储备；而且为了不使供应中断和应付临时性的需要，还须得有一个大于平均需要的储备量。另一方面，又由于收购和销售在空间上的差异，使购进商品必须经过一个由生产地到消费地的或近或远的空间转移过程，即实现商品的位置的转移，商品才能最后送到消费者手中，实现商品的最终消费。

可见商业基本职能的行使，必须同时抓好购、销、存、调这 4 个环节。如果其中某一环节没能抓好，商品流通即会受到堵塞。这四个环节之间存在着互相促进，互相制约的多种组合关系，形成商业内部的流转结构。在这种结构中，决定性的环节乃是购销之间的结合部，即购销环节的密切衔接。因为只有把购销较好地衔接起来，才有可能实现商品可供量和社会购买力之间的平衡，从而也才能发挥商业应有的职能。

4. 体系性

商业的经营活动不是孤立进行的，而是通过一定的商品流通体系实现的。由于商品购销活动的需要，商业部门需建立各种商业批发和零售企业网点，每个企业在空间形式上都表现为大小各异的点。凭借各种交通运输工具、线路和相应数量的仓库来实现的商品调运和存储，在空间形式上除表现一定数量的点以外，更多地表现为联结各个点的线。所有这些商业机构设施和凭借它们所组织的商品货流，在空间上表现为星罗棋布的点和线。众多的点和线之间的衔接，在购、销、存、调各环节的运动循环中既互相联系与制约，也相互交错连结，于是综合地形成了各地区和全国范围内的商业经济活动——商品流通网络。构成一个多环节、多层次、经纬交错的系统。大凡商业都必须综合形成商品流通网络，构成一个复杂的系统，这是一条不以人们意志为转移的客观规律。

二、商业区位理论分析

商业活动的区位分析是结合消费者的行为，来研究商业活动载体的空间结构，主要包括商业中心的等级体系、市场区、商业网点等方面的内容，是商业地理的研究核心。所谓商业活动的一般区位选择，是从总体上分析影响商业活动区位选择的一般因素、相关理论和原则。

（一）商业区位选择的外部因素

商业区位取决于消费者行为在既定条件下的销售利润极大化。但自然环境、经济地理位置、历史条件、科学技术等外部环境，对销售者和消费者的行为均有深刻影响。

1. 自然环境

自然环境对商业区位的影响是多方面的。首先，自然环境通过空间和场地制约着商业网点的地域分布。优越的自然环境，如平坦宽阔、水源充足、地质基础稳固的地区，为商业网点提供了良好的选择条件。相对严酷、恶劣的自然环境，如地势崎岖的崇山峻岭地区、高寒的高原地区以及人迹罕至的沙漠地区，对商业机构的分布和商业网络的发展均有极大的限制作用。其次，自然环境通过影响商品生产类型和规模，制约商业区位活动的形式、内容和区际商业联系。地貌类型和热量分布的地区差异导致商品品种及其数量的差异，为了调剂余缺和实现优势互补，势必引起大规模的区际商品流通。例如，山区和牧区往往需要从平原、盆地调进粮食、棉花、油料等重要农产品，而平原、盆地则需要从山区、丘陵区和牧区调入大批林、牧、副产品。再如，由于热量和降水量的差异，我国北方产麦，南方产稻。为了满足人民对粮食多种多样的要求，故而自古即有"北麦南运"和"南稻北调"的商品区际流通特点。此外，热带、亚热带地区所产的椰子、菠萝、香蕉等水果，都是温、寒带地区难以生产却又需要的商品；温带所产的苹果、梨、桃之类的果品，也是南方地区人民生活所需要的商品。这些都要求组织合理的商业流通以及建立相应的商业设施，以保证社会供给。再次，自然环境影响商品生产的连续性，因而使商业的购、销、存、调活动表现出强烈的时令性特点。

四季分明的气候条件，使一年之内的播种、收获等农事活动具有强烈的季节性，要求商业部门不违农时地安排好农用生产资料的供销和农副产品的收购工作。四季分明，夏暑冬寒，亦要求商业经营活动能适应季节性的需要，俗话说"冬卖棉袄夏卖衫"，就是指商业活动要尽量掌握季节性的特点。第四，自然环境影响商品的品质和性能，可形成遍布全国各地的土、特、风味商品。例如珍稀树种、特产经济林木、竹子、果品以及来自牧区肉乳皮毛等，都可能成为特色商品。优质水源也可用来生产名、特产品。例如我国贵州茅台河的水，生产驰名中外的茅台酒；山东崂山的矿泉水，以及用此泉水生产的青岛啤酒，都成为畅销国内外的著名商品。

2. 经济地理位置

任何一个商业中心和商品集散地的兴衰，都与其经济地理位置有密切关系。例如天津是全国性商业中心之一。尽管它所依托的港口易淤，冬天冰封，远不如秦皇岛港口条件优良，但天津地处华北平原海河水系的入海口，有广阔的华北平原为经济腹地，距离首都北京最近，加上建国后经过多年来的大规模扩建、新建，已成为我国小商品的重要基地之一，原来港口设备也经过扩建，并新建了塘沽新港，更便于商品运输，每年有大量商品经此调运全国各地，已成为一个全国性的商业中心。再如武汉，位于长江中游，水运方便，历来是粮、棉等大宗农产品的集散地。新中国成立前已建有京汉、粤汉铁路，新中国成立后除改造、扩建既有铁路以外，又新建了汉丹、襄渝铁路，疏通了长江航道，修建了四通八达的公路网，在工业上又新建、扩建了轻纺、钢铁等大型企业，使武汉成为大型的商品生产基地，每年有大量商品在此调出和调入，成为全国性的商业中心。所以任何一个商业中心和集散地的新建，或是对一个商品加工地、商品仓库建设地点的选择，都不能离开经济地理位置的分析。

3. 历史条件

人类社会的遗产都有继承性。无论商业中心，还是商品流通网络，都是在历史长河中继往开来的，历史基础、传统的行业联系、久负盛名的老商号都对商业活动及其区位有重大影响。例如，上海之所以能从一个荒僻的海滨渔村，发展成为全国最大的商品生产基地和商业中心，优越的地理位置和自然条件固然重要，但也不可忽视历史因素的影响。在漫长的封建社会时期，商品经济不发达，上海的地理位置和自然环境的优势，未能得到充分利用。鸦片战争之后，帝国主义把上海据为侵华跳板，上海成为我国资本主义发展较早之地，逐渐发展成旧中国经济畸形发展的最大工商业城市。新中国成立后，在原有历史基础上加以充分利用、合理发展，保持了它在全国商品生产和商品流通中的特殊地位，发挥着作为目前我国最大商品生产中心和商业中心的应有作用。

4. 技术因素

技术是生产力的重要因素，商业企业的科学管理水平，商品的包装、加工、装卸、运输、储存等技术的进步，以及电子计算机等新技术在商业经营活动中的推广和利用，对商品流通网络布局有多方面影响，使传统的商业活动和布局形式发生深刻的变革。首先，存储技术的现代化，可以把在时间上集中生产和常年均匀消费的瓜果、蔬菜等商品集中储存起来，再源源不断地上市供应，实现供需的时间平衡。这就需要建立与之相应的存调网点和储存设施。其次，运输技术的大型化、高速化以及包装、冷冻技术的进步，降低了运输成本，使易腐、易损商品的长距离运输成为可能，扩大了商品销售范围，促进了商品流通。再次，电子技术的发展，正使传统的"面对面"的交易方式发生根本变化。利用广播、电视和计算机网络发布商品信息和组织购销联系，普遍推广售货机无人售货，不仅便利了群众消费，而且也促进了传统商业布局模式的改进。

（二）消费与消费者行为

所谓消费，是人们为满足物质文化需要的欲望而使用物品的一种经济行为，是恢复和发展劳动力所必不可少的条件。它既是人类一切经济活动的出发点，又是一切经济活动的归宿，因而也是商业区位研究的重要内容。由于消费是一切经济活动的起点和终点，因而消费者在商业经营活动中的地位相当重要。

消费在商业活动中的重要性，是通过其购物需求表现出来的。每一"消费者元"（consumer's dollar），就等于消费者对这种产品的生产者投了选票，表明消费者喜欢这种产品，愿意花钱去买它。生产者便可据此看出社会的消费趋势，并根据这种趋势安排自己的生产。在消费者与生产者的关系上，是生产者服从消费者。否则，产品便没有销路，生产者便无利可图。

消费者在生理上和心理上的需求，可按其重要性分级排成顺序，依次满足。美国心理学家马斯洛（Abraham H. Maslow）1954年将人们的消费需求次序由低到高排列为五个层次：①生理上的需求。消费者首先要得到为生存而不可缺少的衣食住行等方面的基本需要。②安全上的需求。在基本生活资料得到满足以后，人们就要求有生命财产的安全，操作安全，以及职业方面的安全。③社交的需求。即希望同别人交换友谊，希望从中得到理解、同情、欢乐和鼓舞。④自尊的需求。即希望取得荣誉，在能力上和品德上得到自我表现，同时希望得到别人的尊重、评价和博得声誉。⑤自我成就的需求。即希望实现自己的理想和抱负。以上五种需求，是根据欲望来划分的，这些欲望都直接或间接地转化为产品消费。

消费者对产品消费，受消费者行为的影响。所谓消费者行为是指消费者对商品需求的趋势和习惯，反映不同消费者群体，或同一消费群不同时期的需求变化趋势。

消费习惯是消费者长期养成的，一时难以改变的商品购买行为。具体表现在商品购买时间、购买地点和购买方式等方面的定向性。在日常生活中，人们的购物习惯是千差万别的。例如上海蔬菜市场有早市和晚市两次营业时间，有的消费者习惯于早晨购物，有的则对晚市更有兴趣。在购物场所的选择方面，消费者更是各有所好：有的人崇尚表现自我价值，喜欢到大型现代购物中心，选购有品牌的服装和装饰品；有的人习惯于精打细算，常常光顾信托商店、平价商店和一般面向工薪阶层的商店，对处理商品、特价商品特别感兴趣；有的人怀古念旧，把购物的时间和金钱几乎全花费在老字号上，企图利用购物机会在那里寻找过去的感觉。在购物方式上，最常见的有两种现象：有的喜欢一次购多种商品，以节省购物的时间和运费；有的人则是急需什么买什么，他们不太在乎购物时间和费用的消耗，而是把逛商店看作一种消遣和享受。消费者的购物习惯，与他们的年龄、性别、职业、社会地位、教育程度、工作条件、经济收入、个人爱好有关，而商品广告宣传对消费者购物习惯也有一定影响。

某一群体的消费者，因其性别、年龄、文化程度、职业等条件相同，往往具有共同的购买动机和共同的爱好，从而形成一种消费倾向和需求趋势。分析研究消费倾向的变动因素，认识并把握其变动规律，对预测市场商品需求及发展趋势，组织适销对路的商品供应，以满足市场需要，对商业发展和商业区位选择，均具有重要作用。

（三）商业区位选择的一般原理

按照德国地理学家克里斯泰勒所提出的"中心地学说"思想，假设所研究的区域内人口密度作均匀分布；区内人口、居民购买力大体亦为均匀；向区域内任一方向的交通可达性相等，消费者购物活动遵循最短距离的原则，则区内任何一个商店或服务企业，任何一个商业中心，所拥有的理想的销售和服务范围——市场区当是圆形。但实际上因为一个地区往往具有几个商业中心，一个居民区也会有多家商店，如每个商业中心，每家商店的市场区都是圆形，彼此相切而不重叠，则圆与圆之间将留有空当，居住在这空当区的居民势必购物不便。若要不留空当，圆与圆之间必须重叠，把重叠区交点连成线，便形成一个圆内接多边形。考虑到市场区的形状一要符合使市场覆盖面积尽量增大的要求；二要符合使各个市场区之间不留空当的要求；圆形及正八边形覆盖面积固然最大，但整个地域必然要留下空当；正方形及等边三角形则包揽的地域又太小，只有六边形既符合覆盖面积尽量大、又不留空当的要求，故是市场区最佳形状可供作首选。克氏中心地学说理论所以要以六边形市场作为商业活动地域细胞，原因主要在此。不过，由于各地客观形成、存在的自然、社会经济条件往往呈现出某些不均匀性，从而导致产生一些变异，六边形图形的市场区往往演变为异形六边形，但这仍然符合商业活动地域细胞的基本分布规律。

实际情况便是如此，每个中心地皆有其一定的功能，为居民提供尽可能方便的服务。任何一种商业都要求赢得一定的利润，中心地提供的服务项目和种类就必然要求同它所在的那个地区的居民人口数相适应，这就决定了中心地的规模和它在地域空间上的服务范围。居民的消费需要是多种多样的，除经常需要的副食品、食品和日用百货商品外，还需要一些较耐用、昂贵，而又不必经常补充的自行车、电视机、洗衣机等商品，为了选购此类满意商品，消费者往往宁愿前往较远的商业中心或网点去。于是，根据居民消费对各种服务要求的经常性，为满足居民消费的多层次需要，中心地便可以也有必要形成一系列等级，从数量多、分布广、以满足居民日常生活消费需要为主要目的的小型商业中心地，到各个更高一级（能提供中、高档商品）的商业中心地，便组成为一个逐级排列的商业服务中心体系。各级中心地的服务等级高低和服务区域范围大小，决定着它们空间分布的趋势（图 6-22）。

上述商业中心区等级体系的分类和排列，一般要受到市场最优、交通最优和行政最优等原则的制约和影响。所谓市场最优原则，就是从商品和服务供应范围最大的角度出发，一个上级中心地的商业服务点，不仅吸引本中心地的商业服务活动，而且还支配相邻 6 个下级中心地的商业服务活动。

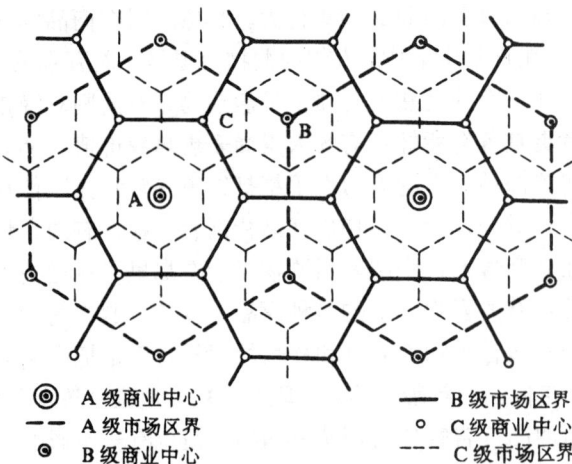

◎ A级商业中心　　　—— B级市场区界
-- A级市场区界　　　○ C级商业中心
◉ B级商业中心　　　---- C级市场区界

图 6-22　商业中心系列示意图

但是以亚中心支配次中心为例,在 6 个次中心中,只能支配其 1/3,这是因为每个次中心地同时还要被另外两个亚中心地所吸引;这样,主中心所支配的次中心就是 2+1=3 个,称为 K 值。这种以市场最优原则拟出的中心地序列,称为 $K=3$ 系统,乃是克氏市场区位论的核心(图 6-23 左,$K=3$ 模式)。$K=3$ 系统一般适用于经济发达、交通方便地区(或城市内部)。

交通最优原则,指的是在新开发地区或交通线对经济发达起着重要作用的地区,由于各个商业中心地之间凭借重要交通线相连,次中心处于主、亚中心的联结线上,这时,主中心的商业服务范围除包括本身的六边形地域外,还包括每一个亚中心吸引地区的 1/2 的商业服务活动。这样的次中心共有 6 个,其 1/2 即为 3 个,加上主中心,一共是 4 个,即 $K=4$ 系统。大凡在城市市区扩展的初期,商业、服务单位易于沿主干道分布,商店像行道树似的建立在主干道两侧,遂出现连续的商业街。这一般不利于居住在干道之间空档地段的居民购物。因为消费者去商业街购物经常需要横穿马路,对干道交通形成干扰。当市区范围趋于相对稳定时,城市商业服务企业网点的分布,仍将由 $K=4$ 系统进化到 $K=3$ 系统(见图 6-23 中,$K=4$ 模式)。

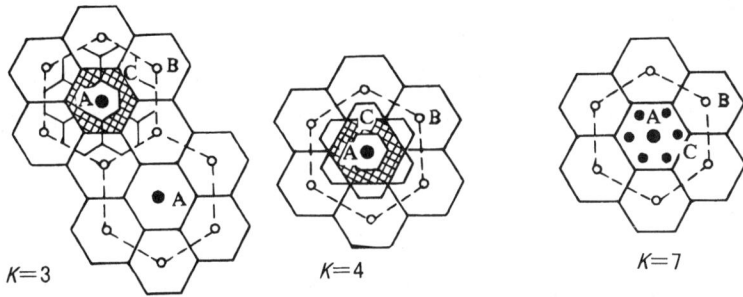

图 6-23　商业中心地市场网络模式

行政最优原则,是指为行政管理方便而形成的商业中心地分布、排列模式,即一个主中心地能控制周围 6 个亚中心地,每个亚中心地又可控制 6 个次中心,即 $K=7$ 系统。当交通条件改善和商品经济获得发展之后,此模式也将向 $K=3$ 系统、$K=4$ 系统转化(见图 6-23 右,$K=7$ 系统)。

从商业活动区位的角度看,克里斯泰勒的中心地理论的不足之处,主要是关于公司和个体的经济行为假设与实际情况不相符。事实上是人们除了经常光顾最邻近的低等商店来满足他们的基本需求外,当需求欲望提高时,他们可能要移动更长距离到附近同级的或更高级别的中心地实现他们的消费欲望。为此比约—高涅尔(J. Beaujeu—Garnier)等人提出了一个关于中心地服务人口的修正模型。假定以 A、B、C、D…X 表示由低级至高级的需求等级;以 1、2、3、4…n 表示相应等级的商业中心。如果中心地 1 对应的是提供 A 等级的服务;中心地 1 的人口为 P_1;周围农村地区的人口 P_{r1};K 表示中心地服务的次级中心地的数目。则中心地 1 的服务人口数为:

$$(P_1 + P_{r1})K, K \geqslant 1$$

中心地 2 向自己的辖区提供 B 级需求服务,而且原来接受 A 水平服务的居民,也被中心地 2 的专卖店所吸引,例如某人可在中心地 1 购买食品,也可到中心地 2 购买衣服和家庭用品。如果接受 A 水平服务的有 S 个城镇,则常去中心地 2 的人数是:

$$P_t = (P_2 + P_{r2})K_2 + S[(P_1 + P_{r1})K_1]\alpha_i\beta_i$$

但光顾 S 个城镇中的每一个的强度是不同的，它由 α、β 表示出来，二者分别表示随距离和人口行为变化的参数。

同样，中心 n 具有对应于 X 级水平的商业服务设施，吸收当地和所辖市场区的顾客，而且将根据其设备水平从附近中心吸引一些顾客。这样中心地 2 的人口为了购买 C—B 级的商品要光顾中心地 3，但也可以去中心地 n 去购买 β—X 之内的任一种商品。因此中心地 n 的服务人口为：

$$P_t = (P_n + P_{rn})K\alpha\beta + S(P_{n-1} + P_{r(n-1)})K\alpha\beta \cdots + S_{n-1}(P_1 + P_{rs})K\alpha\beta$$

从以上表达式可以得出两点结论：中心地级别愈高，为低级中心地的人口提供的购物机会愈大；由于存在消费者需求等级的差异，因而需要有购物服务的不同等级来满足。当然这个模型也是理论性的，与实际情形还有出入，而且参数 α 和 β 很难确定。

（四）商业区位指向原则

商业与工业活动的目的是一致的，都是为了追求最大的超额利润。但是工业利润是通过降低产品的生产成本实现的，而商业利润则是通过销售产品取得的。对商业来说，产品销售量越大，获得利润也就越大，其区位指向原则为：

1. 接近购买力原则

商业企业的利润是建立在居民购买和消费商品基础上的。购买力对商业活动区位选择有重大作用，首先，决定于国家或地区人口数量与消费的多样性及不同的消费偏好。商业中心或特大购物中心的区位选择，必须与城市人口重心相接近。例如，北京的西单、前门、王府井，上海的南京路、淮海路、四川北路，南京的新街口等，基本都位于城市重心附近。其次，人口数量对商业区位的影响，主要取决于他们的消费水平。人口数量只有与一定的消费水平相结合，才能形成现实的购买力。而人们的消费水平又取决于他们的经济收入水平和消费倾向。英国经济学家凯因斯（John Maynard Keynes）认为收入与消费之间存在着一种函数关系，若以 y 表示收入，C 表示消费，则 $C = f(y)$。总消费量的大小，一方面取决于总收入的大小，另一方面又取决于消费倾向的高低。在人口数量既定的情况下，人们的经济收入与消费倾向有四种组合类型，即：高收入，高消费；高收入，低消费；低收入，高消费；低收入，低消费。因此，商业的区位选择应尽量接近各种类型的消费区。

2. 最短时间原则

即商业企业应位于人流集散最方便的区位。因为商业的服务对象是顾客，商业行为的基本前提是买者与卖者在时间上、地域上相结合，面对面进行商品交易。所以传统的商业网点都是混杂在居民住宅之中的，这样顾客购物最方便。但是随着交通运输条件的改善，汽车逐步成为顾客购物出行的代步工具，顾客购物活动空间和移动能力大大提高。因此，距离已不再是顾客购物行为的决定因素，而更多地要考虑购物过程花费的行车时间。在这种情况下，商业网点的区位，以位于它的吸引范围边缘 10～30 分钟行车时间的地点最理想。

3. 区位易达性原则

即可进入性原则，就是说，商业网点应位于交通最便捷、易达性最好的区位。商品的易达性，意味着可以更方便地集中和调运商品，为商业活动奠定基础。顾客的易达性，意味着人流集结方便，有利于形成消费市场。一般说来，火车站、港口、长途汽车站以及城市各个结节点，均是易达性最好的区位。因此，它们成为不同等级和规模的商业企业区位选择的目标，并且都已具备了相当的商业繁华度。

4. 满足消费心理原则

所谓的消费心理是指消费者在接触商品到购买商品、满足需要的全过程中所产生的心理活动。大体经历感知、注意、兴趣、欲望、评价、决断、买后感受等阶段。消费者的心理活动，主要表现在购买商品的心理需要动机。不同的消费者群体，有不同的心理需要动机。最常见的心理需要动机有：①求实心理。把商品的效用、质量和经济实惠放在购物决策的重要地位，以中、老年消费者居多。②求新心理。追求商品的新颖和时髦，注重社会流行式样，往往表现为冲动购买，以经济条件较好的青年人较多。③求美心理。注重商品的欣赏价值，讲究装饰和外观美，以男女青年和文化界人士较多。④求利心理。购买商品时注重价格高低。⑤选择和自尊心理。对商品希望获得挑选机会，在购买过程要求受到尊重，一般购物者均有此种心理。⑥疑虑和害怕心理。对某些商品的质量、性能、功效持怀疑态度，怕买到假冒伪劣产品。⑦偏好心理。这是个人生活情趣和爱好，形成的对某种商品的特殊偏好。掌握消费者心理活动过程及其心理需要动机的变化规律，了解顾客的愿望、要求和爱好，是做好商业流通和商业区位选择的重要前提条件。

5. 接近 CBD 原则

商业活动具有扩延效应。一旦一个商业中心形成，在其附近布局新的企业是有利可图的。这主要得益于土地增值以及由此产生的群体效应。

三、商业中心体系布局

商业企业在空间大多是以群体的形式出现的。这些商业群体也称商业网点，它们常以点状、片状或带状的形式分布在居民区中，而且它们都有一定的服务半径，在此范围内，居民购物活动都有一定的向心性，故人们常把商业网点的地域集合体称之为商业中心。

消费者的购物需求可以区分成不同的等级和类型，相应的又有不同的购物频率。商业设施按照一定的职能梯度分布，它与基于距离间隔和服务区域的相同等级的商业中心空间分布相一致。因此商业中心的规模有大小之分。一个城市或区域的商业中心类型组合和它们相应数量比例的集合体，便叫商业中心等级体系。由于职能、服务对象的差别，商业中心体系具有不同的空间表现性，也就是说，有城市中的商业中心体系、城市边缘带的商业中心体系以及乡村的商业中心体系，它们的空间表现各有特点。

（一）城市内部的商业中心体系布局

由于城市人口数量多、密度大，居民购买力强，所以城市商业网点最密集，服务功能最齐全。按照功能和营业规模的差别，现代城市商业中心等级体系，一般可以分为中央商业区、商业街、地区商业中心、社区商业中心和邻里商业中心等不同级别。

1. 中央商业区（CBD）

是城市经济、交通、信息、服务、管理、文化等社会活动的焦点，也是城市一切活动的中枢。根据CBD内部的商业活动特征，可将其划分为若干圈层：第一圈为零售商业集中区，是城市贸易、交际、精神文化和商业服务高度集中的场所，分布着许多超级购物中心、百货大厦、金融大厦、豪华饭店、电影院等宏大建筑和公共设施，五光十色的商业广告、霓虹灯，为招徕顾客而设计的各式各样的门面橱窗，构成了最引人的城市商业繁华气氛，是城市地域结构十分重要的部分。白天有大批通勤人员和购物人流，人口高度集中，夜晚大部分人又到外围或郊区住宿，人口密度显著下降，是城市中昼夜人口钟摆式移动最明显的地区。第二圈为核缘带，底层为零售业、金融业，高层为办公机构的多层建筑集中区，商业、服务业的集中性远低于CBD。第三圈为商务管理带，是繁乱、喧闹的城市中相对安静的地段。这里分布有各财团、公司的总部，也有地方行政管理部门，还有许多全国性或地方性民众团体的办公机构，是城市政策的策源地和城市政治，经济和文化活动的心脏。在建筑风格上以权威和富有为象征，集中着许多设备豪华、造价高昂、体态雄伟的各种高层办公大厦，立体景观相当明显。第四圈为外缘带，商业集中性较弱，以家具店、汽车修理以及超级市场等需要大面积低价土地的商务活动为主。

在商业活动中，CBD一般以中央商业和中央事务为主要职能，具体包括4个方面：一是金融流通职能，如银行、信贷机构、保险公司和证券交易所；二是控制决策职能，除前述的公司总部、社会团体以外，还有上层办事机构和新闻媒介总部；三是零售娱乐职能，有各种娱乐场所、各类零售业和专卖店等；四是辅助职能，主要有广告、印刷、时装制造、批发业及展览中心等。当然CBD的职能是随着社会发展而不断变化的。在一些国家它已不是传统意义上的以零售业为主体的城市中心，而是以金融、贸易、信息、管理为主体的、中介机构和服务设施齐全的中枢型综合性的商务中心，注重在此建立大型超级市场。

关于CBD的界定，一直是学术界关注的问题。奥尔森（Olsson）和路斯渥姆（Russwurm）等人曾从不同角度做有益的工作。墨菲（R. E. Murphy）和万斯（J. E. Vance）对CBD进行了较为严格的界定，提出了商业高度指数和商业密度指数的概念。前者是商业建筑面积总和与商业基底面积的比值，反映商业垂直分布的状况；后者是商业用地的基底面积与总土地面积之比值，反映商业用地占总土地面积的比率。他们认为，以街区单位计算，凡商业高度指标大于1，商业密度指标达50%以上的街区均属于CBD的范围。当然，这样的界定，也有一定主观成分，这样划定的CBD的范围，可能比客观存在的要大一些。其实每个城市的情况不同，不可能有统一的界定标准。需要说明的是，中央商业区的概念，只适用于单核心的中等以上城市。小城市虽然也有其相应的城市中心，但不可能有中央商业区。

2. 商业带或商业街(commercial ribbon)

这是指由规模很大、数量很多的零售商店构成的带状商业网点群,位于通过中央商业区或市中心附近的交通干道上,其中有些商业街本身就是中央商业区的组成部分。其基本职能是为顾客购买各种商品提供方便,也可供消费者在此从事文化娱乐活动、品尝风味食品和享受综合服务。这里地价高、客流量大、市面繁华、吸引力大。根据规模和职能的差异,商业街有两种类型:一种为地区型商业街,多处于中等城市的中心或大城市的副中心区,其辐射人口可达 100 万人,拥有100~300 家商店,其行业的构成以中档商店为主,核心商店是百货、服装、五金、交电等专营商店,来此购物的顾客日流量可达 5 万人;另一种为大型商业街,多地处大城市几何中心或交通便捷地段,长可达 1~5km,商业设施立面高度为 6 层以上,商业高度指数大于1,商业密度指数在 60%~80%之间,职能指数达 40 以上。辐射人口可达 300万。拥有观赏、服务、饮食、商业等综合性设施,所设行业以高档商店、高档餐馆、高级娱乐中心、高级服务设施为主,核心营业点是高级时装店、大型游乐场所、各类专业服务店、贸易洽谈场所和汽车商店等。主要顾客多为复合阶层人口和外籍流动人口。豪华、舒适、个性鲜明、新潮是此类商业街的风貌特点。

商业街的形成和发展,取决于生产力的发展水平、消费人口的集聚、社会公共设施的完备程度,及商业核心的形成。其中生产力的发展乃是商业街形成的前提。如我国甘肃省兰州市,1949 年后经过几十年建设和发展,已成为西北最大的工业中心,生产力发展水平提高了,商业街得到迅速发展。原先全市只有城隍庙内几十个货摊,如今先后形成了张掖路、酒泉路、中山路和庆阳路等 4 条商业街。消费人口的集聚,乃是商业街形成、发展的决定因素,一定量的客流(还有一定量的设施)则是商业街形成、出现的最基本要素。人口密集的地区越是广阔,人口流动密度越大,商业街也会越兴旺繁荣,反之则难以形成或趋向衰落。商业街一旦形成之后,其发展状况又将受制于商业圈人口增加的比例与速度、商业街行业结构比例之适宜性、商业核心设施辐射力之大小、商店外观装潢和交通环境优劣变化等因素。近几年来,在中国城市和农村集镇曾形成、出现过多种类型的商业街,但其中有半数以上只是昙花一现,趋于衰落了。究其原因,不外乎是由于在竞争性强化中商业街缺乏竞争力、商业辐射圈内人口大量迁移、商业街内或其附近交通便捷程度低,以及商业设施的陈旧和服务质量的低劣等几个方面。

从商业街在城市中选择的区位看,大体有三种类型:一类是商业街位于城市的几何中心,

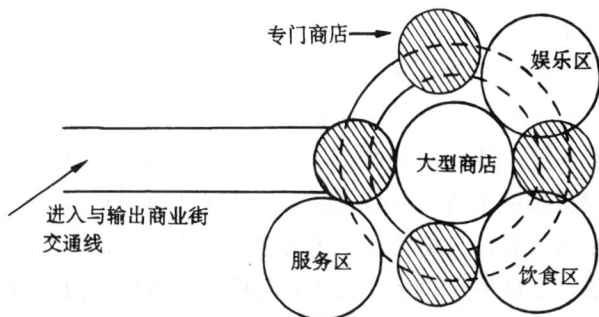

图 6-24　环形商业街模式

可称内核心型商业街，如德国的波恩；一类是商业街设置在城市近环路边缘，可称中核心型商业街，如伦敦；第三类是商业街位处城市外路边缘，叫做外核心商业街，如巴黎。这三类商业街城市区位的选择，应视城市人口分布及其变动状况而定。人口密度在城市内核地区的，可取第一类区位；人口如逐步向城市郊外转移的，则宜取第二或第三类区位。

至于商业街设置的具体模式，一般有环形设置和带形设置两种。前者如图 6-24 所示，后者如图 6-25 所示。

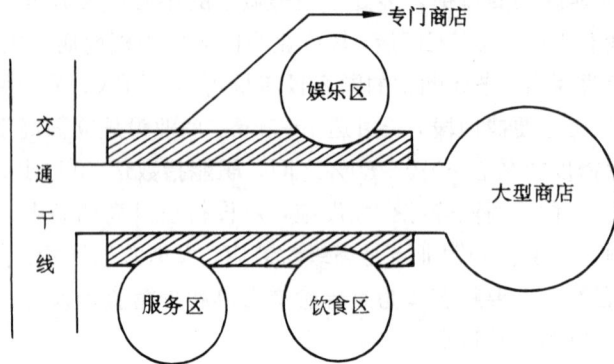

图 6-25 带形商业街模式

3. 地区商场中心（regional shopping center）

这是较大规模和较多数量零售商店构成的带状的或街角状的商业网点群，是城市传统的地区性商业中心。其基本职能是为地区顾客购物提供方便。街区长 500～700 米，商业设施立面高度为 2～4 层，商业密度指数 20%～40%，职能指数为 20～30。所设商店有上百家，是以经销经常购买的中、低档日用品为主，粮油、食品店、百货店为核心的商业网点群。

4. 社区购物中心（community shopping center）

分布于居住区附近的交叉路口或交通干线沿线，是规模有限的若干零售商店构成的片状或带状商业网点群。其基本职能是为社区居民生活提供服务。街区长可达数百米，商业设施立面高度在 2 层以上，商业密度指数在 20%～40% 之间，职能指数为 10～20。商店类型以粮店、小型综合商店、副食杂货店，代营、代销、代购店为主，其特点是规模较小、铺面有限，商品大多是居民生活日常必需品，购买次数多，数量零星，花色品种简单，挑选性不大的商品，但在方便居民购买商品方面具有重要意义。

商业小区的构成，视居民住宅区规模不同而有所差异。在少于 2 000 人的居住街坊，一般只设置供应副食品、粮食等必需品的小型零售商业网点；在超过 2 000 人、不足 3 500 人的居民住宅区，一般亦仅设置供应生活必需品的商店，其营业面积则应大于街坊零售网点；在居民住宅组团内，商业小区主要设置副食品、蔬菜店、粮店、小饮食店、自行车存放站和综合服务站等；在居住小区，人口为 6 000～1 万人，其商业小区的网点构成渐趋复杂多样，一般除住宅组团内所设置的各类网点外，还有小百货店、理发店、自行车修理店、服装加工门市部、物资回收站、储蓄所、邮电所、书店、牛奶站等网点；在居住人口为 1.5 万～3 万人的居民住宅区，除设置有居住小区的各类网点外，还增设有综合百货商店、食品店、中西药店、洗染门市部、日杂商店等网点。居民住宅区人口规模越大，其商业小区所设置商业网点的类型、数量也要相应增多，以就近满足住宅区各种层次消费者购物和获得服务的需求。

商业服务网点的布局，对外要有利于商品流通，最大限度地为消费者提供方便；对内则应讲求经济效益，保证所布局的网点能够赢得利润。在具体安排商业小区内商业服务业网点群布局时，则应以四个结合为依据：一是区内和区外相结合。商业小区所设置的商业、服务业网点群，是一个相对独立的供应、服务系统。但它所在的居民住宅区同区外一、二级商业服务业网点群也会发生或多或少的关系，如居民住宅区同一、二级商业中心距离较近，或交通便利，则商业小区网点设置的行业类别和规模均应相应削减；反之则应适当地增加。二是现实与长远相结合。商业小区网点的设置应当考虑未来的发展变化，但亦要防止两种偏向，即一方面只顾眼前需要，规模过小，导致未来重复建设；另一方面估计过高，规模过大，难以确保区内网点的盈利。三是集中与分散相结合。商业小区网点设置要参照有关指数标准体系要求，从居民住宅区实际出发。如按有关指数标准，在 5 万人口的居住区内若均匀地设置450m² 的副食店 4 家，不如设置 1 个 800m² 的大副食店和各为 500m² 的 2 个小副食店。此外，还应注意使分散设置的网点有利于消费者就近方便购物，集中的网点则要按消费者一般的购买程序进行优化组合。四是国有、集体、个体相结合。商业小区网点设置要坚持三种经济成分的网点各得其所，相互协调配合，而防止相互挤占，打乱布局，以免有损居民住宅区的整体观瞻。

5. 邻里购物中心（neighbourhood shopping center）

位于社区附近交叉路口或大型企事单位附近，是由规模小、数量少的零售商店构成的小规模的商业网点群。主要为附近家庭生活消费服务。街区长 100～200m，商业设施立面高度为 1～2 层，商业密度指数为 10%～20%，商业职能指数为 5～10。行业构成以经销生活用品为主，核心商店是副食店或食品超市，来此购物的多为家庭主妇或保姆，所购商品数额小而日频率高。

就中国城市商业发展与布局状况的整体来说，40 多年来是有明显演进和变化的，目前还存在着商业地区布局与城市地域结构不相协调等问题。如吉林省长春市，1949 年后工业发展较快，市内西南部已形成为汽车生产基地，西部、北部和二道成了以铁路交通机械为主的生产基地，随之而来的是人口、物资、城市建设逐步向周围地区扩展，已开始形成多中心向外辐射的城市地域结构。但市内商业地区布局却仍维持原有向心内向型结构，商业网点高度集中于市中心区，商业中心等级体系不完善。从理论上说，城市各级商业中心数目应是由高级向低级逐渐递增，形成金字塔式的等级体系。但长春市一级商业中心的数目却多于二级商业中心，三、四级中心数目也较少，且发展水平也低。另外，商业网点密度与人口分布密度也不相适应。市内商业网点布局内向的高度集中，势必造成主要商业街道网点密度过大，市中心区人流密集，交通拥塞。城市边缘带、新城区的新建商业网点数量少，规模小，行业又不配套，给新住宅区、工厂区居民购物带来极大不方便。

解决对策，一是应把商业网点——商业中心的建设布局纳入城市建设总体规划，使商业网点建设布局与城市各方面的基建同步进行。二是积极筹划建立商业副中心，在人口百万以上的特大城市，尤其是人口密度高的特大城市，如仅有一个或少数几个传统的市级中心，往往不能适应现代经济、社会的发展，特别是第三产业发展的需要。国外一些特大城市当今发展趋势之一，就是在城市边缘带建立副都心，以便分散市中心的吸引力，由单一中心向多中心城市发展。如日本东京建有新宿、池袋、涉谷等三个副都心。法国巴黎建有台方斯、克雷泰等副都心；我国上海也考虑在有利地点建设一、二个副都心。三是要大力加强区级商业中心建设。近期则应加强区级商业网点建设：一要扩大现有区级商业中心规模；二要扩大某些居民住宅新村的商业网点群，着重扩增那里的专业商店、名特商店，尤其是中型百货商店，吸引新村地区居民前来购物，减轻市级商业中心压力。

（二）城市边缘商业中心体系布局

城市边缘带又称城乡结合部，它是伴随城市化产生的，在土地利用、景观生态、社会结构、人口特征和经济功能诸多方面已具有明显的城乡异质性，并逐步过渡为均一的城市地域的动态社会系统。伴随几十年的郊区化，此处农村社会发生了深刻的变革。原来的农村变成了郊区，人口的职业和社会功能设施等方面，已与繁华市区联系在一起。但是，这些农村原有的购物中心，无论在数量上和质量上，还是在种类上，远不能满足新顾客的需要，所以要求商业部门有较快的发展速度，使其与城市化和郊区化的速度相适应。

城市边缘带的商业中心体系布局，既有其优势，也存在着缺点。这里购物中心的设施，远离城市中心，既无众多交通线在此交汇，也没有特殊设施吸引更多顾客，更没有市中心那样高的人口密度，而这些因素都影响商业机构的经济回报。但城市边缘带同时也存在发展商业的优势条件。地价便宜，基建投资成本低；空间宽阔，场地有选择的余地；道路质量好，通达性好；更重要的是顾客年轻，具有相当可观的购买力。此外，新购物中心的建设，一开始就考虑其适应特殊环境的可能性，它所采用的材料和构件制造方法，使它有可能随着城市发展的需要而改变或调整用途，甚至迁往它处。所有这些，使得边缘带的购物设施一经出现，便处于动态扩展之中。

1. 商业中心体系变化趋势

在欧美一些发达国家，城市边缘商业体系的发展，大体上经历了三个阶段，即：1950年以前的萌芽阶段；1950～1970年的稳定发展阶段；1970年以后的快速发展阶段。但每个阶段始终都存在传统的农村商业网点与现代城市商业网点的冲突和斗争，并由后者取而代之的过程。其基本变化趋势是：大型化，即新的商业设施越来越大，法国在第二阶段建设的商业网点平均面积为2 200m²，到了第三阶段，新建商业设施的平均面积达到5万m²，提高了21倍以上；超市化，即城市边缘带新建商业设施中，超市占据主导地位，法国第一阶段大型超市数量为74个，到第三阶段已达到292个，增长了2.9倍多；群体化，即每个大型超市都由若干种类的零售商店构成，反映了现代购物中心综合功能的特点。例如建立在巴黎郊外的一个区域性超市，占地面积达8万m²，有1个火车站，2条高速公路，6条公共汽车线路以及1个有5 000个停车位的停车场。由2个百货商店、4个公司、125个专卖店组成。此外，还有干洗店、旅游局、药房、餐馆、电影院、俱乐部、信息中心为顾客提供全方位服务。

2. 商业中心类型

城市边缘带商业中心可分为传统农村商店、地方性商业中心和新型大型商场三种类型。第一种类型主要是原有农村商店进行改造，使其满足新顾客的需要。但难度甚大，因为有些地方这种商店已不得存在，而有些开发区的农村商店建筑结构已经过时，不值得投资改造。第二种类型，规模不大，适应范围有限，经营状况也不好，吸引力越来越小。第三种类型是建立新的、大型的、多样化的购物商场，吸引力要强，可招徕大批顾客。根据比约·高涅尔等人的研究，新建购物中心有三个规模级别：第一级是当地的商业中心，营业面积有 3 000～5 000m²，由超市和连锁店周围的若干专卖店组成，拥有 500～800 个停车车位，服务人口 1 万～3 万人；中等规模的商业中心，营业面积 1.0 万～2.0 万 m²，由一个百货商场，一个连锁店，以及若干大型超市构成，拥有 3 000 个停车车位，服务人口达 4 万～10 万人。最高级别的是区域性商业中心，比前两种有更大的服务功能，它的营业面积在 2.5 万 m² 以上，50 多个专卖店围绕着若干个大型购物中心，拥有种类繁多的服务项目，停车车位达 1 万个，服务人口在 10 万人以上。

3. 边缘带商业组织形式

城市边缘带的商业组织形式，明显地表现出二元化的特点，即传统的、小型的零售商店与现代的大型购物中心并存，且各得其所。新的现代化购物中心，总是沿着高速公路发展，而且离市中心越来越远，但是都占据了能招徕顾客、保证其最大利润的有利空间，并且都变成了一个具有复合功能的地域实体，不仅有城中城、休闲度假消遣的场地，同时具有足够大的停车场，并且集中了许多最具有吸引力的超市、百货公司以及城市中心分流出来的连锁店。新兴购物中心内部商业组织形式的演进次序是：超市、百货商店、连锁店，然后是大型超市。传统的商店一般表现为一些较小的专卖店以及围绕大型商场分布的一些小摊位。从规模上看，这些小商店本小、利微，很难与大型商场竞争，但是城市边缘带居民分布相对分散，并且小商店经营灵活，城市边缘带总会为它们提供一席生存之地。

(三) 乡村商业中心体系布局

商业中心体系的形成环境，乡村与城市有相当大差别：农村比城市人口密度小，居住分散，很难像城市那样集中消费；农村人口购买力和偿还能力比城市居民低，消费强度十分有限；乡村人口出生率比城市高，但由于年轻人离开土地和许多退休者的迁入，平均年龄较高，消费结构单一；乡村居民比城市居民消费更趋多样化，前者既是消费者，又是生产者，而后者则主要是消费者，所以乡村居民除需要消费日用百货等生活资料以外，还需消费机器、化肥、农药等生产资料；乡村人口比城市人保守，对时尚消费潮流常常表现出一种抵触情绪。所有这些，都决定了乡村商业中心体系与城市有较大差别，其主要表现在空间分散性、形态多样性、功能适应性和时间波动性等方面。

1. 空间分散性

与居住分布特点相适应，乡村商业中心的分布是极为分散的，确切地说，它具有大分散小集中的特点。凡是有人居住和交通运输线路达到的地区，均有不同规模商业网点分布。在没有住房的交叉路口，为了满足行人和等车人的需要，可能出现若干个小摊位构成的最低等的商业网点群体。在美国大平原上的道路系统交叉处，常常可以看到孤立的被称之为"加油站"的商业设施，其中包括油、泵、药店，或许还可能有汽车旅馆和小饭馆。在我国乡村，一个自然村就可能有一个商品代销店，一个行政村都有供销合作社。改革开放以来，凡铁路、公路交通沿线的站点，都有不少手提、肩扛、车拉货物的个体售货者。

但是商业企业要获得更大的销售利润，必须通过规模经营、吸引更多消费者才能实现。所以乡村商业也存在集中趋势，只是居住地分散化，使集中更加困难，所以乡村的集中，只能是在环境较为优越地方实现有限的集中。在肥沃的宽谷，在历史悠久的交通线，在铁路、通信设施延伸带、在干旱区域灌溉带有可能形成人口稠密的走廊，为商业中心的集中提供了方便，使之可能形成商业、批发业、学校、医院、管理等社会职能的活动中心。

2. 形态多样性

乡村的商业具有相当强的适应性，所以它是各种类型商业活动的集合体，这里既有定点经营的商人，也有游动经营的商人；既有传统的商业，也有受到现代化刺激出现的外观新颖的商业机构。但总的说来，其规模都是有限的。传统的农村商店，规模甚小，主要经营方便食品和日杂用品之类的货物，常常分布在村庄或小城镇古老、狭窄的部分地区，由于资金有限，货位陈列于并非商业用途的房屋底层，大部分是"夫妻商店"或"家庭商店"；在规模大的行政村或乡村集镇，一种新的连锁分店正迅速发展起来，这些商店经营者有一定商业知识而且也拥有一定量的建设基金，所以这类商店具有较强的竞争力。但是在乡村即使是这样的商店也是多功能的，除了食品、饮料、医药、衣服之类的商品以外，还经营各种各样的生产资料。在中国，这类规模商店的职能，基本上是由分布在各较大乡村的供销合作社的基层商店承担的；"游商"是适应乡村人口稀少、集中困难而出现的特殊商业经营形式。有行商和送货两种形式。行商经营地区主要是边远地区和交通不便的穷乡僻壤，服务对象主要是因种种原因不能走出家门购物的人。行商流动经营方式，可使其通过延伸顾客群体而获得稳定收入。在人烟极端稀少不能支撑一年固定商店的地方，流动售货是其实现商品流通的重要方法。送货是发达国家农村广为流行的一种商品交换方式，其基本程式是，顾客通过电话、通讯、价目表或展销会的信息，他决定购买什么货物，然后发出订单，并要求将货送到家门口，使消费欲望得到满足。

3. 行为的适应性

乡村商业经营者尽管其财力不如城市商人，但他力图通过营造商业环境、达到促销商品的能力，却并不比城市商人逊色。乡村商人获利行为有三种：一是能与顾客建立和谐、信任、友谊关系，吸引和保持足够数量的顾客，手段是通过愉快的私人交谈，发布小道消息和传播新闻，使商店成为顾客的一个汇聚地点；二是自发适应不良环境，如果商店建设是失误的，其客源达不到商店生存的门槛规模，乡村商人将以自身的主动创新精神，打入其他地区市场扩大顾客数量，力保商店不倒闭；三是通过适时调整价格，从当地顾客的现时需求中获利，例如，食品是人们必需消费品，通过食品价格涨落可达到获利的目的。

4. 集市的波动性

乡村另一种传统的商品交易组织形式，就是定期或不定期的所谓集市。从本质上说，这也是一种流动商业，它是在吸引范围内的人口购买力不足以支撑常年商店存在的情况下产生的。中国乡村的集市是历史最悠久、组织最完善的集市。在步行的条件下，集市的吸引范围大致 5～10km 左右,这个距离正好保证买者和卖者上午去到集市,办完事后下午返回,保证其不在集镇住宿。集市交易是遵循一定周期波动的,周期长短各地并无统一的规则,大多有二日、三日、五日和十日 4 种周期,并且每隔半年还有为期 10 天的物资交流大会给予补充。集市周期长短,取决于吸引范围人口、购买力和购物频率。人口数量大、购买力较强,集市周期短,可隔日一集;如果人口数量少、购买力很小,集市周期长,可采取十日一集。如果附近有三个相邻的规模相当的集镇,为了接触更多顾客,销售者则可相互妥协,调整集市周期,一个采取逢三、六、九集,一个可取逢二、五、八集,另一个则取逢一、四、七集。这样销售者可轮流到每个集镇赶集,以便得到更多的顾客。

乡村商业中心体系,原则上也服从克利斯泰勒的中心体系:一般的自然村仅有一、两个经营方便食品和日用杂货的商店,属最低级别的乡村商业中心;大的自然村和行政村,有一个百货店和若干个食品店,除了日用杂货和食品以外,还经营布匹、服装之类的商品,属乡村商业中心的中间级别;在集镇或大型行政村,有供销社、百货店、专营商店和若干食品店,经营的商品除食品、日用百货、衣服以外,还经营生产资料和家电等商品,是乡村商业中心的最高等级。但乡村商业中心等级体系较为复杂,现实与理论之间的差距较大。

四、贸易中心与对外贸易

贸易中心和对外贸易都是以商品流为中心,研究区际间商业联系的,是商业布局研究的另一个重要侧面。

(一)贸易中心布局

贸易中心是指在横向实现多元化卖买行为过程中,在中心城市形成的大规模交易服务的综合体。它以大规模的商品流、货币流通、商业信息流通为主要内容,以各类商业服务网点、信贷银行机构、储运、通讯、食宿等商业设施为其物质基础,发挥其组织一定区域范围内的商品、资金、经济信息流通的主要功能,往往形成经济活动的核心。按其规模,可分全球性、全国性大型贸易中心,地区性中型贸易中心和区域性小型贸易中心。美国中介贸易(即贸易中心)的组织形式很早就盛行,日本到 80 年代初就已形成大、中、小贸易地带 150 多个。尽管贸易中心规模、类型方面有差别,但它们都具有开放性、灵活性、集聚性和辐射性等特点。

贸易中心的开放性,主要表现在地域不分疆域国别,不受行政区划与行政层次的约束;企业不分所有制性质,国家、集体、个人都可以平等资格参加贸易中心的经贸活动;对象不分生产企业、中间批发、零售商,或各类消费者;进入贸易中心的商品不分主次,除国家控制产品外,不论工业品还是农产品,均可进入展开交易;商品数量则不分多少,都可按批量大小作价协议成交,等等。

贸易中心的灵活性,一是指交易方式灵活,即能一次性成交,也可多次性成交;可由卖方在贸易中心租赁场地,设柜台,摆商品,采取窗口式销售方式;贸易中心可开展自营业务、代营业务、联营联销、联购分销、联营展销、函电购销、委托经销、加工定货、批零兼营等多种交易方式;二是指作价方式灵活;三是指管理方式灵活,如场地租赁管理、价格管理、业务成交管理和商品品种管理等,有助于促进贸易成交。

集聚性首先指的是贸易中心可聚集较大地区范围内的各种商品,集中进行大规模交易;其次则是指贸易中心可吸引大批买卖者，买卖双方可以在此公平交易，实现商品的合理流通。

辐射性，主要是指贸易中心通过流通渠道、商业信息及其运输手段实现向外辐射。一般地说，具有较强经济实力（包括贸易中心所在地商品生产发达程度，贸易中心所拥有的资金、设施等的数量与水平）和贸易能力（指运输条件、服务质量、信息量、交易手段等）的贸易中心，向外辐射的地区范围较大，反之则较小。

1. 贸易中心的形成因素

贸易中心是历史上社会劳动分工和商品经济发展的产物。随着商品生产和商品交换的发展，商品必然要遵循客观规律，沿着一定的自然流向而流通，从而逐步形成相对稳定的产销关系和商品流通区域。在这个商品流通区域中，总会有一个或一个以上的城市，承担起组织全区商品、货币和经济信息大量流通的职能，于是便出现了贸易中心。因此，现代的贸易中心，往往同时也是经济中心。

纵观古今中外许多贸易中心兴衰演变的历史，影响贸易中心形成、发展的主要因素有商品生产发展水平、产业布局、交通运输地理位置、人口密度和行政区划建制及其变更等。

商品交换发达的程度，是贸易中心形成的客观基础。特别是近代工业的高度发展，使现代化的工业基地和专业化的农业区域，为商业提供了丰富的商品货源，促成了商品交换的发达，从而形成贸易中心。所以现代贸易中心，往往与现代工业中心城市同时发展起来，并逐渐趋于完善。

产业布局对生产发展有直接的推动作用，也能促进商品经济向新的地区推进，促成新的贸易中心出现。如我国长江、黄河流域是历史上生产发展较早的地区，因而汉口、长安、开封成为较早的贸易中心。当产业布局移向沿海时，又形成了泉州、广州、上海等内外贸易中心。1949年后，我国产业布局向西北、西南地区推移，又形成了六盘水市、十堰市等新的贸易中心，等等。

优越的交通运输地理位置是贸易中心形成的最主要的条件。这是因为交通运输条件是集散商品的必要手段，贸易中心组织商品流通必须凭借交通运输线路和工具。每个新兴的贸易中心城市，从它诞生时起，即会出现由此通向四面八方的交通道路，而每条新交通线路建成后，又有可能在线路沿线，特别是这条交通线路与其他交通线路交汇之处诞生新的贸易中心城市。一个贸易中心的商品吞吐量和运输量是它发展规模的一个重要衡量指标。所以，大凡大河入海口、河港、交通道路交汇点、海运门户、铁路运输枢纽等地较易形成贸易中心。

区域人口密度越大，生产和消费的商品越多，需要组织流通的商品量也越大，于是往往会在有劳动素养的人口较多、消费水平较高地区出现贸易中心。我国上海、天津、广州、北京、武汉、重庆等6个全国性的贸易中心，人口平均密度达每平方公里744人，其中最大的贸易中心——上海，人口平均密度更高达每平方公里2 104人，南市区露香园街道更高达13.64万人。

如上所述，历史上不少政治中心城市，往往同时又是贸易中心。而行政区划的变更，特别是首都、省会的变迁，常会引起贸易中心的兴衰。如我国河南省的洛阳、开封都曾经是古代著名国都所在，当时都曾是驰名中外的贸易中心；以后由于国都迁徙，这两个城市的商业经济活动渐趋衰退，尤其当河南省会迁至郑州以后，更使开封、洛阳两地贸易中心的作用大大削弱了。

2. 贸易中心的地区分布及其模式

就世界范围看，贸易中心的空间分布，都呈现着点状辐射和面状辐射、以交通便利为条件、以城市为中心等特征。其布局模式一般都经历了早期贸易中心城市、中世纪贸易中心带、近代贸易中心地域和现代中心城市辐射圈等四个历史时期的演变。

在人类社会早期，随着第一次社会大分工，农业从畜牧业分离出来，到出现第二次社会大分工和第三次社会大分工，手工业和商业分离，城市商业获得了更大的发展，城市影响圈也有所扩大，吸引了更多的人口向城市集中，百万人以上的大城市遂开始出现。于是，世界上第一批贸易中心城市便相继诞生了，如古埃及的亚历山大市、地中海北岸的锡腊库札市、罗马城、伦敦和巴黎等。这些早期贸易中心城市，大多作点状分布，是贸易中心最早的雏形——商业中心。

当世界多数国家进入封建社会形态后，便开始产生中世纪的贸易中心带。由于深受当时军事、政治势力圈和商业引力圈的制约，此时出现的这些贸易中心城市大致呈现带状分布的特征。如以威尼斯、罗马、热那亚、巴塞罗那为中心的地中海北岸贸易带；以汴梁(今开封)、广陵(今扬州)、建康(今南京)、临安(今杭州)为中心的中国大运河贸易带等。

近代贸易中心地域的出现，具有工业化带动城市化的特点。如英国伦敦在1750～1862年期间，贸易活动异常发达，人口从75万激增至280万，一跃而成为当时世界第一大城市。其成因主要是英国掀起的工业产业革命。伦敦不仅是国际贸易中心，同时亦是工业中心和世界经济中心。在英国工业革命影响下，法、德、美、葡等国家都相继完成工业革命，资本主义发展较早国家的统治者开始向外扩张，这就促使出现一大批带有殖民主义色彩的贸易中心城市：如以广州、上海、天津、青岛等为中心的中国东部贸易区；以印度孟买和加尔各答，斯里兰卡的科伦坡，印尼的雅加达等为中心的南亚贸易区；以金沙萨和内罗毕等为中心的非洲赤道带贸易区等。这些贸易中心地域出现，标志着贸易中心已从平面、简单的单一布局模式，向空间立体(意指贸易中心的空间分布上下左右、南北东西构成为互有分工联系的一个体系)、复杂的多种布局模式转变。

现代贸易中心的城市辐射圈布局模式，是在"中心地方论"、系统论、信息论、运筹理论等的影响下发展而成的。其特征是出现了以城市为中心的贸易辐射范围，诞生了各类综合性的现代贸易区域。现代贸易中心城市辐射圈布局模式较多，在世界范围内，一般有两种主要模式，即团式分布模式和链式分布模式。在资本主义发展初期和目前一些发展中国家和地区，贸易中心的分布依据是消费者和供应者步行或利用畜力的短途运输，其布局均取团式分布模式，如我国江淮平原上的贸易中心分布(见图6-26)。

采取团式分布模式的依据，是地域内人口均匀分布、购买力投向一致、消费水平高低相

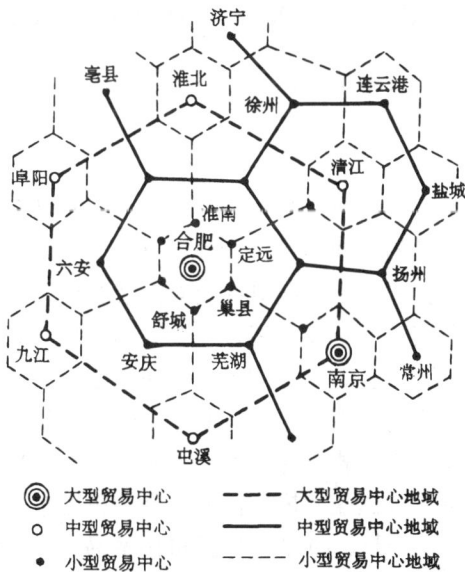

图6-26 中国江淮平原贸易中心分布示意图

等，输入、输出便捷性同一，货源及物价水平无变动；并依据消费者到最近距离供应点的距离，规划出基于六边形图式的市场单元区。由大、中、小型市场单元区，组合而成庞大的贸易中心城市辐射范围。

链式分布模式的采取，是由于人类发明使用动力机械之后，商品流通领域中广泛地应用机械运输，贸易中心的发展规模和速度便越来越依赖于交通条件的便捷程度。于是，在连接各类贸易中心城市的交通干线和交通枢纽地，就出现了众多的贸易辐射圈和辐射带，形成了链式地域结构，亦即链式分布模式，如中国华北平原上的贸易中心城市辐射圈的分布即呈此模式(见图6-27)。

采取链式分布模式，是以交通运输便捷度作为出发点，以适应商品流通变化快的特点。如美国东海岸分布着较多贸易中心，它们以波士顿、纽约、费城、华盛顿等为中心，依靠大西洋海运和各大城市间高速公路的连接，建成若干个大型、中型贸易中心城市辐射圈。几乎所有的购物中心、超级市场都建立在高速公路与其他交通运输线路立体交汇之地。

贸易中心所采用的团式分布模式和链式分布模式是不断变化的。如我国不少地方的贸易中心布局正由团式分布模式向链式分布模式演变。东北地区哈尔滨—大连铁路干线，连接着哈尔滨、长春、沈阳和大连四个贸易中心，虽然局部地区的贸易中心布局仍取团式分布模式，但从东北全境来说，贸易中心布局已属链式

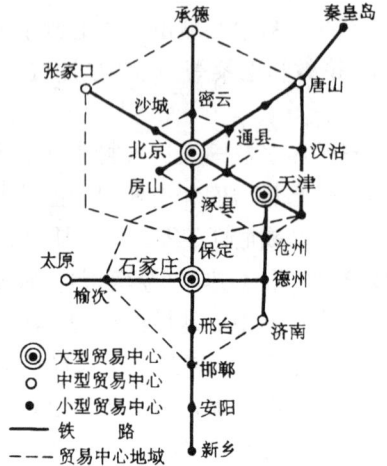

图 6-27　中国华北平原贸易中心分布示意图

分布模式，形成了特有的整体链式而局部团式的综合性分布模式。

(二) 对外贸易

对外贸易也称进出口贸易或国外贸易，是指一个国家或地区与其他国家进行的商品和劳务交换，它包括输入和输出两部分，是国际间商业联系的表现形式。对外贸易是在一定历史条件下发展起来的，它的性质和作用取决于社会生产方式。早在奴隶社会对外贸易就已经出现，到了封建社会有了进一步发展，如在古希腊，各城邦间贸易往来，在公元前8世纪前就已相当发达。14世纪至17世纪北欧诸城市结成的汉萨同盟，曾在西起伦敦、东至诺夫哥罗德的沿海各地建立商站。但此时的对外贸易规模很小，交易的商品也十分有限。只有到了资本主义社会，对外贸易才得到广泛发展，成为资本主义生产方式存在和发展的基础。到了世界经济一体化、集团化的当今信息时代，各国对外贸易更加迅猛发展，商品交易的范围愈来愈广，频率愈来愈高，以致使各国经济生命都紧紧联系在一起。1996年世界进出贸易总额达到了10.6万亿美元，相当于1980年的2.75倍，少数国家(如荷兰等国)的对外贸易依存度已达到50%以上。

1. 对外贸易理论

伴随各国对外贸易的兴起，很早就有人对各国间为什么发生贸易的问题进行深入研究。比较著名的对外贸易理论有绝对利益论、比较成本说和赫克雪尔—俄林定理。

绝对利益论(theory of absolute advantage)是英国古典经济学家亚当·斯密(Adam Smith,1723~1790年)首创的,旨在反对当时的重商主义的保护贸易政策。他从生产成本的绝对差别出发,认为一国生产某种商品的成本比别的国家绝对低,即具有绝对利益的优势时,该商品就可出口;反之就要进口,例如A国生产1个单位棉布需要50个劳动日,生产1个单位葡萄酒需要60个劳动日;而B国生产这两种商品分别需要55个劳动日和40个劳动日。这样A国生产棉布较B国占有绝对利益的优势。因此两国可以进行专业化的分工,在此基础上相互贸易,A国出口棉布,进口葡萄酒;B国出口葡萄酒,进口棉布。斯密认为这是合理的国际分工,贸易双方都可获得利益。

比较成本说(theory of comparative cost)又称比较利益说,是英国古典经济学家大卫·李嘉图(David Ricardo,1772~1832年)首创的。他从生产成本的相对差别出发,认为两个国家生产力不同,一国即使生产不出成本绝对低的产品,只要能生产出成本相对低的产品,就可以同另一国进行贸易,并使贸易双方都能得到好处。如A国生产1个单位的葡萄酒需40个劳动日,生产1个单位的棉布需要45个劳动日,B国生产1个单位的葡萄酒需要60个劳动日,生产1个单位的棉布需要50个劳动日。在此两种产品的生产上,A国都处于绝对有利的地位。若A国以葡萄酒输往B国,换取棉布也能获得利益。因此在A国1单位的葡萄酒只能换0.89单位的棉布,如果把葡萄酒输往B国,则可换得1.2单位的棉布,比在本国多得0.31单位。B国可以用棉布换取A国的葡萄酒,因为B国1单位棉布只能换0.83单位葡萄酒,而输往A国可换得1.13单位的葡萄酒,即多换0.295个单位。这样A国出口葡萄酒,进口棉布;B国出口棉布,进口葡萄酒,两国都有利可图。

赫克雪尔—俄林定理(Heckscher—Ohlin Theorem),是现代重要国际贸易理论。瑞典经济学家埃利·赫克雪尔(Eli Heckscher,1879~1952年)于1919年提出关于国际贸易、要素禀赋以及收入分配的问题,他的学生瑞典经济学家贝蒂尔·俄林(Bertil Ohlin,1899~1979年)加以发展,认为国际贸易的形式,一般取决于各国拥有的生产要素的相对丰富程度。其内容有两点,一是认为各国要素禀赋不同,导致在要素比率和价格上的差异,若A国的某种要素禀赋比B国相对丰富,则A国可将它用相对丰富要素所生产的产品输往B国。如果Λ国的劳动力充足,它可致力于生产劳动密集型产品,输往B国,换取B国资本密集型产品,这样双方都有利可图。二是认为国际间各国产品的移动等于生产要素的移动,所以,在自由贸易条件下,不论是产品价格还是生产要素价格,在国际上都有逐步拉平的倾向。第一个论点称之为狭义的赫克雪尔—俄林定理,包括上述两项论点的国际分工和国际贸易理论,称广义的赫克雪尔—俄林定理。

其实对外贸易问题相当复杂,它不仅仅是个经济问题,也是一个政治问题,此外还涉及传统偏好和感情等多方面的因素。所以围绕对外贸易理论,一直存在着很多争论。

2. 对外贸易类型

根据参与对外贸易客体的数量、特点及所处区位状况,可将对外贸易分为边境贸易、双边贸易、三角贸易、多边贸易以及水平贸易与垂直贸易等多种类型。

边境贸易(frontier trade),是以交易区位为特征界定的贸易类型。它是指相邻国家通过协议,在边境接壤地区(一般离边境两边各15km)进行的贸易。这种贸易规模都十分有限。一般不列入两国对外贸易统计中。交换的目的是为了满足两国边境居民对于日用生活品和生产资料的需要，贸易商品种类以日用居多。但有关双方政府对这种贸易，通常给予减免关税和简化海关手续等方面的优待。这种贸易的繁荣与萧条，主要受两国关系的影响。最近几年随着对外开放的深化，我国云南、广西、新疆、内蒙古、黑龙江等省区的边境贸易一年比一年活跃。

双边贸易(biateral trade)，是以外贸参与客体界定的外贸类型。它是指两国之间通过协议，在双边结算的基础上进行的贸易。这种贸易，双方各以一方的出口支付另一方的进口，而不用对方的出口支付从第三国的进口。为了减少外汇支付上的困难，或克服贸易上的种种障碍，一般要求进出口平衡。这种贸易是本世纪30年代资本主义国家外汇管制盛行时期的产物，主要发生在外汇管制严格的国家。建国后，我国在平等互利的基础上同许多国家建立了双边贸易关系，进行有买有卖，有进有出的平衡贸易。近几年，随着世界经济一体化的进程，各国联系加强，外汇管制大大放宽，双边贸易逐渐减少。

三角贸易(triangular trade)，也是以参与贸易的客体为标准界定的对外贸易类型。它是指三个国家间保持平衡贸易。如果甲国与乙国进行贸易谈判时，由于供求的商品不对路，进出口就不能达到平衡，外汇支付上有困难，贸易洽谈协议不能达成时，便把谈判扩大到与贸易商品有关的第三个国家，在三国之间互相搭配商品，实现贸易上的平衡，以解决外汇支付的困难。很显然，这种贸易与双边贸易相比，涉及的贸易客体多，实际使用的商品也比较多。

多边贸易(multilateral trade)，亦称多角贸易。由于仅限于两个国家间贸易，往往因为供求商品不对路，进出口不能平衡，以致造成外汇支付上的困难。为此要求进行多边贸易实现商品供求平衡。多边贸易是指以三个或三个以上国家作为一整体，相互保持贸易收支平衡的贸易。就是在外贸来往中，每个国家都可以用对某些国家的出超，支付对另一引进国家的入超，以实现整个进出口平衡。如A国同B、C两国的贸易是入超，同D、E两国的贸易是出超，而且出超和入超的总金额接近。A国便可用对D、E两国的出超，清偿对B、C两国的入超。最后实现对外贸易的基本平衡。从以上分析可知，所谓的三角贸易，只是多边贸易的特殊情形。

垂直贸易(vertical trade)，这是按照参与贸易客体的性质界定的贸易类型。它指发达国家与发展中国家间进行的贸易。由于发达国家与发展中国家生产要素禀赋不同。前者技术、资本相对丰富，劳动力资源相对缺乏。而后者则是劳动力资源相对丰富，技术和资金相对不足。因此，垂直贸易的特点是发展中国家以劳动密集型产品换取发达国家的技术密集型产品。由于技术密集型产品附加价值高于劳动密集型产品，所以在贸易中，一般是发展中国家处于入超地位，发达国家处于出超地位。由于发达国家多在北半球，发展中国家多在南半球，所以垂直贸易也称南北贸易。

水平贸易(horizontal trade)，这也是以参与贸易的客体特点的标准界定的贸易类型。它是指发展水平大体相同的国家间进行的贸易。发达国家间的相互贸易或发展中国家间进行的贸易都属水平贸易。这种贸易建立在由要素禀赋和管理水平决定的价格差异基础上。由于管理水平处在不断变化中，这种贸易的伙伴并不是固定不变的。

3. 对外贸易的形式

目前各国对外贸易采用的方法很多，最主要的有易货贸易、补偿贸易、协议贸易、直接贸易和转口贸易等形式。

　　易货贸易(barter trade)，是国家间以货物相互交换的一种贸易方式。其特点是：进口与出口相结合，双方有进有出，互换货物；方法灵活，可以一种对一种、一种对多种或多种对多种；力求换货的总金额相等，不用外汇支付。采用易货贸易的方式，在一定条件下可以带动滞销商品的出口，有利于扩大进口贸易，促进贸易平衡，还可以克服由外汇支付上的困难所造成的贸易障碍，作为反制裁的一种斗争手段。建国初期，我国采用易货贸易的方式冲破了美国对我国的封锁、禁运政策，取得了对外贸易的胜利。但易货贸易也有不足之处，如进口与出口对象难确定，交易手续太烦琐等。

　　补偿贸易(compensantion trade)，这是指在信贷条件下，买方从国外厂商那里进口商品，约定在一定期内用产品或劳务等偿还贷款的一种贸易方式。有两种偿还方式：一种是"回购"，即用进口生产设备制造的产品偿还，多用于买方进口生产资料的补偿贸易，如进口采油设备，以原油偿还贷款。另一种是"互购"，即用与进口的生产资料没有直接联系的产品偿还贷款，多用于买方进口的生产资料不生产有形产品，或生产的有形产品并非国外厂商需要的情况，如进口冰箱生产设备，用石油偿还。从本世纪 60 年代开始，此种贸易方式在国际上广为流行，对缺乏外汇和技术的国家，利用它可以从国外买进技术和设备，以促进本国经济的发展。并可提高出口能力。

　　协定贸易，这是以贸易协定和支付协定为依据而进行的贸易。一个国家为了排除贸易对象国的贸易障碍，通过政府间谈判签订协定，互减关税互相提供优惠待遇，以换取本国商品进入对方市场。在进入帝国主义时期，由于瓜分市场遇到种种矛盾，协定贸易被广泛应用，但列强仍然把协定贸易方式当做争夺市场和剥削、掠夺经济不发达国家的手段。它们通过与不发达国家签订贸易协定，从这些国家低价进口食品和原料，以高价出口工业品，从中牟取暴利。我国对外贸易中，也有采用协定贸易方式的，但我国与世界上许多国家签订的贸易协定，是在双方平等互利的基础上进行的，目的在于促进和发展互相间的贸易往来。

　　直接贸易(direct trade)，这是指商品消费国与商品生产国之间的直接买卖的贸易方式。在这种交易中，从消费国来说，是直接进口，从生产国来说，是直接出口。直接进口和直接出口，都是直接贸易。如果商品经过第三国转卖给消费国，情况便产生了变化。对生产国来说，是间接出口。对消费国来说，是间接进口。对第三国来说是转口，三者都是间接贸易。

　　转口贸易(entrepot trade)，与直接贸易不同，转口贸易是通过第三国为中介，在商品消费国与商品生产国之间进行的贸易。有两种情况：一种为直接转口，即商品从生产国运往第三国后，并未经过加工处理，又由转口商人直接运往消费国，转口商人从运费中获利。另一种是间接转口，即商品虽然从生产国直接运到消费国，但产、销国之间并未发生直接买卖关系，交易是通过第三国的转口商人进行的。转口贸易发生有种种原因。主要是第三国转口商人买进卖出，牟取暴利。我国建国后相当长的时期内，为了打破美国的无理制裁，发展同各国人民的友好往来，也采取过通过第三国转口贸易的做法，使我国商品可迂回进入那些限制我国产品的国家和地区的市场，争取到对外贸易的主动权。

4. 对外贸易集团

　　在外贸活动中，为了争夺市场，扩大出口份额，各国家间都进行了区域性的和行业性的合作，以改善外贸环境，增强外贸实力。最重要的地区性外贸集团是欧洲共同市场，行业性的外贸集团有石油输出国组织、天然橡胶生产国协会、东南亚木材生产者协会、香蕉出口国联盟以及拉丁美洲和加勒比海食糖出口国集团等。

欧洲共同市场(European Common Market)又称欧洲共同体或西欧共同市场。是欧洲主要资本主义国家组成的经济和政治集团,成立于 1958 年 1 月。成员国有法国、德国、意大利、荷兰、比利时、卢森堡、英国、丹麦、爱尔兰、希腊等十个国家。十国总面积为 166 万 km²,人口 2.71 亿,国内生产总值与美国不相上下,对外贸易与黄金外汇储备均居世界首位。它的宗旨是通过共同市场的建立与各成员国经济政策的逐步接近,使共同市场内经济均衡增长。基本上实现了对内取消工业品关税和限额,对外实行共同关税率和共同贸易政策。同时实施共同农业政策,内部实行主要农产品共同价格,对外征收进口差价税,设立共同农业基金。1979年 3 月建立了欧洲货币体制。此外还在运输、能源、渔业、社会地区开发及研究和发展等方面制定和实施不同程度的共同政策。目前已与 120 多个国家建立了贸易关系,是世界最强大的贸易集团,1996 年仅法国、德国、荷兰、意大利和英国等 5 个成员国的进出口贸易总额就达 1.427 万亿美元,占世界贸易进出口总额的 13.4%。

石油输出国组织(OPEC)。该组织成立于 1960 年 9 月,成员国有伊拉克、伊朗、科威特、沙特阿拉伯、委内瑞拉、阿尔及利亚、厄瓜多尔、加蓬、印度尼西亚、利比亚、尼日利亚、卡塔尔和阿拉伯联合酋长国等 13 个国家,是亚、非、拉石油生产国为协调成员国石油生产政策、维护共同经济利益而建立的国际性组织。石油输出国组织同西方石油垄断组织不断开展斗争,通过多次谈判,逐步提高了原油标价和石油税率,保障了产油国的合理收入。1991~1992 年,石油输出组织原油出口额达 967.22 亿美元,占世界石油出口总额的 55.32% 以上,在石油输出贸易中占举足轻重的地位。

天然橡胶生产国协会(ANRPC)。成立于 1970 年 2 月,成员国有马来西亚、印度尼西亚、泰国、新加坡和斯里兰卡、巴布亚新几内亚、印度和越南等国家,是亚洲生产和输出天然橡胶国建立的政府间经济合作组织。它的宗旨是协调天然橡胶产销,促进技术合作,实现公平和稳定价格。在反对超级大国和西方发达国家压低天然橡胶价格,保持橡胶价格稳定和协调橡胶生产、销售方面,进行了卓有成效的工作。1974 年制订了天然橡胶共同市场计划,并设立了一个国际缓冲囤胶组织。1991~1992 年,天然橡胶出口额达到 376.81 亿美元,占到全世界橡胶出口额的 71.7% 以上。

东南亚木材生产者协会(SEALPA),于 1974 年 12 月成立,成员有印度尼西亚、菲律宾、马来西亚等国木材生产者组成,是东南亚地区木材生产者的经济合作组织。其目的是采取联合行动,通过合理供应消费者的需要,保持木材采伐的稳定,维护木材生产国和出口国的共同利益。三国木材产量在亚洲占重要地位。

香蕉出口国联盟(UPEB),成立于 1974 年 9 月,成员国有哥伦比亚、哥斯达黎加、危地马拉、洪都拉斯、巴拿马、尼加拉瓜和多米尼加等,是拉丁美洲香蕉出口国区域性经济合作组织,目的是共同维护合理的香蕉出口价格,促使香蕉进口国取消关税壁垒。成员国协调步调,征附加税以反对跨国公司剥削。1976 年 2 月决定成立多国香蕉贸易公司,进一步消除了跨国公司对香蕉生产和出口的不公平待遇。

拉丁美洲加勒比海食糖出口国集团,成立于 1974 年 11 月,成员国有古巴、巴西、墨西哥等 22 个国家,是拉丁美洲和加勒比海食糖出口国区域性经济合作组织。其目的是协调各成员国的食糖产销政策,维护合理的食糖出口价格,交换经济信息,保持对外贸易的优势。1991~1992 年,仅古巴、巴西、危地马拉、多米尼加 4 个成员国食糖出口额就达 29.33 亿美元,占世界食糖出口总额的 26.46%。

　　从以上情况可知，对外贸易在外贸出口和商品销售市场方面都存在着不确定因素，为了避免风险和扩大对外贸易，各国家间必须进行不同形式的经济合作，否则很难在竞争中取胜。

第七章　城　市　布　局

城市是人口和社会经济活动高度集中的场所，是产业布局的特殊形态。它是第二、三产业在空间上的集聚，是地区经济的中心。城市的发展和布局对于一国、一地区的经济发展和布局具有深刻的影响。

经济地理学着重于研究城市的空间区位，即城市布局。它一方面是指城市内部的地域结构与地域分异，另一方面是指城市与城市以及城市与区域之间的相互关系；同时，对城市的形成和发展、城市化以及城市的性质、职能、分类等基本概念和原理的了解，是开展城市布局研究的重要基础。

第一节　城市发展与城市化

一、城市产生与发展

城市是社会生产力发展到一定阶段的产物，城市的产生与社会分工有着密切的联系。在原始社会，生产力极其低下，人们过着十分简单的游牧渔猎生活，没有固定的居民点，当然也就无法创造出城市。随着生产力水平的提高，出现了人类历史上第一次社会劳动大分工，即种植业从游牧渔业中脱离出来，从事种植业的人们渐渐摈弃了过去那种游荡的生活方式，选择合适的地点定居下来，这样在地域上便出现了固定的居民点。种植业的出现，使农业生产率逐步提高，劳动产品有了剩余，产生了私有制和商品交换。因此，公元前 3000 年左右，在原始社会向奴隶社会过渡时期，产生了人类历史上第二次大分工，即手工业与农业的分工。从事手工业生产的人们脱离了土地的束缚，寻求一些位置适中、交通方便、利于交换的地点集中定居，以其手工产品与农牧民进行交换，从而在地域上出现了一种以产品交换为目的的新型居民点——城市。

世界各地的城市由于其产生的历史时代不同，区位地点各异，因而具有不同的起因。我国古代的"城"与"市"是两个不同的概念。"城"是指四周筑有围墙，用以防卫的军事据点；"市"则指交易市场，是商业和手工业的中心。随着社会的发展，"城"里人口渐多，也出现了商品生产和交换，"市"便在"城"内或"城"郊出现，"城"与"市"逐渐结合为一个统一的聚合体——城市。

在西方，城市作为一种明确的新事物开始出现于旧石器至新石器文化的社区中，原始城市是圣祠、泉水、村落、集市、堡垒等基本因素的复合体，这些复合体几乎都是由密闭的城墙严格封围着。王权制度的出现使分散的村落经济向组织化的城市经济进化，四周以城墙圈围的城堡便在村庄之中出现。城墙的最初用途或许是军事上的防御，或许是宗教上的标明范围。但不管怎样，出现这样的城堡是以农业生产力的发展，农业产品的剩余为前提的。

纵观世界各地城市的历史起源，可以得出这样的结论：城市的产生和发展必须具备两个前提条件：①农业生产力发展，农产品有了剩余；②农业劳动力剩余。也就是说，当农业生产力创造的农产品，除了第一产业从业者及其家属所需的份额以外还有剩余时，城市的兴起才有可能；仅有农产品的剩余尚不足以导致城市的产生，还必须要有剩余的劳动力从农业中分离出来，从事第二、三产业的劳动。因此，早期的城市大多起源于农业发达的地区，如两河流域、尼罗河下游、印度河流域以及黄河流域等。这一过程，可用下列简单的框图表示：

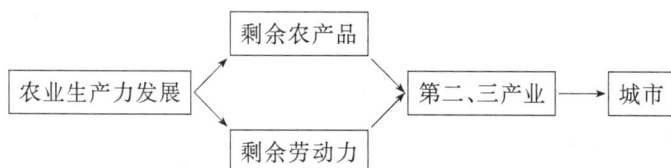

```
                        剩余农产品
                      ↗          ↘
       农业生产力发展               第二、三产业  ——→  城市
                      ↘          ↗
                        剩余劳动力
```

现代城市，无论其职能、成分抑或形态，都已大大复杂化、多样化，城市拥有更丰富的内涵，因而城市的定义也多种多样。但不论是哪种类型的城市，都存在一个基本的共同点，即城市是具有一定规模，以非农业人口为主的居民点，是人口和社会经济活动的空间集中地。

城市自产生至今已经历了 5 000 多年的漫长历程。根据城市在发展过程中所表现出来的形态、功能及其在社会经济发展中的作用，通常将城市的发展阶段划分为古代、近代及现代三个时期。

（一）古代城市发展时期

自城市产生至 18 世纪中叶的工业革命前，自给自足的自然经济占着统治地位，农业和手工业是国民经济的主体，商品经济极不发达，城市在社会经济生活中的功能和作用都很小。由于农业生产力的发展，引起的社会分工是城市产生的根本动力。因此，世界上首批城市诞生在那些灌溉便利，农业生产比较发达，农产品丰富，交通方便的地区，如两河流域的美索不达米亚平原，尼罗河中下游的古埃及，印度河流域的古印度，以及黄河流域的中国等地区。

早期的城市不仅数量少、规模小，在社会经济中的作用也十分有限。城市的功能主要体现在政治、军事及宗教等方面，以手工业生产和商品交换为主的经济作用不太突出，最为明显的是军事防御职能。因此，中外的古城，不论是早期的孟菲斯城、卡洪城、乌尔城，还是后期建立的古罗马城、雅典城，其军事防御作用都非常突出，城市形态上都有坚固的城墙为共同特征。公元前 5 世纪到 2 世纪的古罗马时期是当时奴隶制的极盛时期，生产力达到了古代世界的最高水平，城市发展达到了早期城市发展的顶峰，出现了雅典、斯巴达、罗马等风靡一时的名城，其中罗马城为当时的最大城市，人口规模一度达到 80 万人，城内建造有华丽的宫殿、寺庙、浴池、斗兽场、多层住宅等，还有比较完善的给水、排水设施和整齐、宽畅的道路系统。

中世纪世界各地先后进入封建社会，生产技术、生产工具、交通手段都比奴隶制社会有了相当大的提高。城市农产品的主要供应途径不再是早期城市那种野蛮的掠夺和强制性的征收，而主要通过贸易的方式取得。农业生产技术的提高，使剩余农产品更加丰富；手工业生产技术的发展，促进了手工业的分工协作，也促进了农业生产技术的提高；交通手段的提高和交通条件的改善，又促进了商品交换的扩大和商业的繁荣。在商品流通与商品交换过程中，商业明显地与手工业分离，出现了人类历史上第三次社会劳动大分工，一个崭新的产业——不从事物质生产，只从事买卖交易的产业——商品贸易业开始形成。商品贸易的形成与发展不仅改变了城市的职能,使城市作为手工业中心和商品交换中心的职能得到了突出和强化;同时，通过商品流通与交换，使城市对周围地区的影响范围逐渐扩大，对人口的吸引力增强，城市规模得到迅速扩大，开始出现百万人口以上的大城市。

这一时期，我国城市发展在世界上处于领先地位。南朝时的建康(今南京)、隋唐时的长安(今西安)、北宋时的汴梁(今开封)、南宋时的临安(今杭州)，都曾达到百万人口，其中北宋都城汴梁在兴盛时期曾达到170万人。商业的兴盛，水陆交通的发达，促进了贸易事业的发展，在一些沿海和河口地带兴起了不少贸易港口城市，如中国的泉州和扬州、日本的堺、地中海的威尼斯、热那亚等，但这些城市规模都不大，小于当时的行政中心。中世纪的欧洲城市发展经历了一个黑暗的衰落时期，由于战争的破坏，一些城市被毁灭，人口猛减。如曾盛极一时的罗马城人口由近百万减少到4万。但此后，随着商业贸易的发展，欧洲城市在沿海地区开始复兴，并出现了一批以工商业为主的自由城市，而内陆地区城市的发展并不多。

总之，古代城市发展经历的时间最长，城市人口增长缓慢，直到1800年，世界城市人口占总人口的比重仅为3%左右。这一时期城市的发展主要有以下特点：①城市的功能主要是军事据点、政治和宗教中心，经济功能极其薄弱，主要是手工业和商业中心，对周围地区影响不大，还不具备地区经济中心的作用；②城市地域结构较为简单，尚无明显的功能分区。一般以教堂或市政机构占据中心位置，城市道路以此为中心呈放射状，连接周围市场；③城市形态上最明显的特征就是四周设有坚固的城墙或城壕，由于受城墙的限制，城市地域规模和人口规模都不大；④城市地区分布具有很大的局限性，主要分布在农业灌溉条件良好的河流两岸，或是交通运输便利的沿海地区。

(二) 近代城市发展时期

18世纪中叶西欧发生了工业革命，极大地促进了社会生产力的发展，也使城市进入了一个崭新的阶段。工业化是城市发展的根本动力，工业革命结束了手工业的生产形式，代之以大机器生产，从而推动了生产专业化和地域分工，加速了商品经济的发展。工业生产在地域上的集中，有利于生产协作；商品生产与交换带动了金融、信托事业的兴起；与此相适应，工商业集中的城市，科学技术、文化教育、交通、通讯等基础设施以及各种服务行业也都得到相应的发展。这一过程引起了大量农村人口向城市地区集聚，城市规模扩大，城市数量增加，城市人口占总人口的比例迅速上升。

工业化带动城市发展这一过程，首先开始于工业革命策源地:英国。从1801~1851年的半个世纪里，英国5 000人以上的城镇从106座增加到256座，城市人口比重由26%上升到45%；到1900年，这一比例又上升到75%，是世界上第一个城市人口超过农村人口的国家。伦敦不仅是英国的生产及贸易中心，也是当时世界的经济中心。从1750~1862年，伦敦的城市人口由75万人增加到280万人，是当时世界上最大的城市。19世纪以后，法、德、美、葡等国也相继开始了工业革命，城市得到飞速发展。例如，美国从1790年开始进入资本主义发展时期，1830年开始工业革命，蒸汽机广泛运用于工业部门，1870年资本主义发展到旺盛时期，整个国民经济结构发生根本性转变，由农业国转为工业国。与此同时，城市发展进程不断加快，城市数目增多，城市人口比重迅速上升。城镇数目由 1790 年的 24 座激增到 1890 年的 1 384 座，城市人口比重由 5.1％上升到 35.1％。

发展中国家和地区，因工业化开始较晚，早期又受殖民主义者的掠夺和剥削，城市发展缓慢，城市人口比重低。一些沿海城市成为殖民者入侵的经济掠夺据点和军事基地，在殖民主义经济的刺激下畸形发展。例如非洲许多国家的首都，东南亚的孟买、加尔各答、新加坡、雅加达，以及我国的广州、天津、上海等都属于此种类型。这些城市都带有浓厚的殖民地色彩，至今在城市的地域结构和景观形态上仍然可以找到殖民地的残迹。

从 18 世纪中叶到 20 世纪中叶，城市的发展远远超过以往几千年。工业革命使近代城市发生了质的变化。与古代城市相比，近代城市发展具有以下一些特点：①城市发展加速，城市规模越来越大。至 1900 年全世界城市人口占总人口的比重上升到 13.6％，1950 年达 28.7％；10 万人以上的城市数目由 38 座增加到 484 座，其中百万人口以上的大城市就有 71 座；②城市功能趋于多样化。除了工业、商业等经济功能日益增强外，金融、信息、科技、文化及交通等功能也得到了加强，城市成为整个国民经济和地区经济的中心，对国家和地区经济产生很大的影响；③城市地域结构日趋复杂化，出现了较为明显的功能分区。如工业区、商业区、居民区以及仓库码头区等。同时，城市的基础设施明显得到改善，生活质量明显提高；④城市地区分布差异显著。城市分布逐步摆脱了农业生产的影响，在一些资源分布地区出现了工矿城市；铁路运输促进了内陆地区的城市发展，改变了古代城市分布十分局限的空间格局。但由于世界各地工业化进程存在差异，城市分布的地区差异也十分显著，发展中国家和地区的城市发展缓慢，城市数量少、规模小，少数规模较大的城市主要分布于沿海地区。

（三）现代城市发展时期

20 世纪中叶以来，西欧大多数经济发达国家已经进入了工业化的后期，许多发展中国家也相继进入工业化发展阶段，世界上的城市就进入了现代化的发展阶段。第二次世界大战以后，世界范围内的政治、经济和技术领域都发生了深刻的变化。一些长期受帝国主义控制的殖民地和半殖民地国家纷纷摆脱了殖民统治，相继独立，使发展中国家的政治地位不断提高，民族经济蓬勃发展。社会主义国家经过短期的经济恢复后，开始了大规模的工业化建设。西欧许多发达国家医治战争的创伤，掀起了整修和重建城市的浪潮，使城市开发向深度和广度进一步发展。科学技术开始发生革命，以微电子技术为主导的新技术革命，促进了全球范围的经济结构、产业结构和就业结构的变化。整个社会经济的发展达到了新水平，社会产品空前丰富。这一切，都大大加快了世界城市的发展进程，使城市的发展进入了一个新的历史阶段。

近几十年世界城市的发展主要表现出以下一些特点。

1. 全世界城市发展进程加速，其中发展中国家的城市发展速度超过了发达国家

1950～1970 年的 20 年里，世界城市人口总数从 7.06 亿增加到近 14 亿，城市人口占总人口的比重由 1950 年的 28.6％提高到 1970 年的 38.6％，1980 年又上升到 41％，即在仅占全球土地面积 0.3％的城市面积上居住着 41％的世界人口。在世界城市发展进程加快的过程中，发展中国家或地区的城市发展尤为迅速。据统计，在 1950～1980 年这 30 年间，世界城市人口增加了 2.5 倍，其中发展中国家增加了 3.6 倍，城市人口年递增率为 4.2％，大大超过发达

国家 1.9％增长速度。

2. 大城市规模继续扩张，出现了地域上连片的大城市群或大城市带

大城市以其特有的空间优势和集聚效益吸引着工业和人口，城市规模不断扩大，数目增多。

1950～1980 年，世界百万人口以上的大城市由 71 座增加到 234 座，在短短的 30 年中增加了 3 倍以上，并且出现了如墨西哥、圣保罗、纽约、东京、伦敦、上海等千万人口的特大城市。城市地域不断向外扩展，大城市同周围的中小城市组成了大城市群或城市带。如美国东北部大西洋沿岸的巨大城市带，以纽约为中心，北起波士顿，南到华盛顿，在长 970km，宽 48～160km，面积 13.9 万 km² 的范围内，包括 5 个大城市，上百个中、小城市，1970 年人口达到 4 200 万，占全国总人口的 20％，被称为"波士华士"带。像这样的城市带或城市群，在发展中国家也开始出现。如我国的沪宁杭城市群、京津唐城市群、辽宁中部城市群、珠江三角洲城市群等。

3. 城市功能向综合性方向发展

随着现代工业向城市集中，城市规模日益扩大，城市功能也日趋复杂多样。在每个城市中，由于生产专业化和社会化程度提高，劳动分工在加深，企业对各种生产服务提出了更多的专业化的要求。例如，货物运销要求有批发、运输、邮电通讯、金融、广告以及研究机构的配合；在居民生活方面，随着劳动生产率提高和个人收入增加，对消费品的要求也向多品种、高档化方向发展，这就要求有相应的零售业、饮食业、文化娱乐、社会保险、医疗保健等多部门相配合。这样，以服务性为主要特征的第三产业日益壮大起来，成为推动现代城市发展的动力之一，第三产业的发达程度成为城市现代化的重要标志。如美国 1820～1977 年第三产业从业人员在经济活动总人口中的比例由 15.3％上升到 62.9％。第三产业的发展使城市功能更趋于多样化，城市尤其是大城市不仅是工业生产中心，同时也是商业贸易、交通通讯、金融保险以及科技文化等中心。

4. 城市空间组织发生了新的变化

早期城市规模不大，生产区和生活区毗连，没有明显的地域分工。工业革命促进了近代城市的发展，城市内部开始出现功能分区，如工业区、商业区、住宅区、文教区等。到了现代，城市规模扩大，经济活动日益频繁，城市内部功能分区也日趋明显，并按一定的原则有规律地排列。如中心商业区、轻工业区、住宅区、近郊重工业区等。而且，由于现代化交通事业的发展，城市中心区人口密集、用地紧张及环境污染等原因，使人口和企业不断向城市周围地区扩散，出现了城市发展中的"郊区化"和"逆城市化"等新的倾向。例如，一些发达国家的大城市中心区日趋衰落，而郊区或卫星城镇发展迅速，出现了大量的工业区、住宅区、商业区、学校、道路、停车场等，它们与中心城有着密切联系，从而使原有的单一城市向组合城市发展。

二、城市化的基本原理

城市化，又称城镇化(urbanization)，通常是指人口向城市地区集中和农村地区转变为城市地区(或指变农业人口为非农业人口)的过程。这一过程使得城市人口增加，无论是城市人口的绝对数，还是城市人口占总人口的比重都在增长；城市数目增多；城市规模扩大等等。其中，城市人口占总人口的比重是城市化的一个重要标志，因而也成为城市化水平测度的最常用指标。城市化的过程和特点受生产力发展水平、社会劳动分工的深度和社会所有制性质等多种因素制约。变农村人口为城市人口这一过程虽然是与城市的产生同时出现的，但从城市发展的历史来看，工业革命前后，城市的性质、规模、数量、内容、形态都发生了剧烈的变化，是城市经济生活在整个社会经济生活中占统治地位的一个历史转折时期。因此，通常所说的城市化是指现代城市化，主要是指工业革命后的城市发展和城市人口集聚的过程。

工业化是现代城市化的基本动力。如前所述，始于18世纪中叶的工业革命使世界城市发展进入了一个崭新的历史阶段，城市数量、规模以及城市人口占总人口的比例都迅速增加。二次大战以后，城市发展进入了现代阶段，工业化开始在发展中国家的城市化中显示出较强的优势度，在发达的工业国家则有所减弱。但是，从世界范围来看，工业对于城市发展的主导地位并没有动摇，这是因为：世界上实现工业现代化的国家仍占少数，许多发展中国家正加紧工业化的进程，促进国民经济的增长；即使在那些发达的工业化国家或地区，工业仍然是创造城市财富的重要手段。随着产业结构的调整，工业逐步向技术、知识密集型方向发展，使工业企业的集聚方式发生了一些变化，一方面仍然向工业较集中的大城市集聚，为现代工业配套；另一方面，向环境条件优良的地区集聚，形成城市化的新类型。此外，在工业现代化阶段，技术和信息成为社会财富的重要组成部分，城市经济活动扩大到包括金融、通讯、科技、服务在内的许多方面，以服务性为特征的第三产业的崛起，正改变着城市的产业结构和就业结构，引起城市人口的迅猛增长，成为现代城市化的另一重要动力。

城市化在空间上具有多种多样的表现形式，因而出现城市化的不同类型。其中，集中型城市化和分散型城市化是城市化的两种基本形式。集中型城市化是指社会经济活动从空间上的分散状态向集中状态发展的一种过程，它实际上是城市中的各种服务设施和社会经济活动

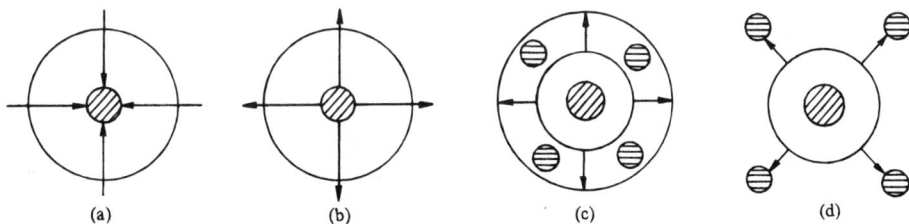

图 7-1　城市化的几种地域类型

向城市中心集聚，又称为向心型城市化，这是城市化初期的基本形式(图 7-1a)。在景观形态上，表现为城市中心地区人口和社会经济活动更加密集。分散型城市化是指城市的生产和生活方式向外扩散的一种过程，又称离心型城市化(图 7-1b)。在景观形态上，表现为城市地域范围的扩大。按扩散方式不同，又可以分为外延型城市化和飞地型城市化。前者是指城市的

建成区连续渐次地向外推进和延伸的扩散方式，它使城市地域范围不断向外延展，蚕食郊区，同时使郊区的中小城市与大城市在地域上逐渐连成一体，成为大城市的组成部分(图7-1c)。我国许多大中城市的扩展，几乎都是沿用这种方式。飞地型城市化是指在城市扩展过程中，出现了在空间上与建成区断开，但职能上与中心城保持密切联系的一种扩展方式(图7-1d)。许多大城市周围的卫星城就是这种城市化的结果。

纵观前述世界城市发展历史，可以发现城市化进程表现出一定的规律性。城市自产生至工业革命前，经历了漫长的历史时期，由于生产力水平低下，城市发展极其缓慢，城市人口占总人口的比例较低，到1800年仅为3％左右。工业革命极大地提高了社会生产力，使得社会分工与协作加深和发展，商品经济逐渐成为社会占统治地位的经济形式，有力地推动了城市的发展和城市化的进程。从1800~1900年的百年间，世界总人口的上升率为77.5％，而城市人口占总人口比例的上升率则高达665.9％，城市化水平由3％上升到14％，1950年上升到28.7％，1980年则进一步上升到41％，1994年达到45％。

目前，世界范围的城市化进程仍然处于城市化水平不断上升阶段。但在一些发达国家中，当城市人口占总人口比例达到70％~80％的时候，出现了城市化发展速度减慢的趋势。如英国的城市人口比重1951年曾达到83.3％，1961年下降到78.3％，1971年再下降到76.7％，1985年则降到76％。法国1954年城市人口比重为58.5％，1968年为70％，此后一直处于缓慢增长阶段，到1985年才达到73％。美国城市人口比重1970年达到73.5％，到1985年仅提高了0.5％。

发达国家城市人口比重增长速度减慢的现象绝非偶然，它反映了城市化进入一定阶段的一种规律性。根据美国地理学家诺瑟姆的研究，城市化进程是一条拉平的"S"曲线，即在城市人口比重达至一定程度后(一般认为20％)，城市化速度加快；而到了一定程度后(一般认为70％)，城市化速度又逐渐放慢，并趋于停滞。如果以发达国家城市人口比重达到70％后开始出现减慢的现象，作为城市化进入成熟阶段的标志，把世界城市人口平均比重达到90％作为城市化的饱和点，那么，就可以将城市化进程大致分为四个阶段(图7-2)。图中曲线OA代表古代城市发展阶段；曲线AB为近代城市发展阶段；曲线BC和CD则代表现代城市发展阶段

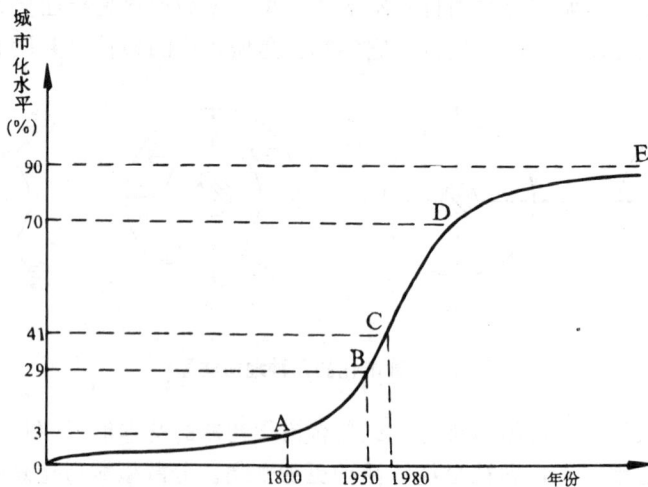

图7-2 城市化进程的一般规律

和将来城市发展阶段；曲线 DE 代表未来城市化进入成熟阶段。必须指出，从世界范围来看，城市化进程正处于 C 到 D 发展阶段，即城市化进程加快，城市化水平迅速提高的阶段，但一些发达国家已提前进入了 DE 阶段，即进入城市化的成熟阶段。

第二节 城市职能与分类

一、城市职能与性质

城市是一个复杂的社会经济大系统，它包含着许多社会经济信息，表现出各种各样的城市特征。其中，城市职能和性质是两个相互关联的最基本特征。

(一)城市职能

所谓城市职能[①]，是指城市对城市本身以外的区域在经济、政治、文化等方面所起的作用。这是国内地理学界对城市职能的一种普遍看法，着重强调了城市与区域的关系。而国外地理学界对城市职能的理解较为广泛，认为人们在城市中进行的各种生产、服务活动均属于城市职能范畴。

城市是社会劳动地域分工的产物，是在区域经济发展过程中兴起和成长起来的。因此，城市与其周围区域总是存在着密切的经济联系，这种联系一方面表现为城市不断从周围区域获取能源、原材料、劳动力、粮食和蔬菜等生产要素和生活要素；另一方面，城市为了生存和发展，又不断向周围地区销售产品或提供服务。城市里各种生产和服务活动均可分为满足城市居民的消费需要和满足城市以外区域居民的消费需要两大部分。城市的生存和发展，取决于城市对自身以外的区域销售货物和提供服务的能力，如果这种对外能力旺盛，城市就会成长；相反，城市就要萎缩。据此，可将城市职能分成基本职能和非基本职能。凡是主要为城市以外区域提供货物和服务的企事业单位(如全国或地区性的工商企业、交通运输、行政机关、大专院校、科研机构以及重要的名胜古迹等)，均是城市形成、发展的基本因素，相应构成城市的基本职能；凡是主要为城市居民提供货物和服务的企事业单位(如服务性的工业企业、商饮业、服务业、市级以下行政机关和中小学等)，均属于非基本因素，相应形成城市的非基本职能。

城市的经济活动分成基本活动和非基本活动，城市的总收入就等于来自这两部分活动的收入之和。基本活动收入和非基本活动收入之比称为基本—非基本比率，用 B/NB 表示，通常换算成 $1:X$ 的形式。例如，一个城市的基本活动收入占 60%，非基本活动收入占 40%，则这个城市的 B/NB 为 $1:0.66$。由于很难区分开基本活动收入与非基本活动收入，所以估计一个城市的 B/NB 比率时，常用就业人口的资料。即城市的总就业人口中，从事基本经济活动和从事非基本经济活动的就业人口之比，称为基本—非基本比率，用 BZ/NBZ 表示。在城市经济分析中使用基本—非基本的概念，不仅突出了城市与区域之间的经济联系，揭示了城市形成和发展的原因，而且也显示了城市职能专业化的程度，强调了城市对区域经济发展的

---

① 有的文献亦称为城市功能.

作用，为确定城市的性质提供了重要依据。

(二) 城市性质

城市的性质是指城市在一定时期内的主要职能和发展方向，它是城市的总纲。城市是由许多要素构成的综合有机体。这些要素中，既有工业、商业、交通运输等经济要素，又有基础设施、社会文化、娱乐等非经济要素，在一些经济要素内部还存在着不同的产业部门，它们共同构成了城市的职能，是城市生存和发展的基本因素。

在城市众多的职能中，有些职能对城市形成和发展起直接决定的作用，影响着城市对周围地区的影响，这些职能就决定了城市的性质和发展方向。例如，我国一些能源工业城市(如大庆、淄博、大同、淮北等)是在石油、煤炭资源的基础上发展起来的，是具有区际甚至全国专门化意义的能源基地。对于大多数大中城市来说，它们是在地区经济发展过程中逐步形成的，不仅拥有众多的工业门类，而且拥有较便捷的交通运输系统，较为发达的金融、商贸、服务业以及先进的科技、文化，成为地区经济的中心。

城市性质的确定一般采用定性分析与定量分析相结合的方法，以定性分析为主。定性分析就是通过全面分析说明城市在区域经济、政治、文化等发展中的地位和作用；定量分析是对城市职能，尤其是经济职能采用一定的技术指标，从数量上去确定城市的主要职能，从而确定城市的性质。定量分析主要是分析城市各经济部门的结构，寻找那些具有区际意义的专门化部门。通常用专门化指数的计算结果来确定专门化部门。

$$专门化指数(I_{ij}) = \frac{某市某经济部门所占比重(X_{ij}/\Sigma X_j)}{该地区该部门所占比重(X_j/\Sigma X_j)}$$

其中，i 表示城市数目；j 表示城市拥有的经济部门数。

一般来说，专门化指数(I_{ij}) 越大，表明 i 城市 j 部门在该地区的专业化意义越大。根据各城市各经济部门 I 值的大小，可确定专门化部门的序列，再结合城市与区域之间关系的定性分析，最后确定城市的性质和发展方向。

拟定城市性质时，绝不能就城市论城市，还必须坚持全局的观点，从地区乃至更大区域范围着眼，根据地区经济发展条件和国民经济合理布局的原则，对城市性质开展全面的调查研究和综合分析：

第一，从地区着眼，由面到点，调查分析周围地区的资源条件、经济发展水平和结构特点，以及与邻近城市的经济联系和分工协作关系等。

第二，全面调查分析本市的建设条件，包括自然条件、社会经济基础、交通运输条件以及风景旅游资源等；深入分析本市经济结构特点，确定城市的职能序列。

第三，根据区域发展规划及地区国民经济的总体部署，结合本市的发展条件，明确城市的发展方向。

第四，在全面调查的基础上进行科学分析，地区综合平衡，根据城市的主要职能及今后发展方向，并注意到与周围城市的分工协作，最后确定城市性质。

必须指出，城市的性质并非一成不变，随着地区客观条件的变化，以及城市自身的发展，城市的性质也会相应发生变化。以我国最大的城市上海为例，新中国成立前由于受殖民经济的影响，工业基础十分薄弱，是个典型的消费性城市，仅有的工业以轻纺工业占主导地位，1949

年轻纺工业产值占全市工业总产值88％。新中国成立后，在变消费性城市为生产性城市的指导思想和优先发展重工业的产业政策下，重点发展了钢铁、机械、电力等工业，同时依靠科技进步，改造提高轻纺工业，使轻重工业比例趋于协调，1965年两者之比为56.6：43.4。之后，根据全国国民经济发展需要和生产力布局总体部署，又发展了大型石化工业，并不断调整轻重工业内部结构，使工业门类日趋齐全，工业生产能力和协作配套能力大幅度提高，成为全国最大的综合性工业基地。改革开放以来，上海充分利用空间区位优势，积极吸引国外资金、技术，大力发展汽车、电站成套设备等六大支柱工业和高技术产业，以及包括金融、贸易、信息等在内的第三产业，挖掘和发挥大型港口的作用，使上海逐步向综合性、多功能的经济中心城市发展。因而，在国务院批复的《上海市城市总体规划》中明确指出，上海的城市性质是我国最重要的工业基地之一，也是我国最大的港口和重要的经济、科技、贸易、金融、信息、文化中心，同时还应当把上海建设成为太平洋西岸最大的经济贸易中心之一。1998年，上海正着手修订新一轮城市总体规划，明确提出将上海建成为国际经济、金融、贸易中心之一，并将最终形成现代化国际大都市作为战略目标。

二、城市分类

为了开展对城市问题的研究，加强对城市的规划和管理，对城市进行分类，就十分必要。但目前世界各国对城市的分类，尚无统一的标准。根据不同的分类目的，出现不同的分类方法。其中，最为常见的是城市规模分类和城市职能分类。

（一）城市规模分类

反映城市规模有许多指标，其中最常用的是城市人口规模，即城市中非农业人口的数量。由于世界各国经济发展水平不同，人口数量各异，城市人口规模的划分标准也不一样。如苏联的划分标准曾为：50万人以上的为特大城市，10万～50万人的为大城市，5万～10万人和5万人以下的分别称为中等城市和小城市。

我国是一个人口众多的国家，也是城市化水平较低的国家，城市人口处于高度的集聚状态。同时，随着城市化的发展，大批农业人口将向城市转移。因此，我国城市人口规模的划分标准，应该从我国国情出发。根据国务院1955年和1963年设市的规定，城镇人口在10万人以上，其中非农业人口达70％以上才能设市；定居人口不足10万人的城镇，必须是重要的工矿基地，或是国家的省级机关所在地，规模较大的物资集散地，或边远地区的重要城镇，确有必要时，方可设市。我国城市人口规模的划分标准是：100万人以上的为特大城市，50万～100万人大城市，20万～50万人为中等城市，20万人以下的为小城市。1980年10月全国城市规划工作会议重新确认了这一分类标准，1984年国务院颁发的《城市规划条例》中也再次明确了这一分类标准。据统计，截止1995年底，我国共有城市640个，其中，100万人以上城市32个（10个达到200万人以上），50万～100万人的43个，20万～50万人的192个，20万人以下的有373个。全国城市总人口为3.52亿，占全国总人口的比重为29.04％。[①]

---

① 《中国统计年鉴（1996年）》，中国统计出版社，1996.

(二) 城市职能分类

城市职能分类研究是经济地理学对城市研究的重要领域。世界上关于城市职能分类研究始于本世纪 20 年代。几十年来，分类方法得到很大发展。随着人们对城市认识的日益加深，各种统计资料的日益完善，分析方法的不断进步，以及电子计算机的出现，城市职能分类经历了一个由定性描述向定量分析转变的过程，而定量分析又经历了由运用一种指标到运用多指标、多变量分析的过程。通常可将这一过程分成五个阶段，即一般性描述、统计描述、统计分析、经济基础研究，多变量分析。

1921 年，美国学者奥隆索(M. Aurousseau)提出的城市分类法，是地理学领域关于城市职能一般性描述分类的代表。他把城市分为 6 类，每类中又划分出若干小类，其内容如下：

(1) 行政城市：首都、税收(关卡)城市；

(2) 防御城市：堡垒城市、驻军城市、海军基地；

(3) 文化城市：大学城、教堂城、文艺中心、朝圣中心、宗教中心；

(4) 生产城市：加工工业城市；

(5) 交通运输城市：

　　① 采集城市：矿业、渔业、林业、仓库城市；

　　② 运输城市：市场、悬瀑线、物质集散、桥头、潮线、航海起点城市；

　　③ 贸易城市：出口、进口、供应城市；

(6) 游览疗养城市：疗养、观光度假城市。

奥隆索分类法的缺点是：把城市职能与地理位置这两个不同的概念混淆了。例如，他在交通运输城市中分出的"潮线城市"，仅反映了其地理位置，并无职能的意义。但他提出职能专门化的概念，认为尽管城市具有多种职能，但总有一项突出职能，它显示该城市在空间组织中发挥的主要作用，这是很有意义的。

1943 年，美国学者哈里斯(C. D. Harris)采用工业和商业部门的就业资料作为主要依据，以户籍统计中的职业数字作为补充材料，把美国 605 个城市划分成 10 个职能类型，即加工工业城市(M′亚类)、制造业城市(M 亚类)、零售商业城市(R 类)、综合性城市(D 类)、批发商业城市(W 类)、交通城市(T 类)、矿业城市(S 类)、大学城市(E 类)、娱乐休养城市(X 类)、行政城市(P 类)。哈里斯用统计方法对城市进行分类，提出了划分各类城市的临界值，对城市职能分类方法的发展作出了重大贡献，他的分类已成为城市职能分类研究的基础，在国际地理学界产生了广泛的影响。但是，哈里斯分类也存在两个明显的缺点：其一，对划分各类城市的临界值确定带有很大的主观性；其二，只突出城市一个职能部门的主导性，掩盖了其他突出职能的作用，这在综合性城市中尤为明显。

1955 年，美国学者纳尔逊(H. J. Nelson)对美国 1 万人以上的 897 个城市进行了分类。他试图通过对城市主导职能客观的判定，来达到城市分类的目的。纳尔逊根据 1950 年度的统计资料，把城市就业部门划分成 9 种类型，而后计算出每一个城市的劳动力在这 9 个部门中的就业比例，同时计算出全国城市 9 个部门中就业人口百分比的平均值(M)和标准差(σ)，以平均值加一个标准差($M+\sigma$)、平均值加两个标准差($M+2\sigma$)、平均值加三个标准差($M+3\sigma$)，作为分析城市职能强度的指标，以平均值加一个标准差($M+\sigma$)作为城市主导职能的标准，并将城市主导职能分为三级，据此对美国城市进行了较为客观的分类。与哈里斯分类方法区别在于：在哈里斯分类中，城市只能具有一项主导职能；而在纳尔逊的分类中，城市可以有一项以上的主导职能。此外，在分类的原则、方法上，也较哈里斯的分类前进了一步。所以，纳尔逊的分类，几乎成为统计分类的代表。但纳尔逊的分类同哈里斯的分类一样，没有考虑城市规模对城市职能的影响，以致一些相同类型和不同级别的城市，不能显示出它们职能大小的差异。

1965 年，美国学者马克斯韦尔(J. W. Maxwell)从城市职能的基本—非基本的概念出发，使用城市各部门基本就业人口的百分比，对加拿大 80 个城市进行了分类。他将城市的经济活动分成 13 种主要类型，计算每个城市每种职能活动的非基本就业人数。用就业总人数减去非基本就业人数，得到各城市的基本就业人数。这样，使城市规模在城市分类中的作用被体现出来了。此外，马克斯韦尔使用了城市的优势职能、显著职能、专门化指数三项指标来测量城市的职能结构。他用批发业和加工业两个部门基本人口占基本人口总数的比例构成二维平面坐标，点出城市的散布图，同时在图上标出各个城市的专门化指数和人口规模，由此将加拿大的城市大致分为 5 种类型：

(1) 专门化的制造业城市；

(2) 区域首府(Ⅰ)、制造业不占重要地位的城市；

(3) 特殊城市；

(4) 4 个主要大城市；

(5) 区域首府(Ⅱ)、制造业相对比较重要的城市。

马克斯韦尔城市职能分类的特点是：第一，采用了基本就业人口的资料；第二，采用了多项指标，并综合了哈里斯和纳尔逊分类方法的优点。因此，他对加拿大城市的分类能较好地显示了该国城市的特点及不同类型间的差异。

60 年代以来，统计资料的现代化和电子计算机的应用，使运用城市经济、人口、社会、文化等多种指标的多变量分类研究日益增多，大大推动了城市职能分类研究工作向前发展。据统计，1977 年，世界上已对 13 个国家和地区的城市进行过 27 次多变量分类。多变量分类一般采用因子分析法，通过主成分分析，将众多的变量压缩成一些具有代表性的合成变量，即因子。计算每个城市这些因子的数值指标，再根据聚类方法，将一个国家或地区的城市进行分类。

1977 年，南朝鲜成俊镛根据 1974 年、1975 年的统计资料，使用 34 个变量，对南朝鲜 35 个 5 万人以上的城市进行了多变量分类。他把 34 个变量分成 5 组，通过主成分分析，得到 9 个主要因子(包含全部指标信息量的 81.84%)，其中前 6 个因子(包含全部信息量 64.28%)为主因子。计算各城市这 6 个因子的数值，再运用瓦特法对 35 个城市进行聚类，在信息损失率 34.4%处分割开来，将所有城市分成 6 类。必须指出，主成分分析是通过计算各指标对主因子的载荷量，来解释主因子的社会、经济意义，因而根据主因子对城市的聚类分类结果，要通过定性分析来解释和命名。

我国城市的职能分类过去因受统计资料的限制，基本上属于定性分类。如同济大学等三校出版的《城市规划原理》一书中，以城市的经济结构和用地结构方面的定性分析为基础，将我国城市分为 5 种基本类型：

(1) 工业城市，又分为多种工业城市和单一工业为主的城市；

(2) 交通港口城市，又分为铁路枢纽城市、海港城市、内河港埠；

(3) 省和地区的中心城市；

(4) 县镇；

(5) 特殊职能的城市，又分成革命纪念地和风景游览城市。

1985年，中国国家统计局首次公布了全国城市（包括辖县）各工业部门的产值以及其他有关资料，为进行中国城市的工业职能分类提供了可能性。工业是我国绝大多数城市发展的基本因素，工业职能是大多数城市的主要职能。因此，我国城市的工业职能分类是城市职能分类的重要方面。1988年，周一星等首次发表了全国性城市工业职能分类的研究成果，成为我国城市职能分类定量研究的重要代表。

第三节　城市地域形态与结构

城市的各项社会经济活动总是要落在一定的地域范围。从区域的角度来看，城市是区域空间上的一个点。如果我们将这些圆点放大，就会发现城市是一个空间上在发展着的区域实体。它们不仅占据一定的区域范围，构成各种地域形态，而且还表现着复杂的功能分异，形成一定的地域结构。因此，城市地域形态和地域结构是城市布局研究的重要内容，其理论是进行城市规划的重要依据。

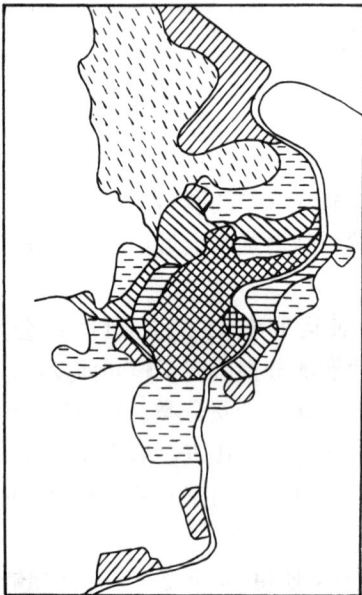

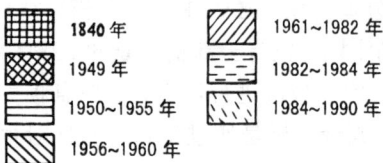

一、城市地域形态与地域结构

城市地域，从理论上讲就是城市落在地表上的实际范围，是城市各项活动赖于开展的空间场所。现实中城市地域是人们依据一定的指标（主要有人口密度、建筑密度、土地利用状况以及社会经济联系等）对理论上的城市地域所作的人为划分，两者如何吻合就成为确定城市地域的关键性问题。在这方面，世界各国做了不少工作，制定了各种城市地域的划分方法。主要有：美国的标准城市统计区（SMSA）和城市化地区，英国的城市集聚区，日本的标准城市地区和大城市圈等。我国主要是通过行政区划方法来确定城市地域，通常称作市区。

应当指出，城市地域的范围并非一成不变。在一定时期内，它表现出一种静态的位置关系；随着城市规模的扩大，城市地域范围也相应扩展，它则表现出一种动态的地域演化过程。例如，上海市的地域范围随着城市规模的扩大而不断向外延展（见图7-3）。

图 7-3　上海市市区范围的演变

图例：1840年、1949年、1950～1955年、1956～1960年、1961～1982年、1982～1984年、1984～1990年

城市地域形态，是指城市地域的轮廓形状[①]，它是城市物质实体在空间上的投影。城市地

---

① 城市形态，既包括城市的地域形态（外部形态），又包括城市的地域结构，还包括城市的建筑形态和城市的社会、文化景观.

域形态是在城市发展的各种动力作用下形成的，这些动力主要有：①对磁心的向心力；②沿交通线发展的轴向力；③外部吸引力（或城市离心力）；④用地等自然条件的影响力；⑤人为因素的改造力。这些动力有时是单独起作用，有时则是综合作用，从而塑造出各种各样的城市地域形态。纵观世界各地的城市地域形态，大体上可以分成五大类，即：团块状、带状、星状、组团式和一城多镇。

城市地域结构，是指城市职能组织在城市地域上的配置及组合状况，即通常所说的各种功能分区或城市用地在地域上的排列和组合关系。它是由城市职能上的分化带动地域上的分化造成的。早期的城市，由于社会生产力水平低下，交通工具落后，城市规模小，职能分化作用极弱，职能分区极不明显，地域结构比较单调，处于类均质化状态。工业革命促进了社会生产力的发展，改进了交通运输工具和手段，火车的问世和汽车的大量使用，使得城市开始沿主要交通线向外呈放射状扩展，生产区和生活区相互脱离，形成各自的功能分区。二次大战后，城市重新建设，城市规划受到重视，人为的干预，加强了城市的分化。进入 60 年代，科学技术突飞猛进，城市社会经济活动日益频繁，城市功能日趋综合化，地域分化也更加剧烈，形成复杂的城市地域结构。以上这一过程可用图 7-4 表示。

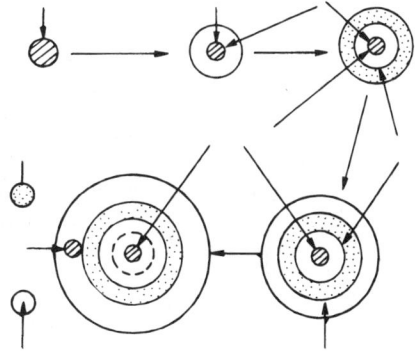

图 7-4　城市地域分化理想模式

综上所述，城市地域、城市地域形态、城市地域结构是三个相互联系，又有区别的概念。

二、城市地域形态类型

如前所述，城市地域形态大体上可以归纳成五种类型，它们成为世界各地城市地域形态的代表模式。

(一) 团块状城市

这是在城市对磁心的向心力作用下形成的一种城市地域形态。城市的生产和生活活动在向心力作用下向市中心地区集中，城市地域呈同心圆状向外延展，城市地域形态呈团块状，一般为单中心城市。即使有一些伸展轴也较短，与城市地域半径的比值小于 1.0。这种布局比较紧凑，有利于生产部门的协作和管理，节省用地，也使市政设施更加经济。

但团块城市发展到一定规模就会产生一系列弊病。随着城市地域呈同心圆状向外扩展，往往造成工业区和生活区层层包围城市，这在我国一些大城市工业布局中是一个较为普遍的问题。团块状城市是平原地区一种较常见的城市地域形态。如中国的成都、合肥，美国的华盛顿、堪萨斯城等。团块状城市如果受到地形等因素的影响，只向一侧延展而形成扇形城市地域形态。图 7-5 表示合肥市城市地域形态实例。城市地域以老城为中心向外扩展，除了在东北面铁路外侧，城市规划中有意识保留其间农田和菜地，其余三个方向都有延伸，形成新的建成区。

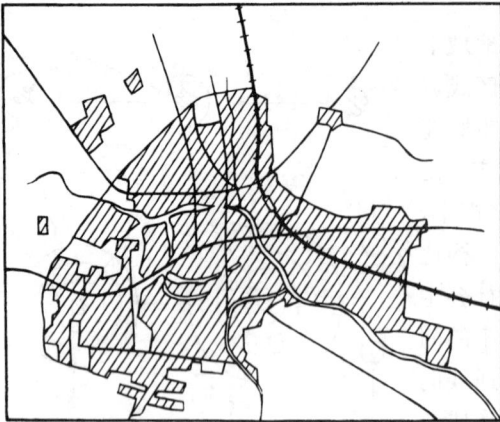

图 7-5　团块状城市（中国安徽合肥）

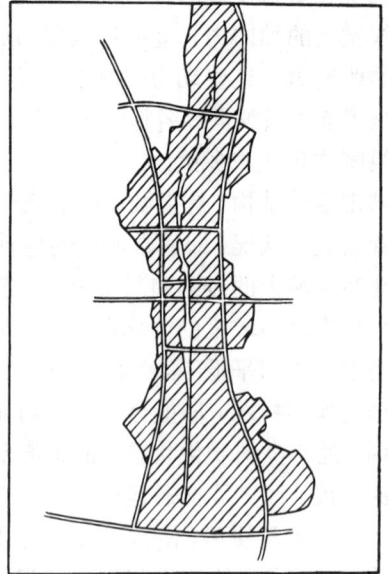

图 7-6　带状城市（日本筑波）

（二）带状城市

主要是在沿交通线发展的轴向力作用下形成的一种城市地域形态，也有的是在受到地形因素的影响或外部吸引力作用下形成的。城市生活和生产活动总有对交通条件的依存性，城市发展沿交通线（铁路、公路、河道等）向外扩展，最终形成条带状城市地域。此时，这些交通线便成为城市的发展轴。带状城市的外部形态是有两个相反方向的超长轴，与城市半径之比值大于 1.6。我国南方河网地区以及沿铁路线的中小城市中，不少具有带状地域形态，如常州、西宁、沙市等。图 7-6 给出日本筑波科学城的带状地域形态。该城为 70 年代规划建设的科学城，一条长达 9km 的南北中轴决定了城市地域形态为带状，平行南北主轴，有两条高速干道，与境外高速公路接轨。

（三）星状城市

当城市的发展轴并非一条或平行的若干条，而是由 3 条以上相互交叉的轴线构成时，城市在沿交通线的轴向力和对磁心的向心力共同作用下，形成有 3 个或 3 个以上的超长伸展轴的星状地域形态。星状城市具有明显的向心性和离心性。我国的郑州、秦皇岛、嘉兴等为星状城市。图 7-7 是嘉兴星状地域示意图。嘉兴城在唐宋时建成的城区为团块状地域形态，明清时期，由于城区河道淤塞，不能通行漕运大船，城市沿环城河道向东、北两个方向伸展。1909年沪杭铁路通车，城市沿铁路迅速延展。解放初期，由于陆路交通发展缓慢，城市仍以沿河伸展为主。50 年代中期至 60 年代初，工业发展迅猛，在城市外围形成大片工业飞地，城市地域呈松散状态。60 年代以后，城市地域扩散进入相对稳定阶段，主要是以填充轴间空地为主。70 年代后期，公路运输发展较快，城市开始转向沿路发展，以老城区为中心，沿四条对外公路及大运河伸展，各方向伸展长度为 2.5～4.3km，城市地域演变为星状。

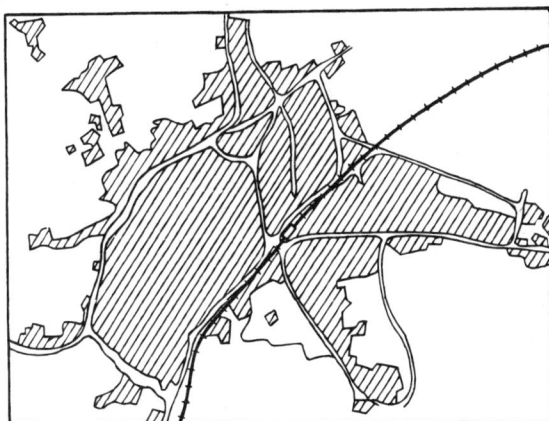

图 7-7　星状城市（中国浙江嘉兴）

（四）组团式城市

城市由于受自然条件因素（如用地、河流阻隔等）的影响或在人为因素的作用下（主要是规划和控制），建成区以河流、农田或绿地为间隔、形成具有一定独立性的众多团块状城市地域形态，称为组团式城市。如我国重庆市市区，由于受山地地形和河流的制约，形成了有机疏散成组成团的地域形态（图7-8）。市区分解成市中区、江北、南岸、沙坪坝、大渡口、九龙口 6 个组团，它们之间以河流、山岭、冲沟、农田等自然物间隔，各自保持相对的独立性，就近生产生活，成为我国自然形成的组团式布局的典型实例。国外一些大中城市规划，采取有机疏散成组成团的思想，将城市市区分解成若干相对独立的、有一定功能的组团（或小城

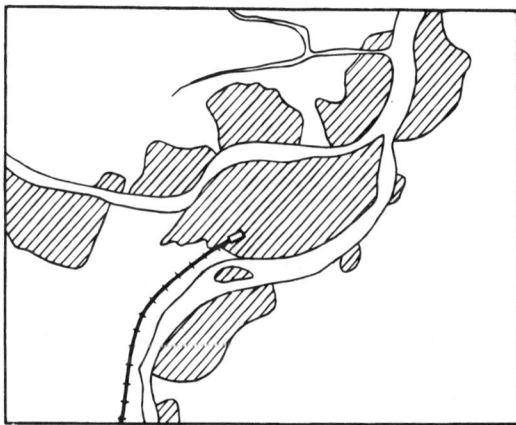

图 7-8　组团式城市（中国重庆）

市），组团之间留有绿地相隔，形成多中心、开敞式的地域形态。如赫尔辛基市、科隆市、杜塞尔多夫新区等。其中科隆市市界内面积 405km²，人口 97 万人，分成 9 个区，绿地面积占市区总面积的 56.5%。这种有机疏散、开敞式的地域形态是改变我国一些大城市团块状、摊大饼式发展方式的一种有效的模式。

（五）一城多镇

大城市周围客观上存在着大小不等的城市或城镇，它们之间自然存在着错综复杂的吸引与被吸引关系，但这种关系并不是有机的有组织的秩序，不同于人为建设的卫星城或一城多镇的布局形态。一城多镇的布局形态是在城市的对外部吸引力或离心力的作用下，或是通过人为的规划和建设而形成的，较多地表现为大城市和周围的卫星城，中心城与卫星城之间存

在着较为密切的联系，有的甚至为依存关系。在我国，卫星城的建设绝大多数是适应工业生产的发展而建立的。例如，上海市中心城周围的闵行、吴泾、松江、嘉定、安亭、金山卫和吴淞等卫星城，是新中国成立后随着上海工业发展和中心城工业疏解而逐步建立的(图7-9)。

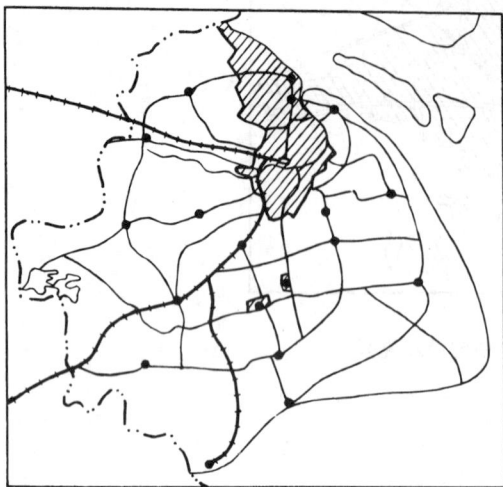

图7-9 一城多镇 (中国上海)

从"二五"开始，为了解决一些规模较大、用地较多、运输量较大、"三废"较严重的冶金、化工、大型机电及有特殊要求的仪表工业的发展问题，陆续开辟了闵行、吴泾、嘉定、安亭、吴淞等卫星城镇；"四五"期间，为配合引进国外石油化工、合成纤维等先进技术与装备，发展石化工业，在杭州湾北岸金山卫一带围海造地，建设了金山石化卫星城；"五五"期间，为发展大型现代化钢铁工业，在长江口沿岸建设了上海宝山钢铁总厂，壮大了吴淞卫星城的规模。各卫星城镇均以较便捷的交通线路与上海中心城联系，加上县城和重要的集镇，形成上海一城多镇的布局形态。

以上5种类型是对城市地域形态的一般理论模式。根据这些模式所开展的城市规划和建设实践在世界各地方兴未艾。结合各城市的特点和条件，规划者和建设者在改善城市地域形态、建设理想新市区方面作了不懈努力。如根据有机疏散成组成团思想改造大城市中心区，根据一城多镇模式建立卫星城镇甚或平衡都市，根据城市发展轴理论提出建立城市发展走廊和发展轴等等，这其中不乏有成功的实例。

三、城市地域结构理论

城市是由众多的物质要素(如道路网、街区、节结点、城市用地、城市发展轴等)和非物质要素(如社会组织结构、居民生活方式和行为心理、城市意象等)组成的区域实体。这些要素在城市地域内并非杂乱无章的堆积，而是在一定的规律作用下形成的有序组合，这种组合关系即为城市的地域结构。对这种组合关系的规律性探讨，成为城市地域结构研究中十分活跃的领域。

20世纪以来，关于城市地域结构理论的研究吸引着不少学者。他们通过对不同城市地域结构的剖析，提出了各种理论、假说和模式。其中，最著名的是同心圆理论、扇形理论和多核心理论。

1925年，美国社会学家E·W·伯吉斯(E. W. Burgess)通过对美国芝加哥市的研究，提出了城市地域结构的同心圆理论。他认为，城市地域在5种力(向心、专门化、分离、离心、向心性离心)的作用下形成分异，产生各种地带，加上各地带间不断地侵入和迁移，城市便发生了自内向外的同心圆状地带推移，并提出了5个同心圆带的结构模式(图7-10)。

在该模式中，核心地带是中央商业事务区(CBD)，分布着城市的主要商业、事务所、银行、股票市场、高级购物中心和零售商店，形成了城市的中心；围绕中央商业事务区的通常是过渡地带，主要分布有批发商业、运输、铁路客货站、零售商业等。这里是过去的高收入阶层居住区,后因城市扩大,轻工业等单位不断侵入,环境日渐退化,高收入阶层迁出,海外移民和贫民在此居住,所以也被称为退化地带;环绕过渡带之外是低收入工人居住区,主要是产业工人集中的地区;第四环带是美国的中产阶级和从事机关商业工作的人们的住宅;第五环带是沿高速交通线路发展起来的、在城市中心工作的人们的住宅区,所以也称使用月票者居住区或通勤地带。

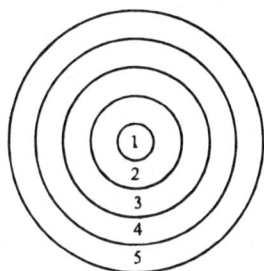

图 7-10　同心圆理论模式

伯吉斯的同心圆理论发表后,在美国学术界引起很大的反响,赞成和批评的意见都很鲜明。应当承认,这一理论从动态变化入手分析城市地域,为探讨城市地域结构提供了一种思想方式,同心圆模式从客观上揭示了一元结构城市的特点,这些都是可取之处。但同心圆理论没有考虑交通线对城市地域结构的影响,而实际上,城市的很多职能往往汇聚在主要交通干线附近,并呈轴向结构特征。

1939 年,美国经济学家 H・霍伊特(H. Hoyt)运用美国 64 个中小城市的房租资料,后又加上几个大城市的资料,研究了美国城市住宅区的发展趋向和地域结构的延伸变化,提出了城市地域的扇形理论。他认为,城市的发展总是从市中心向外沿主要交通干线或沿阻碍最小的路线向外延伸,城市地域呈现出被交通线支撑的扇形组合,如图 7-11 所示。图中,市中心仍然是中央商业事务区(CBD)。从这里,住宅区向四周沿交通线呈放射状延伸,高级住宅区位于一个或多个城市一方的扇面上,处于城市周边位置,呈楔状自市中心向市郊延伸;中级住宅区趋向高级住宅区的内侧,处于高级住宅区和低级住宅区之间;而低级住宅区常常位于高级住宅区的另一侧,其间还夹有批发商业和轻工业区。

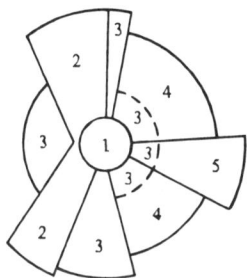

图 7-11　扇形理论模式

霍伊特的扇形理论是从众多城市的比较研究中抽象出来的,在研究方法上比同心圆理论前进一步。但该理论的最大缺陷是,只凭房租单一指标来概括城市地域的发展运动,忽视了城市同其他因素的关系,影响了模式的典型性。

1945 年,美国地理学家 C・D・哈里斯和 E・L・乌尔曼(E. L. Ullman)在前人理论的基础上,通过对美国各种类型城市地域结构的研究,提出了多核心理论。该理论认为,城市核心的分化和城市地域的分异是在诸如区位、集聚、离异、地价房租等因素的综合作用下形成的,再加上历史遗留习惯的影响和局部地区的特殊性,使城市地域产生了多极核心(7-12)。城市中心区(CBD)是市内交通的焦点,在实际城市中并非居于城市几何中心,常偏向一方;靠近市中心是批发业和轻工业区;由于受地价的影响,重工业区没有能力也无必要拥进市区,而自动布置在市区边缘;低级住宅通常分布在市中心周围,而中、高级住宅则趋于环境较好的城市另一侧,其间布置有文化中心、公园、运动场等公共设施;在近郊,则形成郊外住宅区和郊外工业区。这样,城市就被分成 6 个片、9 个区,比单纯的同心圆结构显得复杂和接近实际。

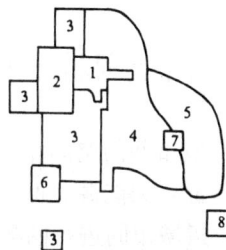

多核心理论考虑到了城市地域发展的多元结构,触及到了地域分化中各种职能的结节作用。但是,对多核心之间的职能联系讨论较少;尤其是没有深入分析不同核心之间的等级差别和在城市总体发

图 7-12　多核心理论模式

展中的地位。

　　第二次世界大战后，世界各地大城市迅速膨胀，城市地域结构日趋复杂。一方面，由于中心区的扩大和土地立体利用的普遍化，使得 CBD 及其边界日趋模糊；另一方面，市区的扩张又在影响范围增加的基础上，出现了大城市的副中心和卫星城镇，使城市地域结构发生了新的变化。上述理论模式是在一定历史时期，对局部地区城市的抽象概括而建立的，很难全部反映现代城市的实际情况。于是，西方关于城市地域结构理论的研究日益活跃，相继提出城市地域理想结构理论和大都市圈模式等。我国的经济地理和城市规划工作者，结合开展城市规划工作的实践，提出了分散集团模式和多层向心城镇体系模式。近年来，关于城市地域结构的研究表现出一些新的特点：

　　（1）紧密结合城市职能变化，注重城市地域的动态分析。根据现代城市流动性大，变化频率高，职能要素以及人们行为观念变化快等特点，注重城市职能之间的组接关系的动态研究，随时建立新的理论；

　　（2）强调多因子对城市地域分化的综合作用。现代城市，尤其是现代大城市，地域分化过程十分复杂，多种因素在起作用。因此，摒弃过去只强调主要因子作用的做法，既注意分析各项因素的贡献程度，更注重多种因素的综合作用；

　　（3）积极吸收相邻学科的研究方法，引进数理模型和计算分析；

　　（4）注意研究成果的实用性，强调城市地域结构的预测性研究。如针对现代城市人口拥挤、住宅紧张、交通混乱、环境污染等实际问题，寻求改善城市地域结构、消除城市弊病的有效途径。

第四节　城　市　体　系

　　地表上任何城市都是一个开放的社会经济系统，它们不仅与周围区域存在着物质和能量的交换，而且城市之间也在不断地进行物质、能量、人员、信息的交流，这种交换体现了城市间的空间相互作用。使一定区域内不同规模等级，不同职能性质的城市间产生密切的联系，形成具有一定结构和功能的有机整体，即城市体系（city system）。城市体系是区域经济的骨架，是带动区域经济增长的极核。同时，城市体系内的各级各类城市又在一定的规律作用下形成有机的结合。

　　城市体系的研究内容主要包括：城市体系形成的内在机制，城市体系的地域类型，城市体系内各级各类城市的地域分布特征和规模等级结构，城市间的相互联系以及城市体系与区域之间的关系等。

一、空间相互作用理论

　　城市间的空间相互作用（spatial interaction）主要有三种类型：第一类，以物质和人的移动为特征，如能源，原材料及工业制成品的交换、人员的移动以及邮件和包裹的输送等；第二类，指城市间进行的各种交易，如财政交易、金融拆借等；第三类，指信息的流动和新思想、新技术的扩散等。

　　并不是任何两个城市间都会产生相互作用的。城市相互作用的产生必须满足三个条件：

（1）城市间存在着互补性。从供需关系角度出发，如果两个城市对某种货物恰巧存在着需求和供给的关系，它们才会产生以货物流动为特征的相互作用。城市间的经济作用取决于城市的产业结构以及由此引起的经济职能差异；

（2）城市间存在着可运输性。货物、人员及信息的移动是以交通运输和通信工具为载体的，两个城市间只有具有交通和通信联系，其相互作用才会发生；

（3）城市间没有中间干扰机会。虽然两个城市间满足互补性和可运输性并导致某种要素的移动，但如果在这两个城市之间存在另一个城市，对该种要素也具有提供或消费的需求，从而产生中间机会，引起要素流动的原起止点的替换，使原来两个城市间相互作用中断。因此，城市间的相互作用必须要同时满足上述三个条件。

城市间相互作用量的大小取决于城市间物质流、能量流、人员流及技术信息流的大小，流量越大，相互作用量越大。从理论上测定城市间相互作用量，通常用引力模式和潜力模式。

在一般情况下，两个城市间相互作用量与两城市的规模成正比，与城市间距离成反比，这就是引力模式[①]。即：

$$I_{ij} = K \frac{M_i M_j}{D_{ij}b} \tag{7-1}$$

式中，I_{ij}表示城市i和城市j间的相互作用量；M_i和M_j表示城市的质量规模，通常用城市的人口规模，或经济规模（如国民生产总值等），也可用反映城市实力的综合指标；D_{ij}表示两个城市间的距离，可直接用空间距离，也可用反映城市间交通运输便捷性的时间距离；K为经验确定的质量权数；b为反映距离摩擦作用的指数，其值的变化受两地间交通运输条件以及要素性质的影响。

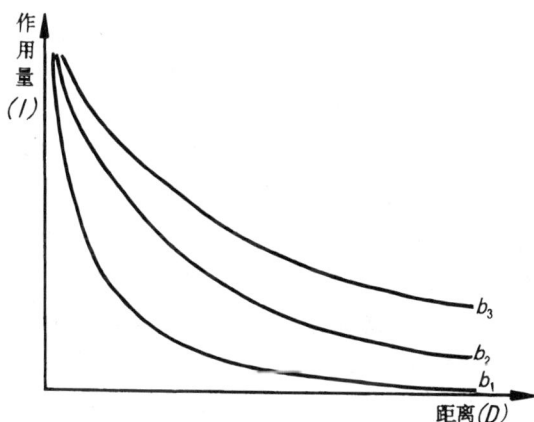

图 7-13

由上述可见，城市间相互作用量I_{ij}随着两个城市间距离的增大而减小，这就是空间相互作用的距离衰减法则（distance-decay regularity）。其衰减速度与距离摩擦系数b有关，b值越大，衰减速度越快（图 7-13），即$b_1 \gg b_2 > b_3$。

根据引力模式，可以测定一对城市间理论上的相互作用量。如果要考察某一个城市与城市体系内所有城市（包括它自身）的相互作用总量，则要引入潜力模式。即：

$$V_i = \sum_{j=1}^{n} \frac{M_j}{D_{ij}b} \tag{7-2}$$

式中，V_i表示城市i与城市体系内所有城市的相互作用总量，称为城市i的潜力（或潜能、位

① 此公式与牛顿的万有引力公式有着非常相似的形式，这并非偶然。因为，牛顿的万有引力公式是宇宙间物质相互作用基本形式的理论概括，反映了物质之间的相互作用的基本规律，具有很大的普遍性。本世纪 40 年代，国外一些社会学家和经济学家将牛顿的万有引力模式运用到社会经济现象的相互作用，从而创立社会物理学派.

势）；M_j、D_{ij}、b 与公式 7-1 中的符号的意义相同。当 $j = i$ 时，表示城市 i 与自身的相互作用量，这时 D_{ii} 可以采用 i 城与离它最近城市之间距离的一半，也可以用 i 城面积的平均半径。

潜力模式反映了城市体系内所有城市之间相互作用的机遇和概率，根据潜力模式计算出的城市潜力，表明该城市对周围城市可以产生的潜能。如果将城市人口作为城市质量单位，计算出的潜力称为人口潜力，将城市体系内所有城市的人口潜力用等值线连结起来，从而绘出人口潜力面图。

引力模式和潜力模式是空间相互作用理论的最基本模式。通过 50 年代和 60 年代的探索，已为经济和地理计量学者所熟知并大量应用。70 年代初，英国地理学者威尔逊（A. G. Willson）在此基础上作了大量理论研究，将原来的两类模式融为一体，形成了放大的引力模式或称之谓一般空间相互作用模式。我国关于城市空间相互作用理论研究的成果见之甚少，近几年，结合具体区域和具体物流作了实证性研究。例如，对沪宁杭地区城市群体相互作用量的研究，对我国重要城市间信息作用的研究等。

二、城市体系及其类型

所谓城市体系，是指在一定区域范围内不同规模等级、不同职能类型的一组城市相互联系、相互依存，从而构成具有一定功能和结构的城市有机整体。它是在社会生产力发展过程中逐步形成的，是城市间相互作用的产物。

从城市形成和发展的内在机制分析，城市体系是在城市的向心增长（集聚）和离心增长（辐射）交替作用下逐步形成的。在一定区域内，城市以其优越的社会、经济、科技、文化等活动条件确立其作为区域发展的中心地位，随着社会财富积累，城市规模的扩大，从而产生巨大的吸引力，导致周围地区工业和人口的进一步集聚，表现为城市的向心增长。在城市集聚增长的同时，由于环境容量和经济容量的限制，集聚效益在渐次下降，导致城市企业向周围地区扩散，从而形成新的工业中心，以至经济中心，这些新中心则成为人口和工业的集聚点，相对于原有中心，呈现出城市的离心增长。向心与离心增长是城市——区域在一定条件下不断向前推进的发展过程，这一过程将逐步形成在一定区域内具有层次性的城市群体，即城市体系。

城市体系由于其发生机制不同，以及城市之间的组合特征不同，大致可以分为以下三种地域类型。

（一）以某一大城市或特大城市为核心，周围伴有若干不同等级的中小城市及卫星城镇的 大城市地区

这是城市体系中一种主要类型，也是近年来世界各国普遍关注的研究领域。从其形成机制来看，主要是大城市离心和向心增长的结果。由于中心城市规模过大，引起人口过密、住房困难、交通堵塞、环境污染等一系列社会问题，导致环境质量下降，居民生活条件恶化，城市人口和社会经济活动出现向外扩散的趋势。为此，不少国家和地区开展大城市地区规划，制订一系列政策和措施，促进中心城人口和经济活动向四周扩散，在郊区和邻近地区兴建新城，逐步形成了以大城市为中心的城市体系。因此，人为的规划和控制作用是此类城市体系形成的重要因素。

目前，世界上一些特大城市及其周围的中小城市和卫星城镇所组成的城市群体即属于此类。如我国的上海、俄罗斯的莫斯科、法国的巴黎等。上海周围的城市体系以中心城为核心，规划形成中心城、新城、中心镇、集镇等四级体系。不同规模等级的城镇与中心城之间都以便捷的交通线路相联结，形成一个有机整体，中心城主要体现经济、金融、贸易中心的职能，郊区新城作为地区经济、文化和行政中心，规划建成上海重要的制造业中心。俄罗斯的莫斯科周围的城市体系，以莫斯科市为核心，包括 1 座卫星城和周围 80 多个城市和城市型镇，面积达 1.5 万 km²，人口 1 200 多万，其中莫斯科市的人口占 60% 以上，周围城市和城市型镇分布在距离市界 60～90km 范围内，主要形成 7 个集团式城市，这些城镇在国民经济、劳动、文化生活、休憩等方面与莫斯科市有着密切的联系。法国巴黎在二次世界大战后，为顺应城市人口由市区向郊区流动的趋势以及改造旧城区的需要，提出规划建设新城的设想，在距市中心 25～35km 范围内规划建设 5 个新城，这些新城到 2000 年的规划人口均在 30 万人左右，成为所在地区政治、经济、交通、文化及商业的中心，并以便捷的交通保持与母城的联系，成为巴黎的副中心，使大巴黎的城市体系更臻于完善。

(二) 由若干规模相仿的大中城市及其周围的城镇所组成的多中心的城市集群

这类城市体系的形成，起初通常以大中城市为中心，在"向心—离心"机制作用下，形成多中心的城市群组；由于空间距离较接近，城市群组在相互作用力的影响下，经济联系日益加强，逐渐形成具有密切联系，又有分工协作的城市集群。例如，我国江苏的苏、锡、常地区以及辽宁中部地区城市群都属于此种类型。辽宁中部地区城市群包括沈阳、鞍山、抚顺、本溪、辽阳 5 个大城市，各城市之间相距较近，最远的沈阳至本溪也只有 84km，最近的鞍山至辽阳仅 25km。它们是在当地丰富的煤铁资源基础上形成的，以钢铁、机械、煤炭、石油、化学等重工业为主要特色的城市集群，各城市之间又存在着密切的经济联系和分工协作关系。沈阳是以机械制造业为主的综合性工业城市，所使用的钢铁 80% 以上来自鞍山、本溪；而鞍山和本溪的钢铁工业除了为区内各城市配套外，还在全国具有专门化生产意义；抚顺所产的煤炭大部分用于炼焦，主要是满足区内钢铁工业的需要；辽阳位于沈阳、鞍山、本溪几个重要工业城市之间，以轻纺工业为主。

(三) 以各级行政中心为依托，大中小各类城镇相互联系所形成的城市体系

这类城市体系的形成中行政因素起了较大的作用，通常城市的规模与所在地行政机关的级别相对应，各城市间的联系首先也表现为不同等级城市间的行政联系，由于政府决策对经济的影响，因此客观上又造成城市间较为密切的经济联系，从而使各级各类城市(镇)形成相互联系的城市体系。我国省、区内的城镇体系大多属于此类。例如，河南省内的城镇，根据所在地行政机关的级别不同，大体上可以分成四个层次：①省级城市，在河南只有郑州一个城市，是省级机关所在地，也是全省最大的城市和经济中心；②省内地区性的中心，包括地区行署所在地城市和在地位上与之相当的工矿城市(地级市)，一般是省内经济区的中心；③县城和在地位上相当于县城的工业城市(县级市)，如义马、禹州等；④乡镇和农村集镇，一般为乡政府所在地，或者一些重要的县属镇。

三、中心地理论简介

中心地理论(central place theory)是关于城市区位的一种标准化理论,是探索城市体系内城市等级规模结构和地域空间结构规律的一种具有代表性的学说。它是由德国地理学家 W·克里斯泰勒(W. Christaller)所创立,他在1933年所著的《德国南部的中心地》一书中系统地阐述了这一理论。

中心地理论主要探讨了城市作为商业、服务业中心的等级体系问题。所谓中心地,是指向周围地区居民提供货物和服务的地方,由中心地提供的货物和服务称之为中心地职能。一般来说,中心地的等级愈高,它所能提供的货物和服务的种类也愈多,即担负的中心地职能愈多。由于空间距离衰减法则的作用,周围地区对中心地所提供的货物和服务的需求量随着距离增大而减少(图7-14)。对于货物 G 来讲,在中心地 O 点销售数量最大,随着距离增大,到了 C 点,由于交通费用非常高,以至于 C 点居民对货物 G 的需求等于零,这时货物 G 取得最大销售范围,即以 OC 为半径的圆(最大销售范围之所以为圆形,是因为圆形市场区是最有效、最理想的图形,数学上也可以证明,等周长范围内,以圆的面积为最大)。对于提供货物 G 的企业来讲,盈利是其生存的必要前提,一个企业为维持经营活动所必须赚取的最低收入称为门槛,通常用该企业所需服务的最低人口数来代替,并称之为人口门槛。货物 G 的门槛范围就是以 OA 为半径的圆。在市场经济条件下,由于超额利润的存在和竞争机制的作用,在一定区域内总有若干个中心地提供货物 G。这样,对于中心地 O 来讲,其货物 G 的实际销售范围是介于最大销售范围和门槛范围之间的圆形区域,即以 OB 为半径的圆。

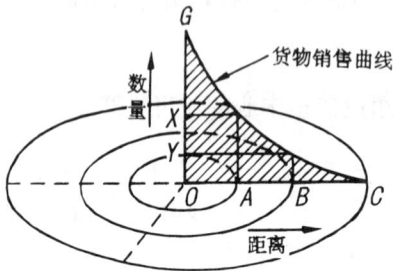

图 7-14 货物销售曲线与销售范围

克里斯泰勒根据上述思想,通过对德国南部中心地的实际考察研究,并以抽象演绎方法得出了中心地等级序列和市场区的镶嵌规律,建立了中心地理论。

克里斯泰勒提出的市场经济原则、交通最优原则、行政最优原则等三个为城市体系形成所遵循的原则,在一个国家或地区很少是孤立地发生作用的。实际上它们是互相交叉和混合的。在经济发达、交通方便的区域,市场经济原则最占优势;在自给自足和偏僻的地区,首先是山区,建立一个具有中心领导机构的完整自给的地区单位是首要的原则;而在年青的国土上,交通线是殖民者的先驱工作,交通原则因此占有优先地位。在大多数情况下,三个原则仍然是共同发生作用,形成的城市体系系列为:1,2,6~12,42~54,118,…克里斯泰勒对德国南部中心地的研究结果显示,南德的中心地可以分为7个等级,并遵循 $K = 3$ 的规律。

克里斯泰勒的中心地理论是在前人工作的基础上,通过对德国南部中心地的实验性研究而建立的。克氏自己也承认,他的学说就是根据杜能、韦伯的区位理论和方法而建造起来的。但中心地理论使区位论由生产扩展到市场,由局部扩展到一般,由单纯扩展到综合,成为一种宏观的、静态分析的、以市场为中心的商业服务的区位理论,从而使古典的区位论改观,为以后具体解决计划、规划问题的动态地域平衡模式打下了基础。第二次世界大战后,克里斯泰勒的中心地理论在美洲、荷兰、瑞典首先得到承认。美国学者在接受中心地学说的基础上，开创了计量地理学。五六十年代，荷兰在几千 km² 的围海陆地上，曾按照克里斯泰勒的模式规划了居民点和交通网。1960 年，在瑞典隆德举行的国际城市地理讨论会和同年在斯德哥尔摩召开的国际地理代表大会，曾对中心地理论给予高度评价。此后，该理论逆向传入德国，获得较高声誉，并在国内许多州的发展规划中得到应用。迄今为止，国际上不少学者认为，中心地理论促进了地理学的计量革命和计量方法的采用，并对居民点体系研究和地理学中系统论、系统分析方法作出贡献。

中心地理论虽在城市区位理论方法作出一定贡献，但还存在若干不太完善之处。首先，克里斯泰勒的假设条件比较脱离实际。在现实世界中，许多其他自然条件（如资源、地形、河流等）和社会经济条件（如交通运输等）都会影响城市区位及城市体系的变异。其次，学说所概括的是均衡状态下的城市体系，而实际上区域城市体系并非静止状态，是在不断地发展变化之中。第三，学说的市场最优原则，主要以利润为标准，而对历史、社会、民族等因素，则未加分析，致使学说无论过去或当代都存在一定局限性。第四，中心地理论主要考虑了城市的商业、服务业职能，而缺乏对整个经济活动的分析。实际上城市的职能及其对区域的作用是多方面的，城市体系的建立和发展也受到区域经济的深刻影响。

尽管如此，克里斯泰勒的中心地理论唤起了世界各国地理学者及有关经济学者对城市体系研究的关注，开展了大量的实验性研究，不断检验、修正和发展了中心地理论，推动城市体系的研究由静态向动态转变，由结构研究向机制研究转变，进而向优化调控研究转变[①]。此外，在研究方法上，大量运用数学方式进行模拟和调控，并引入新的概念和理论，极大地丰富和发展了中心地理论。80 年代，对城市体系的动态机制研究和优化调控研究仍然成为主导方向。我国开展城市体系研究主要从 80 年代开始，起步虽晚，但发展较快。一方面，注重理论和实践相结合，开展中心地理论的实验性研究，为区域城市体系发展规划和城市商业网点布局提供依据；另一方面，注重城市体系与区域经济发展相结合，探讨城市体系形成的内在机制，以及与区域经济的相互关系，为开展经济区划和区域开发规划服务。

四、大城市经济圈

20 世纪 50 年代以来世界经济发展的重要特征之一，就是在城市化高速推进过程中，随着大城市在一国或世界范围内的竞争中取得经济支配权而形成大城市经济圈和大城市经济带，而大城市经济圈和大城市经济带的形成又提高了大城市的综合经济势能，增加其竞争能力，并在世界经济发展中占有更为重要的地位。于是，以大城市为中心的城市经济圈发展，成为迈向 21 世纪世界经济发展的主旋律。

所谓大城市经济圈，是指以经济比较发达并具有较强城市功能的中心城市为核心，与其具有紧密经济联系和地域相邻的若干周边城镇所覆盖的区域所组成的，经济吸引力和经济辐射力能够达到并促进相应地区经济发展的最大地域范围。一般来说，大城市经济圈内至少有一个或多个经济发达并具有较强城市功能的中心城市，能够成为城市经济圈发展的增长极；城市经济圈所覆盖的周边城镇和地区具有一定的人口规模和人口密度，能够依托中心城市形成

---

① 王力：《论城市体系研究——回顾与展望》，全国人文、经济地理学术讨论会论文，1990-10.

经济和社会发展上的融合性和互补性，从而构成经济的一体化关系；城市经济圈内具有较为发达的基础设施，经济联系较密切，整个经济圈具有较强的外向型经济功能和参与国际分工和国际经济循环的能力；城市经济圈不是一个行政区，而是由于经济和社会的内在联系，从而形成一体化的经济区域。根据联合国对大城市经济圈的定义，是指总人口在 800 万人以上的大城市及其所覆盖的区域。1950 年世界上共有 2 个，1970 年 11 个，1994 年达到 22 个，2000年预计达到 25 个，2015 年将达到 33 个。1994 年全球最大的十个大城市经济圈分别为：东京（总人口 2 650 万人）、纽约（1 630 万人）、圣保罗（1 610 万人）、墨西哥城（1 550 万人）、上海（1 470 万人）、孟买（1 450 万人）、洛杉矶（1 220 万人）、北京（1 200 万人）、加尔各答（1 150 万人）和汉城（1 150 万人）。[①]

（一）大城市经济圈的特征

大城市经济圈作为一种现代区域经济发展的模式，逐渐占据世界经济发展的主导地位并非是偶然的，而是基于城市经济圈作为一个社会经济系统所具有的高聚集经济、高能级经济、开放性经济和世界性经济的特征。

1. 大城市经济圈是一种高集聚经济

现代城市是一个人口相对集中、基础设施齐全、交通四通八达、经济基础较好，市场消费潜力巨大，并拥有科学技术先进、商业贸易发达、金融投资大、信息传递灵及社会生活丰富等有利条件，从而使城市成为现代生产和消费的高聚集区域，成为商品流通的集散地和枢纽点，成为经济发展的"增长极"。尤其是许多大城市作为多功能的经济中心，比中小城市有较高的集聚经济效益，能够更好地实现规模经济和社会分工与协作，促进人才、资金、信息和物质的快速流动和科学技术的传播；能够以更经济的方式为社会生产提供必不可少的金融、贸易和其他配套服务；能够为其周围的中小城市及辐射区域提供多功能的服务，并提高中小城市及相应区域的经济效益。因此，以大城市为中心的城市经济圈是一种高集聚经济。通过大力发展城市圈域经济，能够推进一个地区的社会分工和规模经济，实现更高的总体经济效益，并通过城市圈域经济的辐射来带动整个地区经济的发展，从而推动整个国家乃至世界经济的不断发展。

2. 大城市经济圈是一种高能级经济

现代城市经济圈的高集聚性，使其成为一种高能级经济，具有对周围地区的强大经济吸引力和辐射力。以大城市为中心的城市经济圈系统，具有商品经济高集聚特征，其优越的生产条件和生活条件，发达的交通、通讯设施，集中的金融、商业机构，充足的生产要素资源供给，巨大的消费市场等，使城市经济比其他地区具有更高的经济势能，从而对周围地区产生强烈的经济吸引和经济辐射作用。通过城市经济圈吸引和辐射的双重功能作用，有利于合理配置圈域内的经济资源，形成合理的产业结构和空间布局。并在此基础上建立圈域性企业集团，发挥中心城市的科技优势和高经济势能，组成科研、生产、经营三位一体的企业集团，使企业从粗放经营向集约化经济发展，从个别企业向集团化企业发展，从单独、潜在的优势

---

① 罗明义：《中外城市圈域经济发展研究》（博士论文），1997-05.

向综合、现实的优势发展，推进城市圈域经济的高效率运行。

3. 大城市经济圈是一种开放型经济

现代经济的全球化发展，导致企业、资本、技术、知识、文化和人才的全球大循环。城市经济圈适应现代经济全球化趋势，以国际市场为背景，以中心城市的外向化为特征，通过最佳的经济发展环境、生活条件及社会环境，吸引大量的国际资本、信息、技术、人才集聚，从而推动城市圈域经济的全球化发展。城市经济圈的开放性是以发达的交通通信设施为基础，实现现代经济中的人流、物流、商品流、资金流及信息流，从而提高经济运行效率。特别是信息的高速流转已成为当代社会经济发展的重要因素。1993 年，美国政府率先兴建"信息高速公路"，抢占信息社会制高点的行动已引起世界各国的重视。城市经济圈中的中心城市是经济、政治、文化、科教的中心，从而也是信息中心，其高度发达的科学技术、通讯工具和信息处理能力，不仅促进了信息的高速流转，而且使城市经济圈成为现代技术创新的源泉，成为现代经济增长的驱动中心。

4. 大城市经济圈是一种自组织经济

纵观世界经济的发展，城市经济圈日益成为一个成熟的、自组织的社会经济有机体。它具有适合环境变化和经济发展的需要，处在不断调整结构、调节功能和空间形态的变化之中，表现出强大的自我调整能力。它具有强大的创新能力，为了自身的生存和发展，不断进行新陈代谢，变异创新，使新的技术、新的产品、新的产业不断产生和发展，从而促进城市经济圈不断地从孤立城市向城市圈、城市带、世界城市经济圈演进。它具有自我诊断、自我完善的修补机制，根据大城市发展中出现的种种弊端，通过不断演化、循环和空间扩散，保持城市经济圈的活力。近 20 年来发达国家出现的"逆城市化"、"城市空心化"等现象，就是城市经济圈自我修补机制作用的表现形式。

(二) 大城市经济圈的扩散规律

大城市经济圈的形成和发展是一个长期的历史过程，由于受自然环境、区位条件、基础设施、创新能力以及经济发展等多方面因素的影响，从而使城市经济圈表现出不同的空间形态。根据国内外研究表明，大城市经济圈的扩散形成过程通常遵循以下规律。

1. 蔓延扩散规律

蔓延扩散是指城市经济圈以中心城市为核心，逐渐向周围地区延伸、推进，从而不断扩大城市圈域半径。蔓延扩散是城市圈域经济空间扩散的基本规律，纵观国内外大城市经济圈的发展，大多数是按照蔓延扩散规律进行的。随着中心城市与大城市圈域半径的扩大，其城市经济圈势能越来越强，又促使其辐射的区域更远。以英国伦敦城市经济圈扩散为例，1841 年伦敦的居住人口主要分布在距市中心 12km 的范围之内，市中心人口密度达到 4 万人/km²，而城市边缘区仅为 20 人/km²，以后随着城市圈域半径的不断扩大，居住人口也不断地向外扩散。到 1941 年，市区圈域半径已扩大到 30 多 km，市中心人口密度也下降到 1 万人/km²，而在城市边缘区人口密度已达到 1 000 人/km²。

2. 轴向扩散规律

轴向扩散是指城市经济沿着一定方向(通常是交通主干线)向外扩散的过程。轴向扩散可能是由于交通主干线的因素,也可能是受自然条件的制约。但无论是什么因素影响,它都体现在城市经济圈以中心城市为核心向外放射状的扩散规律。轴向扩散也是现代城市经济圈发展的基本规律之一,世界上许多大城市经济圈都是按这种规律扩散的。例如,日本大阪—京都城市圈,就是沿着交通要道而构成的大城市圈,又沿着交通干道与名古屋城市经济圈、东京城市经济圈构成日本最大的城市经济带,也是世界最大的城市经济带之一。

3. 点状融合规律

点状融合是指各中心城市相邻城镇加速城市化发展,而逐渐从次级中心发展为中心城市,并通过蔓延扩散或点状扩散后与原中心城市融合,形成更大一级的城市经济圈。点状融合规律是大城市带和世界城市经济圈形成的必然过程。由于大城市发展的地域极限,使得某些大城市经济圈发展到一定程度后,不得不大量发展次级中心,或者由于其他多种原因使次级中心迅速发展,最终都会促进城市经济圈、城市经济带相互融合。以点状融合过程形成大城市经济圈的情况在国际大城市带形成中也较为普遍。如美国东北沿岸城市经济带和英国伦敦—利物浦城市经济带都是若干点状城市经济圈按融合规律而形成的。

我国正处于加快工业化和现代化的发展时期,随着东部沿海地区现代化和中西部地区工业化进程的不断推进,必将涌现出以大城市为中心的城市经济圈,成为我国区域经济发展的推动力。因此,大城市经济圈理论是开展城镇体系规划和区域发展规划的重要理论基石。

第八章　经济区划与区域发展规划

经济区、经济区划和区域规划是区域经济研究的重要组成部分。经济区是区域规划的载体，区域规划应该在经济区的基础上进行；区域规划又是经济区的归宿和出发点，建立经济区的目的就是要按照区间差异和区内特点实施不同的发展战略和区域发展政策；要进行区域规划，应该开展经济区划，建立不同类型各具特点的经济区或经济区域体系。

经济区是在商品经济发展过程中客观形成的地域经济单元；区域发展战略是在经济区划基础上所制定的区域经济社会远景发展目标和重点；区域规划是在经济区(或一定地区)发展战略基础上对区域经济发展所进行的总体部署。三者既有区别，又有密切联系，共同构成完整的区域经济研究体系。

第一节　经济区与经济区划

经济区划有狭义和广义之分。狭义的经济区划是指对经济区的划分；广义的经济区划既包括对经济区的划分，也包括经济区划方法论问题。本章所说的经济区划主要指后者。

一、经济区的性质及其形成与发展

经济区是在商品生产发展过程中客观形成的地域经济单元，是建立在劳动地域分工基础上，拥有体现区域优势的地区专门化与具有区域特色的综合发展相结合的地区产业结构，由具有较强凝聚力和辐射力的中心城市(群)及与其紧密联系的腹地范围所组成的不同等级、各具特色的网络型地域经济体系。

经济区既不同于自然区，也不同于行政区。自然区是指自然特征基本相似的自然地理单元，如长江三角洲、黄土高原、四川盆地等；行政区尽管名称不一，然而实质都是属于上层建筑范畴，如我国的省、县、乡等；经济区则不同，它是客观存在的地域经济单元，亦称地域经济综合体。

按不同的目标，经济区可以有不同的分类和功能，如开放区、协作区、出口加工区等等。经济区具有整体性、差异性和相互联系性的特点。所谓整体性，是指任何经济区域都是整体之中的一部分。没有整体，也无所谓区域，也即区域总是和空间经济整体相对应的；所谓差异性，是指经济区具有内部相对统一和外部明显差异的特征，没有差异，也无必要划分经济区；所谓联系性，一是指经济区与经济区之间由于区际差异的存在，就必须产生区间联系和交流，二是从系统的角度看，经济区总是空间经济整体中的一个子系统，经济区的任何活动，都应该和空间经济整体的总体目标相一致。

一般而言，每个经济区都由以下几个要素所构成：①经济中心。每个经济区都拥有一定规模和水平的经济中心作为全区经济的核心，这种经济中心通常为区内综合性的大城市或特大城市，也可以是规模相当的城市群。在市场经济条件下，经济中心通过人流、物流、资金流和信息流等的集聚、辐射作用，起到"增长极"的功能，对周围地区的经济发展产生影响，从而成为区域经济增长的领头羊。经济中心的规模大小、发展水平和特色，决定着经济区的发展水平、产业结构及在全国劳动地域分工中的地位和作用，同时也决定着经济区的腹地范围；②经济联系。经济区的形成是以紧密的经济联系为前提的，一方面，经济区内组成区域经济整体的各个产业部门之间，要建立起彼此有机联系、相互协调和促进的产业结构关系；另一方面，组成经济区的各个地区之间，在扬长避短、发挥优势的基础上，建立起分工协作、横向联系的产业发展关系。经济区内的经济联系表现为各种交通线、动力线及通讯线等所组成的联系网络；③产业结构。每个经济区都具有较为完整的产业结构体系，包括：在充分发挥地区优势基础上形成的，在全国劳动地域分工中承担一定任务的专业化生产部门；为专业化部门提供原、燃料或配套协作的辅助性生产部门；为当地居民提供日常消费品，增加地方财政和税收，但对本区在全国劳动地域分工中的地位和作用不产生直接影响的自给性生产部门；以及为全区各产业部门和居民服务的基础性生产部门，即包括供电、供水、供热、交通通讯等在内的基础设施。专业化生产部门与这些协作配套、综合发展部门相互联系，从而体现区域特色；④腹地范围。每个经济区都具有一定地理界线，有相当范围的地域作为其发育、成长的必要场所，既包括在这一区域内的自然资源、劳动力与技术资源、生产性与社会性基础设施等物质要素，也包括各产业部门在空间上的组合与投影，即地域结构。

经济区是商品生产社会化和劳动地域分工的产物。在前资本主义时期，生产力水平还很低，交通不便，社会分工比较简单，自然经济占统治地位，商品交换虽有一定的发展，但交换的数量和范围都很小，还没有构成地区间经济上的重要联系与相互依存。到了资本主义，由于商品经济空前活跃，社会分工与劳动地域分工也相继发展起来，商品生产与商品交换已成为社会上普遍的和主导的现象，地域经济联系的深度和广度也日益加强，于是形成了许多以地区生产专门化为特点的地域经济单元，这才形成了经济区。产业革命以后，大机器工业的建立，交通运输业的发展，科学技术的进步，使生产社会化程度不断提高，专业分工愈来愈细，劳动地域分工也就愈来愈发达，以至于世界上每个地区、国家在经济上都不能离开其他地区、国家而孤立存在。世界经济一体化和区域化浪潮，使劳动的社会地域分工达到了一个新的高度。由于现代交通运输手段和信息通讯技术的发展，无论深度、广度及地域跨度都有了更大的拓展。可见在社会化大生产条件下，不但国内各地区之间需要进行合理的劳动地域分工，就是国与国之间亦不可避免。

科学技术的进步是促使国际分工向纵深发展的最重要的因素。在许多生产领域里，全新的技术和工艺推动了生产力的国际化。在愈来愈多的生产领域里，如果仅仅按照国内市场的容量而生产，已经不能符合规模经济的要求了。在许多工业部门中，一个企业有利可图的最低产量已经不是本国市场所能容纳得了，而是需要到几个甚至几十个国家市场去销售。国际经济一体化，使劳动地域分工从国内扩大到全球更深更广的范围。

我国实行社会主义市场经济，不仅有利于商品经济的发展，劳动地域分工的加强，促进经济区的发育和成长；同时，在国家进行宏观调控下，更有利于人们在充分认识经济区形成发展的客观规律基础上，根据社会主义经济建设的需要，自觉地规划组建各种类型的经济区。实践证明，经济区是在市场经济条件下社会主义国家合理组织区域经济一种有效的形式。

二、经济区划类型

经济区划是人们在认识经济区形成发展规律的基础上，依据一定的原则和方法，对客观存在的经济区所进行的主观划分。由于经济区划的目的、任务不同，可以分为以下几种类型：

（一）经济类型区

以某一经济现象的客观分布为对象进行经济区划，所形成的区域即为经济类型区。这类经济区强调区内一致性和区际差异性原则，根据一定的指标，将特征相同的地区划成一个区。如资源分布区、加工区、经济发达地区、贫困落后地区、重点开发区、出口加工区、经济特区等。经济类型区的地域范围可大可小，可以连成一片，也可以互不衔接，交错分布在全国各地。有的类型区覆盖全部国土，如我国按经济发展水平划分的东、中、西三大经济地带；也有的类型区只分布在局部地区，如我国的经济特区主要分布在深圳、珠海、汕头、厦门和海南省等少数地方。西方国家的区域规划也主要是在经济类型区的基础上进行的。即根据一定的标准，通过划分不同类型的经济区域实施不同的援助政策或发展政策。

（二）部门经济区

对国民经济某一部门经济活动进行地域划分，所形成的区域为部门经济区。一个国家各地区的自然条件和社会经济条件往往存在着很大的差异，对于某个地区来讲，可能有利于某些经济部门的发展，而不利于另一些经济部门的发展。通过部门经济区的划分，可以揭示各地区发展条件与发展要求间的矛盾，使每个经济部门都尽可能地在对它有利的地区发展，从而取得最佳的经济效益。因此，部门经济区的划分为国民经济各部门的合理布局提供科学依据。由于国民经济各部门的分类标准不同，因而部门经济区具有不同的种类。通常分为综合部门经济区和单项部门经济区两大类。前者如工业区、农业区、运输区、商业区等，后者如农业区中的畜牧区、林业区、粮食区、棉花区，以及工业区中的冶金工业区、机械工业区、轻工业区等。

（三）综合经济区

对国民经济全部经济活动进行地域划分，所形成的区域为综合经济区，即通常所说的经济区。它是相对完整的地域经济系统，是国民经济大系统中的子系统。综合经济区与部门经济区的主要区别在于，前者是对国民经济整体的划分，后者则是对国民经济某一部门的划分。综合经济区与经济类型区的主要差别在于，经济类型区以区内一致性为特征，而综合经济区则主要考虑了区内的差异性和互补性。它以经济联系为纽带，以较为完整的产业结构体系和在全国劳动地域分工中承担一定任务为主要特征。

综合经济区是客观存在的地域经济综合体。由于人们对它的认识角度和深度不同，在综合经济区的范畴内，又有经济协作区、经济行政区、城市经济区三种类型。

1. 经济协作区

经济协作区是开展区域规划和落实区域发展政策(包括区域发展战略)的主要对象和载

体。在我国它是国民经济宏观管理从直接到间接、从行政区向经济区的一种过渡形式。80 年代，我国跨地区综合经济区的划分，主要是以横向经济联合为目的，按照互惠互利、风险共担、发挥优势、共同发展的原则建立的，开展跨地区经济技术协作的一种空间组织形式。在 90 年代，则强调了市场经济条件下的区域经济协调发展因素。组建经济协作区，有利于加强企业之间的联合，促进商品、物资、人才、技术、资金、信息等生产要素的流通，逐步建立和完善跨地区的统一大市场；此外，也有利于共同开发自然资源，整治生态环境，发展专业化协作生产。因此，建立经济协作区是政府为企业服务，改善其外部经营条件的一项措施，也是政府对宏观经济进行调控的一种手段。

2. 经济行政区

它兼有经济区和行政区的双重特点，既是具有区际意义专业化的地域经济单元，又在地域范围上与行政区保持一致，是计划和管理国民经济的地域单元。我国五六十年代实行的经济协作区，实质上是经济行政区，它以省、区、直辖市为基本地域单元，是省、区、直辖市的地域组合。苏联在 1957 年实行经济管理体制改革时，曾撤销了中央各部，而将全国划分为 105 个经济行政区，并在每个区内设立国民经济委员会，管理原来由中央各部所属的工矿企业。但由于多种原因，1961 年又废除了经济行政区，恢复以中央各部为主的经济管理体制。

3. 城市经济区

它是以中心城市及与其紧密联系的吸引范围所组成的地域经济单元。其显著特点就是以大中城市，尤其是特大城市或大城市群为核心，经济区范围的大小取决于中心城市的规模及对周围地区的吸引程度，区内经济活动具有明显的向心性和扩散性。这类经济区一般形成于大城市及其周围地区。例如，我国以北京为中心的首都经济区（包括天津、唐山、秦皇岛、承德、张家口、保定、廊坊、沧州等城市），以上海为中心的长江三角洲经济区（包括沪宁杭地区 13 个大中城市），日本的东京圈，法国的巴黎圈，苏联的莫斯科地区等。城市经济区是在商品经济发展过程中客观形成的，是城市——区域长期相互作用的产物。它突出了城市在区域经济中的核心作用，有利于城乡经济协作和共同发展，因而具有强大的生命力。在我国，城市经济区作为冲破条块分割的管理体制，有效地组织区域经济的一种地域形式，已成为城市体制改革的一项内容，正在积极的探索之中。

不同类型经济区组成了经济区的类型体系，而不同规模的经济区构成了经济区的等级体系。经济区按其范围大小，具有等级层次。以我国经济协作区为例，就有三级层次：①省（区）际间的经济协作区。如上海经济区、东北经济区、西南五省六方经济协作会等；②没覆盖全省范围的省（区）毗连地区的经济协作区。如苏、鲁、豫、皖四省交界地区的淮海经济区，苏皖赣部分地区构成的南京经济协作区等；③省（区）内的经济协作区。如珠江三角洲地区，四川川西经济协作区等。城市经济区按中心城市的规模等级和吸引范围大小也可以分为不同的层次，通常认为我国城市经济区具有三级体系：①以具有全国意义的特大城市为核心的一级城市经济区；②以省级城市为核心的二级经济区；③以具有地区性意义的城市为核心的三级经济区，又称基层城市经济区或省内经济区。

三、经济区划的理论基础与主要原则

(一)经济区划的理论

如前所述,经济区是劳动地域分工的产物。因此,通常认为劳动地域分工的学说是经济区划的理论基础。所谓劳动地域分工,是指一些地区(或国家)专门生产某些产品(或产品的某一部分),其他地区(或国家)专门生产另一些产品(或产品的某一部分),各地区(或国家)通过商品流通和交流,满足社会对产品的需求,从而达到发挥地区优势,提高经济效益的目的。可见,劳动地域分工是社会分工的一种形式,是部门分工在空间上的表现。

关于劳动地域分工的学说由来已久。18世纪,英国古典政治经济学创始人亚当·斯密(Adam Smith)从工场手工业看到了分工的利益,于是联系到整个社会,论证了劳动地域分工。他指出,每个国家都有其绝对有利的、适于某些特定产品生产的条件(这里主要指自然条件),而导致生产成本最低,这叫作绝对利益原则,又称绝对成本说。如果每个国家均按此原则进行专门化生产,通过贸易进行交换,会使各国的资源、劳动力和资本得到有效的利用,这是斯密地域分工学说的基石。斯密的学说对解释当时国际和区际的劳动地域分工和产业布局,起到了一定的积极作用。但他片面地夸大了自然条件对地域分工的影响,并且,用绝对利益原则来解释地域分工和国际贸易,不利于落后国家和地区的经济发展和产业布局,也与以后落后国家或地区的经济发展以及不发达国家同发达国家间国际贸易的实况不相符合。

继斯密之后,另一位英国古典政治经济学者大卫·李嘉图(David Ricardo)提出了比较利益原则,或称为相对成本论的地域分工原则。他认为,确定一个国家在国际分工和贸易中的地位的依据,是这个国家在生产某类商品时,其生产成本与其他国家比较是相对有利还是相对不利。每个国家都应出口其"比较成本"较低的商品,进口其"比较成本"较高的商品,这样,国际贸易就可使双方都获得利益。李嘉图的比较利益原则比斯密的绝对利益原则能较好地解释劳动地域分工和国际贸易问题。但他单用劳动时间来计算比较利益,是不全面的,事实上,各地生产要素的结构和内在关系是复杂的,实际情况同他的理论分析尚有很大的差距,故李嘉图的比较利益说被称为国际贸易的纯理论。此外,他的理论是一种静态的比较利益理论,不利于发展中国家或"后起国"的发展,实际上产业优势和劣势是会相互转化的。

本世纪初,瑞典著名经济学家、1977年度诺贝尔经济学奖获得者俄林(Bertil Ohlin)把价格理论与一般均衡区位论结合起来研究劳动地域分工,取得了较大进展。俄林认为,地区是分工和贸易的基本地域单元。从一国范围来看,各国生产要素价格的差异,导致国内贸易和各地工业区位的形成;从国际范围来看,各国生产要素价格的差异,导致国际贸易和各国工业区位的形成。俄林考察了土地、劳力、资本这三大基本生产要素,指出生产要素分布不均,会引起相对价格差异,进而引起商品的相对价格差异,再加上汇率因素,就造成商品绝对价格差异,最后导致区际贸易的产生。俄林的相对价格差异学说解释了很多劳动地域分工和国际贸易现象,补充了斯密和李嘉图的地域分工论,成为近代国际贸易理论的权威。但俄林的学说也有一些缺陷和不足之处。例如,按照此学说,发达国家在国际贸易中应致力于资本密集型和技术密集型商品的输出,放弃对劳动密集型商品的市场争夺。但现实世界中,无论是发达的工业化国家或是后起的工业化国家,对劳动密集型商品的市场争夺仍十分激烈,这给发展中国家开展国际贸易增添了不少困难。

苏联著名经济地理学家巴朗斯基运用马克思主义观点，对劳动地域分工进行了阐述，提出了比较系统的地域分工论。他认为，所谓劳动地域分工就是社会分工的空间形式。有两种情况：一是某国家或地区不能生产某种产品，而由另一国家或地区输入；二是某国家或地区虽能生产某种产品，但成本较高，因而输入这种产品。前者称为绝对地域分工，后者为相对地域分工。可见，他概括了斯密和李嘉图的地域分工和国际贸易学说。

巴朗斯基从马克思主义关于社会分工的理论出发，分析了影响地域分工的因素，指出各地区自然条件(包括自然资源)以及社会、经济、技术等条件的差异是地域分工的基础和前提，经济利益是地域分工发展的动力，交通运输和现代信息技术的改善引起生产成本下降，扩大了劳动地域分工的广度和深度，从而为经济区划提供了理论基础。

劳动地域分工过程，实质上就是地区生产专门化过程。而地区生产专门化是建立在区域优势基础上的，区域优势又是由自然、社会、经济及技术等多因素的优势所构成。一般来讲，在劳动地域分工形成的早期，自然条件和自然资源的优势起决定作用，它使某些地区能够生产某种产品，而另一些地区则不能。但随着科学技术进步，人类改造自然环境能力的提高，降低了社会经济活动对自然条件和自然资源的依赖程度，也使劳动地域分工格局起了新的变化。在现实世界中，除了少数产业或产品生产受自然环境的严格限制外，更多的产业或产品生产则主要受社会、经济及技术条件的影响，自然条件只不过是众多影响因素中的一个，且影响程度在逐步下降。

比较优势和经济利益是地区生产专门化和劳动地域分工得以巩固和发展的根本动力。一个地区专门生产某种产品，必须具有生产这种产品的区域优势。这包含两个方面，一是绝对优势，二是相对优势。前者是指一个地区从事某种产品的生产，其劳动生产率较另一个地区要高(或成本要低)。如天津的棉纺织品成本低于呼和浩特，而呼和浩特的乳制品成本则低于天津，这说明天津在棉纺织品方面居绝对优势，而呼和浩特在乳制品方面居于绝对优势。相对优势则是指某地区生产某种产品与该地区生产其他产品相比，是相对有利，还是不利。以美国"玉米带"和大平原地区专业化生产为例，若在"玉米带"种植小麦，单位面积产量比大平原地区高50%；若种植饲料作物发展肉牛饲养业，则牛肉的产量是大平原地区的4倍。无疑，"玉米带"占有绝对优势。然而按照"比较利益原则"，"玉米带"小麦的单位面积产量是大平原地区的1.5倍，而牛肉产量则为大平原地区的4倍，显而易见，在"玉米带"种植饲料发展肉牛更为有利。而大平原地区小麦产量为"玉米带"的2/3，牛肉为"玉米带"的1/4，两者相比，大平原地区具有小麦生产的相对优势，因而以小麦专业化生产为主。[①] 可见，区域绝对优势和相对优势是劳动地域分工的根本原因，通过各地区专业化生产，从而获得最佳经济效益，这正是经济区划的目的之一。

劳动地域分工和地区生产专业化的程度，归根到底是由生产力发展水平所决定的。在前资本主义时期，社会生产力水平低下，自然经济占据统治地位，商品交换十分有限，劳动地域分工不很明显，自然也就不可能形成经济区。只有到了资本主义时期，随着大机器工业的建立，近代交通运输的发展，生产日益社会化、商品化，打破了原来的自给自足，冲破了地方市场和民族界限，各地区以及各国之间的劳动地域分工得到充分发展，才有可能形成具有

---

① 蒋长瑜：《试论美国农业生产布局》，《世界地理集刊》，5集，商务印书馆，1983.

专业化特色的经济区。在社会主义发展阶段，不但不会削弱劳动地域分工（包括国际分工），而且更有可能自觉地运用劳动地域分工理论，发挥地区优势，为经济建设服务。运用劳动地域分工理论开展我国经济区划工作，不仅是社会主义市场经济发展的必然趋势，也是我国社会主义现代化建设的客观要求。

应当说明的是，经济区划除了经济动因方面的考虑以外，政治和社会因素常占有很重要的地位。其中包括发达地区对落后地区的带动作用和两者的协调发展问题，以及通过对落后地区的划分和援助以缩小地区差别等。

（二）经济区划的原则

经济区划的原则是人们在认识经济区形成和发展规律的基础上所进行的理论概括，是科学划分经济区的客观依据和准则。基于对经济区的内涵、特征、类型及形成机制的分析，我国经济区划的主要原则应该是：

1. 经济中心与吸引范围相结合

经济中心是商品经济发展的结果，商品生产和商品交换发展到一定程度必然形成经济中心。经济中心一经形成，就对周围的地区经济发展产生深刻的影响；反过来，地区经济的发展又将进一步加强经济中心的地位和作用，这也是经济区形成的一个客观规律。适应于这一客观规律，在经济区划中必须重视发挥经济中心的作用。

按经济中心对区域经济的作用和影响范围的大小，可将其分为全区性的经济中心和地区性的经济中心两种。全区性的经济中心一般是综合性的大城市或大城市群，具有工业、交通、金融、贸易及科技文化等多种职能。一个国家拥有的综合性大城市的数量及其分布状况对全国一级经济区的划分影响颇大。例如，我国的上海、天津、沈阳、西安、武汉、广州、重庆，以及未来的乌鲁木齐，都是具有大区意义的经济中心。有些单一功能的城市，虽然它们在某些方面的职能具有大区甚至全国意义，如鞍山、太原、桂林等，但是它们都不是大区的经济中心。作为全区性的经济中心，并不在于其地理位置是否适中，主要看它能否起到核心作用。一般来说，经济中心同其周围邻近地区的经济联系，要比和其他地区的经济联系密切得多，其密切程度因与经济中心的距离远近而异。根据距离衰减原理，愈近经济中心的地区，受经济中心的吸引力愈大，形成十分牢固的经济联系；距离经济中心愈远，其受经济中心的吸引力也愈小。故区内主要经济中心与其吸引和辐射范围在生产和流通等方面是否有稳定的经济联系，乃是划分经济区的重要依据之一。而在经济中心与周围地区的经济联系过程中，信息通讯手段和交通运输起着至关重要的作用。因而统一的交通运输和信息网络也是考虑划分大经济区的重要条件，它和充分发挥经济中心的作用是联系在一起的。

2. 专业化与综合发展相结合

专业化与综合发展是经济区内部产业结构的最重要特征。如前所述，每个经济区的产业结构一般包括四种类型的产业部门，即专业化生产部门、辅助性生产部门、自给性生产部门以及基础性生产部门。按其产品在区际间的流向来看，又可归为两大类，即专业化生产部门和综合发展部门。专业化生产部门具有区际意义，其产品主要流向区外，体现经济区的优势及在全国劳动地域分工中的地位和作用；综合发展部门主要是为专业化部门协作配套，或为区域居民服务,其产品流向主要在区内,不具备区际意义。专业化与综合发展相结合,形成经济区较为完整的产业体系,体现经济区特色,在地域上则形成相互联系各具特点的地域经济综合体。把专业化与综合发展结合起来,既是经济区自我发育、完善的客观需要,也是划分经济区的重要依据。一般来说,地域经济综合体所跨的地区,往往就是经济区的合理规模。当然,由于各地区的自然条件、自然资源、社会经济条件存在差异,每个经济区的类型、特点是不可能相同的;而且经济区的级别愈低,对综合发展的要求也愈低。

3. 资源条件的相关性

任何地区的经济发展,都以合理开发利用区域资源为前提。资源条件是保证经济区稳定发展的重要因素,对经济区的发展方向也具有一定的影响。如分布集中、储量大的自然资源是决定经济区在全国劳动地域分工中地位和作用的重要物质基础,多样的自然资源或有利的空间组合为建立地域经济综合体,形成经济区内产业体系创造有利条件,甚至潜在的自然资源也影响着经济区的远景发展方向。开发利用自然资源,必须重视保护治理,只有将开发利用与保护治理有机结合起来,才能做到经济发展、生态平衡。

每个经济区内的资源条件并非一定具有相似性,相反,差异性和互补性则是形成经济区的必要前提。因此,在划分经济区的过程中,应充分考虑各地资源条件的相关性或互补性,把相互联系或相互配合的资源划在一个经济区内,有利于资源的开发利用,也有利于地区经济的发展。例如,将一定的流域范围划分在一个经济区之内,有利于统一开发利用;将生态环境密切相关的地区划分在一个经济区之中,有利于区域环境全面治理;尽可能将沿海城市和与之相毗连的内陆地区划分在一个经济区之中,有利于建立区域对外窗口,发展外向型经济;将空间上具有良好组合的矿产资源产地划分在一个经济区之中,有利于统筹规划与合理利用。比如,内蒙古东四盟,在自然环境上和东北三省同属一个大自然地理单元,特别是在自然资源的空间组合和经济联系上更是密不可分。目前我国铁矿资源以华北、东北最为丰富,各占全国储量的1/4左右。其中辽宁省的铁矿石储量即占全国的22.5%,与铁矿资源相比,燃料动力资源明显不足,只占全国的1.5%,燃料动力不足已成为工业发展的限制性因素,而内蒙古东四盟三大露天煤矿以及坑口电站的建设,乃是解决辽宁中部地区经济发展的关键措施之一。因而将内蒙古东四盟划归东北经济区,对统一规划、统一开发利用煤铁资源是十分有利的。

4. 远景发展方向一致性

如前所述,经济区划的目的并非单纯地认识地区经济发展现状,更重要的是还要预测未来,以便为国民经济远景规划与产业布局合理化提供科学依据。因此,在经济区划工作中,首先需要对地区经济发展的条件、现状进行全面考察与综合分析,进而科学地预测未来一定时期内地区经济发展的主要方向,以及产业布局演变的前景。一般地说,对于划在一个经济区内的各地区,应按照经济运行的客观规律统一规划,制定经济区的发展战略,产业结构调整方向,产业布局总体模式,加强各地经济联系,建立统一的商品市场以及生产要素流通网络,推动区域经济向一体化方向发展。各个地区根据全区发展方向,结合地区条件,确定各自在经济区内部的劳动地域分工,但在大的方向上,应服从整个经济区的发展要求,使全区在未来经济发展中协调一致。

5. 适当照顾行政区划完整性

在我国，目前行政区和经济区是两种不同性质的区域类型。行政区是与一定等级的政府相对应的政治经济社会实体，内部具有完整的垂直行政系统，各级政府是区域的决策主体和利益主体，对区域发展具有决策权、调控权和利益追求。而经济区与之有较大的差异，是客观存在的地域经济实体，内部具有发达的横向经济联系，区域经济是在经济规律作用下主要通过市场调节运行，不存在全区性的决策主体和利益主体。因而，客观上存在着"双重区域"。划分经济区的目的是通过地域形式来有效地组织区域经济。鉴于我国各级政府在区域经济发展中具有一定的组织和指导作用，因此，注意经济区划与行政区划的协调，适当照顾行政区划的完整性，是非常必要的。

目前在一些省份试行的"以市带县"的做法，无论在发挥城市的核心作用方面，或是发展城乡结合以及经济体制改革等方面都有不可忽视的积极作用，如果加以适当调整，即可作为基层经济区的基础。我国省级行政区划由来已久，由于上层建筑的反作用，已经逐步形成了省内外经济联系的差别，而在建国以后又根据经济建设的要求，对某些省区界线作了适当调整，各省省会皆已成为重要的经济中心，因而现行省区经过适当调整可作为二级经济区的基础。以省区为单位，将地域上毗连、经济联系密切、资源条件相关的省区组成全国一级经济区，是现阶段我国一级综合经济区划分的一种现实可行的方案。当然，主张适当照顾行政区划的完整性，并非一概迁就原有行政区的限制，可以根据经济区的客观性进行适当的修正。

经济区划的原则为划分经济区提供了一定的思路和准则，而根据这些原则所采取的具体手段，即为经济区划的方法。根据各国长期的经济区划实践，摸索出了若干具体方法，主要有统计分类法、经济中心法、经济联系法、动力生产体系法以及利用数学方法来补充确定经济中心之间的边界范围等。

第二节 区 域 规 划

区域规划亦有广义与狭义之分。广义的区域规划包括区际规划与区内规划；狭义的区域规划，就是在一定区域范围内所进行的国民经济建设的总体部署。在我国通常所说的区域规划主要是指后者。

一、区域规划的由来与发展

在西方国家，虽然城市规划的历史可以追溯到古希腊时代，但是西方区域规划的实践和理论探索只是从 20 世纪 20 年代才开始，它主要起源于西方的城市规划和工矿区规划。

西方各个国家开展区域规划的时间和内容存在着很大的差别，但按其总体趋势和特点，西方区域规划的实践和发展大致可分为三个阶段：

(一) 早期阶段

这一阶段经历了从 20 世纪 20 年代到二次大战结束(1945 年)的近 25 年时间，规划的内容主要包括区域性质的城市规划和工矿区规划两大部分。例如，英国的当卡斯特煤矿规划

(1922～1923 年)、美国纽约的城市区域规划(1929 年)、联邦德国 1923 年编制的鲁尔地区区域总体规划以及 1934 年英国制定的"特别区法案"把南威尔士、英格兰东北部、西北部和苏格兰中部定为援助区的规划等。

这主要是由于，一方面，工业化时期带来的人口向城市高度集中，造成了城市贫困、失业、饥饿、疾病和生产居住条件恶化的现象日趋严重；另一方面，世界资本主义经济经历了由煤铁为主到化工和加工制造业为主的结构性转换。由于石油、天然气的发现，以及电的使用和海陆交通运输工具的改善，使以煤铁为基础的老工业区的区域经济结构和区位吸引力发生了变化，除了部分基础工业移向沿海以外，大部分的化工和制造工业也开始脱离煤铁产地，逐步集中到中心城市和沿海沿河地区。20 世纪初西方国家经济中心的转移，使以煤铁为主要生产结构的老工矿区日趋衰落，严重影响了整个国民经济的进一步发展。在英国，19 世纪以煤为基本原料和燃料的基础工业主要集中于南威尔士、中西部、西北部和苏格兰中部，进入 20 世纪以后，由于基础工业向南部的转移，30 年代中期英国中西部和西北部的煤、棉纺织品产量比 1913 年下降了 1/3，使老工业矿区的"复春"成为当时的突出问题。[①]

在城市性质的区域规划当中，英国城市规划学创始人霍华德(1850～1928 年)提出的"花园城市"概念，以及把城市置于区域之中的规划思想，对以城市为中心而进行的区域规划具有很大的影响。1940 年之后根据 A·M·巴洛报告编制的大伦敦区域规划，强调在较大范围内进行人口与工业的合理分布，就是在这一思想指导下进行的。

值得指出的是，除了上述两个方面以外，在美国和苏联发生的两大事件，对于世界范围内区域规划的开展起到了很大的推动作用：一是苏联十月革命胜利以后，开始大规模的国民经济建设，并把列宁关于劳动地域分工的思想付诸实施，在俄罗斯国家电气化计划和第一个"五年计划"的基础上开展了大规模的区域规划实践，并形成了比较完整的理论和方法；二是罗斯福总统开始了新政，并制定了田纳西河流域综合整治规划，把水利资源综合开发的工程措施和区域经济发展结合起来，取得了较大的成功。

早期阶段美国区域规划思想的哲学基础，主要来自于建筑在生物——伦理基础之上的人地关系和谐论和空想社会主义的乌托邦思想。其中，刘易斯·芒福德的地域文明观点，托马斯·亚当姆斯的必须根据趋向成熟的工业文明的要求来调整区域结构的观点，霍华德·奥德姆的文化的区域主义观点，以及大卫·黎林斯尔的乌托邦实践主义观点等，具有一定的代表性。

(二) 中期阶段

从二次大战结束到 70 年代中期，是西方区域规划开始全面实施并逐步走向完善的活跃时期。虽然开展区域规划的深度、广度以及时间先后有所不同，二战以后，为了尽快医治战争创伤恢复经济，并着手解决随后出现的日益突出的区域问题，在凯恩斯国家干预主义思潮的影响下，西方各国普遍开展了各种类型的区域规划工作，加强了国家对经济的干预，并制订立法，设置相应的管理机构。其中，英国 1945 年颁布的"工业布局法"和 1947 年颁布的"城乡规划法"，具有一定的划时代意义。它不但涉及到工业布局的各个方面，而且在全国范围内推行了工业开发证书制度，允许贸易委员会依法获得建厂、贷款、补助和援建基础结构

的权力，标志着西方区域规划已从过去局部、孤立和小范围的做法，过渡到了全面、系统、整体和法制化的时代，并逐渐成为一种社会制度，成为政府工作的必要组成部分。

在50年代的恢复和重建阶段，西方区域规划和相关区域政策的重点，在于促进基础工业区的建设。不少国家结合国内经济的恢复和发展，在大城市区和工矿区开展了大量的区域规划工作，如美国华盛顿、瑞典斯德哥尔摩等地的大城市地区规划、原苏联的顿巴斯综合体规划以及法国把全国分成22个计划区的全国性区域规划等。

到了60年代，西方区域规划的重点主要在于缩小地区之间的差别，缓和区域间的不平衡，为缓解社会矛盾和促进经济的持续增长创造条件，并以此成为西方区域规划和区域发展政策的主流。这主要是由于，一方面，到了60年代，整个欧洲的资本主义经济进入了繁荣期，使发达地区和边缘原本不发达地区的差别更加扩大；另一方面，由于工业生产技术经济条件的改变，以及国外替代性原、燃料进口的增加，现代制造业特别是重化工业在运输、电力、资本和市场条件都比较好的沿海沿河港口和中心城市不断集聚和扩张，使以煤铁为基础的传统工业区急剧衰落，甚至沦为贫困区，从而形成新的"边缘"地区。发达地区和"边缘区"的差别，造成了社会结构的不稳定。在法国，为了实现地区的平衡发展，60年代以来法国政府有计划地制定了一系列国土整治"指导方案"和区域经济发展"远景规划"，并在全国范围内执行。先后确定了法国西部、西南部、中央高原以及东北老工业区"优先"整治方案，以及"布列塔尼公路网建设规划"、"中央高原开发计划"、"南方滨海旅游区开发与生态保护计划"等。意大利政府对于缩小南北差距所做的努力，也不亚于法国。现代制造业的发展促使大城市急剧膨胀。到70年代初，伦敦的制造业产量就占了全国的14%，在哥本哈根地区到70年代中期集中了丹麦的1/4人口，布鲁塞尔的制造业产值占了整个比利时的20%。所以在西方区域规划当中，平衡大都市发展成为一个主要内容，其中，比较突出的例子是巴黎和大伦敦的城市区域规划。

总体而言，在这一阶段，西方区域规划的实践具有以下特点：

第一，各个国家普遍开展了覆盖全国的区域规划工作，并使区域规划的范围向国土规划延伸，加强了整体性。其中，法国在50年代初就开始了区域规划，把一些困难最大的地区划归为"危急区"，到1955年进行了全国范围内的区域规划，把全国划分成为22个计划区，也即经济区。美国则根据1961年和1965年的法案，把贫困地区按不同情况划分为再开发地区、跨县开发区和跨州开发区等不同规模和类型的区域，进行地区综合开发。在1968年，德国政府通过了"部门和区域结构政策的基本原则"文件，在全国划出12个行动计划区，1971年又增加到21个，并把这些地区的发展纳入全国区域经济发展计划之中。50年代和60年代，英国也在1934年的基础上，把本国的区域规划逐步演变成为按照不同情况设置的"特别开发区"、"开发区"和"中间区"的分级开发区，实行不同的区域政策，使区域规划工作更为全面。葡萄牙1961年在经济事务部内建立了区域计划委员会，1967年又把全国经济发展计划和区域经济发展规划相结合，在全国范围内划出44个发展区，然后在每个发展区内建立了区域计划委员会，开展区域规划工作。

第二，在区域规划中注意了区际的联系、协调和统筹。美国在1965年制定"阿巴拉契亚法案"后，至1966年在全国建立了6个跨州开发区，共包括33个州，900个县，之后又陆续建立了几个跨州开发区，几乎覆盖了美国大陆的全部疆土。跨州开发区的建立打破了州的行政界线，考虑到了州间自然、经济和社会条件以及存在问题的共同性，在规划中给予协调和统筹考虑。为了控制大城市特别是伦敦的过度膨胀，英国在 1945 年制订了"大伦敦规划"，决定在外围地区建设 8 座新城以分散人口，1964 年又制订了"东南区规划"，依据反磁力体系理论在第一批卫星城外围又新建了 9 座卫星城镇，在 1970 年制定的"东南区战略规划"中，则从平衡区际生产分布出发，在大伦敦以外的地区规划了众多大中小等级俱全的发展中心，以分散大伦敦的凝聚力。这些，都考虑到了区间联系、协调和统筹的因素。法国对巴黎地区的整治，情况基本相同。

在西方国家中，进行全国性区域综合规划比较典型的例子一是日本，其次是荷兰。日本从 1962 年开始，共实施和完成了四次全国性综合开发规划，荷兰从 1960 年到现在，编制了四次全国国土规划，并建立了协调、参与、监督、宏观控制等协调机制和相关政策。

第三，加强了区域规划的法制和体制建设。战后西方区域规划的一大特色，就是法制和体制的建立和完善。其中，美国在 1961 年颁布了"地区再开发法案"，并依法建立了管理全国区域开发的整治机构"地区再开发署"，隶属于商务部；在 1965 年颁布了"公共工程与经济开发法案"，并在此基础上成立了经济开发署替代前者，扩大了划定开发区的权力和财权，拥有较多的联邦资金，对主要项目和私营企业提供赠款、技术援助和资金援助。在 1962 年和 1964 年，又分别通过了"人力发展和训练法案"、"加速公共工程法案"及"经济社会法案"。英国是西方区域规划法制建设最早和最健全的国家，除了 1945 年颁布的"工业布局法"和 1947 年颁布的"城乡规划法"以外，1958 年颁布了"工业分布（工业资助）法"，1960 年颁布了"地方就业法"取而代之，1966 年通过了"工业发展法"，1972 年又颁布了新的工业法案，在此项立法下创立了全国性的"工业发展执行委员会"和六个地区性的"工业发展局"，负责对受援地区的主要项目进行评议、协商和监督。根据 1975 年的工业法，则规定政府能与企业缔结"计划协议"，以商定投资规划，并依法增设了苏格兰发展局和威尔士发展局，负责带动本地区的工业发展。为了协调全国的区域规划工作，确保国土整治"指导方案"和区域经济发展远景规划的顺利实施，法国在 60 年代初相继成立了"国土整治全国委员会"（CNAT）、"国土整治与区域行动评议会"（DATAR）、"区域经济发展委员会"（CODER）以及其他的相应机构，并在行政体制上实行"权力下放政策"和制定"区域经济发展计划"。

第四，在实行国家宏观区域发展调控政策的同时，融入了国家直接干预的手段。在西方国家当中，除了美国曾动用联邦资金在田纳西河流域综合治理开发和阿巴拉契亚区域整治中采取了有选择性的国家直接干预手段以外，大多数的区域规划采用的是间接调控方式，即运用财政、税收和信贷等手段，采取不同的区域调控政策，达到区域平衡发展的目的。但在二次大战以后，不少国家采取了利用国营企业投资带动其他投资以及建立地区发展基金的方式，进行国家对区域经济发展的直接干预。其中最为突出的是意大利，其他如法国、西班牙、英国等也采取过相同的方法。为缩小南北差距，从 1957 年开始，意大利政府就规定国营企业必须把 40％的工业总投资（1971 年改为 60％）和 60％的新工业投资（1971 年改为 80％）投在南部，起到了一定的效果。

战后西方区域规划实践的蓬勃开展，促进了区域规划相关理论研究的繁荣和发展。在这一阶段中，于 50 年代由法国学者弗朗索瓦·佩鲁提出的"增长极"理论，60 年代由美国学者艾萨德创立的空间经济学与空间经济分析方法，以及 60 年代末和 70 年代初在对人口、粮食、资源、环境和自然保护讨论过程中形成的生态学研究热潮，极大地丰富了区域规划学说的内容和理论体系。这一阶段西方区域规划研究的繁荣和发展，突出表现在理论、观念和学科方法方面的不断创新和开拓，各种新方法、新理论层出不穷，如遥感技术、计量方法、地理信息系统、区域分析的计算机化，以及系统论、协同论、网络理论的应用等。

（三）近期阶段

进入 70 年代中期以后，两次石油危机对世界资本主义经济造成了很大的冲击，迫使西方各国纷纷陷入"结构性危机"，西方区域规划的重点也随之发生了变化。70 年代中期以后西方各国的区域规划具有以下几个特点：

第一，区域经济发展政策更多地集中于解决部门结构的危机，推动经济的回升。在区域规划方面，则更注重于区域结构的调整。这主要是由于，一方面因石油危机的冲击，生产和工资成本大大提高，使原本在西方发达国家的传统制造业丧失了优势，以传统工业为基础的老工业区面临了重新进行结构改造的外部压力。在另一方面，由于微电子技术革命的发展，各国经济结构出现了根本性调整的内在需求，以传统基础工业为核心的地区出现了严重困难，使不少地区面临彻底改造和调整的痛苦局面。在 70 年代中期以后出现的新技术革命对老工业区的冲击，不同于以前以基础工业为依托的制造业区域分布特征的变化，而是由经济的基础性结构变化造成的。它预示着以传统基础工业为核心的发达地区区域经济格局的终结，和以新技术产业为基础的新兴发达地区的重新构筑和发展。

为了适应以上形势迎接新的挑战，自 70 年代中期开始，西方各国一方面进行了对于老工业区的结构性改造，另一方面在区域政策上加强了对于新兴经济区的支持。在老工业区的结构改造方面，法国动作比较大，按照 1984 年 3 月通过的"工业结构改革方案"，法国政府在全国确定了 14 个"振兴极"，并把东北部洛林和诺尔——加莱老工业区列为重点改革区，专门规定了今后三年内将要实现的目标以及需要采取的社会和经济措施。英国对于东南英格兰地区的改造以及德国鲁尔地区的改造等，都在结构更新方面做了大量工作。西欧列入区域经济调整和改造计划的先后有法国的洛林地区、荷兰的里姆堡地区、比利时的蒙斯地区、英国的东北部地区。70 年代中期以后，对老工业区的调整不仅局限于煤钢地区，而且扩散到传统的制造业地区，成为近期阶段西方区域规划的一个重要内容。西方各国对于新兴工业发展的政策性支持，大多开始于 70 年代末。其中，英国自 1975 年以后开始把以往以创造就业为主的区域发展支持政策改为推动创建新工业为重点。除了一般性措施以外，大大增加了对新兴领域公司投资的补贴和对新技术产业的直接拨款，并在"企业区"和"科技园区"内实行特殊政策。其中包括减少对传统工业的补贴、向新产业投资的公司提供税收优惠、投资补贴、迁移贷款和大量增加对新兴技术产业的直接拨款等。由于措施得力，自 70 年代中后期开始，在苏格兰中部的微电子工业得到了迅速发展，形成了英国的"硅谷"新兴工业区。法国在 1981 年专门制定了"科学研究和技术开发指导与规划法"，对非军事科研经费的投资每年增加 17.8%。法国的现代工业区，主要建立在马赛及马赛以西包括大西南在内的广大地区。1973 年"石油危机"以后，伴随着工业结构的调整和尖端技术的发展，在马赛建立了核能、机器人和人工智能研究和开发基地，在尼斯和蒙彼利埃建立了电子工业，在大西南建立了飞机制造业和核弹研究中心，使图鲁兹成为法国最大的飞机制造业基地。联邦德国在 1983 年制定了"生产技术计划"，规定在四年内向高技术产业投资 5.3 亿马克，由此使得大批新兴工业向具有交通、教育和智力资源条件的地区发展，完成了区域发展地域结构的转变。70 年代中期以后，由于新兴工业不断向德国南部发展，在巴伐利亚州、巴登弗腾堡州迅速建立起了以微电子工业为主的新兴工业基地，并在慕尼黑形成了西德的"硅谷"。

第二，工业区（或企业区）建设，成为区域发展战略的主要内容之一。这主要是由于，一方面，为了摆脱由"石油危机"而引起的结构性危机的困扰，自70年代中期以后，不少西方国家出于经济动因，另辟蹊径，把工业区（或工业孵化器）的建设作为新的区域经济增长点及走出困境的主要途径之一。在这方面，英国企业区的建设和意大利的工业小区，具有一定的代表性。另外一个方面，由于"后福特主义"世界生产潮流的影响及工业集中化生产的纵向分离，不少中小型企业的地区集聚成为一个新的问题。在意大利，对于具有地方文化氛围的工业小区建设问题，曾进行过热烈的讨论。在美国也出现了社区企业意识和企业社区化现象和相关理论的探讨。英国"企业区"的设立和意大利稍有不同。第一，它主要是在衰落的传统老工业基地和进入衰退的兴旺工业区；第二，企业区实行试验期制度；第三，企业区的地址选择经过精心考虑，布局比较均衡。

企业区政策不同于一般区域发展政策的要点在于：第一，和以往撒胡椒面式的地区援助不同，它是一种集中化投资的区域发展政策，经济动因十分突出；第二，在开发过程中引进了市场机制，提倡竞争，政府和地方、地方和私人形成了一种伙伴关系，而不是隶属关系。实际上，企业区政策是70年代以后英国区域政策的一种发展和创新，它绕开了中间管理层次的繁文缛节，提倡自由竞争和自立创业，要比传统的区域规划政策更为直接彻底，从而对开发落后地区和培育区域发展新的增长点更加迅速有效。

第三，70年代中期以后，在西方区域规划中增加了关于环境和社会问题的内容，出现了明显的人文主义倾向。70年代中期以来，西方发达国家的区域规划从单纯经济开发规划转向社会综合开发规划已成为一种普遍现象。在这其中，对生活福利、生活环境、自然保护和社会生态等非生产性领域中的问题已引起高度重视。日本在1977年制定的第三次全国综合开发计划中，以"定居圈"设想为开发方式，强调了有计划配置一个发挥地区特点，扎根于历史传统文化，使人类和自然取得协调发展、健康文明的人类居住综合环境。在80年代中期制定的第四次全国综合开发计划中，则把建设舒适、开放的安居社会，建立优质安定的国土基础作为基本内容。法国70年代的领土研究和整治区规划，也反映了这方面的变化。荷兰在70年代中期编制的第三次国土规划，在确定了城市区概念的基础上，注意加强城市综合体的建设和城市生活环境的改造。在80年代中期开始的第四次规划中，则把持续发展作为规划的基本出发点之一，特别强调日常生活环境质量的提高和空间结构的改善。在这一阶段，和世界"绿色运动"相一致，区域可持续发展的概念已逐步深入到区域规划的各个层面，使西方的区域规划出现了明显的绿色化倾向。

第四，欧共体（及现在的欧盟）在西欧区域平衡发展规划中发挥越来越重要的作用。欧共体的区域平衡政策开始于1969年，但在真正意义上的实施是在1975年建立"欧洲地区开发基金"之后。70年代中期以来，欧共体内部地区发展不平衡日趋严重，极大地影响了共同市场的运行和一体化进程。所以，欧共体在各成员国在区域发展政策的基础上，形成了洲一级的区域发展政策，作为补充，以缩小整个共同体范围内地区发展的不平衡。该项政策实施以来，经过不断修正和充实，在欧洲区域经济发展中，正起着越来越重要的作用。特别是在1993年11月欧盟成立以后，逐渐形成了以"托管法"为基础的法律体制，要求各成员国依法执行，更加增加和确立了欧盟区域发展政策的权威性和法制地位，将对西欧今后的发展，产生更大的影响。

　　总的来说，自 70 年代中期以后，西方各国在区域规划和地区发展政策方面，对社会救助方面的努力有所收缩，相对应的是，以经济动因为驱动力的国家干预有所加强；在地区支持政策方面，政府直接干预行为有所减少，间接干预以培育自发性的产业成长环境方面的努力有所增强。自 90 年代以来，在区域规划和地区政策方面注意引入市场机制，发挥市场对空间资源的分配作用，是一个很值得注意的动向。如在英国，出现了"城市开发公司"，形成政府和私人资本的伙伴关系，以开发地区经济；在美国，则采用功能开发的形式，以竞标方式开发成片土地，都值得学习和借鉴。

　　另外，区域规划在学科建设方面，自 70 年代中期以来，随着世界经济一体化及生产布局形式的新变化和向纵深发展，在区域经济研究和学科理论方面产生了两个新的热点：一是世界经济一体化和区域化问题；二是人地关系研究的复苏。在人地关系的讨论中，区域规划的绿色化倾向向更为深入和广阔的层面拓展，并引起了能反映对生态系统/生物圈关系的认识、关于人类存在的经济、社会与自然层面关系的辩论和相关政策进程的探讨。在技术方面，区域规划的信息化得到了很大的发展。这包含了两个方面的内容：一是信息网络对于区域经济的影响及网络服务和行为分析；二是区域规划中计算机等信息技术的应用研究，特别是信息网络和地理信息系统的开发和应用正得到极大的关注。在英国，甚至提出了区域规划"信息决策"的概念和理论。[①]

　　日本的国土开发问题在战前就已提出，只是在战后才走上正轨。日本于 1950 年制定"国土综合开发法"。到 60 年代中期，日本的国土开发与地区综合发展工作取得了明显效果，但也带来一系列新的矛盾和问题。全国经济主导部门——重化工，在空间分布上高度集中于位置适中、海运条件有利、劳动力充足、地势平坦和淡水资源相对丰富的"三湾一海"地区。但由于工业、城市和交通运输畸形集中，上述地区原来发展经济的有利条件逐步消失，甚至走向反面。因此，从 1962 年起，政府又连续四次制订了全国综合开发计划，从全国地理条件特点出发，改善土地利用、工业布局，加强交通运输建设，向东北地区、北海道及冲绳地区扩展。

　　我国的区域开发与整治工作也由来已久。新中国成立后，我国的国土开发和区域规划工作为适应经济建设的需要而逐步有较大的发展。"一五"初期的工业建设，由各部门单独选厂，然而在实践中遇到的矛盾很多，于是开始组织有关部门进行联合选厂，对工业建设实行成组布局，并结合城市规划统一安排厂外工程，这对当时合理配置工业和开辟某些新区，都曾起过一定的积极作用。从 1956 年冬季开始，我国着手编制第二个五年计划，"二五"计划的特点是，将要新建的工业项目、工业区和工业城镇比较多，而且大都是在过去没有工业或者是工业基础极为薄弱的地区，水、电、交通和公共服务设施都需从头搞起；况且，某些重点建设地区往往是在不太大的区域范围内需要建设若干工业区和工业城镇。在这种情况下，只考虑个别工业区和工业城镇以及临时性联合选厂的组织形式，都已不能使大量新建项目之间协调配合，于是就在联合选厂基础上进行"区域规划"。我国在"一五"后期，曾组织有关规划人员先后在广东的茂名，云南的个旧、昆明，甘肃的兰州、酒泉、玉门地区，湖南的湘中地区，内蒙古的包头以及湖北的武汉、大冶等地开展了区域规划。当时所搞的区域规划，在内

---

① Derek R Diamond："Geography and planning in the information age"，Transactions of the Institute of British Geographers，New Series 20 (2)，1995.

容上仍以工业、交通和城镇居民点为主。

"二五"计划头三年，全国各地基建项目大量上马，中小企业"遍地开花"，形势发展要求各省市广泛开展区域规划，使我国的区域规划有了一些新的变化。与前一时期相比，无论是参加人员、规划内容和区域范围都有所扩大。就参加人员来说，在过去建筑专业或其他工程技术人员的基础上，扩大到有越来越多的经济地理工作者投入研究；就规划内容和区域范围来说，是由过去较小范围以工业城镇居民点为主要内容，扩大到以省内经济区（或地区）为区域范围的整个经济建设的总体规划。

十年动乱时期，基本上取消了区域规划研究，以至于内地许多新建项目各自为政、零乱不堪，不论是否有必要，一律进沟、劈山、钻洞，不但浪费了大量基建投资，也给企业建成后的经营管理和职工生活带来极大困难，经济效益甚低。进入 70 年代以后，由于国际形势变化，沿海新建、扩建项目增加，对于过去所推行的"山、散、洞"建设方针所造成的危害性也已经为政府部门和广大科学工作者所认识。所以，从 1973 年开始，我国部分经济地理工作者在国家建委和有关省计委领导下，先后在兖州、淄博、冀东、两淮四个工业基地开展了区域规划。主要从区域综合研究的角度，着重对自然资源合理利用、主要工矿企业发展方向与发展规模、骨干企业的厂址选择、配套项目及公共设施协调发展、城镇居民点布局等方面提出了科学论证。

80 年代我国各地所进行的国土规划，实际上是过去区域规划的新发展。政府明确提出，搞好国土开发整治是我国进行社会主义建设的重要基础工作。国土规划是国民经济和社会发展计划的重要组成部分，对于合理开发利用资源，提高宏观经济效益，保持生态平衡等具有重要的指导作用。同时，它也是加强长期计划的一项重要内容。

近年来，我国在国土规划方面进行了一系列的工作，主要是组织有关部门和地区，对国土资源进行考察，编制了全国国土规划纲要，草拟国土法规及各地区的国土规划。现在，国土规划工作已受到各级政府的充分重视，并且作为国民经济和社会发展计划的重要组成部分。当前的国土规划，虽然仍以地域分工和产业布局为主，但比起 50 年代的区域规划，无论在广度和深度方面都已前进一大步。

二、区域规划的目的和特点

区域规划① 的目的，在不同的历史阶段，由于社会经济发展要求不同而有所变化。新中国成立不久，初始实行五年计划时期，区域规划的目的主要是对将要开辟成为新工业区和将要建设新工业城市的地区，根据当地的自然条件、经济条件和国民经济长远发展计划，对工业、动力、交通运输、邮电设施、水利、农业、居民点、建筑基地等建设和各项工程设施，进行全面规划；使一定区域内国民经济的各个组成部分之间和各工业企业之间有良好的协作配合，居民点的布置更加合理；各项工程的建设更有秩序，以保持新工业区和新工业城市建设的顺利发展。后来区域规划任务又概括解释为，根据国民经济发展长期计划的要求或远景设想，对一定地理范围内以工业为主的经济建设进行总体部署。在综合分析评价各种自然、技术、经济因素和条件的基础上，编制该地区产业布局的综合规划。

---

① 本文所指的区域规划，即地区性的国土规划，下同.

这些基本精神对于目前的区域规划仍有一定的参考意义，然而已感不足，有必要作某些补充和修正。因为目前我国所开展的区域规划，已经不限于新工业区和新的工业城市地区，在一些老工业区和原有的城市地区，也迫切需要开展区域规划；在内容上，除了要使国民经济各部门以及工业企业之间在地区布局上应当协作配合外，还应当对区内自然资源开发、经济发展、人口增长与生态环境治理保护之间的相互适应、相互协调问题进行综合研究。而且，区域规划已经构成国民经济和社会发展中长期计划的重要组成部分。所以，现阶段区域规划的目的、任务和内容与 50 年代末 60 年代初相比，都有新的发展。

（一）区域规划的目的和作用

1. 区域规划的目的

编制区域规划（国土综合开发整治规划），是社会经济发展到一定程度、一定阶段的客观要求。它标志着人们在改造、利用大自然，处理经济发展与资源、人口、环境之间的关系等方面进入了一个更自觉、更主动的阶段。当前，我国经济建设已进入了一个新的历史时期，在人口众多、按人口平均的自然资源相对不足的情况下，要实现本世纪末工农业总产值翻两番和 21 世纪中叶经济上达到中等发达国家水平的战略目标，国土资源合理开发利用的任务很重，要求很高。加强各地区资源的合理利用与开发和经济建设的宏观控制，已是现实的迫切需要。所以编制国土规划的目的，从根本上来说，也就是使规划地区的社会经济发展同人口、资源、环境在地域空间上相互协调，使经济、社会、生态三方面效益密切结合，建设一个舒适、和谐的生活和生产环境。

2. 区域规划的作用

国土规划是一个国家或地区高层次的综合性规划，是国民经济和社会发展计划体系的重要组成部分。国土规划的主要作用是：

（1）对规划区范围的资源开发和建设具有约束力。从原则上讲，任何开发建设都不应与国土规划相矛盾。如果在资源开发、环境整治方面与国土规划发生矛盾，都应与规划的行政主管部门协调解决；

（2）国土规划中提出的地域分工、资源配置、产业布局、城市布局、城市化速度预测、重点开发地区、江河防洪、沙漠化治理、水土流失防治、森林保护和发展等具体内容，都是编制国民经济和社会发展长期计划的重要依据和基础；

（3）国土规划对行业规划、城市规划和有关专项规划起指导作用并提供依据。

（二）区域规划的基本特性

一般来讲，区域规划都具有三个共同的特性，即战略性、区域性和综合性。在实际工作中应充分重视这三个基本特性。

1. 战略性

这是指区域规划要对规划地区整个国民经济与社会发展的建设布局作出战略决策。国民经济战略布局是百年大计，各项建设一旦落实，一般来说难以更动，合理与否可能将对区域乃至全国的经济与社会发展产生深远的影响。因此，在区域规划中，近期建设布局必须符合长远发展方向，局部利益必须服从整体利益。战略决策合理，可使经济迅速发展，生态环境良好，人民生活得到改善；若战略决策不合理，就会带来长远的不良影响，后患无穷。例如，滥伐森林和破坏植被，势必导致水土流失、土地沙化、草场退化、气候失调。而我国人口众多，耕地与可垦荒地有限，耕地减少到一定程度，人们的生活条件就会受到严重的威胁。

2. 地域性

所有的自然资源都有强烈的地域性。如自然资源的空间分布及其地域组合状况，资源开发条件的区域差异，都影响开发利用的难易和经济效益的高低，因而区域规划必须因地制宜。因地制宜不仅是依据自然条件和自然资源的优势，还必须结合社会、经济条件。从规划地区的实际情况出发，通过综合分析，根据不同的地区、不同的自然、技术、社会、经济条件和当前存在的主要问题，因时因地制宜地提出不同的开发利用、治理保护方案。

3. 综合性

区域规划既非规划单个生产部门，更非单项建设布局，而是规划国民经济各部门、各项生产性和非生产性建设在一定地域范围的总体布局，着重解决有关区域开发和建设布局的一些综合性问题。如对自然资源进行综合考察，对自然、技术、经济、社会条件综合评价，研究矿物资源综合利用，各产业部门综合平衡，生态环境综合治理等。由于区域规划涉及面很广，既有自然——技术问题，也有社会——经济问题，依靠任何单项学科均难以胜任，需要地理、建筑、工程技术、社会经济等多学科互相配合，工业、农业、水利、能源、交通、邮电、城乡建设、环境保护、旅游、商业、文教卫生等各专业部门的规划设计人员共同参加，充分发挥各家之所长。经济地理工作者应当依据自然规律和社会经济规律，在区域综合研究方面发挥自己的作用。

以上三个特性并不是孤立的，在区域规划中必须综合考虑。例如鞍（山）本（溪）地区的铁矿石和钢铁生产问题，仅就铁矿石来说，远景开采量可达1亿1千万吨以上，足供冶炼年产2 500万吨的生铁。但从燃料、电力、工业用水及铁路运输各种条件综合分析，要发展到2 500万吨的规模是困难的。所以规定其远景炼铁规模也只能是1 500万～2 000万吨。从全局出发，我国的铁矿石储量虽然不少，然而品位不高，而且比较分散，因而鞍本地区铁矿石的开采规模不应局限于当地冶炼能力，而应根据合理的服务年限及国家的全局需要，确定开采规模。鞍本铁矿石调运至长江中下游，既发挥了鞍本地区铁矿资源的富集优势，又可以帮助长江中下游钢铁企业减少部分铁矿石的进口，这样对全国钢铁工业的发展战略是有利的。

三、区域规划的内容与方法

一般而言，区域规划主要包括资源开发利用、产业布局、生态环境保护与治理及重大项目建设五个方面。当然，各地区可以有所侧重。

（一）资源开发利用

这主要是指自然资源，也包括社会经济资源。对资源的评价应注重综合分析，既要对开发利用的内容、时序安排、规模进行全面分析，又要对开发利用所产生的经济效益、社会效益及生态效益作出评估。然而，由于各地区资源种类、丰度存在差异，因而对资源的分析论证也不能采取同一模式，而应有所侧重。

例如，我国京津唐地区仅矿产资源就有 54 种，大小矿点 450 处，没有必要一一作出评估，评价的重点是对经济建设影响较大的铁矿石、炼焦煤、石油、天然气及海盐。又比如，在我国的沪宁杭地区，主要应侧重于土地资源、海洋资源及旅游资源，尤其是对滩涂资源及东海油气资源的开发利用进行系统分析。

（二）产业布局

这是区域规划的核心部分，自然也是需要重点研究的领域。一般是在分析产业布局现状及存在问题基础上，根据其在全国地域分工的要求，结合本地区社会经济发展战略，提出产业总体布局的蓝图，并在此基础上，再分部门进行布局规划。总体布局应着眼于重点开发轴线、重点开发区及主要经济中心的论述。

以江苏省为例，采取以大中城市为依托，以交通要道为基础，以沿长江地带为重点的方针，争取在下个世纪初形成一个产业带，三条经济轴线，五个经济中心。所谓一个产业带，即沿江产业带，大体包括沪宁铁路以北，通扬运河以南，西起南京，东接上海的沿江地带。本区位于我国产业布局的主轴线，区位优势突出，经济基础好，城市化水平高，交通运输发达，是全省最有希望的"黄金走廊"。三条经济轴线，即东陇海轴线、通榆河轴线、苏北京杭大运河轴线。这三条经济轴线和沿江产业带的长江、沪宁铁路、高速公路形成"井"字型的地域结构，分布于全省的南北东西，构成全省产业布局基本框架。五个经济中心，是指徐州、南通、连云港、淮阴、盐城五市，这五个经济中心主要相对于苏锡常宁镇扬而言，是次一级的经济中心。预计到本世纪末，将具有中等以上的城市规模，成为相关地区的中心城市，对周围地区将产生较强的吸引力和辐射力，乃至成为沿海和徐淮地区经济发展的据点。

（三）生态环境的保护与治理

就区域规划而言，主要是研究区域的重大问题。所以在内容上就不仅要对生产、生活所产生的"三废"进行综合治理，还需采取措施防止重要水源地、城镇居民点、风景旅游区的污染，保护有科学价值的自然保护区和历史文物古迹，减免水灾、风灾、泥石流、沙漠化等自然灾害的威胁，恢复已经被破坏的生态平衡，逐步建立起人工控制的生态环境系统，促进生态环境向良性循环方向发展。

（四）重大项目建议

在资源开发、产业布局、生态环境保护与治理中，凡涉及带有区域性的而且影响深远的重大项目，需要作为专题提出专项建议。关于这一类重大项目建议，不仅要论述它的必要性，还需分析其可能性，包括自然条件、技术条件、社会经济条件和资金来源等。以上海地区为例，主要涉及长江口的整治和东海油气资源开发利用两大工程。其中最迫切的还是长江口的整治,它对开发浦东、振兴上海,进而带动长江三角洲乃至长江流域经济发展有重要意义。上海之所以成为全国最大的经济中心,主要是因为位于万里长江的出海口,而今开发浦东也是充分利用上海港及长江出海口的有利条件,所以,浦东开发首先是开发外高桥新港区,先是顺岸式码头,后是挖入式港池,从而扩大上海港的吞吐能力。然而,由于长江口有拦门沙之阻,水深不足,5万吨船舶不能进港,第三代集装箱货船也不能自由进出,这就严重制约了上海港优势的发挥。因而,整治长江口拦门沙,改善航道条件,增加长江口水深,乃是当务之急。

一般来说,区域规划主要包括上述几个方面的内容。近年来,有些地区将产业结构也包括在区域规划的研究领域,这是因为产业结构与产业布局不能截然分开。从区域规划研究的内容可以看出,它是一个复杂的自然、社会、经济系统,因此无论是认识这一系统,还是在此基础上所进行的具体规划,都离不开系统论的指导和综合分析。一个好的区域规划方案,一定是定性分析与定量分析的有机结合,基础工作扎实,分析论证比较透彻,规划内容和重点突出,运用系统论及科学预测方法。

四、我国社会主义市场经济条件下区域规划的转型

在改革开放以前,我国区域经济发展大体上奉行的是地区平衡布局政策。改革开放以后,特别是在 80 年代中前期,则实行了地区倾斜,让能富的地方先富起来,如特区开放政策,沿海开放战略等。地区发展不平衡政策的实施,一方面促进了我国经济的高速增长,但同时也造成了区域之间特别是东西部之间差距的扩大。自 1994 年初开始出台了一系列旨在建立社会主义市场经济新秩序的改革措施,取消或部分取消了以往的地区倾斜政策,使我国区域经济发展进入了一个新的阶段。在这个新的发展阶段中,如何借鉴发达国家的经验,确定适应市场经济的区域发展战略和政策,实现区域政策目标、区域政策作用机制和区域规划形式的转换,乃是一个新的课题。

(一)区域发展政策目标转换

区域发展政策目标转换,是新时期区域规划转型的首要任务和前提。新时期区域发展政策目标转换的具体内容,是使原来单纯追求经济高速增长的区域发展政策目标转换到追求经济、社会、生态协调发展的区域发展政策目标上来。与此相适应,在区域政策作用机制上应作相应的调整。具体地说,应该将均衡与非均衡增长机制的作用领域逐步交给企业,让它们根据市场需求决定投资的方向和地点,政府则作相应的非直接的政策引导(包括营造合适的发展环境),主要承担管理、控制和协调发展的任务。[①] 区域协调发展的内容主要包括区域经济增长中的产业结构协调、资源和财富分配协调、区际经济社会关系协调和生态环境协调等。区域规划的目的,除了经济增长以外,则还应包括社会公平和经济、社会、生态协调发展的内容。

在这里,产业结构协调是指各区域产业之间应形成能充分发挥自己的各种资源优势,按产业关联不断进行技术和资金的重组,维持互利的贸易条件和整体增长的产业结构系列。也即在发挥各地的比较优势基础上,各地区之间按产业技术关联关系进行技术和资金的重组,在区域间构造

---

① 翁君奕,徐华:《非均衡增长与协调发展》,中国发展出版社,1996.

出一系列相互支撑、相互补充和相互推动的产业链条。财富分配协调是指各地区之间的收入差距,在鼓励要素充分流动条件下由市场机制自动拉开的同时,应通过给予贫困地区适当援助等方式加以控制和调节。区际经济社会关系协调是指各地区之间应形成市场开放、投资便利和经济技术合作密切的发展环境,其中包括市场体制的创立、建设和健全法制体系等。生态环境协调则应通过区域规划和相关发展政策,来消除和缓解发展过程中经济增长所带来的生态和环境被破坏的负面影响,促进区域经济、社会和生态之间的和谐协调和可持续发展。

(二)区域发展政策作用机制转换

新时期区域规划转型的核心,是区域发展政策作用机制的转换和区域规划内容与形式的拓展。区域发展政策作用机制转换的方向,是实行政企分开和政绩与当地经济发展速度相脱钩,逐步从财政政策、货币政策和贸易政策中央集权的模式过渡到适当下放一部分财政政策决策权的模式,建立以宏观管理为核心的地区政策体系。在区域规划的内容和形式上,除应继续利用以往主要以中央指令性计划为主,由中央政府直接实施以实现经济增长为目标而对有关地区的重点投资和信贷融资方式以外,借鉴国际经验,逐步采取区域发展规划、区域发展支持政策、区域发展控制政策和区域发展平衡政策为内容的组合形式。就我国近阶段的主要任务来说,中心是制定行之有效的区域经济发展支持政策,以协调区域经济的健康发展。同时,应加强区域间的宏观调控手段和评价体系研究,提高宏观调控的有效性。

目前,我国正处于由计划经济体制向社会主义市场经济体制的转轨时期。从市场经济体制的初步确立到完善,是一个较长的过程。在这个过程中,区域经济的协调模式将随着政府职能的转变而相应变化。以前几乎由政府部门全部承担的地区、产业、企业之间的协调工作,大部分将通过市场来完成。但改革的渐进性和市场的不成熟决定了,在今后相当长一段时间里,政府仍将在地区经济协作中起到主导作用,利用其对各利益主体的调控,达到区域经济协调发展的目的。

第三节 区域发展战略

区域发展战略是一定时期内区域经济、社会发展中带有全局性、长远性和根本性的重大决策。本章所说的发展战略主要是指区域经济发展战略,它是在经济区划的基础上对未来区域经济发展蓝图的总体勾画,是区域规划和产业布局的重要内容之一。应当说明的是,区域规划可以包括,也可以不包括区域发展战略的内容。但鉴于我国不少区域规划常常涉及到区域发展战略问题,因此在介绍区域规划之后,再安排区域发展战略一节就十分必要。

一、发展战略的由来与发展

"战略"(strategy)一词原为军事用语,其原意是指军事全局的策划,作战的根本方针。将其运用到经济学领域,始于第二次世界大战之后。在战后,许多发展中国家摆脱殖民统治而纷纷独立,独立之后所面临的首要任务是发展本国经济。在这种历史背景下,以发展中国家经济发展问题为研究对象的发展经济学也就应运而生。"发展战略"一词,就是伴随发展经济学的产生而出现的。较早提出这一名词的是美国著名的发展经济学家"不平衡增长"理论的创立者艾伯特·赫希曼（A. D. Hirschman）。1958 年，他在《经济发展战略》(Strategy of Economic Development)一书中率先提出这一概念①。自 60 年代开始，联合国先后制定了 60 年代、70 年代、80 年代 3 个 10 年的"国际发展战略"，于是便使"发展战略"一词逐渐越出发展中国家的范围，也广泛运用于发达国家。

自 70 年代末，我国一些经济学者也开始使用"发展战略"一词，受到政府部门及学术界（经济科学、未来学、经济地理学等）普遍关注，并逐步取得了一定的研究成果，使战略研究为政府部门所接受。

然而，对"发展战略"一词的理解，至今尚有不同的认识。有一种观点认为目前国际间所研究的发展战略，仅限定于发展中国家，是专指发展中国家由"不发达"到"发达"的过程，也就是说"发展战略"一词是专指不发达国家为寻求经济发展而采取的战略决策和战略部署。另一种观点认为，将"发展战略"这一概念解释为一般的、非特定过程，可以泛指任何一个国家或一个国家的某个地区，也可通用于任何一个时期和阶段，既不受国家或地区的限制，也不受时代（阶段）的约束。

上述两种观点均有可取之处。因为"发展中国家"的"发展"一词，是从发展经济学中的"发展"概念沿袭而来，因而在初始阶段将"发展战略"理解为是专指发展中国家。然而实际上，发达国家也有各种社会经济问题要研究、解决，尤其是发达国家内部也有区域不平衡问题，因而发达国家也需制定本国的发展战略。

例如，日本是个发达的资本主义国家，在各个时期都制定了相应的经济发展战略。二次大战前，日本奉行的是一条富国强兵的"军事立国"战略，企图通过战争扩张，攫取原料和市场，以弥补本国土地狭小、人口众多、资源贫乏的"先天不足"，达到经济上的强盛。二次大战后，日本实施了战略转移，改行"贸易立国"战略，希望通过经济的高度成长，实行经济的现代化，赶上发达的欧美国家，企图恢复其在国际舞台上的地位。这一时期，通过技术改进、模仿加改良，尽快改变技术落后的状态；同时，不断调整产业结构，选择适应的主导产业群，以提高产品的国际竞争能力；利用长期低廉的海外石油，锐意实行出口第一，建立出口主导型经济。这一战略，使日本经济迅速增长，成为世界上著名"经济大国"。进入 80 年代，日本的高速增长已产生各种内外矛盾，在新的形势之下，日本又从"贸易立国"战略转向"技术立国"战略。美国、苏联、东欧诸国都曾制定本国的经济发展战略②。就我国而言，目前尚属发展中国家自不待言，就是到下个世纪中叶，达到中等发达国家的水平，也还需要制定发展战略。

二、发展战略类型和主要特征

（一）发展战略类型

概括起来，发展战略主要有两种类型：

1. 联合国从 60 年代开始为发展中国家所制定的"国际发展战略"，着重于国际社会帮助

---

① ［美］艾伯特·赫希曼：《经济发展战略》，曹征海等译，经济科学出版社，1991.

② 江泽宏：《比较经济学导论》，125～138 页，复旦大学出版社，1988.

发展中国家摆脱贫困和落后，促进经济发展。

2. 各国根据各自的国情所制定的"国内发展战略"，着重于不同历史时期的发展目标及发展对策。至于对国内各部门或各地区的发展战略，和全国发展战略的关系在性质上是一样的，只是层次不同而已，是局部和整体的关系。

（二）发展战略特征

本章所说的发展战略，主要是指上述的后者。一般具有如下一些基本特征：

1. 全局性

发展战略所涉及的问题都是属于全局性的重大问题，全国的发展战略和区域发展战略皆如此，也就是说它所研究的不是局部的微观方面的问题。

2. 长远性

各国各地区的发展战略，都是着眼于社会在今后较长时期内所要实现的战略目标和应采取的相应对策，决不是只顾眼前利益的短期行为，一般时限为10年、20年，甚至30～50年不等。

3. 层次性

发展战略范围有大有小，层次有高有低。从一个国家到一个经济区（或地区），从一个部门到一个企业，都有自己的发展战略问题。下一个层次和较小范围的发展战略是上一个层次和更大范围发展战略的有机组成部分。

4. 实用性

发展战略是理论性很强的研究工作，它要遵循经济发展的客观规律。然而，发展战略归根到底是为社会经济发展服务的，所以评估发展战略的标准在于它的实用性和可操作性，而不是纸上谈兵。

以上各点是发展战略的共性，就区域发展战略来说，还必须具备区域性的特征。全国各地区的发展战略需要论述的一些方面可能大同小异，但每个方面所包含的具体内容是有地区差异的。由于各地区在全国劳动地域分工中的地位不同，各地区原有基础和发展条件不同，存在的问题和发展方向也不相同，因而所制定的发展战略自然不可能是同一模式。例如，沪苏浙皖地区作为我国沿海开放带的一部分，外向型发展战略无疑是必然的选择，因此本区的发展越来越直接受到国际经济形势变化的影响。同时，本区作为我国东南沿海经济发达的核心区域，国家宏观支持政策将成为本区经济发展的一个重要因素。当然，还必须深入研究地区的有利条件和限制因素，即地区的区情。就沪苏浙皖地区区域经济的整体来说，其有利条件是：地理位置优越，经济腹地广阔；产业基础雄厚，经济效益较高；交通运输发达，内外联系方便；科技教育发达，智力资源丰富；改革开放较早，商品经济相对活跃。毋庸置疑，本区的发展也存在许多不利因素，例如能源、原材料短缺，人多地少，大中城市基础设施滞后，条块分割的管理体制与区域经济一体化的矛盾等等。所有这些，都是制定沪苏浙皖地区经济发展战略所必须充分考虑的重要区情。

三、区域发展战略的主要内容

一个较为完整的区域发展战略，一般包含战略目标、战略方针、战略重点和产业总体布局等一些主要内容。现以长江经济带为例，逐一加以说明。

（一）战略目标

战略目标是发展战略的核心部分，它是对未来区域经济发展的总体要求，是全区人民为之奋斗的远景蓝图。战略目标既包括对未来区域经济发展的"质"的规定，也包括对主要经济指标的"量"的要求。制定战略目标要以全国发展战略的要求和本区区情条件为依据，同时还应参照相关区域的经验。

制定长江经济带经济发展战略目标，首先要考虑全国发展战略的要求。90年代，我国改革开放的战略重点将从南方闽、粤等地逐渐向长江流域推进，使长江流域成为我国对外开放、吸引外资的重点地区。长江经济带是长江流域经济发展的主干地带，也是全国最重要的高密度经济走廊。长江经济带的建设和发展，不仅有利于促进长江沿岸东、中、西部经济的协调发展，而且也担负着引导并带动整个国民经济协调发展的任务，具有其他地带不可替代的战略意义。1996年3月全国人大八届四次会议通过的《国民经济和社会发展"九五"计划和2010年远景目标纲要》针对我国经济发展的特点，提出了我国跨世纪的战略目标是，到2000年在全国人口比1980年增长3亿左右的情况下，实现人均GNP比1980年翻两番，到2010年，实现GNP比2000年翻一番，同时明确强调要"坚持区域经济协调发展，逐步缩小地区发展差距"。为了构筑21世纪实力最为雄厚、后续力量最强、影响面最广的区域经济带，以促进内陆地区的开发和全国的经济增长，国家在"九五"计划和2010年远景目标纲要中，把长江三角洲和沿江地区列为我国将要形成的七大经济区的首位，并提出了要"依托沿江大中城市，逐步形成一条横贯东西、连接南北的综合经济带"的战略取向[①]。这些都是制定长江经济带经济社会发展战略目标的重要前提。此外，还应充分分析本区的区情。和沿海相比，长江经济带具有较大的发展潜力和不可替代的综合优势，也是我国充分利用国内外两种资源、两个市场，促进内陆经济和海洋经济相互交融的重要通道。由于横跨东、中、西三大地带，长江经济带的发展对于改善全国经济总体布局，缩小地区差别，促进区域经济协调和全国经济的整体发展具有重要的战略意义。随着开放力度的加大，长江三角洲和沿江地区正成为中国世纪之交的最具活力的重点建设地区。正因为如此，长江经济带在我国未来经济格局中占有十分重要的战略地位。具体表现在：资源丰富，具有经济发展的各种支撑条件和优势；经济总量大，增长速度快，按照目前的增长速度，预计到2010年以后，可望超过沿海地区；横跨东、中、西三大地带，辐射和带动内地发展的"牵动"功能逐步增强；三个层面产业优势明显，对推进我国工业化和高科技产业的发展进程作用重大；对外开放格局初步形成，连接国际市场与内陆腹地的作用越来越大。鉴于以上情况，长江经济带经济社会发展的战略目标应是：发挥通江达海以及资源丰富、农业发达、工业基础雄厚、技术水平较高的优势，在实现东西结合、优势互补和经济社会协调发展的基础上，依托沿江大中城市，在2010年初步形成一条横贯东西、

---

① 徐国弟：《长江经济带综合开发基本构想》，长江经济带发展战略研讨会，1997-12.

连接南北的综合经济带,争取在下世纪初的 20～30 年时间内逐步建成与沿海经济带相辅相成的,具有强大经济实力的国家一级经济轴线。进而推动和促进国民经济的整体发展和地区的共同繁荣,延伸和拓展沿海的对外开放。具体内容包括:建成现代化综合运输通道和能源供给基地;建成发达的加工工业和基础工业走廊,并拥有高效、坚实的农业基础和先进的第三产业;建成由上海国际化大都市和一批沿江大中城市为核心的开放型的一体化经济;在不断增强经济实力的基础上,建成亚太地区最大的内河经济带。

上述表述是对长江经济带区域发展战略目标的"质"的规定。其中,将产业结构高度化、科学技术现代化、区域经济一体化和外向型经济比重较大作为未来几十年内这一地区区域国民经济素质状况的标准。这是因为产业结构高度化反映了区域经济主体结构的发展水平,科学技术现代化反映了区域经济先导结构的发展水平,区域经济一体化反映了区域经济地域结构的组织状况及其合理关联,外向型经济比重较大反映了区域经济的开放程度及其空间开拓与竞争能力。上面四个方面内容概括了区域经济的素质要求。在这些方面,长江经济带还有相当的发展基础和发展潜力。

在对区域发展战略目标进行"质"的规定的同时,对国民经济和社会发展主要指标的发展速度、规模及水平还应提出"量"的要求。根据对长江经济带战略目标"质"的规定,在参考了长江沿江七省二市"九五"计划和国民经济和社会发展十年规划纲要的基础上,结合计量模型的预测评估,提出了长江经济带主要国民经济和社会指标的"量"的发展目标。即长江沿江九省市国内生产总值到 2000 年在 1995 年的基础上翻一番,年递增率 16.4%,人均 GDP 年递增率 15.2%;工农业总产值在 1990 年和 1995 年的基础上分别翻三番和一番,年递增率为 23.9% 和 17.9%;三次产业的结构从 1995 年的 21:48:31 调整到 2000 年的 13:51:36,其中工业与工农业总产值的比重从 1995 年的 83.6% 增加到 90%;进出口商品总额分别比 1989 年和 1995 年翻一番半和一番,年递增率为 18.6% 和 13.3%;社会消费品零售总额争取达到全国的 40%,比 1986 年年均增长 17.9%,居民消费水平在 1995 年基础上,年均增长 15.8%;城市个数在 2000 年达到 300 个,比 1995 年增加 84 个,为全国平均城市密度的 2.27 倍;平均每万人拥有在校大学生数超过全国同期 30 人的水平,在 1995 年的基础上年均递增 5.7%,平均每万人拥有专业科技人员数年递增 11.6%;沿江九省市人均耕地面积在 2000 年力争保持在 1995 年的水平上不再递减;平均 13 座大型、特大型城市人均公共绿地面积争取达到和超过 $10m^2$ 大关,在 1986 年和 1995 年基础上翻一番半和一番;废气排放总量控制在 1995 年的 1.3 倍,废水排放总量争取有所回落,比 1995 年降低 3.7%;农业及人口受灾比重争取有所控制并逐年递减,其中成灾面积力争控制在 30% 以内,受灾人口在 1994 年的基础上年均递减 0.9%。实现经济增长、资源开发与环境保护和社会发展并重[1]。

提出上述区域发展"量"的目标,既充分考虑了全国同期战略目标的要求,也分析了本区过去经济增长的实情,同时还参考了国际上经济发展的经验。

总之,制定战略目标要切合区域实际,既不能过高,使所制定的目标无法实现;也不能过低,与区域经济发展实情相去甚远。

---

① 陆炳炎、杨万钟:《长江经济带发展战略研究》,华东师范大学出版社,1999.

（二）战略方针

区域发展战略方针是对实现某种发展战略而应采取发展路子的理论概括。它体现了战略意图和战略思路的要求，又是对区域发展所面临的各种现实问题的分析和判断，反映着区情区力的客观要求，从而在战略目标和区域现实之间架起一条可以通达的桥梁，成为各种战略行为的指南。

从长江经济带的客观实际及其所面临的内外环境出发，实现本区区域发展战略目标，从90年代后期到今后较长一个时期内，本区应执行如下的战略方针：

1. 依托通道，东靠西移，南连北往，开边出海的全方位开放战略

区域经济的发展客观上要求扩大开放，实现区内、国内和国外三个层次的全方位开放。首先，区内各地之间通过优势互补、市场运作，建立相互开放协作的地域联系机制，促进区域经济共同繁荣。长江三角洲和沿江地区的区域联合与协作，经过80年代的大力发展，已充分显示出强大的生命力，但尚存在着资源开发程度较低，产业结构趋同和整体性差等薄弱环节，在今后的一段时间内，应进一步加强区间开放和联合，通过市场体系的建设和完善以及政府部门的政策机制，扩大区际开放的深度和力度。其次，对全国开放。长江经济带位居我国腹心地区，横贯我国东部、中部和西部三大自然经济梯度带，沿江两岸又构成了我国南方和北方两大自然地理单元，处于南北东西纵横交流的结合部，对全国各地的通达性良好。加强对全国的开放和联系不但有利于长江经济带本身的发展，而且对于缩小地区差别和促进全国经济的整体发展都有着十分重要的战略意义。第三，积极扩大对国外的开放。开发长江经济带首先必须紧紧依托长江这条"黄金水道"，充分发挥其"通江达海"的航运优势和综合功能，同时辅以立体交叉的陆空交通运输网络，形成下中上游全方位对外开放的局面。长江经济带的对外开放，必将大大促进内陆经济和海外的联系，加速流域经济的海洋化进程，赶上和融入世界经济一体化和区域化的大潮流。

2. 改革体制，转变机制，统筹规划，统一市场的区域发展一体化战略

实现全区经济的全面发展和共同繁荣，必须加强区内各地区间的合作。长江经济带是我国腹地最为深广、资源最为丰富、市场容量最大的经济地带，同时也是市场分割最为严重、行政隶属关系最为复杂、计划经济体制痕迹最为明显的经济地带。改革开放以来，沿江九省市之间既有互通有无、密切合作共同构筑长江流域大市场的一面，也有诸侯割据、各自为政甚至以邻为壑的消极一面，成为影响和制约长江经济带建设和发展的最大障碍。为此，必须深入开展政府、企业和市场三位一体的综合配套改革，以及转变政府管理职能，强化市场导向和宏观调控的力度，打破地区分割，率先在全国建立社会主义市场经济运行机制，并结合经济管理体制的改革，健全和完善全区性的生产要素市场，实现区内物资、资金、技术、人才等生产要素的合理流动，扬长避短，形成区域整体优势，在此基础上促进区域经济和社会发展的一体化。开发建设长江经济带，必须牢固树立整体联动意识，统筹规划沿江地区的城市建设和对外开放，统筹规划沿江基础工业、支柱产业和重大建设项目的布局，统筹规划现代综合交通运输和信息网络，统一开展灾害减防、生态保护和水资源的综合治理工作，统一构建流域综合市场，共同实施流域空间一体化发展战略。

3. 因地制宜，优势互补，协调发展，共同繁荣的地区协调发展战略

从总体上看，长江经济带上、中、下游之间在经济发展阶段和发展水平上尚存在着明显差异。长江三角洲地区在经济、技术、管理、人才、政策诸方面均有明显优势，但同时也存在着资源匮乏、原燃料供应不足、生态环境恶化、产业结构和产品结构高度趋同等劣势。与此相对照的是，长江中上游地区虽然现有经济社会发展水平较低，但却拥有丰富的水能、矿产、农林、旅游等资源优势和劳动力优势及广阔的消费市场，另外在基础工业和科技方面内在潜力巨大。强化长江经济带建设，就应最大限度地发挥上、中、下游地区各自的优势，促使长江沿江各地区加强统一规划，按照"因地制宜、各展所长、优势互补、协调发展"的原则，打破自成体系的产业格局，在市场经济条件下，实施地区协调发展战略，共同实现流域产业分工的合理化和区域经济与社会的协调发展。

4. 科技兴区战略

要实现产业结构高度化，提高产品质量和经济效益，必须大力提高科技创新能力和成果转化水平，依靠科技进步和科学管理，提高产业结构的密集度和对各要素的利用效率，增强产品的市场竞争能力，提高经济效益。为此，必须坚持引进和开发相结合，并加快对引进技术的消化、吸收、创新、扩散；用以发展高新技术产业，改造传统优势产业，更新生产设备，使全区大部分地区和大部分产业、产品的生产技术和生产设备在2000年达到国际上80年代的水平；同时，加强科研机构与生产单位的结合，充分发挥科研人员和机构的作用，使科研成果尽快转化为生产力；从长远来看，还必须大力发展教育事业，造就一大批高水平的科研人才和高质量的产业大军，为全区经济发展积蓄后劲。

（三）战略重点

所谓战略重点，实质上是为了实现战略目标所寻找的战略突破口，是未来区域经济发展的重点。正确地选择一定时期的战略重点，既要有利于加快实现战略目标，又要体现战略方针的要求。

从长江经济带战略目标和战略方针的要求出发，今后较长一个时期，本区的经济发展除了要继续扩大对外开放发展外向型经济，建成发达的加工工业和基础工业走廊、高效农业和先进的第三产业以及以大中城市为核心的一体化经济外，应主要侧重以下几个方面：

1. 发挥以上海为中心的长江三角洲城市带的整体效应

根据国际经验，国际性大城市与城市带的发展是互为条件的。上海在长江三角洲中发挥"龙头"作用，必须重视和长江三角洲城市带内各主要城市之间的优势互补、分工合作，从而提高整体水平。也即，在发挥江浙沪比较优势的基础上，重塑各地区的分工与协作，实现优势互补，使整个城市带的综合实力不断增强。

2. 以三峡工程为契机，带动中上游地区经济发展

三峡工程是世界上最大的水利枢纽工程，其巨大的工程量、迁建量和资金投入量，必将形成一个巨大的"三峡大市场"，对长江经济带区域经济的发展产生巨大的拉动作用，无论是在建期还是完建后，都将给长江经济带的区域经济带来新的发展机遇，所以是长江经济带今后发展的又一个战略重点。要确保这一战略重点，必须做好四个方面的工作：①加紧建设和完善"三峡大市场"；②充分利用三峡工程巨大的电能优势，推进长江经济带建设；③以振兴和发展航运为基础，全面加快沿江交通建设；④以三峡工程建设为动力，推进邻近地区经济发展。

3. 以"三通"为突破口加快长江经济带经济发展

以资金融通，综合交通和商品流通为标志的"三通"问题是长江经济带快速发展的关节点和突破口。其中，在现代经济发展中具有很强导向作用的资金，其积累的融通程度，能影响和决定一个地区经济发展的水平；综合交通，乃是区内外物资流动的重要条件，也是沟通长江经济带内外各地经济联系，保证物流和信息流畅通的物质基础；商品流通则是促进长江经济带内外物资和资源充分流动的必要前提。"三通"得到了加强，并有所突破，就能为整个经济带的发展提供最主要的基础性条件，长江经济带发展中的诸多问题就能迎刃而解，整个经济带的发展就会被带动起来。但是，第一，我国现存条块分割的间接融资体制与现行投资决策权分散化的投资体制的结合，是加强资金融通、推动长江经济带经济发展的主要障碍。为了克服这一障碍，必须通过以下三条途径：①组建长江经济带联合开发银行；②建立经济带内银行家银行；③更好地发挥现有资本市场的作用；第二，由于长江"黄金水道"优势的水运潜力远未挖掘出来，陆上东西交通尚未畅通，长江综合交通运输网络的建设必须充分发挥长江"黄金水道"的航运价值，并大力发展沿江陆路交通运输。其中，加快上海国际航运中心的建设是关键；第三，在商品流通方面，构建长江商贸走廊至关重要。为此，到2010年，应初步形成以长江干流航线、沿江铁路和高速公路为主轴线，以一个龙头(上海)、四个中心(沪、宁、汉、渝)、29个极点(29个大中型商贸城市)为框架，以一批"三跨一多"的大型商贸企业为载体，以国际市场为导向，以产权为纽带，以商品、资金、技术、劳务等要素自由流通为内容的开放、竞争的统一大市场，并以此为基础，推动长江商贸走廊的形成和发展。其中，组建和培育长江经济带现代大型商贸企业集团及构建长江商贸走廊的运行机制，是两个最重要的环节。

(四) 产业布局总体模式

众所周知，产业结构的空间表现就是产业布局。一个地区的产业结构与布局，是由自然资源因素、社会经济因素，以及国家产业政策等因素在较长时间内相互作用的结果。

为了更好地实现资源的优化配置，并以此探讨长江沿江地区主要城市产业布局拓展的方向、方式和途径，对长江三角洲和沿江15个城市(苏州、无锡、常州、南通、扬州、杭州、南京、芜湖、安庆、九江、武汉、宜昌、岳阳、成都和重庆)的投资环境进行了总体性评价和重点产业的适宜性评价。进行重点产业适宜性评价的主要行业有基础工业、轻纺工业和高新技术产业[①]。

综上所述，长江沿江地区主要城市产业布局拓展的方向和方式，拟采用"东西中"跨越式推进模式。

---

① 沈玉芳：《长江沿江主要城市投资环境评价及其产业布局拓展的方向和对策研究》，载《经济地理》，1998(3)。

　　首先，从总体上来说，东部的沪宁杭地区（包括长江三角洲诸市和南京）是今后实行投资扩张和产业转移的第一等级可供选择投资区；西部的成都和重庆（包括宜昌）为第二等级可供选择投资区；中部的芜湖、安庆、九江（包括岳阳）为第三等级可供选择投资区。

　　东部的沪宁杭特别是长江三角洲地区在历史上就是上海经济发展的孕育地。80年代以后，这种关系得以再现，通过横向联系的广泛发展，实际上已经成为上海经济体系的重要组成部分。已有的研究证明，沪宁杭地区各市的经济结构和上海十分接近，但在整个80年代，各市相互之间的物流、财流、资金流和信息流远小于各市和上海之间的流量，这种联系实际上已成为新时期我国市场经济建设的萌芽和推动力。

　　西部的成都和重庆（包括宜昌）是我国的人口和自然资源富集区，而且腹地深厚，为联系整个西南的门户，不但市场广阔，而且东部地区紧缺的许多物资如有色金属、森林生物资源、稀有药材、稀土、煤炭等，都能在这里找到；经历过几十年的"三线"建设，又富集了大量高科技人才，在市场和资源两方面对整个长江流域今后的发展都有着十分重要的战略意义。随着东部地区政策优势的逐步消失，西部地区时序优势的逐渐突显出来，西部地区可以作为今后扩大投资和产业转移的重点考虑地区。特别是重庆专门制订了国内投资企业可以比照外商投资的优惠政策，重庆的万县市及湖北的宜昌市对凡属对口支援三峡库区移民项目，在税收、土地租金和基础设施使用费方面都有不同程度的优惠；成都还专门制订了鼓励吸纳上海等沿海城市产业转移的政策，这些都是可资利用的政策优势。

　　地处中部的二级城市在资金、资源、人才和腹地范围等方面都有一定的限制，但这些地方目前开发程度尚低，在区位和农村市场方面具有很大潜力，特别是在经济水平不高，消费结构层次比较低的情况下，可以考虑成传统工业转移的理想地区。

　　但是，应该说明的是，由于反映评价指标的数据是不断变化的，各指标之间的组合情况也会发生改变，所以给评价结果带来了一定的不确定性。从发展的观点看，到一定程度，目前评价结果比较看好的城市可能会走向反面，而某些目前评价结果并不看好的城市，由于其中某一关键指标的改善以及由此产生的"乘数效应"，可能会转变为第一等级投资区，如芜湖、九江等。

　　其二，和投资环境的总体性评价不同，基础工业投资环境的中西部优势比较突出。南京和武汉在基础设施、区位和产业关联度等方面条件比较优越，重庆、成都和宜昌具有较好的区位、自然资源和地方投资优惠政策优势。从更大范围着眼，鉴于四川、湖南和湖北拥有丰富的井盐、天然气和硫、磷、铁资源的具体情况，中西部各市可以考虑成为东部地区基本化工、化肥、农药、有色金属冶炼和建材等工业实行产业转移和扩大投资的重要选择地点。

　　沿江中心城市的南京和武汉都已具有国家级重点钢铁、汽车和石化工业，根据后福特主义世界生产潮流和发展趋势，宜采用联手合作办法，加强包括设备和零部件生产在内的标准化和独立化生产，各取所长，充分利用各地的比较优势，实行分段分工的专业化生产协作制，以降低生产成本，发挥总体优势。如果可能，对沿江的二级城市也可以通过择优选择加以投资，使之逐步成为汽车零部件及化工通用半成品的生产基地。

　　其三，由于我国目前轻纺工业的设备和生产能力大量过剩，长江沿江地区实行产业转移和投资扩张的主要方向，宜考虑资源和存量资产两个方面，包括劳动力价格。所以，工业结构关联度较高的沿江中心城市（或省会城市）和具有资源与劳动力优势的西部为轻纺工业实行优势扩张和产业转移的首选地区。考虑到中心城市既有大量的存量资产可以利用，又有广阔的市场，但本身的生产水平也比较高，所以就轻纺工业而言，在沿江中心城市宜采取优势扩张策略。但是，相比较而言，中西部地区则具有资源优势，又有劳动力优势，生产和市场结构的层次比较低，产品的档次和生产技术也低一些，相对来说，具有比较大的投资机会。

　　其四，高新技术产业投资扩张和转移的主要方向，在于科技实力、城区基础设施和环境质量都比较好的城市。权衡之下，西部的成都和重庆为第一首选区，这两个城市的劳动力科技含量比较高，东部的杭州和南京为第二首选区，这两个城市的环境质量和技术与管理水平优势比较明显。九江和宜昌的城区基础设施条件比较好（得分分别居第一、二位），也是可以考虑的地点之一。

第九章　经济地理学的方法论

　　进行科学研究，必须运用一定的思维方式和技术手段，这种科学的思维方式和技术手段就构成了科学方法论的全部内容。每门学科的方法论都是伴随学科的产生而逐步形成的，并随着学科的发展而变革。科学的发展，往往以采用新的方法为主要标志。

　　思维方式也称思想方法，是方法论的主体部分。它是指人们在科学研究中分析问题的角度、出发点和推理原则，即通常所说的思考问题的方式、方法。科学的思维方式大体可归为两大类，即归纳和演绎。归纳是从具体的、个别的事实材料入手，深入分析个别事物的特性、运动发展过程及其相互间的联系，进而综合概括某类事物的普遍特性和规律性。它是从个别到一般的思维过程。在经济地理学及地理学多数分支学科中，归纳法的应用十分普遍，是地理思维的主要形式。经济地理学中常用的综合分析法便是归纳法的具体化。演绎法与归纳法相反，它是从一般的概念、假设（公理）、定律出发，推论个别事物的特性、运动规律，再以事实作检验。它是从一般到个别的思维过程。演绎法较之归纳法推理严谨，成为一些学科（如物理学、化学、生态学等）的有效的论证方法。在地理学中，如气候学、地貌学等也有不少运用，而在经济地理学及其他人文地理学分支学科中的应用，只是近二三十年来有所发展。究竟采取何种思维方式，固然与研究者知识素养、科研经验有关，更重要的是决定于其哲学观念。科学的思想方法是以马克思主义辩证唯物主义和历史唯物主义为基础，经济地理学也不例外，尤其是现代经济地理学，探索复杂的经济地理现象的动态关系，更需要用辩证唯物主义和历史唯物主义作为指导。

　　技术手段，或称技术方法，是方法论中的必要组成部分，是指在一定的思想方法指导下，所采用的技术和方法的总称。它以生产力发展水平和科学技术的进步为基础。经济地理学从产生时起，就采用地理学的传统方法，如野外考察、地图法等。在其发展过程中又吸收其他相邻学科的研究方法，如统计图表法、技术经济学中的技术经济论证法等。随着社会生产力的发展和科学技术的进步，经济地理学的研究手段也不断更新，逐步采用如遥感技术、电子计算机技术以及地理信息系统等现代技术和方法。应当说明的是，由于经济地理学是一门实践性很强的学科，所以在现代经济地理学中，地理学的传统方法仍具有很重要的实用价值。

　　长期以来，在经济地理学方法论研究中，注意力只集中在具体解决问题的技术手段上。科学研究中具体技术方法固然重要，更重要的是推动科学理论发展的思维方式。因此，本章在阐述具体方法之前，先阐明在经济地理学发展中相继出现的几种思想方法。

第一节　经济地理学的思想方法

　　同整个地理学一样，经济地理学的发展大致也可分为三个阶段，即：①以描述记载为特征的古典经济地理学；②以定性解释为特征的近代经济地理学；③向模型化、计量化发展的现代经济地理学。地理思维方法也在继承与变革中向前发展，相继出现形态描述、地理比较、要素分析、综合分析和系统分析等思想方法。

一、形态描述法

早期的经济地理知识是和社会、文化及自然地理知识糅合在一起的，是对一地区自然和人文地理特征的翔实记载。近代经济地理学以商品经济发展为始端，首先是对一地区商品生产、消费、贸易及其分布状况的系统记述，然后进行整理分析。所以说，古典和近代经济地理学都以形态描述为主要思想方法。所不同的是，古典时期以自然语言为其描述手段，近代时期则代之以哲理语言；当然现代经济地理学也离不开描述，但在描述中试图以数学语言确定地、定量地描绘经济事物的地理特征。

形态描述法是建立在深刻细致观察的基础上对地区经济地理特征进行客观的记录。它的最大特点是具有客观性与全面性，为人们提供某一地区翔实的经济地理知识和素材。经济地理学在发展中，并没有摒弃这一传统方法，而是不断地使描述系统化、科学化，尤其在区域经济地理的研究中，至今仍广泛运用形态描述方法，形成了一套区域经济地理学的描述体系。其中，最受众人推崇的是苏联著名经济地理学家 H·H·巴朗斯基建立的国家和区域经济地理描述体系，主要包括如下内容：①绪言；②位置、自然条件及其对国家和区域经济发展的作用；③历史地理概述；④居民地理；⑤国家经济地理一般特征描述；⑥主要生产部门地理；⑦交通线和运输地理；⑧对外经济联系地理；⑨经济区划。巴氏体系使得区域经济地理描述系统化、规范化，至今仍被沿用。巴氏体系既有所长，也有某些不足，科学的态度是用其所长，补其所短。

"计量革命"给地理学引进了数学方法，传统的形态描述也借用了数理分析中的一些表现手段，通过构造经济地理事物空间分布的数量特征，定量地描述它们的空间分布特征和相互联系，使得对客观事物的描述更加准确。此外，地图已成为生动的描述语言，它较文字更形象、更直观地表明了经济地理事物的分布特征。特别是数字地图的产生，更使地图具有了智能化功能。所有这些，都为传统的描述方法充实了新的内容。

二、地理比较法

比较是科学方法中具有普遍意义的思维方式。在经济地理研究中，地理比较法的运用十分普遍，成为另一传统的地理思维方式。

经济地理学中的比较方法按其比较形式可分两类：①纵向比较，即对比同一研究客体在不同时期空间分布的异同点，进而探求其发生发展的运动过程和规律性，为科学预测提供依据。如通过对比同一城市在不同时期的地域范围及内部功能分异，揭示城市地域范围扩展方式、速度以及内部地域结构的分异规律，寻求城市成长的一般道路，为制定合理的发展战略提供依据。②横向比较，即在同一时期对不同研究客体进行比较，切取事物的断截面。它是揭示经济地理现象区域差异性的有效手段。区域比较是横向比较中常见的一种形式，按比较区域的大小层次又可分：①国内外对比或国际间的对比研究；②国内各地区（如经济区、行政区及其他类型的地域单元)间的比较。在外国地理研究中,常将两个经济地理特征相近似的国家或地区进行比较,以便认识各国经济地理特征的相似性和差异性。将国外与国内某些具有近似发展条件的地区进行比较,如煤炭基地、工矿区、港口等。这对于借鉴国外经验,发展我国经济具有参考意义。

纵向比较与横向比较是分析问题的两个不同侧面,它们既可单独使用,也可联合使用。如对我国沿海与内地工业布局不同发展时期进行比较,可发现我国工业仍具有集中于沿海地区的特点,这说明工业布局有向经济效果显著的区位集聚的趋势。只有当集中获取的效益不能抵偿由于过分集中带来的损耗时,这种集聚趋势才趋于停止,并向稀疏地区扩散。

经济地理学的比较方法按其比较对象的具体内容可分为:①经济区域之间的全面比较;②经济部门之间及部门内的比较;③经济中心的比较;④具体布局方案的比较等。区域比较如前所述。经济部门比较包括不同区域同一部门的比较、不同区域产业部门结构链的比较和同一区域不同部门的比较,它可以帮助研究者认识各区域的经济优势,确定主导经济部门和部门结构体系。经济中心的比较在作为经济中心的城市间进行。其中,相邻城市对周围地区经济影响的对比分析,是划分城市经济区的重要依据之一。在经济地理研究中,同一布局项目常常会有两个以上布局方案,如工矿企业的厂址选择,这就需要对各种方案进行社会的、经济的和生态效益的全面比较,分析各自的利弊得失,并借助于某些指标体系,确定最佳布局方案。

在进行经济地理分析时,必须注意可比性:①对象属性的可比性。一般来说,比较研究是在两个具有相似特性的事物间进行,借以区别其间的差异。若将两个属性不同、特征迥异的事物进行对比,不仅科学意义不大,而且往往会导致错误的结论。如工矿区不能与旅游区作比较,产粮区不能与产棉区作比较等。此外,对不同区域的比较要注意一定的经济发展条件,包括自身条件和环境条件,这在中外对比研究中尤其应予以注意。②资料的可比性。对比研究常要运用一些统计数据资料,然后构成某些指标参数进行比较,数据资料的统计范围、年代、单位要求统一或折算一致,方可进行比较。

三、要素分析法

近代地理学是"研究地球表面以及与其有成因联系的事物和现象的科学"(李希霍芬,1883年),它以定性解释地理现象发生、发展和变化的内在原因为特征,试图揭示影响地理现象与构成现象的各种要素间的关系以及要素之间相互作用的机制。地理学的思维形式从形态描述转化为要素分析。地理学中的要素分析起初只限于对自然地理要素间相互关系的分析,试图解释自然现象的发生学机制。之后,人文因素逐渐受到重视,人地关系成为地理学的核心内容,自然地理要素对人类活动影响的分析研究一度成为地理学的"热门"课题。

人类经济活动的空间分布受到诸如自然、技术以及社会经济条件的综合影响,不同的经济部门对各种条件要求不一,同一经济部门内各个分支对各项具体条件的要求也互有差异。因此,必须具体分析,分清主次轻重,找出关键性、起决定作用的要素。此外,各种经济活动之间也相互影响、相互作用(促进或制约)。因此,要揭示经济活动空间分布规律,就须从上述两方面进行分析,它们是经济地理学中要素分析的主要内容。

影响人类经济活动的要素错综复杂、种类繁多,而科学认识的过程总是从简单到复杂。经济地理学的要素分析也是从单个要素分析发展到多要素分析。J·杜能的农业区位论只考虑市场距离这一单因素；A·韦伯的工业区位论进了一步，它考虑了运费、劳力和集聚三个工业区位因素。

自然界中变量之间的关系有两种类型：①完全确定的函数关系；②不确定的相关关系。经济地理要素间的关系比较复杂，兼之统计数值具有一定的随机误差，因此，它们之间的关系大多属于后者。数理统计中的回归分析是定量地确定经济地理要素相互关系的有效方法之一。用一元回归和多元回归分别可确定两要素和多要素间的相关关系。例如，有人将世界各国经济发展水平(人均国民生产总值)和城市化水平(城镇人口比重)两组数据进行一元回归分析，发现两者之间存在着显著的正相关，并给出回归方程进行预测分析。

四、综合分析法

地理学中的分析是从近代地理学定性解释地理现象开始的。为了揭示复杂地理现象的内在规律性，地理学者将地理现象分解成若干要素、类型或地理区域，分析它们的属性、特点和相互关系，分析的结果导致地理学的多元化。地理学的应用性和多元化趋势，使得综合方法越来越受到地理学家们的重视。

综合性是经济地理学基本特性之一。综合分析是经济地理学研究的主要思想方法，在当前我国经济地理学中应用极为普遍。综合的前提是分析，经济地理学中的分析包括以下方面：①影响经济活动空间分布的条件分析；②经济结构和地域结构分析；③经济区域(类型区与综合区)分析；④经济联系(部门联系与区域联系)分析等。分析的结果可以认识和了解区域经济发展中的突出问题和一般性问题，区域经济的主导部门和辅助部门，各地区经济特征的差异性和相似性，经济联系的紧密程度及其方向等。

在深入分析的基础上要进行经济地理综合，综合须持全局和长远观点。如某种资源的开发对几个生产企业均为急需，从整体利益出发，该资源应流向那些经济效益显著的企业。又如两地区均有发展某一经济部门的绝对优势，但从更大范围来看，应在具有相对优势的地区发展，实现合理的地域分工。当前，在我国经济地理研究中运用综合方法，有利于解决区域发展规划中的部门间、地区间、地区与部门间以及生产与生活间诸矛盾。

经济地理学综合研究的内容主要有：①经济地理要素的综合，包括条件与部门要素两个方面；②产业结构与产业布局的有机结合；③布局方案和区域规划效果的综合，从经济、社会、生态三方面全面评价布局规划方案的合理性；④区域间的综合，从更大区域(全国乃至全世界)的角度对各区域经济发展进行规划布局，既要强调地区平衡，更要强调地区分工与联系；⑤历史过程的综合，分析过去，了解现状，预测未来，把近期利益与长远利益结合起来。

我国社会主义经济建设事业的发展，给经济地理学提出了许多综合性的研究课题，如区域规划、城市规划与区域经济发展战略的研究，经济区划、流域规划与国土整治等。这些都需要经济地理学充分发挥其综合性的特长，运用综合分析法解决实际问题。结合具体的经济建设任务，经济地理研究工作的程序大致如下：

第一，制定计划任务书：①明确课题目的、意义和要求；②确定研究人员的组成、研究工作的步骤与方法；③确定课题涉及的地域范围和具体内容；④经费预算及安排所需仪器设备等。

第二，实地考察和调查：①对研究对象有一感性认识，并搜集有关资料；②通过调查访问明确地区或部门产业布局中存在的突出问题。调查和考察工作应分清主次，对重点地区或部门应细致深入地进行。

第三，搜集和整理资料：资料有两种形式，即文字与数据资料。包括：①已有研究成果；②有关部门的规划设想和统计数据；③各种有关的图件；④国外对这类课题研究的经验、教训等等。对搜集到的资料首先要进行分类，然后对数据资料进行分析，加工整理，常制成统计图表或绘成地图，以备分析问题之用。

第四，综合分析提出初步设想：根据已掌握的实际情况和资料，对区域或部门发展布局的条件进行分析，找出发展现状的特点和存在的问题。针对问题，根据经济地理学的理论、经济发展和布局学原理，并借鉴国内外的经验，综合各项条件和具体部门的要求，统筹规划，提出较为合理的总体发展与布局方案设想。这一阶段是研究者的思维过程，是整个研究工作的关键阶段，其成效固然与研究工作的细致程度有关，更主要的是取决于研究者的理论水平和实践经验。所提方案应广泛听取有关领导、业务部门以及科研单位和专家的意见，通过进一步修改臻于完善。

第五，研究成果的总结、鉴定和评价：撰写出有科学依据、内容充实的研究报告(包括图件)，是对研究成果的总结。然后与有关部门商定召开成果鉴定会，邀请与本课题有关的计划部门、业务部门以及相关学科的专家和学者，对发展规划与布局方案从可行性与科学价值等方面进行全面评价。最后，交有关部门或地区实施。

五、系统分析法

系统科学的诞生给科学方法论带来了巨大的变化。本世纪50年代，地理学开始引进系统论的观点和方法研究人地关系，将传统的要素分析和综合分析改变为系统分析。

一般认为，系统是由相互依赖、相互作用的若干组成部分组合起来，具有特定功能的有机整体。系统的特征主要有：①整体性：组成系统的各个要素相互联系、相互作用，形成一个有机整体。系统的整体功能大于各部分之和；②层次性：大的系统是由若干子系统组成，子系统又包含着更低一级层次的子系统，最下层子系统是由若干元素组成。这样，层层关联，构成系统层次体系，子系统的优化要服从高一层次系统的优化，即局部利益服从全局利益；③结构性：是指系统内部各要素相互关联、相互作用的方式或秩序，各要素之间存在的一定比例关系和相互作用的形式。如在农业生态系统中，农、林、牧、副、渔各部门的不同比例关系构成了不同的农业产业结构系统；④开放性：系统作为一个有机整体，不断与外界环境进行物质和能量的交换，从而维持系统内部的平衡，体现系统的功能。

经济地理学的系统分析，就是从系统的观点出发，把一定地域范围的经济活动看作一个系统单元来考察，确定各个系统单元的发展目标，分析系统内各要素的相互关系以及系统内外环境条件的制约，建立系统优化的数学模型。提出服从诸约束条件，能实现发展目标的各种规划布局方案，从经济、社会、生态效益进行评价，作为区域发展规划与布局的依据。

经济地理学的系统分析主要包括如下系统：资源开发与地域优化配置系统，工、农业生产地域系统，商业网点、交通运输网络系统、城镇(群)系统，以及地区国民经济大系统。不同的系统单元其目标不同,模型与约束条件不同,求解方法不一,具体分析过程也略有差异,但主要步骤大致如图 9-1 所示。其中,建立数学模型是系统分析的关键。数学模型种类很多,经济地理学可借用的主要有:

(1)多部门或多地区投入产出模型,主要用于系统的结构优化以及分析部门和地区技术经济联系。

(2)规划模型,包括线性规划、非线性规划、动态规划及目标规划等模型,主要用于解决资源的合理分配问题以及系统的动态仿真。

(3)各种预测模型,主要有回归分析模型、马尔可夫链以及计量经济模型等,用于经济地理要素或现象的预测分析。

(4)动态模拟模型,又称系统动力学模型,用数值模拟区域动态过程,应用于长期发展预测。

综上所述,在经济地理学的发展进程中,产生了不同的思想方法。它们在推动经济地理学的科学化方面起了各自的作用,并不断充实新的技术方法和手段,在今后的经济地理研究中仍将继续发挥作用。因此,不应扬此弃彼,只有综合运用各种思想方法,才能取得更好的研究效果。

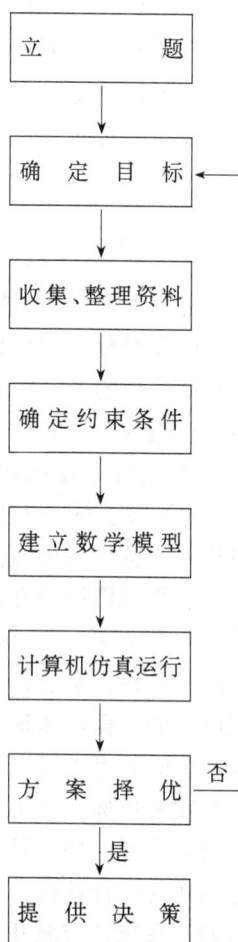

图 9-1 系统分析基本程序示意框图

第二节　经济地理学研究的传统技术方法

在确定了分析问题的思想方法后，必须运用一些解决问题的技术手段，才能最终完成经济地理研究任务。从资料收集，到加工整理，直至对问题的分析论证，经济地理学主要运用的传统技术方法有实地考察、统计图表、经济地图及技术经济论证等几种。

一、实地考察法

与自然地理学单纯进行野外考察不同，经济地理学除了对自然条件和自然资源进行野外考察和技术经济评价外，还包括对产业发展与布局的社会经济条件以及产业发展与布局现状、特点进行详细的实地调查，故把经济地理学的室外工作统称为实地考察。它是经济地理研究工作的开始，也是经济地理工作者一项重要的基本功。

(一)实地考察目的

经济地理学家实地考察的目的主要有两个：

1. 增加研究者的感性认识，并搜集有关资料

对研究对象或区域进行实地考察，将使研究者做到了解情况全面细致，描述经济地理特征生动具体，分析问题有的放矢。

经济地理资料一部分固然可以从他人研究成果中取得第二、三手材料，但大量的有针对性材料须研究者亲临实地进行调查、访问才能取得。这种第一手资料的来源主要有：①政府部门、业务部门和科研机关的统计和文字资料。如反映地区经济地理特征的社会经济统计资料可从有关统计机关取得；反映自然条件和自然特点、分布状况的资料可从地质矿产部门以及相应的科研单位取得。但往往会出现统计范围、详细程度不合要求的情况，如调查某一地区外调物资地区分配情况时，常常只会得到一些按物资品种统计以及外调总量的数据，或者对经济部门的分类过粗，如只有农、轻、重产值等统计指标；②有些资料并无现成统计，需要实地访问或抽样调查。如农业生产中单位面积耕地投入的劳动(以劳动日计)；某路段单位时间车流量等。这种调查或访问是以点盖面。因此，选择调查对象必须要具有代表性。

2. 明确地区或部门发展与布局中存在的突出问题

有些问题非常突出，一到现场即可发现，如将污染严重的厂矿企业布局在生活区的上风、上游；有些问题须通过调查访问才能发现，如工业生产中的能源不足，农业中土地利用方式、农业结构不合理等。

经济地理研究涉及面广，考察内容甚多，不同的研究任务需要考察的内容也不尽一致。但一般来说，大体包括以下几方面：①对自然条件、自然资源的考察与评价，从开发利用角度评价其对产业发展与布局的适宜程度；②对地区各经济部门发展与布局变化过程、现状特点的考察分析，从中了解地区经济与布局的变化规律，探索今后发展的途径；③对区域国土资源和经济特征的综合考察。这类考察规模大、综合性强，一般应由多学科联合进行。作为经

济地理工作者，除参加工、农、交及综合的调研以及对自然条件、自然资源进行技术经济评价外，还要发挥学科综合性的特长，对考察内容、成果进行综合分析，提出开发利用方案。

（二）实地考察主要方式

1. 全面考察与重点考察

全面考察是指对整个考察区域或考察对象各个部分作观察和调查，从而取得全面、系统、准确的材料。普查是全面考察的一种形式，在某一时点或时段对考察对象进行全面调查，如人口普查、土地利用普查等。全面考察的缺点是工作量大，人、财、物消耗多，时间长。全面考察可以对考察对象有个轮廓性认识，在此基础上，还要对一些重点地区、部门和企业作进一步深入细致的重点考察，以深入掌握情况，发现问题。

2. 典型考察

为了克服全面考察的缺点，可以在对考察对象全面分析的基础上，有意识地选择典型单位进行深入细致的考察，借以推论总体的特征和规律。典型考察的特点是轻便灵活，收效迅速，节约人力、物力和时间。典型考察的关键在于选择的考察对象具有代表性、典型性。例如，在进行区域经济考察时，常采用线路考察，要求考察路线能穿过不同特征的地区，以揭示区域差异性。经济地理学主要采用典型地点、线路和区域三种典型考察方式，即所谓点、线、面相结合的方法。

3. 抽样考察

这是利用社会经济事物空间分布的随机性，按随机原则从总体中选取部分进行考察或调查，用以推算总体的一种考察方式。抽样考察常把考察区域划为若干调查区，例如在城市地理研究中，一个大城市往往要划为一百多个调查区，然后进行抽样，取得抽样调查数据，再运用一定的数理统计方法，推算城市要素的总体分布特征。

抽样考察和典型考察都是一种非全面考察方式，但两者有根本差别：①典型考察对考察对象的选择是有意识的，选择具有典型性的单位，而抽象考察对象却是任意选择的，排斥人的主观意识，每个单位被抽取考察的几率相等；②典型考察的任务是通过典型数据，推论分析总体，而抽样考察是从数量上推算总体。

为了切实做好考察工作，保证考察成果的质量，要求参加考察人员自始至终有严谨的科学态度和实事求是的精神，切忌先入为主，主观片面。对经济地理现象要细致观察，客观记录，对各种统计数据，也要通过实地考察加以验证。

二、统计图表法

通过实地考察调查、访问以及其他途径取得的统计数字，是经济地理学分析问题的重要依据。经济地理工作者常运用统计学的方法，把大量繁杂的统计数字整理、汇总并加工成统计图表，用以说明经济发展过程、布局现状以及经济联系等。

（一）统计表

统计表，是将统计数据按照一定的顺序用表格形式表现出来。它是对各种统计数字有效的表述方式。在统计表中，除了包含由统计汇总所得的指标外，还包括进一步加工所得的综合指标，如相对数、平均数、方差等。因此，利用统计表可以从多方面系统地分析大量社会经济统计数据，以表明社会经济现象的数量关系及其发展趋势。如果将各地区数据加以对比，那么经济地理特征就可以在统计中明显地表现出来，避免冗长重复的叙述。

统计表的种类，是根据表中主词[①] 结构来决定的。按主词是否分组和分组程度，分为简单表、分组表和复合表三种。简单表，即主词不经过任何分组的统计表，其主词只是按照统计项目的名称或时间序列的简单排列。简单表由于主词未经分组加工，故编制简单容易，可以用来分析经济活动的基本特征和发展过程，但其反映问题的深度有限。分组表，即主词按一种标志分组的统计表。利用分组表可以将事物进行分组统计，表明总体各个类型特征和内部结构。例如，"社会生产总值构成"统计表多数按照经济部门进行分组统计，用以说明各部门的发展水平和整个国民经济结构。复合表，是将主词按两个或两个以上标志进行分组的统计表。如人口统计中，先按年龄标志进行分组，再按男女标志分组，即构成了复合表。三种统计表在经济地理研究中都有较大的用处，尤其是在分析复杂的经济地理特征和产业发展与布局条件时，使用分组表和复合表效果更好。

（二）统计图

统计图，是利用几何图形或具体形象来显示统计数字的图件。它使统计资料更加直观、形象、鲜明、具体地表示出来。统计图的种类很多，大体分为三类：几何图、象形图、统计地图。

经济地理学研究中常用的统计图主要有几何图中的条形图、圆形图、曲线图以及统计地图。统计地图实际上是经济地图的一种类型。下面主要概述条形图、圆形图和曲线图三种：

1. 条形图

条形图所使用的资料可以是绝对数，也可以是相对数或平均数；既可以对同类指标在不同地点、时间、单位之间进行对比，也可以显示现状与发展指标的对比。而且条形图具有制作简单、通俗易懂、一目了然的特点，所以应用广泛。主要方法是利用长短不齐相互平行的条形加以排列，从而说明事物状况及其发展变化趋势。

2. 圆形图

圆形图是以圆形面积、圆的个数或圆内各扇形面积来表示指标数值的大小。它可以用于各指标数值的比较，也可以用圆形的整个面积代表被研究对象的总体，而以其圆内各扇形面积表示总体的各部分，从而说明总体内部构成。一般来说，大体有三种圆形图，即圆形结构图、圆形比较图和圆形结构比较图，在经济地理上，较常用的是圆形结构图。

---

① 统计表的内容主要有两部分，即主词和宾词。主词是指统计表所说明的总体，包括总体各单位、分组的名称，以及排列时序。宾词是指说明主词的各种指标.

3. 曲线图

经济地理学常用的主要有动态曲线图及相关曲线图：

（1）动态曲线图。这是通过曲线的升降显示现象在时间上变动过程的图形。经济地理学可通过动态曲线图来反映社会经济要素在时间上的发展变化，说明各个时期的发展水平，并从曲线的斜率上反映出这种发展变化的速度快慢。动态曲线图的制作方法是利用直角坐标，在坐标的横轴上划分时距，纵轴上划分要素的数量尺度；从纵横轴上分别引出细直线构成坐标格（坐标格主要是方便绘图与读图，亦可不绘出）；然后，根据各个时期的数据指标确定相应的坐标点；连结各坐标点，便形成动态曲线图。它的作用在于把动态数列用图形表示出来，从图中可清楚地看出社会经济现象的变化过程，并借以分析未来发展的趋势。例如，根据资料

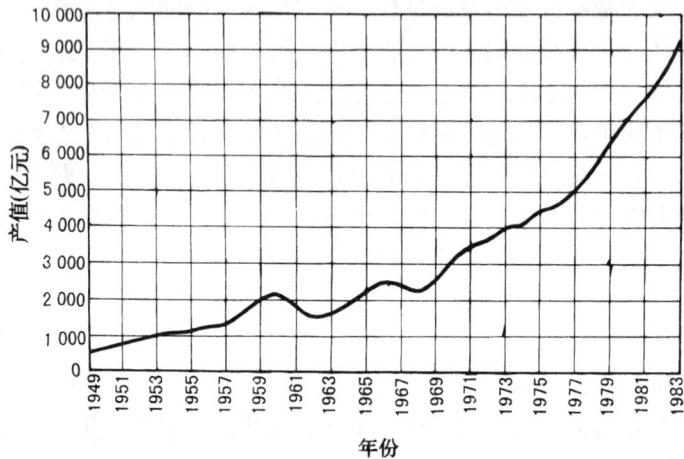

图 9-2　1949～1983 年我国工农业总产值变化过程

绘制的图 9-2 直观地反映了我国建国后工农业生产发展变化过程。从图中可以看出，总的趋势是逐年增加，但其中有两个"低谷"，即 1960～1962 年和 1966～1968 年，前者的工农业产值年增长率分别为－22.6％和－7.2％，后者分别为－9.0％和－4.0％。究其原因，既有自然的，也有人为因素。前者主要是三年自然灾害加上"大跃进"造成的"后遗症"；后者主要是十年浩劫恶果的反映。从图中还可以看出，1976 年粉碎"四人帮"后，工农业生产的迅猛发展，在绝对量的增长上远远超过解放初期的发展速度，尤其是 1978、1979 和 1980 这三年，分别比上年增长 13.17％，13.22％和 10.94％，这主要是进行国民经济调整和体制改革的结果。动态曲线图也可以在一张图上同时反映两个要素变动情况，目的在于对比分析两者发展过程的差异。

（2）相关曲线图。这是揭示两个要素之间相关关系的曲线图。其绘制方法与动态曲线图类似，只不过通常用横轴显示起影响作用的要素，而不是时间；纵轴显示被影响的要素。经济地理研究中常会发现两个社会经济现象或要素间存在着相互关系，如表 9-1 中给出的城市人口比重（反映城市化的水平）与人均国民生产总值（从一个侧面反映了经济发展水平）两组数据间就存在着统计相关。根据表 9-1 的数据绘制的相关曲线图如 9-3。因为两组数字只是统计相关，并不是函数关系，所以，曲线无须经过所有坐标点，而是取其平均位置。

表 9-1 世界各地区城市人口比重与人均国民生产总值(1980 年)

地 区	城市人口比重(%)	人均国民生产总值(美元)	地 区	城市人口比重(%)	人均国民生产总值(美元)
全世界	39	2 040	东 亚	32	1 200
较发达地区	69	6 260	北 美 洲	74	9 650
欠发达地区	29	560	拉 丁 美 洲	61	1 380
非 洲	26	530	中 美	59	1 180
北 非	42	790	加勒北海地区	50	1 160
西 非	21	460	热带南美洲	60	1 430
东 非	3	240	温带南美洲	80	1 750
中 非	29	300	欧 洲	69	5 650
南 非	44	1 380	北 欧	74	6 140
亚 洲	27	760	西 欧	82	8 970
西 南 亚	46	2 280	东 欧	59	3 670
中 南 亚	21	180	南 欧	60	3 290
东 南 亚	21	400	大 洋 洲	71	6 020

资料来源：美国人口咨询社，转引自《人口与经济》1981 年第 1，2 期。

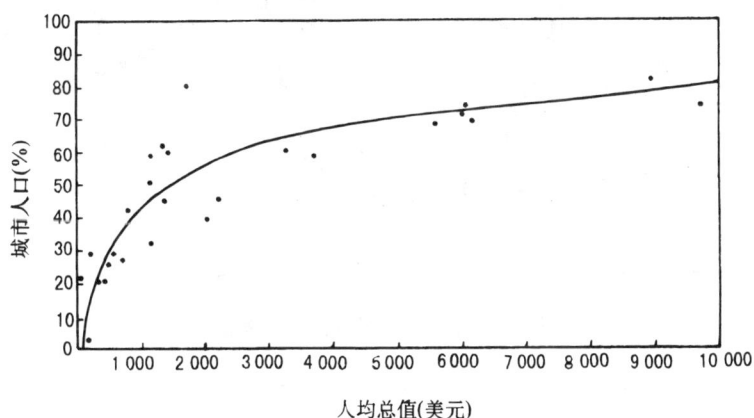

图 9-3 城市人口比重与人均国民生产总值间相关曲线

三、经济地图法

经济地图，是把经济地理内容按照制图学的原理、原则和表示方法画在图上，它是专题地图的一种类型，是对经济地理现象或数据进行分析和表述的一种方法。

经济地图不仅能够表现一定时期内经济活动的空间分布、各地区经济实力对比以及发展趋势，更主要的是可以表现各地区经济的内在联系以及产业布局与发展条件之间的关系。

经济地图种类很多，按其内容主要分为综合经济图和部门经济图两种。综合经济图是反映制图区内国民经济各主要部门(工、农、交、商等)的发展和布局状况,部门经济图仅仅反映制图区内某一经济部门的发展和布局状况。根据对经济部门的分类程度不同,还可分为基本经济部门地图(如工业地图、农业地图等)和专业部门经济地图(如冶金工业分布图、化学工业分布图等)。除综合经济图和部门经济图外,经济联系图也愈来愈多地被经济地理工作者所使用。经济联系图大致有三类:①部门经济联系图,它最适合于表示某一地区专门化部门与综合发展部门之间的关系;②区际经济联系图(包括国际间),主要用来表示各国各地区之间的劳动地域分工及其相互关系,通常是通过交通运输的形式反映出来;③经济现象与自然条件的关系图,也称为经济剖面图,它的意义在于表示一国一地区主要经济部门与地区的自然条件、自然资源之间的关系以及该地区利用自然条件和自然资源方面存在的问题。

　　经济联系图虽然表示方法较为简单(常仅用动线法表示),却包含着十分丰富的经济地理

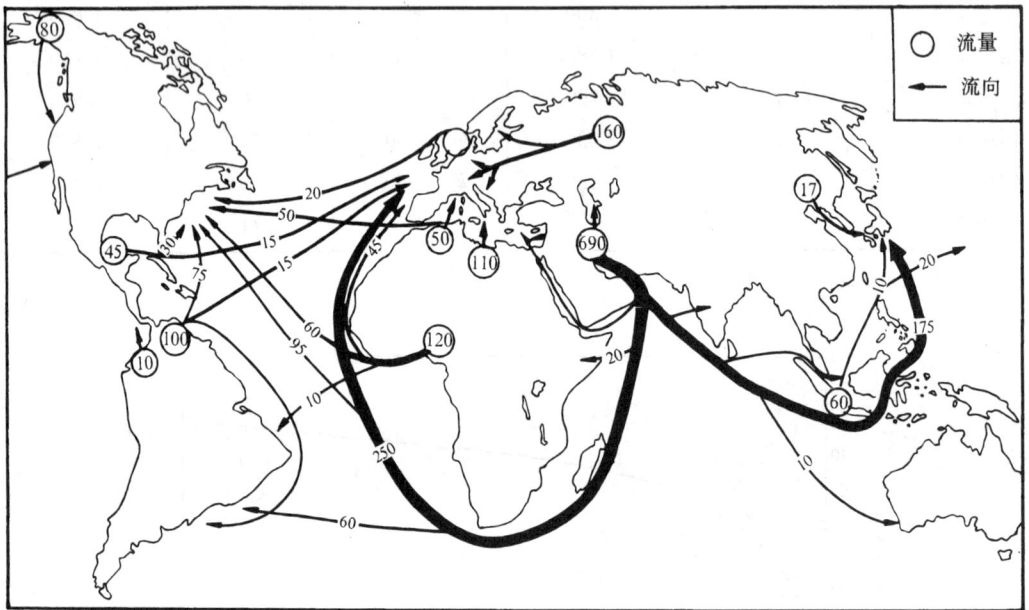

图 9-4　世界石油贸易流向示意图　　　　　(百万 t;1980 年)

内容。图 9-4 就十分鲜明地表达了世界石油的供产销大势及各国之间在石油贸易方面的经济联系。由于各国石油资源及消费量的显著差异,因而造成出口来源高度集中,销售对象相当分散的状况。据统计,全世界石油进口国约有 140 个国家,而出口国尚不到 30 个。从图上可以看出,石油出口国在地理上分为六大组:主要是波斯湾地区,约占世界石油出口总量的1/2以上,以霍尔木兹海峡为出海通道,基本上有两条路线,一条经好望角流向西欧和北美,另一条流向亚太地区;第二组是北部非洲,包括利比亚、阿尔及利亚、埃及和突尼斯,约占出口总量的 9%,主要流向欧洲;第三组为非洲几内亚湾东部地区,以尼日利亚为主,还包括加蓬、安哥拉和刚果,约占 7%,主要流向北美和西欧;第四组为拉美地区,以委内瑞拉和墨西哥为主,并包括厄瓜多尔、特立尼达和多巴哥,约占 10%,基本上供应西半球;第五组为苏联,占世界 9%,大部分流向欧洲,其中,经互会成员国约占 1/2 以上;第六组是远东,以印度尼西亚为主,包括中国、文莱和马来西亚,约占 5%,主要流向日本。此外,从这幅图上亦

可看出，世界的石油贸易基本上是经由海运，约占石油贸易量的90％以上。

经济地理的内容十分丰富，经济地图的表示方法也很多，主要有符号法、范围法、区划法、点值法、等值线法、动线法、分级统计图法和图形统计图法等八种。各种方法在表现经济地理内容时各有所长，例如，符号法常用于表示点状分布事物(如工矿企业、车站码头以及城乡居民点等)的种类、规模与分布；动线法常用于表示线状分布事物(如客货流、人口移动、经济联系等)的运动路线、方向以及数量和结构；范围法、点值法、分级统计图法及图形统计图法则适合于表示面状分布事物(如资源分布区域、人口分布及人口密度、工农业总产值等)的分布范围、特点及其地区差异。此外，区划法用于表示经济区划、土地类型、土地利用等；用等值线法可表示人口密度、地区经济发展水平差异以及城市经济作用强弱等。但是，各种方法又各有所短。因而，在实际运用中要取长补短，尤其是在绘制综合经济图时，往往需要几种方法同时使用。

经济地图不仅是经济地理研究的一种技术方法，同时也是研究成果的一部分。作为经济地理工作者，不仅要能判读、使用经济地图，而且要会绘制经济地图。虽然现代科学技术的发展，可以逐步实现电子计算机协助制图，但制图的指导思想、原则、图幅内容的取舍以及计算机运行程序仍离不开人脑思维。因此，掌握经济地图的制作原理、方法，乃是经济地理工作者的又一重要的基本功。

四、技术经济论证

经济地理学中的技术经济论证，就是对各种产业规划与布局方案进行技术经济效果计算和综合分析，从中优选最佳方案。经济地理研究中之所以要运用技术经济论证法，是因为人类经济活动的地理区位存在着多种布局方案，它们各有利弊，仅对它们进行定性的综合分析，难以区分优势，缺乏数量的概念。因此，要进行技术经济论证，使得所提出的发展与布局方案更加具有说服力。经济地理研究中的技术经济论证，主要有以下内容。

(一)区域开发规划的技术经济论证

区域开发规划是对一定区域内的资源开发、产业结构、产业布局以及城镇居民点等的空间安排进行统一规划。它具有十分强烈的综合性，难以用一二个指标衡量其经济效果，一般要作综合分析评价，在进行经济效果分析时必须树立全局的观念，坚持本着局部利益服从全局利益的原则，切忌各自为政，因小失大。例如，安徽省在研究两淮发展方向时，曾试图把两淮建成华东的"鲁尔"，即在煤炭工业基础上，大力发展钢铁工业、煤炭化工、重型机器等，把两淮的煤炭大部分就地消费，这样做的结果，必然使全国最大的工业基地——以上海为中心的长江三角洲地区，其工业设备能力因能源不足而不能充分发挥效益，造成严重的经济损失，从全国利益出发，反而得不偿失，所以是不可取的。

(二)具体区位方案的技术经济论证

各种布局方案，包括工矿企业的厂址选择，仓库、港区、车站等的布点，交通线路的选线等，因受各地的自然条件、自然资源、现有经济基础以及市场、劳动力等自然、经济和社会因素的影响，其经济效益、工程造价、投资额、投资回收年限等经济效益指标也必然有别。因而，有必要对各种布局方案进行经济效果计算比较，从中择优。例如，我国"一五"期间新建的武汉钢铁厂厂址选择，就是在三个方案中进行了技术经济论证后才确定的，工程可比造价以青山方案造价最低；另外结合投资、市场及其他基础设施条件，最后确定在青山建设钢铁基地（表 9-2）。

表 9-2　武汉钢铁厂三种布局方案可比造价对比表

比　较　项　目　　　　　布局方案			下　　陆	青　　山	胡　家　湾
1. 建筑指标 K					
	挖方（万 m^3）K_1		800	870	960
	填方（万 m^3）K_2		700	640	1 070
2. 运输指标 T（百万 $t \cdot km$）			2 993	2 876	2 940
3. 供排水 W_i（万元）	供水	建设费 W_1	3 380	680	3 000
		经营费 W_2	270	50	240
	排水	建设费 W_3	1 580	420	1 100
		经营费 W_4	80	15	60
4. 开挖通航运河与修建铁路支线费用 Z（万元）			1 400	900	2 000
可比造价合计 C（万元）			7 800	2 600	6 600

注：本表资料根据胡兆量编《经济地理学导论》（内部铅印）整理。

（三）自然资源开采、利用方式的技术经济论证

自然资源是人类经济活动的物质基础，其中大多数具有有限性与不可再生性。但各种资源往往同时能满足多种经济活动的需要，如土地资源既可适于工业用地，也可发展农业生产，既可种植粮食作物，又可种植经济作物；有些矿产资源有着两种以上开采方式，如煤炭有坑井开采和露天开采。各种不同的开采、利用方式，其经济效果必然不同，如煤炭露天开采较之坑井开采能节约井下投资，且适合于大规模机械化作业，但露天开采要有一定的剥采比，且对地面物体破坏严重。因此，如何使得有限的资源创造出最大的经济效益，必须对资源的各种开采、利用方式进行技术经济论证。

（四）运输方式选择的技术经济论证

现代运输方式主要有铁路、公路、航空、水运、管道运输等几种类型。由于各种运输方式既有优点，又有缺点，对某种运送客体（货物或人）究竟采取哪一种运输方式更经济合理，须进行经济效果计算分析。如两淮煤炭运到南京，可采取铁路运输，或水陆联运，其运输成本分别为 2.43 元/t 和 3.50 元/t；原因是水陆联运增加了中间装卸费用。当然，运输成本只是从一个侧面反映了运输方式的优劣，还必须注意各种运输方式在时间上的节约，以及实际运输能力的利用程度，运输中的损耗和安全度等问题。

（五）规模问题的技术经济论证

厂矿企业和城市发展的规模，实质上反映了人类经济活动在地域上的集中程度。集中与分散是一对矛盾，其适度如何，一直是经济地理学要解决的问题之一。众所周知，布局相对集中，便于企业共同利用基础设施，节约基建费用，也利于技术上的协作；企业具有一定的规模，可以降低单位产品上的固定费用，从而降低产品成本，提高劳动生产率。因此，集中可产生效益。据国外统计，年产 70 万 t 与年产 35 万 t 的水泥厂相比，劳动生产率提高 48%，而成本降低 16%。但是，过分集中又会走向反面，企业规模过大，当增加的产品的数量超过其现有固定资产所能承担的能力时，再增加生产势必要新增加固定费用，使得单位产品的总费用反而增加。布局过分集中，城市出现膨胀、拥挤，一方面需要增加城市公用设施，提高企业的产品成本，降低经济效果，另一方面，常带来许多社会问题。因而，企业与城市发展均有一定的合理规模。企业的合理规模可以通过对比不同规模的同类企业单位产品的成本或劳动生产率等经济指标来确定，但要寻找城市的合理规模却并非易事。国外有人研究表明，城市的"最佳人口规模"为 20 万～100 万。

（六）技术经济论证的工作程序

在上述内容中，几乎都要进行多方案的比较，但并不是任何两个方案都可以直接进行比较，它们必须要满足以下可比性条件。

满足需要的可比。对于不同的发展与布局方案，必须满足社会对此方案所产生的社会使用价值在需要上的可比，包括产品的数量、质量、品种规格上的需要。例如，农业生产布局中，确定某块土地是种植粮食作物还是经济作物时，就不能直接进行比较，因为它们所提供的产品品种不同，满足社会需要的方面不同，只有将产品的实物形态折算成价值形态时，方可比较。对工矿企业的布局，还要求布局方案能满足企业生产发展的需要。如一个年产 100 万 t 钢铁厂的平坦地区布局方案，与一个因受用地条件的限制，年产 50 万 t 钢铁厂的山区方案就不能进行比较，而要将两个 50 万 t 的布局方案联合起来，方可与 100 万 t 方案进行比较。

消耗费用的可比。任何布局的实现都要消耗一定量的社会劳动或费用，包括资金的占用量和消耗量，总计为投资额。计算投资额时，既要包括布局项目的直接投资，又要包括间接投资和相关投资，使得投资计算尽可能全面、合理。例如，在比较水能的梯级开发方案和高坝方案时，就要分析计算筑坝引起的淹没损失和搬迁费用，而不能仅计算工程的直接费用。

价格指标的可比。布局方案的消耗费用或经济效益一般都以货币形式表示，按理应等于其实际价值，但实际上是按照价格指标计算的。由于现行价格有些背离价值，使得消耗费用或产值的统计数字并不完全吻合，影响比较的精度和准确性。例如，我国现行运输价格并不合理，铁路低，公路、水运相对较高，造成铁路运输紧张，甚至出现不合理的短途运输。因此，在进行各种运输方式的技术经济论证时，必须要考虑价值因素，尽量排除价格上的人为干扰，办法之一就是采用国际价格，通过汇率折合成国内价格，然后进行计算比较。

时间的可比。包括三个方面：其一，计算不同发展与布局方案费用消耗或经济效益时，要求计算期相同；其二，考虑到各种费用的投入以及经济效益发挥的时间先后、长短对国民经济的影响，常用贴现法进行具体计算；其三，不同时期的价格变动对价值量的影响不同，用可比价格或不变价格计算可消除这一影响。

满足上述可比条件的各种布局方案便可进行经济效果的计算比较，其工作程序大致如下（图 9-5）：

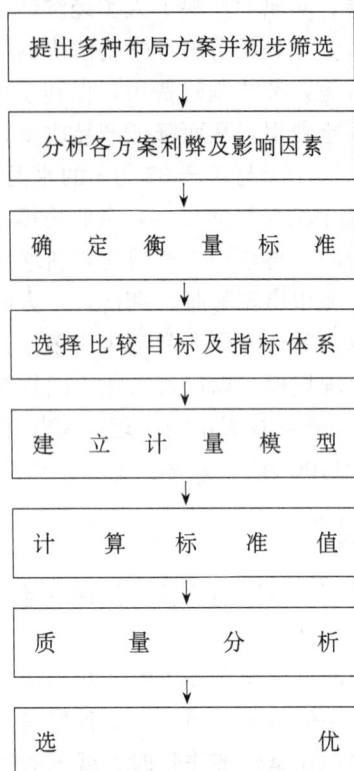

图 9-5　技术经济比较工作程序示意框图

首先，通过经济地理的综合分析，并充分考虑有关单位对该项布局的要求，提出各种初始布局方案；从感性上剔除那些经济上明显不合理，或是在其他方面有明显缺陷的布局方案。

第二步，分析比较方案的优缺点及其原因，分析影响布局方案经济效果的各种因素，包括布局区位的自然基础（如地基承压力、用地用水条件等），原燃料的来源、数量与质量，原燃料和产品的运输费，工程建筑指标以及其他社会经济条件，要尽可能地全面、细致。

第三步，确定衡量布局方案经济效果的标准。一般常用的有：经济效果最大，即：

$$经济效果(E) = \frac{经济效益(X)}{劳动消耗(L)}$$

另外，还有"成本最低"、"投资最小"、"投资回收期最短"、"产值、产量最高"等标准。选择何种衡量标准，要看具体比较方案的特点和要求，如表 9-2 中采用"造价（属投资一部分）最低"作为比较标准。

第四步，根据衡量标准的要求，选择比较项目及其指标体系。布局方案的技术经济比较通常采用经济指标，如产值、投资、成本（包括单位产品投资或成本）、劳动生产率等。表 9-2 采用投资造价指标。经济指标有实物和价值（货币）两种形式，如表 9-2 中，K、T 为实物指标，W、Z 则为价值指标。在进行这两种指标的加减运算时，必须要折算成一种形式，通常为价值形式。

第五步，根据衡量标准确定计算方法和数学公式。不同的衡量标准有不同的计算公式，如附加投资的偿还年限计算公式为：

$$\tau = \frac{T_1 - T_2}{C_2 - C_1}\text{年}$$

式中，T_1、T_2 分别为甲、乙两方案的投资费用，$T_1 > T_2$；C_1、C_2 分别为甲乙两方案的年成本费用，$C_1 < C_2$；τ 则为甲方案附加投资费用的偿还年限，其经济意义是指甲方案所附加的投资费用需要在 τ 年内依靠年成本费用的节约才能全部偿还，若根据上式求得的 τ 值小于或等于国家规定的标准偿还年限 τ_b 的数值时，则投资大的甲方案就是经济合理的，相反，则不合理。

在表 9-2 中采用的计算公式，即为各项造价指标的相加，其数学表达式为：

$$C_j = \sum_{i=1}^{2} a_i K_{ij} + \beta T_j + \sum_{i=1}^{4} W_{ij} + Z_j (j = 1, 2, 3)$$

式中，C、K、T、W、Z 如表中所示；a_1、a_2 分别为挖方和填方的单位费用（万元/万 m³）；β 为每千米单位运量的成本（万元/百万 t·km）。

第六步，将各指标的数值代入计量模型中计算出衡量标准值，对比各布局方案的经济效果，从中选择最优方案。最后，对一些不能定量的因素进行定性分析，即质量分析，如分析该项布局对周围地区经济发展的影响，进一步优化方案。

必须指出，技术经济论证从经济效果的角度对产业布局方案进行了优化选择，虽然经济效益是生产力布局的主要目的，但并非唯一目的，经济上最优的布局并不一定最佳，还必须从社会效益和生态效益的角度全面评价布局方案的合理性，取得三者的统一，选择最佳布局方案。

第三节　经济地理学研究的现代技术方法

近年来，遥感、信息技术和计量方法被愈益广泛地引进经济地理学科领域，使经济地理学的研究方法发生着急剧的变化，并不断地提高学科水平。

一、遥感技术的应用

遥感技术，是本世纪 60 年代发展起来的一门综合性的探测技术。所谓遥感，就是遥远感知的意思，即从一定的距离，运用现代化的运载工具（如飞机、卫星、飞船等）和遥感仪器，接受物体辐射、反射和散射的电磁波信号，利用图像胶片和数据磁带等将其记录下来，传送到地面接收站，经过加工处理，从中提取有用的信息，再结合地面物体光谱特征，来识别物体的种类和性质。整个系统由遥感平台、遥感仪器、图像接受处理和分析判读四部分组成。

（一）遥感技术的发展

早在 19 世纪中叶，法国人就从气球上拍摄了巴黎相片，开创了地表之外观察地球的历史。本世纪初，意大利人从飞机上拍摄了第一张航空相片。第一次大战中，利用飞机拍摄照片进行军事侦察，从而出现了航空摄影技术。至本世纪 30 年代，已经有了航空彩色照片，能清晰地反映地面事物，使航空摄影受到重视，并在军事侦察、地质勘测、地图测绘、海洋观测等各方面得到广泛应用。

但是，由于航空摄影存在一定的局限性，例如，信息量比较少，摄影面积不够大，而且受地面天气状况影响，不能全天候工作；有些地区，飞机难以到达等等。为此，人们不得不寻求新的手段将遥感仪器安装在卫星上，利用遥感技术拍摄地球表面相片，为航天遥感发展创造了条件。60 年代发射的一系列实用卫星和载人宇宙飞船用航天遥感器获取了一大批地面卫星相片，同时又开展了基础研究，于是遥感技术蓬勃发展起来。

当前，遥感技术在国内外已被广泛用于农田水利、地质勘探、气象预报、海洋开发、环境监测等许多领域，尤其在地图测绘、土地利用调查、灾害性天气预报、森林防火等方面比较成熟，并在地质找矿、森林和土地利用调查、气象预报、地下水和地热调查、地震研究、水利建设、铁路选线、工程地质，以及城市规划与建设等方面，均取得了很大成效。

（二）遥感技术在经济地理研究中的应用

1. 应用遥感技术进行自然环境与资源普查

实践证明，应用遥感技术编绘的各种专门地图，是摸清自然环境和自然资源的重要手段。近几年来，我国应用陆地资源卫星相片，发现了不少地学领域新概念，也摸清了一些自然资源。例如青藏高原，在历史上曾经过 800 多年 150 多次探险考察，仅查出 500 多个湖泊；应用卫星图像以后，已订正了其中半数湖泊的形状和面积，还新查出 300 多个湖泊，而且可以分清淡水湖、咸水湖、盐湖或碱湖不同类型。再比如，我国主要江河源流问题长期争论不休，现在利用卫片已经重新量算出长江、黄河干流长度和流域面积，为水利资源的开发利用提供了基本数据。近年来还利用航空和卫星照片划分了我国沙漠的 25 种类型；迅速地完成了我国第二次森林资源的普查等等。不仅如此，利用遥感资料时间序列对比，还能分析探知自然环境的历史变迁，如我国据此研究过洞庭湖、鄱阳湖等湖泊的消长，永定河、珠江的河道变迁，长江、黄河三角洲的进退以及东北、西北地区土地利用的演变，起到了与我国历史文献相互印证的作用。

2. 应用遥感技术进行土地利用研究

查清土地利用及其变化情况，是发展和部署农业生产的重要条件。过去采用传统的方法调查研究，远不能适应工作需要。如英国以往为了查清国内土地资源并分类，曾经动员了 6 000 名中小学教师，经过 6 年的努力才普查一遍，历时 25 年才获得一份粗略资料。而在 1976 年利用遥感技术仅 4 个人用 9 个月的时间，就将全英土地分成 5 大类 31 个亚类，精度达到每 5ha 以上的地块就有统计数字，不但测出了面积，而且还重新编绘了全英土地利用图。

由于各种植被和土地类型的辐射光谱不同，在多光谱遥感图像上呈现不同色调，因而利用遥感图像可以区分土地利用类型的差异性，而且利用微波遥感尚可测定地表以下几厘米到几十米深度的信息，有助于生产管理，因而受到各国普遍重视。例如，美国利用遥感卫星相片编制的土地利用图，能反映出土地利用、作物布局、植被分布、排灌系统和地貌状况等多种内容。苏联也曾利用卫星照片编制了北哈萨克斯坦地区的土地利用动态图，从农业用地中能辨认出园艺用地、水果林地、粮食和牧草用地等。此外，利用遥感技术，还能及时地帮助人们搜集农业、林地土地利用的经济信息，等等。

3. 应用遥感技术进行趋势预测和动态分析

在这方面比较突出的实例，是利用遥感技术等多种信息源的互相配合，根据农作物生长势态进行估产。美国在大面积农作物估产方面，已经进行多年，并取得了比较准确的效果。例如美国某州的 20 多个试验场，通过遥感估算的产量与美国农业部实际统计数字仅差 3%，并可在收获前提前两个月作出预报。估产的过程是：对土地进行农业分区；通过遥感相片确定播种面积；对出苗率进行探测；对播种面积进行复查，排除因为改种其他农作物所引起的误差；按作物主要生长阶段监视其生长趋势，根据作物不同生长状态，进行大量的光谱反射率测量；在此基础上，根据卫星资料，对相对应的地区的日照量、降水量、热量动态进行分析，并和这些因素对作物产量影响的模式(根据历史资料建立)加以对照；最后根据作物品种属性确定单产。更可贵的是，一般常规的统计，每年只能进行一次，而利用卫星遥感技术估产则每年可进行 5～6 次，对及时指导农业生产十分有利。

（三）在经济地理研究中应用遥感技术的操作方法

遥感图像中包含丰富的自然信息和社会经济信息。这些信息在广大空间范围内都被同步地记录下来，因而对于研究区域经济地理各要素的分布甚为有用。现以遥感技术在土地利用现状图的编制中的应用为例作简要说明：

土地，因其自然属性的差异及其利用状况的差异，在遥感图像上表现为不同的色调、形状、图形结构、位置等特征。通过对遥感图像的这些特征的分析，可以区别出不同的土地利用状况。

在航空相片上，由于其比例尺较大(一般航空相片的比例尺在 1∶10 000～1∶50 000 之间)，土地的不同利用状况可以直接显示得非常清楚，如耕地、园地、林地、草地、居民点、道路、渠道、河流、湖泊、沼泽、裸地、厂矿用地等都表现出不同的形状，即使是不熟练的判读人员，也能直接读出。利用航空相片制作土地利用图时，先要把航空相片纠正成常用地形图的投影，并进行镶嵌；再在镶嵌图上蒙上透明聚酯薄膜，将不同土地利用类型的界线画在透明薄膜上；最后经清绘、上色，即是一张土地利用现状图。或者先在每一张航空相片上分别蒙上透明薄膜，按相片上影像特征不同，画出土地利用类型界线；然后再把薄膜上的专题内容，通过纠正转绘到地形底图上，得到土地利用图。在这种图上，可以量算各类土地的面积。

卫星相片(现仅指美国陆地卫星的 MSS 和 TM 相片，下同)由于其比例尺较小(原片比例尺为 1∶336.9 万或 1∶100 万，使用时放大至 1∶50 万、1∶25 万、1∶20 万甚至更大)，适合于中比例尺制图。其工作过程大致如下：

（1）收集资料。主要指收集研究地区的自然、经济等资料，着重收集土地利用的现状和历史方面的资料，尤其要注意收集过去所作过的土地利用图和地形图(收集地形图的比例尺根据不同任务、要求来确定)，作为调查、制图的参考依据，以及对比分析之用；

（2）收集不同比例尺、不同时期的卫星相片，进行放大、彩色合成和增强处理。如果区域范围超出一幅卫星相片时，就需要进行镶嵌，并进行几何纠正；

（3）室内判读。以已知地区的已知目标作为基础，对卫星相片进行初步的室内判读，并确定不同类型的判读标志，对相片上不能确定的界线和有疑问的图像特征，可提出问题，作进一步研究；

（4）野外踏勘。根据室内初步判读中提出的问题和确定重点，布置路线，进行野外踏勘，建立野外的判读标志，并对室内的判读结果进行初步的野外核对；

（5）详细判读。在野外踏勘的基础上，进一步修改判读标志，进行详细的判读。按不同判读标志，在透明薄膜上画出土地利用现状判读图。

（6）对判读图进行重点验证、抽查。以野外验证为主，有些人们不易到达的地区也可用航空相片验证；

（7）按验证结果，修改判读图，使之成为正式土地利用现状。这个图可以是像常规地图一样只用颜色、符号、线条等线划内容来表示不同的土地利用类型，也可以以单色的卫星相片影像作为底图，叠加上颜色、符号等线划内容，成为一张专题影像地图。这种影像地图由于以影像作背景，比常规地图更为直观，且具有更大的信息量。

例如我国在80年代初，利用卫星相片对山西省太原地区进行了农业自然条件的目视解译系列图编制，其中就包括土地利用现状图的编制。它以陆地卫星1976年9月MSS4、5、7标准假彩色合成片为主要影像进行解译，并参照了1978年5月、1979年10月的卫星相片，进行专题信息提取以后，按照上述工作步骤解译成图。

在解译中，按照1981年全国土地利用统一分类方案，结合太原地区的特点，共划分了23个类型单元，其中一级类型如耕地、园地、林地、草地、城镇居民点用地和水域等保持了全国一级分类系统；二级分类则根据全国统一分类系统并结合太原地区的具体情况进行选取分类，如耕地中分为平原型、台田丘陵型、沟川型、山地型的旱地或水浇地，以及水田、菜地等；林地仅分成森林、疏林、灌木林三个亚类等。根据这样的分类系统所作的解译图，基本上是由卫星相片的影像特征直接判读、勾绘图斑而成的，也有个别的是由间接解译所得。

在直接解译时，先将土地利用类型按有无植被覆盖区分为两大部分，这是十分明显的，再把有植被覆盖的，根据植被光谱特点的差异进行分类。光谱特征的差异，既包括同一时期卫片上不同的土地利用状况有所不同，也包括由于不同的土地利用状况具有不同的物候特征及农事，因而在不同时期卫片上具有的差异，从而得出不同的类型界线；由于无植被覆盖的土地利用类型如居民点、水域、交通线路和难以利用的土地（荒漠等），都有比较清晰和固定的影像特征，因此比较容易准确地判读；个别类型如自然保护区、工矿用地范围等，则参考地形图等资料进行勾绘。

上述解译工作，都经过室内、野外的反复判读、验证，最后制成专题影像图及线划图，在分类系统以及图斑的定位精度上，都达到了中比例尺专题图的要求，可以作为省级农业区划的主要图件，也可以作为编制全国中、小比例尺土地利用现状图可靠的基本资料。如此工作程序与方法在内蒙草场资源的遥感应用中也获得成功。

应用卫星相片编制土地利用图，可以大大节约人力物力和提高研究精度与速度，但仍不能完全脱离地面调查工作，相反，它是以地面调查为基础的。应用遥感技术进行任何一项地学专题研究，都必须把卫星遥感资料、航空遥感资料、地图资料、地面调查资料等结合起来进行分析。

以上仅以遥感技术在土地利用现状研究中应用为例，在其他的经济地理各部门研究的应用上，如交通、城市、工业、土地资源、林业、草场等专题研究的方法，过程和基本原则，也大体相似。

二、地理信息系统的应用

地理信息系统是一种在计算机软硬件支持下，对空间相关数据进行采集、管理、操作、分析、模拟和显示，为地理空间规划和决策服务而建立起来的计算机信息技术系统，简称 GIS（Geographic Information System）。空间相关数据包括两个方面：地理定位数据和属性数据。在地理信息系统中，地理事物按照这两组数据元素所确定的一系列空间特征来表达；属性数据（如人口、产值、流量和高程等）必须和地理定位数据（如行政范围边界、河流或道路路径及山脉的位置等）相关联。所以，地理信息系统技术的本质，实际上是地理事物在地理三维空间中的信息化或数值化运作过程。在地理三维空间中，每个地理事物及它们之间的相互关系，都以三维数值影像的形式而存在。

地理信息系统的基本功能主要体现在空间相关数据的存贮、管理、查询、检索、操作、分析和产品输出等方面。通过空间操作和分析，在一定的计算机软硬件支持下，地理信息系统能够确定地理事物特征之间的空间关系，并建立新的关系，将新的属性与地理空间事物相联结，完成最终用户需要的图件或方案。地理信息系统的工作原理和应用方向主要表现在以下几个方面：①拓扑叠加。将两个地图层中的特征相叠加，根据用户的不同目的，通过特征更新、提取、合并、拼接、消去和切换等，可以产生新的地图特征。例如，将长江沿江洪水浸侵区划图和沿江城镇分布图相叠加，可以显示受灾城镇的数目比例和损失情况；②关系操作。通过专门设计的机器语言，地理信息系统可以实现地理空间位置信息和属性信息，以及属性信息和属性信息之间的联结，从而满足用户的兴趣和要求。例如，将城市道路网络所显示的地理空间位置信息与车流流量所表达的属性信息相联结，可以反映城市交通状况和问题；与土地利用现状所表达的属性信息相联系，可以发现城市街区的功能区别；将土地面积所表达的属性信息与产量、产值相联结，则可以产生所在地区的单位面积产量和产值等属性要素；③建立缓冲区。地理研究常要确定不同地理特征的空间事物的接近度和邻近性，在地物（如点、线或多边形）的周围建立缓冲区，可以查询缓冲区内的地物及其属性，并根据用户的需求加以分析。例如，以 10km 为等距在道路两侧划出缓冲区，可以查询道路两侧的土地利用情况，城镇居民点分布，以及历史文化景点等，供规划决策时参考；④网络分析。网络分析的功能是对实际地理网络模型化，并进行分析，提供两类服务：一是寻找最佳路径，如在高峰期为车辆调度，进行路径选择，二是设施的定位，如为城市的每个街道寻找最近的消防站，进行学校或商业网点的合理布局和规划等；⑤三维分析。在地理空间中，每一事物和相邻事物之间都可以构成一组相邻不相交的三角网，这些三角网的结构是由一组具有不同三维坐标的空间点所构筑而成的，根据点与点之间的拓扑关系进行三维分析，可以产生多种不同地理事物的表面模型，以此计算坡度、坡向、体积、剖面、河网和山脊线走向等，为用户服务。例如，在铺设供水管道时，给出坡度允许值及起点和终点的位置，地理信息系统能够在地形图上自动显示出线路的走向，同时计算出长度、费用等各种参数，供方案比较和决策。地理信息系统主要由计算机硬件和软件系统、地理空间数据库和系统管理人员组成。在实际应用当中，系统管理和操作人员的专业知识和素养，具有举足轻重的作用。

(一) 地理信息系统的产生和发展

地理信息系统技术的基本思想起源于查尔斯·科比(Charles Colby)于 1936 年发表的关于地图问题数量化研究方法的论文。但是，具有真正意义的世界上第一个地理信息系统产生于加拿大。1960 年，加拿大的汤姆林森(R. F. Tomlinson)等人利用计算机对森林进行了分类和统计，之后于 1962 年开始，为了对加拿大土地清查详细资料进行分析，历时 3 年开发了一个地理数据分析系统，称之为加拿大地理信息系统(CGIS)。在加拿大地理信息系统开发研制成功以后，世界上有许多国家开展了利用计算机自动处理地图问题的研究工作，并着手研制和开发地理信息系统。但总的来说，受经费和技术条件的限制，早期的地理信息系统发展十分缓慢。地理信息系统的快速发展，是在 80 年代以后。在这一方面，70 年代后期微处理器特别是微机的引入和应用，起了重要的作用。地理信息系统在小型机、微机和工作站上的开发，大大地降低了地理信息系统的装备成本和操作费用，为地理信息系统的商品化和市场化开辟了道路，同时也为地理信息系统的广泛应用和普及创造了条件。目前，世界上已有成千上万个公司和机构在进行研究、应用和销售工作，并有可能成为 90 年代最有活力的商业化计算机系统之一。

由于地理信息系统能同时处理大量的空间信息，并允许不同源数据的复合，如数值化地图、遥感数据和表列数据等，因此被广泛应用于农业开发、土地清查和利用规划、野生动物保护、森林管理、地质勘探、考古发现、城市和区域规划及环境管理和监测等。同时，被用来研究许多重大的全球性、国家和地方性科学问题，如全球变化和生物圈计划等。1985 年，欧共体为了服务于全洲性的环境综合管理和政策评价，发起并开展了"欧洲环境信息库计划"。1988 年美国成立了国家地理信息和分析中心(NCGIA)，并在加里福尼亚州和纽约州设立了两个分部，负责全国地理信息系统的研究和开发工作。之后英国也相继成立了区域性的九大城市和区域研究实验室(RRL)，开展了区域性的地理信息系统研究。我国于 1987 年在中科院地理所设立了资源与环境信息系统国家重点实验室，同时在几大城市和高等院校开展了大量的专业研究和应用开发工作，取得了不少成果。由于地理信息系统研究、开发和应用的迅猛发展和广泛影响，不少人认为地理信息系统的出现，是近 30 年来地理学的一个革命性事件，有人甚至把它称之为地学的第三代语言——用数字形式来描述空间实体。[①]

(二) 地理信息系统在经济地理研究中的应用

地理信息系统凭借其强大的空间分析功能，其应用已深入到经济地理研究领域的各个方面。在农业地理研究中，利用地理信息系统处理空间信息和属性信息的能力，结合现代遥感技术，可以对大面积的农业用地进行作物适宜性评价，指导农业生产合理布局，制定科学的用地规划；在投资环境研究中，地理信息系统可以发挥其空间分析功能的优势，建立投资环境评价模型，通过迅速处理大量的相关数据和信息，为对投资环境进行定位及定量和定性相结合的研究，提供了有效工具和环境；在工业和商业网点布局、交通运输和货流规划、城市和区域规划研究中，地理信息系统也逐渐成为经济地理研究的有力工具。根据联合国亚太经

---

① 何建邦、钟耳顺：《地理信息系统的发展和应用》，载《地理学报》48（1），1993. 苏亚芳：《沿海港口城市投资环境信息系统》，中国科学技术出版社，1994.

济和社会委员会(ESCAP)于1996年编制出版的《规划和决策者地理信息系统使用手册》所列举的应用领域,有不下15种,涉及到经济地理研究的各个领域。下面结合我国在这方面开展的工作,对地理信息系统在经济地理研究中的应用,作一简单介绍。

1. 城市地理信息系统的应用

城市是人口、资源、环境和各种社会经济要素高度密集的地域生产生活综合体,也是一种人文——自然复合巨系统,具有信息量大、内容广和结构复杂的特点。为了调节、控制和管理城市和城市环境,为城市规划、决策和管理服务,目前我国已有不少城市开展了城市地理信息系统的研究与开发工作,在这些城市的发展和建设中发挥了一定的作用。城市地理信息系统的应用领域和系统主要包括:城市公用和市政设施管理系统(FMS)、城市土地信息和财产管理系统(LIS/PMS)、城市测绘和制图系统(CAM)、城市规划辅助系统(PSS)、城市发展评价支持系统和城市三维空间模型系统(DEM)等。城市地理信息系统和专家系统(KBS)、空间决策支持系统(SDSS)相结合是世界地理信息系统发展的智能化趋势之一,同济大学研制开发的城市规划管理专家系统(CPM)就属于这一类型。[1]

2. 土地利用和土地规划地理信息系统的应用

应用地理信息系统,通过适宜性评价模型和生产布局决策模型的建立和运行,可以进行土地合理利用和布局规划研究。南京大学曾在江苏省溧阳县,开展了地理信息系统技术在区域土地利用多目标规划的工作,并着重探讨了地理信息系统支持的区域土地利用决策原理和方法。华东师范大学地理系应用地理信息系统的空间分析技术,结合上海市航空遥感应用信息系统,进行了上海城市商业土地级差地租的等级划分工作。同时以上海市普陀区为例,探讨了应用地理信息系统进行数据提取的一系列方法,最后建立了该区土地等级空间数据库,并根据输出的土地等级分布图开展了该区土地规划方向的研究。[2]

3. 投资环境评价地理信息系统的应用

投资活动和具体的地理位置、与地理位置相关的各环境要素及相对的区域尺度有着很大的关系。利用地理信息系统进行投资环境分析和评价已成为城市和区域地理信息系统研究和应用的重要课题。香港中文大学和中科院资源与环境信息系统国家重点实验室的研究人员,在分析了投资环境的特点和投资环境研究的主要内容基础上,结合投资环境的时空特征,曾开展了投资环境与投资环境信息系统的研究,并利用该分析对江西昌九工业走廊的投资环境发展趋势、投资环境区划和投资环境调控作了探讨。宁波市则根据投资环境研究的特殊要求和地理信息系统的特点,进行了宁波市投资环境信息系统的研究,并对沿海港口城市的投资环境地理信息系统作了讨论。[3]

---

① 乔继明:《再论我国城市地理信息系统的发展与问题》,载《经济地理》13(4).
② 黄杏元等:《地理信息系统支持区域土地利用决策的研究》,载《地理学报》,48(2),1993. 徐建刚:《城市商业土地级差地租的GIS评价方法研究》,载《地理科学》16(2),1996.
③ 林晖、万庆:《投资环境和投资环境信息系统研究》;苏亚芳:《沿海港口城市投资环境信息系统》,中国科学技术出版社,1994.

4. 区域分析与规划地理信息系统的应用

利用地理信息系统除了能对区域信息进行查询、检索和统计等以外，还能进行区域分析和规划。区域分析的主要内容包括多要素综合评价、要素的空间结构分析、要素之间的空间相关关系分析、区域之间的联系分析以及要素的空间过程分析。其中，应用地理信息系统在对海南岛城镇用地进行综合评价的基础上划分土地等级类型，通过要素之间的相关分析进行京津唐地区土地效益分析，以及以运输速度为划分原则对欧亚大陆桥沿线我国 20 个主要城市开展的腹地范围划分等，都是很好的例子。应用地理信息系统开展区域的空间规划具有特殊的优势，华东师范大学地理系利用地理信息系统开展山西省大宁县土地利用规划时，在进行多目标线性规划基础上通过空间分析，对调整方案进行了规划。其中比较典型的例子是通过坡度图与人口图的叠加，计算出一定坡度限制条件下的退耕面积，然后根据不同要求进行模拟和调整。[①]

5. 资源开发和环境监控地理信息系统的应用

我国在"七五"和"八五"期间都把地理信息系统作为国家攻关项目，其中的重点是资源管理和环境监控。在"七五"重点攻关项目"黄土高原遥感调查"和"三北防护林遥感综合调查"中，都应用了地理信息系统技术，并相继开发了一批应用系统，如黄土高原水土流失信息系统，黄河三角洲区域信息系统，黄河下游洪水险情预警信息系统，三北、京津唐地区生态信息系统等大型系统。"八五"和"九五"期间，又开展了灾害集成信息系统和我国可持续发展地理信息调控巨系统的研究和准备工作。

---

① 吴建平：《遥感与地理信息系统在区域开发研究中的应用》，载《地域研究与开发》，12(2).

第十章 经济地理学发展的回顾与展望

综上所述，经济地理学作为地理科学的一个重要分支，是一门既包括有通论性内容，又有专论性内容的庞大学科体系，也是日趋活跃的一个学科领域。它正在逐步走向完整、成熟。科学的形成与发展，取决于实践需要。当今，以信息高速公路为载体的知识经济、信息经济方兴未艾，席卷全球；不断发展着的社会经济将继续向包括经济地理学在内的各门学科提出越来越多的亟待解决的实践课题。这就要求经济地理学进一步完善其理论与方法体系，提高参与并解决实践课题的能力与水平。因此，经济地理学面临着进一步发展的迫切任务。要发展，就得寻求适当的对策，其中良策之一，便是借鉴历史、温故知新。恩格斯指出，科学的发展"同前一代人遗留下来的知识量成正比"。积累、继承、借鉴前人发展科学的成果与经验，是任何学科进一步发展的重要前提。这种继承和借鉴，一方面是直接汲取前人科学遗产之精华；另一方面则是从学科发展来龙去脉、荣枯兴衰中得到启迪，从前人学术思想的形成演变过程中获取启示，从而激发新的设想、观念，扩展眼界胆识，为预测、展望今后学科发展方向找准主攻目标，提供科学依据。

为此，在本书的最后设立本章，简要地回顾一下经济地理学的发展过程，分析它的来龙去脉，对于进一步加深对其研究对象、科学性质与任务问题的理解和认识；科学地分析、总结其历史遗产，汲取前人在学科发展，特别是方法论等方面的经验教训，借以提高理论思维能力；进而展望今后学科健康迅速发展的方向，均十分必要。

第一节 古代的经济地理学

经济地理学是一门既古老而又年轻的学问。作为一门科学，它比较年轻，但就其萌芽和渊源而言，却是一个极为古老的知识领域。综观前资本主义时期的发展，经济地理学只是逐步积累着有关地理环境、生产活动及其分布方面的知识，而且只能称之为经济地理知识的萌芽，尚谈不上有规律性的知识；此时的经济地理还只是同自然地理及其他自然、人文等内容相互包含、混杂在一起的知识领域。

大约在100多万年前，人类在地球上诞生。为了生存，人类一时一刻也离不开地理环境。最初，他们必须知道何处有鱼可捕，到什么地方去打猎，到哪里去采集可供食用的果实和块根；也需要了解物产同周围环境的关系，以及周围部族的生产、生活情况。所有这些也就构成了远古时期经济地理知识的萌芽与渊源。陕西西安市东郊的半坡原始氏族村落遗址，坐落在渭水支流浐河的二级阶地上，依山傍水，既方便生活，又有利生产；五六千年前的"半坡人"选择此处作为他们的居住场所，说明他们对当地地理环境经过了细心观察。这些例证从中体现出的经济地理知识萌芽虽然相当零星、原始，但却足以证明经济地理实是一门渊源极早的知识。

　　一般地说，科学知识真正萌芽的时期始于产生了文字记载。在中国，公元前4世纪战国时期问世的《尚书·禹贡》一书，假借大禹治水时的记录，以1 207个汉字的篇幅把当时中国的疆域区分为九州，并分别记述了各州的山川、水利、土壤、植物、田地肥力、土地利用、物产、贡赋、交通等情况，堪称是一篇原始的区域经济地理著述。公元前1～2世纪(西汉)，史学家司马迁遍游黄河流域和长江中下游，撰成中国第一部通史《史记》，其中《货殖列传》一卷比较详细地记述了从上古到西汉初年，各地人口、经济、物产、交通、贸易和城市及其地区间的差异，便于人们认识当时全国的农业状况，因地制宜地发展生产；对于城市，则从交通条件、经济背景等方面进行地理分析，是极具价值的中国最早的经济地理名著。东汉史学家班固主编了中国第一部断代史《汉书》，书中收有刘向所著《地理》，为中国史书中首次出现以"地理"命名的专著，开创了按行政区划编纂地方志的记述体例。从此以后，大凡历代正史皆包括有地理志，记述各地山脉、河流、人口数量、矿藏物产、经济发展、风俗民情和行政区变迁等资料；其中有关经济地理的记述多和自然环境、历史、社会情况相互混杂。此类地方志在公元9世纪(五代)之后，其编修数量更是大有增加。迄至1949年的1 000余年间，据估计全国各地先后刊行的地方志总数达到1万余种，计10万多卷。这些历代方志所包含的经济地理资料尤为丰富，且较翔实具体，实为中国古代地学一大宝藏。可见，中国地方志的编纂具有独特传统，成为古代、尤其是封建时期中国地学发展的一大特色。

　　在西方，古代的地理学明显地形成两股潮流，即偏重于记载、解释自然界的宇宙派；以及着重于区域的记述，特别是记述各地人文现象的地志派。地志派的潮流，同古代中国的地方志编纂传统遥相呼应，不少国家早期的经济地理著述也常以地方志的形式出现。公元前2世纪左右，在以地中海为中心的航海事业有所发展的背景下，罗马史学家兼地理学家斯特拉波(公元前64年～公元20年)撰写17卷《地理》一书，其中把世界分成欧罗巴、亚西亚和利比亚(即今非洲)三大洲，分别描述了各地的自然和人文景象。之后，随着旅行、探险以及商业航海的进一步发展，阿拉伯各国在公元9世纪也开始编纂各种地方志，记述各地的物产和交通情况。12～14世纪的十字军东征、14～15世纪欧洲文艺复兴以及随之而来的资本主义经济萌芽的发生和15世纪以后的地理大发现，打破了旧的世界界限，西欧各国纷纷向海外经商和扩张殖民，为适应其需要，对世界各地的地理环境、资源分布、经济活动、交通运输、商业中心等各方面状况进行更为广泛地考察研究，以大量搜集、积累和记述自然、人文、地名、物产等资料为主旨的记述地理一日千里地获得发展。经济地理这一知识领域也开始从地理学分化、独立出来，并以商业地理之名出现于世。商业地理学后来也就成了经济地理学形成、发展中的主要源流之一。

第二节　近代经济地理学的发展

　　在科学史上，16世纪到19世纪是近代科学建立、发展时期。这个时期，在继承和发展古代经济地理的基础上，经济地理学的发展出现新的飞跃，表现出若干显著特点：①由现象描述发展到理论的整理、分析，从直觉的、零散的知识，逐步演变成为系统的科学；②作为一门近代科学的经济地理学，是以商业地理(或财会统计)、人文地理与区域地理、经济学中的区位论等为源流汇集、发展而成，并逐渐形成各种学派并存的局面；③由于历史基础、社会经济条件及其国情的差异，经济地理学在欧美各国和俄国的发展有所不同。中国则由于种种特殊的社会历史等方面的原因，此时的经济地理学发展处于相当落后的状态。

17～18世纪，欧洲一些国家经过资产阶级革命，相继从封建时期进入资本主义时期。随着资本主义商品经济的迅速发展，宗主国对殖民地的肆意掠夺，商业城市、贸易港口的不断出现及其腹地的逐步形成，交通运输特别是海运的空前繁忙，国内和国际间商业贸易的日益繁盛，世界各地的封建的闭关自守经济几乎都被陆续冲破，各国和各地区之间的商业与贸易往来继续扩大。例如，资本主义发展最早的英国，需要从澳洲取得羊毛等畜产品，从加拿大取得小麦，从美国取得棉花，从印度获得棉花与茶叶，从巴西进口咖啡，从马来半岛输入锡与橡胶等，所有这些原料与产品的来源几乎遍及世界各地。正是在这样的经济背景下，早先在记述地理基础上已经有所发展的商业地理得以进一步的发展。它以商品的需要、供给、产地、销地、交通和贸易等为中心内容，既注意商品生产的地区分布，更着重于生产流通过程的地区分布。具体地说，它除了向人们提供不熟悉的商品名目种类，指示可从哪里廉价购进商品，到何地可高价出售商品，介绍各地的自然环境、贸易办法及货币制度之外，还增加了有关一国一地区经济在空间上的具体表现等富于地理特色的内容，并进而注意研究和描述各国各地区的经济地理，还格外重视对外贸易及其商品的分析。不过总体而言，它某种程度上同记述商品学相近，仍然偏重于具体商品的记述。此类型的商业地理，在当时的英国、德国和荷兰等国家都曾有很大发展，时至今日，在西方国家的经济地理学中仍占有重要地位。

至于产业地理，较之商业地理稍微进了一步，它标志着经济地理的发展深入到了更加广泛的领域，举凡农、林、牧、渔业和矿业等生产部门的地区分布现象，都相继被引入研究领域，并分别形成分支学科，它们被通称为"产业地理"。但其内容大都偏重于单纯记述物产的地理分布，介绍各国的自然条件与自然资源、各种物产的生产和消费、贸易情况、交通线路与运输工具、运量规模、工商业城市等，尚缺少分析研究，明显地仍属记述资料性质。

在俄国，随着从18世纪后半叶开始的资本主义因素的日益增强，伴随着记述统计学的发展，产生了着重研究经济部门的经济地理学，并被认为是一门"关于各个经济部门状况的科学"。它主要限于把经济资料按部门、地区加以整理，着重记述资料，而缺乏对生产分布原因的分析。18世纪80年代出现的多卷本著作《俄国商业之历史描述》，详细描述了国内外贸易、港口、交通、工业企业和城市；书中对各个地区和商品的详尽记载，为以后19世纪俄国商业地理学的形成、发展打下了基础。当时俄国有相当部分的经济地理的内容包含在方志地理学之中。

值得指出的是，1760年俄国百科全书式的学者罗蒙诺索夫(M. B. Ломоносов，1711～1765年)作为俄国科学院地理部的领导人，在组织俄国北方勘测考察工作中，主张编制经济地图，并提到要建立"经济地理"这门学科，首先提出了经济地理学这一科学名词，还指出研究国家经济必须结合地理条件来进行。可惜，他创立、提出的经济地理学这个名词后来被人们所遗忘，在俄国一般仍沿用"统计"其名。直到1882年，德国地理学家戈策(W. Gotz)在《柏林地理学会会志》上发表《经济地理学的任务》一文，论述了经济地理学的本质及其构成，至此，作为科学体系的经济地理学才被正式提出。戈策认为：经济地理学是把地球空间视为人类经济活动的舞台，是为国民经济发展提供自然地理基础的专门学科，同商业地理学相比，其研究范围更为广泛，内容也比较系统化。其后不久，美国的约翰逊(E. Johnson)在普林斯顿大学开设了经济地理课程。这反映出作为一门近代科学的经济地理学不断地趋向成熟。

总之，进入19世纪，工业资本主义进一步飞速发展，国际运输、贸易变化日趋频繁，原有记述性地理学所起的报道作用，已为其他手段所替代，同时，15世纪到18世纪大量的地理发现和勘测，已经搜集、积累了大量地理材料；其他相关学科的进步，也给地理学以新的科学武装；而客观实践，向人们不断地提出新的亟待解决的课题：各地人们的生活方式为什么不同？各国各地区的生产力水平和经济特点又何以会有如此千差万别？……所有这些，使经济地理学开始既有需要，也有可能摆脱单纯记述的旧框框，进入解释世界的阶段，也就是通常所说的"新地理学"时期。

对于"生产力分布为何有如此明显的地区差异"这样一个命题，当时的经济地理学家曾试图从各个角度去寻找解释。概括起来，大致有两大派别，即从地理环境方面去解释的"环境论"派，以及从经济方面去解释的"区位论"派。

一、环境论的形成和发展

环境论学派的基本观点有一演变过程。初期认为人类社会生产方式的差异，国家、地区间生产力水平、社会关系类型和经济特点等方面的各种差异，都是由地理环境或自然条件所决定。这一观点最初的产生有其深刻的历史背景。资本主义的萌芽促进了生产的发展。地理大发现和环球航行的成功，一系列的科学技术革命，促使在科学领域内朴素唯物主义同中世纪占支配地位的唯心主义和神学观点展开激烈斗争，并占了上风。以法国哲学家、法国革命的思想先驱者孟德斯鸠(1689～1755年)为代表的一些学者提出：决定社会发展的不是"神"的意志，而是地理环境。孟德斯鸠在他所著《法意》一书中，用气候条件来解释人类的风俗习惯、宗教信仰、各个民族的社会制度和政治制度以及其他社会经济现象的地区差异："异常炎热的气候会损坏人的力量和勇气，而寒冷的气候则赋予人们的精神和肉体以某种力量，这种力量和勇气使他们能够从事持续的、艰难的、伟大的和勇敢的行动。这种区别不仅表现在各民族之间，而且也表现在同一国家各部分之间"。于是，他得出结论："气候炎热的地方的各民族的懦弱，差不多总使他们处于奴隶的地位，而气候寒冷地方的各民族的勇敢，却使他们保持住自由的状态"。[①] 与此同时，他也强调社会内部各要素间存在着相互作用，认为自然环境只是和人类的性格、感情有关，法律应考虑这种因素。这就率先勇敢地向宗教神学观点发起了挑战，具有朴素唯物主义的因素，故称"地理唯物论"，在历史上显然曾起过进步作用。对于地理学的发展来说，开始对人地关系规律的研究，就应格外强调尊重自然，以便能够持续地向大自然索取人们所需的物质和资源，这在地理学思想史上是占有应有地位的。后来，人们对孟德斯鸠提出的这一思想长期存有分歧，有人认为这是人地关系研究中的重要理论，有人则认为它是与地理学理论毫不相干的一种社会学说；有人维护它，发展它；有人则批判它。所以有必要对它作公正的评价。历史证明，用地理虚无主义的态度去对待地理唯物论是有害的。尤其在当今全球环境问题日趋严重，自然环境被破坏到已威胁人类生存的时候，强调自然环境对人类生存的作用，坚持可持续发展观点，是迫切需要的。在人地关系新形势下，应该赋予地理唯物论以新的内涵。

稍后时期，近代地理学的两位奠基人之一、人文地理研究早期理论的开创人、德国的李

---

① 转引自伊凡诺夫·欧姆斯基：《历史唯物主义论地理环境在社会发展中的作用》，三联书店，1954.

特尔(Karl Ritter，1779~1859年)，曾致力于研究自然环境和人类历史之间的关系问题，认为地理学的中心原理即"自然的一切现象和形态对人类的关系"，并认为，人民生活特点与自然环境特点相符合，只要认识了自然界，即可判断人类的命运，因而地理环境决定人生活动，决定着社会的发展。这足以反映出，近代地理学前期的哲学基础乃是西方自然科学共有的机械唯物论，在地理学中则明显地表现为地理环境决定论。

这种地理环境决定论的思想，一度曾广泛盛行于当时人文科学的研究之中。如英国历史学家波克尔在其所著《英国文明史》一书中，用100多页的篇幅，专门论述气候、土壤及自然界对社会组织、个人气质的影响，并把个人的民族特征归之于自然条件的作用。他说："高大的山脉和广阔的平原(如在印度)使人产生一种过度的幻想和迷信。""当自然形态较小而变化较多(如在希腊)时，就使人早期发展了理智。""生活在极北纬度的人民从来不曾有过温带地区居民那样卓著的稳定的事业。"他还进一步论证气候不仅刺激人或使人衰弱，也影响着人的工作与能力的坚定性，等等。又如俄国一些学者特别强调水的因素是"历史的真正动力"；培尔即认为河流是"滋养文明的动脉"；历史学家梭洛维约夫则认为，河流及河流系统决定了俄罗斯国家领土的历史的划分，政论家、社会学家密奇尼柯夫(1838~1888年)在其《文明与伟大的历史河流》一书中，则把交通水道——大河、大海和大洋之存在，看作是决定社会生活及社会发展的主要力量，并曾依据交通水道来研究历史的划分时期。

但是，正式把地理环境决定论系统地应用到地理学中，并创立一种学派的，应当说是李特尔的弟子、德国地理学者拉采尔(Friedricn Ratzel，1844~1904年)。他曾任德国莱比锡大学教授，原来专业是动物学，深受当时达尔文进化论的影响。他的代表作《人类地理学》，比较系统地阐述了地理环境对人口分布、迁移、民族特性以及文明中心的影响，是第一个系统地说明文化景观概念的学者，对人文地理学作出了贡献。他认为人是地理环境的产物，人和生物一样，其活动、发展和分布受地理环境的严格限制，他把地理环境对人类的影响归结为四个方面，即：①直接的生理的影响；②心理的影响；③对人类社会组织和经济发展的影响；④支配人口的迁徙及其分布等。总之，在他看来，地理环境"以盲目的残酷性统治着人类的命运"。他在另一本著作《政治地理学》中，根据社会达尔文主义的谬论，提出了国家有机体和民族生存空间的概念，后来被利用为法西斯地缘政治学的所谓"地理依据"，成了为帝国主义的侵略和掠夺进行辩解的"武器"。拉采尔的学生、美国地理学者森普尔(Ellen Churchill Sempl 1863~1932年)把拉采尔的这些观点传播到美国，在她的《地理环境之影响》和《美国历史及其地理条件》等著作中，认为地理环境对人类体质、民族发展与国家历史有决定性影响。她认为，像沙俄这样的国家，其经济发展的滞缓，不是因为存在着封建残余，而是由于"种种地理上的原因——气候严寒、雨量缺乏，欧亚间的边境位置使其常受游牧民族的攻击。"[①] 不过，她扬弃了拉采尔关于国家有机体的观点，对于地理环境对人类生理、精神、社会经济和人口分布及迁移的影响作了具体的分析，并且认为，自然环境为农业、工商业、交通运输等生产活动所提供的可能性，才是人地关系的本质。

人生地理学由地理唯物论派生而来，它把研究对象规定为只是自然与人生的关系，故也称人地相关论、人地关系论。它的一个重要论点是认为"环境虽足以影响人类的活动，人类

---

① 森普尔：《地理环境之影响》，商务印书馆译本，1937.

亦有操纵与征服环境的能力"[①]。又认为，"环境包含着许多的或然性，这些或然性的利用，则完全依赖于人类的选择"[②]。显然它摒弃了地理环境决定论者的"必然论"，一改而为"或然论"。这种"或然论"并非以辩证唯物主义与历史唯物主义为基础，但其提出与传播，对决定论都有很大的冲击。

人生地理学最初是19世纪通过李特尔的立说宣扬、拉采尔的系统著述逐渐形成的，到20世纪初，则由法国地理学先驱维达尔(Paul vidal de La Blache，1845～1918年)及其弟子白吕纳(Jean Brunnes，1869～1930年)集其大成并加以发展。其基本思想认为，人地关系乃是相互的，而不是片面的。白吕纳曾把人地关系的事实按所谓"纯然地学的"分类原则，分为三纲六目，即：第一纲，地面上的建设事业之不能生产者，包括第一目房屋与第二目道路；第二纲，动植物的利用事业，包括第三目耕种与第四目畜牧；第三纲，经济上的破坏事业，包括第五目动植物的乱杀滥伐与第六目矿物的开采。为了验证"自然与人生间严正的地理关系"，他特别强调研究孤立的小区域的重要性，选择了所谓人类社会中的小岛(如海岛、寒带森林或赤道雨林中人类居住的小岛——林岛，广漠平原间孤立的山地——山岛等)进行考察。这样的区域研究固然忽视了区域间的相互联系，但却倡导了根据区域观念研究人地关系的思想。特别是维达尔和白吕纳提出了以人地相关论为基调，以地球表面经济实体为主要内容，以区域为归宿的人文地理学。他们揭示了人类有能力足以改变地理环境的事实，认为地理环境虽足以影响人类活动，人类也可以适应、利用乃至改变地理环境，这对地理环境决定论无疑是一种很大的冲击，对后来人文地理学、经济地理学以至整个地理学的研究，都有一定参考与借鉴价值。

李特尔另一学生李希霍芬及其弟子赫特纳，更认为区域是地理学的核心。赫特纳并曾提出区域地理样板，包括区内的地貌、气候、水文、动植物和人类活动各要素及其相互关系，这在以后便成为区域地理研究的原始规范。如果说拉采尔和维达尔、白吕纳是从人地关系的研究方面推进了地理学的发展的话，赫特纳则主要是从区域研究方面发展了地理学，而其区域地理样板乃是经济地理学中的区域学派的基本源流。

区域地理研究在俄国，尤其是十月革命后的苏联有着自己的传统，同时也受到德国赫特纳等学者的理论观点的影响。这使其经济地理学在发展过程中，各种学派相继崛起，各种学派之间的争论此起彼伏，连续不断，其中区域学派同部门统计学派之间的争论尤为突出。还在苏维埃国家建国初期，以杰恩为首的部门统计学派，认为经济地理学的研究不过是以部门统计的形式去解释个别国民经济部门的情况，完全忽视自然环境对经济发展的影响，孤立地堆砌各个工农业部门的原始统计描述，而不分析各个部门之间的相互关系，甚至连资本主义和社会主义本质不同的两种制度也不加区别，而采用同样的方法、原则去研究两种不同制度下的经济区划。以巴朗斯基和科洛索夫斯基为首的学者，在十月革命后的最初年代参加了国家计委的经济区划工作，并于30年代初形成了与部门统计学派对立的莫斯科大学经济地理的区域学派。区域学派主张经济地理学的研究对象是经济区，重视自然条件的评价及区域特征的分析与描述。

苏联的区域学派沿袭赫特纳的区域地理是地理学核心的传统观点，忽视部门地理学在理

---

① 白吕纳：《人地学原理》，任美锷，李旭旦译，钟山书局，1936.

② 转引自狄更生，霍瓦士：《地理学发达史》，楚图南译，中华书局，1936.

论和实践上的成就及其对地理学发展的促进作用。在苏联的经济地理教学中，部门地理不过是苏联农业、工业和交通运输业的地理概述，其目的只是为讲授苏联区域经济地理做铺垫、作准备而已。但是，该学派对经济地理学发展所作的建树，是应当肯定的，这尤其集中反映在巴朗斯基的工作业绩上，即：①他第一个把马列主义的观点引进地理学，从劳动地域分工的原理出发，分析了两种不同社会制度下劳动地域分工的本质差别，以及经济区形成、发展的条件和特点、生产专门化和综合发展等问题；②他运用唯物史观，既批判了形形色色过高估计地理环境作用的地理环境决定论（地理宿命论），又同地理虚无主义的"左"的倾向作了不懈的斗争。他坚决反对把自然地理学搞成"无人类"的地理学，把经济地理学搞成"反自然"的地理学，积极地维护了地理学的整体性；③他首先建立了比较完整的区域经济地理描述体系，较之赫特纳提出的区域地理样板前进了一大步。

　　巴朗斯基区域学派的倡导者科洛索夫斯基根据苏联国内建设的实践，提出了生产力地域综合体理论，认为经济地理学的研究对象是生产力地域综合体，主张从自然、技术、经济的联系中去研究、分析生产力的地域组合现象，其研究须以自然为基础，以经济为核心，以技术为纽带，主要客体是经济现象。又因为这里所谓的生产力地域综合体就是通常所说的经济环境，所以他倡导把生产力地域综合体作为经济地理学的研究对象，提出生产力地域综合体的理论，也被称为经济地理学中的环境学派。它导源于近代地理学的景观学派，但对景观学派来说却又是一个飞跃。地理学中从景观学说到生产力地域综合体学说的发展，使环境派从以自然为重心转变成以经济（生产）为重心，这是学科发展进程中的一大进步。

二、区位论的形成和发展

　　区位论也称为标准化理论，是19世纪初叶开始在德国获得发展的一个古典政治经济学流派，由德国农业经济学家杜能首创。杜能按照古典经济学中的生产要素，即土地、劳力、资本学说，把具体的地理条件抽象化，用区位地租来解释农业区域以市场为中心的环状分带。他根据在德国麦克伦堡半原长期经营农场的经验，写成并于1826年出版《孤立国对于农业及国民经济之关系》（简称《孤立国》）一书，正式提出了农业区位的理论模式。[①] 杜能的农业区位论反映了自由资本主义时代城乡之间生产地域结构的分异和农业土地利用类型的专门化。这一学说的缺陷，是把引起土地利用和农业生产类型地区差异的复杂的自然、社会经济因素，均假设为到处一样的常数，单独考虑市场距离一个因素的影响，从而得出经济地租与市场距离的函数关系；在他心目中，所谓空间或区域成了只有相对距离的纯粹几何空间，这显然与实际相悖。但他不仅阐明了市场距离对农业生产集约程度和土地利用类型（农业类型）的影响，而且还率先确立了对于农业地理学至为重要的两个基本概念，即土地利用类型（或农业类型）的区位存在着客观规律性，以及优势区位的相对性，因而迄今仍有其科学价值。

　　19世纪中叶之后，西欧各国的原料工业，尤其是钢铁工业的发展规模日益扩大，德国经济学家韦伯（Altred Weber，1868～1958年）对当时德国以煤炭生产为中心的鲁尔工业区作了比较全面的研究，于1909年提出了关于工业区位的学说，即工业区位论（详见本书第五章第四节）。他的《论工业区位》可谓全世界第一部关于工业区位的比较系统和完整的理论著作。

──────────

　　① 详见本书"第一产业市场布局"一章.

之后威廉·罗雪尔、阿尔贝特·谢弗尔、龙赫德等人，虽然也曾探讨了工业区位的若干因素，列举了形成工业区位的各个条件，但始终未曾形成完整的理论体系。

韦伯的理论以古典经济学概念为依据，以抽象的、孤立因素的分析为着眼点，是以生产为中心的关于经济地域结构的研究。当资本主义从自由竞争进入到垄断阶段，原料、燃料和劳力的来源更趋广泛，甚至具有世界性，市场问题成了经济活动赖以进行的关键。于是，以生产为中心的古典区位论，便无可避免地要让位于以市场为中心的近代区位论。近代区位论的发端，是本世纪 30 年代出现的中心地学说。

德国地理学家克里斯泰勒，在对德国南部地区的乡村聚落的市场中心和服务范围进行实际调查研究的基础上，吸取古典区位论的成就，于 1933 年完成《南德的中心地》一书，从中提出了关于城市区位理论——中心地学说，目的在于探索和揭示决定城镇数量、规模和分布的原则；认为，城镇形成于一定数量的生产地之中，是人类社会经济活动在空间的投影，是区域的核心，城镇应建立在乡村中心的地点，对周围乡村起到中心地的作用；中心地依赖于收集输送地方产品并向周围乡村人口提供所需货物和服务而得以存在。据此，克里斯泰勒探讨了中心地对周围地区担负中心服务的范围，认为距离最近、最便于提供货物和服务的地点，应位于圆形商业地区的中心。为避免相邻中心地服务范围的重叠交叉，遂将中心地周围区体系，转换成为六边形体系，从而总结出三角形聚落分布和六边形市场区的经济地域体系。

稍后时期，德国经济学家廖什于 1940 年发表《经济的空间秩序》一书，提出以垄断代替韦伯的自由竞争，以最大利润代替最低成本；认为工业企业势力之消长，取决于其市场圈的扩大与发展，并利用克里斯泰勒的六边形图式——地域框架，提出：各个工业企业都拥有六边形的市场圈，大凡商品都有一个最大的销售半径，排出（分散）与吸入（吸引）两种不同力量在不断发挥作用，市场圈因而便产生扩张与收缩之变化。这样，他把自上而下的商业、服务业的地域分析，扩展成为包括自下而上的加工工业的市场区理论，即所谓经济景观。克、廖二氏的理论，符合基本理论研究的程序，同实际经济地理现象虽然并不完全吻合，但却把萌芽于二三十年代，在地理学中引进、运用的数学方法推向深入，成为在地理学中广泛应用数学方法并用数学模式建立地理学基本理论，使地理学由解释性描述进入确定性解释地理现象的先驱者。显而易见，经济学中的区位论移植到地理学之中，便形成、发展为现代经济地理的几个主要学派之一——计量学派。

第三节　国外现代经济地理学的发展

第二次世界大战以后，现代经济地理学在国外有了长足的进展，这具体表现在以下几个方面：①地理学研究的"人文化"趋势愈益增强，经济地理学发展较快，在许多国家愈益得到重视，其地位越来越高；②城市化及城市地理问题、区划与区域规划问题的研究在不少工业发达国家越来越成为经济地理研究的活跃领域；③研究领域逐步扩大，开拓了资源地理学、旅游地理学及国土整治规划研究等新方向；④经济地理研究中不断加强社会观点和生态观点，从数学、经济学、生态学、社会学等学科引进有关方法，使经济地理学朝着计量化、经济化、生态化、社会化方向发展，愈益发挥其建设性和预测性的作用。

战后，特别是本世纪 60 年代以来，工业化国家，如欧洲各国、美国和日本等，经济工业化和社会城市化趋势急剧发展，工业交通运输高度集中，城市规模不断膨胀，给自然环境与人类活动的关系、经济部门与区域管理、地区布局等方面，带来了一系列日益尖锐的全球性或地区性矛盾，急需经济地理学者参与对人和地理环境的关系及生产布局的合理调整：①全面研究现代社会对环境的影响，研究这种影响变化的形式、方向与深度；②科学地预测这些变化的生态后果，以及研究表述此种后果的科学方法；③进一步阐明、评价自然资源（各单项资源及其地域组合情况）及其有效利用的途径；④研究生产的合理发展与地域组织，城市与人口的合理布局，并使之能保证经济有效地利用和保护自然资源，改善周围地理环境；⑤借助现代技术手段，定向地改造环境，为人民生活创造适宜的条件等。

由于经济地理学者广泛地参与有关研究实践，推动经济地理学在许多国家得到比较迅速的发展，除了它所固有的情报性、说明性作用得到充分发挥外，其预测性作用也在不断增强。人们日益感到，经济地理学在社会生产和生活、综合性的规划中能起到有益的参谋作用，其研究已涉及到市场、政府决策、社会结构对经济布局的影响等领域，故而备受重视，其地位也越来越高。1980 年 8 月于日本东京召开的第 24 届国际地理学大会，在人文地理——经济地理方面，成立了经济地理、人口地理、历史地理、城市地理与社会文化地理 5 个小组，共提出论文 255 篇（包括复兴区域地理小组），占大会全部论文（509 篇）的一半以上；还以日本文化、环境研究、自然灾害、气候变化与粮食生产、自然资源的利用与管理等 5 个专题，进行了大会报告与讨论，这都反映出有关人文地理——经济地理方面的研究密切结合社会实际，愈益受到广泛注重的趋向①。

目前世界各国出版的经济地理学方面的主要专业期刊已达 50 余种。在若干综合大学的经济、农业、技术、管理科学等专业和商业学院中，都开设了经济地理学课程，并出现了专门的经济地理系和经济地理研究机构。在有些国家，为开展有关经济地理的调查研究，则在政府中建立了直属的业务机构，如，苏联在国家计划委员会下设生产力研究会；朝鲜民主主义人民共和国在政务院下设土地规划总局；日本建设省下设国土地理院，英国设有土地资源部和土地利用调查局，联邦德国内务部设有联邦地理局以及独立的城市建设和区域规划研究院；加拿大矿业部设有地理组、商业部设有地理服务处，等等。

从经济地理学研究领域看，提交近几届国际地理学大会有关人文地理——经济地理学方面的学术论文中，城市地理和人口地理方面论文之多，引人瞩目，显然已成为当代国外经济地理研究的两个活跃领域。这主要是由于本世纪以来，特别是第二次世界大战以来，一些工业发达国家工业集中化的趋势愈益强烈，世界城市人口不断剧增。随着人口大规模、高速度地向城市地区集中，城市数目越来越多，城市人口和用地规模日趋扩大。城市化的急剧发展，给工业布局和城市发展、工业集聚与环境保护、城市土地利用、以及城市规模控制等带来了一系列实际问题，要求进行综合性的城市规划和城市规模的合理控制。这种情况，不仅使美、英、法、德国等区域地理、人文地理研究传统比较发达的国家，城市化与城市地理研究的地位越来越突出，而且也使得苏联等一些长期偏重自然地理学研究的国家，也日益重视不同地理条件下城市居民点的发展、现代化城市建设的科学原理等方面的研究。

---

① 1988 年 8 月间在澳大利亚悉尼举行的第 26 届国际地理学大会上，学术活动依然表现出人文地理学各分支学科逐步扩大，经济地理学独树一帜等趋势；向大会提交的论文中，涉及人文地理方面 8 个专业委员会的共约 320 篇，而设置的自然地理方面的专业委员会仅 3 个，论文约 200 篇。经济地理学方面，有关自然资源合理开发利用、区域差异与分区发展规划、工业布局、运输与商业地理、旅游地理等论文数量较多.

在美国，无论是研究人数或研究成果，城市地理学都居地理学之首。城市地理学在英国，则是地理学中三个主要专业(其他两个为地貌学和历史地理学)之一。在法国，城市规划与区域规划乃是战后地理学发展的四个方向之一。联邦德国的地理学者也广泛地参与了城市规划与区域规划工作，城市地理学和区域地理成了该国地理学的主要学科。日本学者对当今和未来日本及世界上的城市化与城市体系问题也开展了专门研究。波兰着重研究了本国的中小城市发展问题，并提出了今后50年世界城市化趋势的预测，等等。有关国家的一些大学地理系开始为城市规划、建设部门输送人才，城市地理学在大学地理系的课程设置中取得了自己的地位。

在城市地理学的理论研究领域，无论是分布理论或是形态结构理论，很大程度上是对二三十年代以来所积累的一些概念的进一步检验，其中最为突出的则是广泛验证了克里斯泰勒的中心地学说。这一学说五十年代后迅速受到各国地理学家和经济学家的普遍重视，一时成了城市地理研究的热门，在"计量革命"的推动下，逐步形成城市地理学中的区位学派。此外，在学科之间还表现出活跃的边缘"杂交"，不但计量分析的应用在人文地理各学科中居于领先地位，而且还引进社会学和心理学的理论与方法，根据人们的观感、行为同决策之间的关系，研究城市的动态过程，从而产生城市地理中的行为学派，共同促进了城市地理学的发展。

至于区划与区域规划研究，则是经济地理学研究的传统课题与领域。苏俄最早于十月革命前即已对经济区划问题的研究有所重视。20～30年代亦曾开展过经济区划。60年代以来，配合全苏经济行政区的调整，地理学界投入了相当多的力量，在实践基础上完成的有关专著，在经济区划的理论和方法上都有所发展。在联邦德国，从60年代后期起，地理学家参与全国的经济区划，并出版了一批方法论专著。在部门经济区划——农业区划方面，美国较早地进行过本国农业区划与轮廓性的世界农业区划工作。苏联在十月革命后，曾先后多次组织多学科的专业人员进行全国和各加盟共和国的农业区划工作，在研究区划原则和方法的基础上提出过多种区划与布局方案，以供制订远景发展计划和土地规划之用；1975年由全苏列宁农业科学院等单位协作完成的《苏联全国土地自然——农业区划》，把全苏划分为3个农业带、14个农业地带、1个农业地区及5个农业亚区。

对于区域和区域开发研究，由于西方地理学在50年代与60年代加剧学科分化，综合性的区域研究曾一度消沉，致使地理科学的整体失去了中心。经过50～60年代大规模的恢复和建设，一些发达的工业化国家实现了经济的恢复与增长。此后，大多数发展中国家利用本国资源和有利的国际环境，也促进了经济的迅速增长。但是，世界范围内，各国各地区之间发展水平尤其是人均国民生产总值的差距并未缩小，地区间、国家间的竞争日趋加剧。为了在竞争中获取较有利地位，各国各地区都力求制订适合自身的发展政策，寻找自己的发展途径；而在区域发展中，又都面临着如何使经济、人口、资源、环境取得协调的问题。在这种情况下，不少地理学者(包括经济地理学者)应用生态和系统论的观点，以地域为单元来综合研究自然环境与人类社会经济活动的相互关系；同时，也把景观的研究纳入到区域人地关系的研究之中。于是，曾一度被冷落了的区域和区域综合开发的研究又被摆到重要地位。伴随着大规模工业化和区域经济发展而广泛兴起的区域和区域开发研究，在各地风起云涌，汇成一股世界性的潮流。其中作为区域与区域开发研究具体化的一项主要课题，区域规划自60年代以来，其发展进入了新的阶段，主要表现为：①区域规划的类型多，在许多工业化国家的大部分地区都已开展了多种类型的区域规划,如苏联在 60~70 年代中经济地理学者与有关学科的学者一起,编制了约 450 个工业区、工业枢纽的区域规划;②把全国各地的区域规划联系起来向整体化发展。如法国、联邦德国把全国分为若干相互联系的区域,进行全面规划;③在规划中提高了对环境和社会问题的重视程度;④区域规划与区域发展政策相结合。

与此相关联,70 年代后期出现另一新动向,即区域地理学的复兴。1970 年英国地理学者费谢尔发表《区域地理学往何处去?》一文,极力呼吁要恢复以分析人与地理环境关系为主旨的区域地理学,得到了全世界地理学者的积极响应。目前,区域地理学正在向一门新生学科——区域科学(空间科学的一个分支)的方向发展,它的研究注重于人类在生活空间上所面临的种种课题,包括各地区国民经济发展的方向。工、农、交通运输等产业的企业位置分析、人口与都市的发展、能源与资源的地区供求平衡、民族关系以及环境保护等等。区域科学工作者常与社会学者、工程师等各方面学者一起,为国家的决策提供科学依据,也为各种区域规划服务。美国宾夕法尼亚州大学的地理系甚至已改名为区域科学系,足见区域科学发展的巨大势头。

为了更好地解决面临的各项迫切的重大任务,经济地理学的研究领域,已从生产力布局扩大到各种具有地域性的经济景观和社会景观,强调经济地理研究要考虑社会要素(政治、文化、社会生态和心理等),探索社会经济区域系统(广义的生产力布局地域系统)的形成过程、分布和发展方向。不断加强社会观点和生态观点,已成为经济地理研究的一个新趋向。在这方面,70 年代苏联的经济地理学从生产配置科学演变而成社会经济地理学,即为一突出实例。长期以来,苏联在发展国民经济方面致力于以物质生产为目标,与此相适应,其经济地理学在传统上十分注重突出关心社会物质生产的观点,强调经济地理学的研究对象是社会物质生产配置,经济地理学就是一门生产配置科学。但是,随着苏联发展国民经济的目标由迅速发展物质生产转向充分满足人民对各种服务和文化的要求,经济地理学者们越来越认识到,再把经济地理学的研究对象局限于生产领域,已是一种不可容忍的缺陷,不能适应多种多样的社会要求,认为应当充分重视对非生产领域空间形态的研究,要考虑社会要素(社会生态、心理、政治、文化等),亦须对人口、聚落问题的研究给予足够的重视,因此,主张经济地理学应由生产、服务、人口聚落地理所组成。1977 年出版的《苏联人口聚落地理学的发展》一书,即重点论述了经济地理学中的社会要素,促使苏联的经济地理学向社会经济地理学转化,并且提出,应当把社会与自然相互作用的生态问题,以及对服务、旅游、休假等有关领域的研究,作为经济地理学研究的新课题。

与此同时,苏联的经济地理学还大力引进其他学科的成果和方法,明显地出现了经济化、社会化、生态化发展的趋势。①经济化。鉴于战后苏联的经济地理学过多地局限于各种现象的描述,在生产配置研究、对国内经济区域分析等方面远不及经济科学,在计划经济的实践中只能发挥教育的职能,不少经济地理学者提出,在经济地理研究中应当充分考虑价值法则、经济合理性、经济效益、利润等问题,要重视经济和经济要素相关功能的研究。据此,明茨和马耶尔戈伊兹等人对以往生产配置理论作了重新研究。明茨在 1970 年的论文中指出,在世界新技术革命浪潮冲击面前,有必要对工业配置须接近工业原料产地与克服远距离运输的原则进行新的探讨,认为决定配置的标准,就是经济效益和劳动的节约,亦即包括辅助部门在内的生产与运输总支出的最小化。②社会化。苏联在战后经济地理学中人口、聚落地理学曾有长足发展,经济地理学者们认为,人口地理学在经济地理学中是最能反映社会这一侧面的分支，人口、聚落地理学的研究，使经济地理学与社会学接近，在很多情况下其研究已与社会学相结合，在他们看来，经济地理学研究之所以日益社会化，一是因为地域组织并非全受经济准则的支配；二是由于在生产和人口配置传统研究范围内，越来越多地应用着非经济的准则，特别是应用社会的准则。于是社会地理学从1977年起，在苏联正式被确认为地理学的一个分支，并认为社会地理学是用社会效益的观点来研究生产力的地域组织问题，是研究社会生活的空间组织的学科，亦可说是地理学与社会学、民族学相邻领域的一门科学。与此同时，服务地理学在苏联也有迅速发展，它研究的课题包括：对影响服务业形成、发展的诸条件的评价、消费结构、消费水平的地域差异等。③生态化。早在战前，西方国家地理学的发展即曾受到生态学的影响，开展过生态地理学的研究。近年来，在苏联，也把生态学研究与生态学知识引入地理学领域，并称之为生态化。有的学者认为，为了把自然环境给予人类生活的不利影响控制在最小范围内，需要研究其影响机制，同时亦须研究人类对条件变化的适应能力，故而有必要进一步开展医疗地理学、人类生态学等的研究。有的学者也提出，生态因素作为限制生产配置的因子，其作用不断增大，所以在工业地理学等的研究中，须得重视自然保护问题；要研究对各种不同规模的地域资源的利用，实现自然与社会相互作用的最佳化，等等。

国外经济地理学研究领域的扩大，还具体表现在出现了一批具有边缘科学特点的新学科。例如自然资源地理学、计量地理学、感应地理学、行为地理学，以及前述社会地理学等。其中自然资源地理学（或称资源地理学），是一门研究各种自然资源的数量、质量的地域组合、分布规律，并对它们进行经济评价、合理利用与保护的科学，它是战后基于军事和经济规划的需要而形成、发展起来的。欧美从40年代起，即已有资源地理学的研究，并在大学设置相关课程，苏联建立这门学科则是在1960年。近年来出现在西方国家（主要是西欧和美国）的感应地理学和行为地理学，已受到相当重视，感应地理学研究的是人们对不同地理环境反应的特性、形成过程及相互关系，研究的着重点是不同居民集团对环境的感应认识过程，规划决策人、旅行者、生活在特殊环境（灾害、宗教等环境）下人们的感应特点。行为地理学则是研究不同人类集团、阶层、阶级对地理环境的行为和决策，它除了研究居民的行为外，特别注意规划决策人的行为判断的地理合理性程度，研究企业经理阶层的区位选择行为，此外，还研究旅游行为与旅游区规划设计的关系以及特殊环境下的人类行为等等。

以人类旅行游览与地理环境的关系为研究对象的旅游地理学，愈益受到人们的重视。1964年加拿大地理学家沃尔夫认为旅游地理学是从经济地理学中分离出来，可用不同观点对它进行研究。英国地理学家罗宾逊则认为它是一门应用地理学。日本地理学家涛香幸雄在《观光地理学》一书中则仍然把旅游地理学列入经济地理学的研究领域。1980年，苏联科学院地理研究所和7所高等院校协作编写的《苏联游憩系统地理》一书，除了论述游憩系统形成与发展的基本因素、游憩活动条件与旅游资源，苏联的游憩地域系统及其相关部门（游憩地域组织的基本规律、游憩区划、游憩系统职能的地域组织）之外，还把苏联划分为4个游憩地带、20个游憩区。在被称为"国际旅游年"的1976年，于莫斯科召开的第23届国际地理大会上，第一次把旅游与娱乐地理学列为专业讨论组之一。旅游地理学作为一门新兴的学科，在实践中正日益显示出旺盛的生命力。

在研究领域日渐扩大，陆续形成若干新学科的同时，经济地理学所固有的区域性、综合性以及学科之间的相互渗透，也在不断加强。一些国家围绕解决国民经济的重大问题，往往组织多学科的综合考察。50～60年代，西欧和美国的一些学者曾对非洲、亚洲的发展中国家进行过区域地理的考察研究。苏联重点考察了西伯利亚平原地区，开展了哈萨克地区自然资源开发利用与生产力布局的研究。随着研究的发展，一方面进一步扩大了对未开发和新开发地区，如极地、海洋资源的考察研究，另一方面则出现了加强对已开发地区的空间调整、规划、预测研究的趋向。

在研究方法上，60年代曾广泛掀起了所谓"地理革命"。这场"革命"，把数学方法和电子计算机技术广泛地引进地理学领域，企图把包括经济地理在内的地理学"理论化"、"数量化"，建立成为一门真正的"科学"。总之，是企图以数学计量方法进行理论归纳，以可以应用、操作的数学模型来表达区域社会经济现象的相互关系，使模型中的各个组成部分的相互关系，与地理现象各要素之间的相互关系相吻合。在具体方法上，则是把生态学原理引入人文地理学的研究，在较高阶段上研究"人地关系"，认为人类的社会经济活动及其所处的空间自然环境组成一个相互作用的统一体或综合体；由过去讲的因果关系转而着重于研究函数关系，即用数学模型来探索位置、距离、方向、范围、密度、演替等人地空间要素在函数上的变化规律。但在实践中，"模式"和"公式"往往把区域差异简单化为"距离的远近"，个别的甚至为数学而数学，完全抽掉了地理内容。然而，总的看来，地理革命导致经济地理学迅速走向定量化，从而显著提高了人文——经济地理学研究的社会实践意义。

第四节　中国经济地理学的发展

如上所述，我国古代有关经济地理的记载，源远流长、内容宏富，虽然还不能称之为科学经济地理，但所积累资料之丰富，若干著述所含经济地理思想科学价值之可贵，在世界经济地理的发展中令人瞩目。只是因为漫长的高度中央集权的封建统治以及自给自足的小农经济，严重束缚了生产力的发展，使商品经济在中国长期得不到发展；加之封建统治阶级鄙薄技术，尊经崇古，实行科举取士，这些严重阻碍了包括经济地理在内的近代科学技术在中国的发展。

鸦片战争之后，中国沦为半殖民地、半封建社会的国家。那时为数很少的经济地理工作者，在困难的条件下对西南、西北地区进行经济地理考察，开展关于土地利用、交通地理、经济制图等方面的工作，积累了少许资料，发表了一些论著，培养了一些经济地理人才，为推动中国旧地理学向现代地理学迈进作出了贡献，但当时所发表的论著以及相应的教学，包括外国地理学者在中国作的一些调查研究及其论著，有不少是传播了庸俗的地理唯物论、"地缘政治学"、马尔萨斯人口论、世界主义等观点，掩饰了帝国主义对中国的掠夺政策，培植了对西方文化科学的盲目迷信，削弱了中国人民的民族自尊心；同时也对科学经济地理学在中国的形成和发展产生障碍作用。

俄国十月革命之后，在中国曾分别翻译出版过苏联卡赞宁的《中国经济地理》、维特维尔的《世界经济地理讲座》，并有学者对苏联经济地理学的理论与实践作过零星介绍。中国学者自身也曾努力以新的观点，先后写成若干著述，如1936年出版刘思慕的《世界经济地理讲话》，1941年出版陆象贤的《新中国经济地理教程》，1948年出版陈原的《世界政治地理讲话》，等等。其中，陈原所著一书的出版，已是新中国成立前夕，作者对当时泛滥于旧中国的种种资产阶级地理理论，作了全面的批判。这些工作是中国科学经济地理学的先声，为新中国经济地理学的发展奠定了基础。

中华人民共和国成立后，通过为社会主义生产建设服务的实践和学习社会主义国家的经济地理学的成就，批判资产阶级唯心主义地理思想，科学的经济地理学逐渐得以发展。数十年来，由于坚持为国家社会主义建设服务的方向，帮助解决生产建设上的若干具体课题，壮大了经济地理工作者的队伍，改进了研究方法，提高了业务水准，积累了大量科学资料，推动了中国经济地理学的发展。中国经济地理学近数十年间的发展大致可划分为如下三个时期：

一、第一时期（1950～1957 年）

这一时期，针对旧中国遗留下来的队伍少，水平低，资产阶级学术观点占统治地位的状况，在经济地理学界提倡学习马列、学习苏联，开展对各种资产阶级学术思想的批判，有力地推动学科发展较快地转到辩证唯物主义思想体系上来。为了适应国家经济、文化建设对科研和经济地理人才的需要，地理研究机构和不少大学地理系，相继成立了经济地理研究室（教研室），有些大学还先后设置了经济地理专业，或举办经济地理研究班，从而使专业队伍不断地有所扩大。这个时期，经济地理工作者结合国家建设任务，积极地开展了西藏、黑龙江流域、新疆、黄河中游、汉江流域、云南、华南等地区的综合考察，以及铁路选线、调查等科研项目。通过大量的调查研究，开始了《中华经济地理志》这样空前巨著的编写工作。在初步实践的基础上，经济地理学界还就学科对象、性质、任务等基本理论问题，展开了有益的争论和探讨。不过，这一时期也存在着全盘照搬、学习苏联的偏向。

二、第二时期（1958～1966 年）

中国经济地理学在这个时期较前一时期有了长足进展。广大经济地理工作者在继续进行前一时期的综合考察等科研任务的同时，又广泛地参加了区域规划、农业区划、经济区划、流域规划等科研工作的实践，并取得程度不同的良好成绩。如 1958 年在贵州、四川省内经济区划的基础上开展的全省性区域规划，先在省内划分若干经济区，确定各经济区的主要发展方向和骨干建设项目，然后分区进行布局定点的具体规划；以及河北省按行政区进行的区域规划、吉林省通化地区的区域规划等。在实践的基础上，经济地理工作者曾写出《区域规划中的工业布点问题》、《区域规划与省内经济区划》等论文。1960 年冬在长春召开的经济地理学术讨论会上还曾集中讨论过区域规划的理论与方法问题。农业区划在 60 年代初期曾受到前所未有的重视，1963 年被列入全国农业科学技术发展规划的首项重点科研任务；1964 年国家科委召开全国农业区划工作经验交流会，总结了以江苏为代表的省级农业区划经验，《人民日报》还为此专门发表了社论《用严格的科学态度来领导农业生产》；1965 年又出现以广东省东莞县为代表的县级农业区划典型。这一时期全国经济地理学界集中主要力量，广泛积极地投入到全国、省（市、区）、地、县级农业区划工作，并力求使成果富于综合性、区域性和实践性，取得了丰硕成果。此前，1958～1959 年中国科学院地理研究所曾组织力量编写出版了《中国农业区划方法论研究》一书，系统地探讨了农业区划的理论与方法，全面阐述了农业区划的原则、类型、分级方法和工作步骤，对农业区划工作起到积极的推动作用。此外，工业布局的研究在 60 年代上半期也有较大进展，研究水平得到较大提高。曾开展了华北地区钢铁、煤炭、化肥、纺织等工业部门的合理布局，及城市用水、中小城镇发展工业的调查研究；参加了东北、华北地区火电厂燃料基地选择的专题研究，总结了水利枢纽和水电站布局经济效果论证的经验；还进行了制糖、建材等工业布局因素与特点的研究。1965 年在广州召开的全国经济地理学术讨论会，曾收到并讨论了有关部门工业布局的因素、特点和技术经济分析论证的不少论文。同期，少数经济地理工作者也参加了内地若干工业基地建设条件的综合考察、评价和建设布局方案的规划论证工作。交通运输地理方面主要参加过河北省综合运输网规划、全国水运网规划、运输与生产力布局、港址选择、陆路交通自然区划，以及区域规划中交通运输布局规划等课题的研究，编写并出版了《中华经济地理志·中国经济地理总论·运输地理》、《中国河运地理》，以及《海上航道地理》等若干交通运输地理著作。在大量调查研究和实践工作的基础上，继续编写出版了《中华经济地理志》各个分册。这个时期，有越来越多的经济地理工作者重视理论研究，比较深入地探讨了经济地理学研究对象的基本矛盾等问题，并在 1961 年经济地理专业委员会上海会议上取得较为一致的意见，这也从中反映出中国经济地理学界开始摆脱苏联经济地理学的不良影响，结合中国实际，开始提出了自己的一些理论创见。基本理论上的突进，必然又会推动学科的进步。经济地理工作者又分别就经济地理学对自然条件、技术条件的评价问题、经济地理学分支学科如何为生产服务等问题，组织了全国性的专题讨论。之后，在《地理学报》上曾发表了有关自然条件的经济评价问题的专论，标志着中国经济地理学在此类课题的理论与实践上，都有了新的提高。总之，这一时期中国经济地理学发展快速，成绩显著，但也存在着学习、借鉴外国有益的先进经验不够，部分实践工作不够踏实、理论总结尚嫌不足等问题。

三、第三个时期(1966 至今)

这个时期，尤其是十年动乱期间，中国经济地理学遭受极大摧残，工作停顿，学术活动停止，机构拆散，人员改行，资料散失；在生产力布局工作中，唯心主义盛行，形而上学猖獗，不按自然规律和经济规律办事，不讲经济效果，搞瞎指挥，"一刀切"，严重违背因地制宜、量力而行等原则，对国民经济造成严重失误。虽然如此，中国的经济地理学在逆境中仍有所发展。从 1973 年起，全国许多单位的经济地理工作者排除干扰，积极投入农业地理考察和《中国农业地理》丛书的编写工作，先后编写出版了《宁夏农业地理》、《青海农业地理》等著述，以及其他一些省、区农业地理的征求意见稿；并在国家建委、山东、河北、安徽等省计委和国家计委华北组的支持下，先后开展了兖州、淄博、冀东、两淮等工业基地的建设条件研究，以及工业为主的生产力布局的综合调查研究，为确定某些大型建设项目的布局和编制地区经济建设规划提供了科学依据；几所综合性大学的经济地理工作者，则陆续开展了城市地理与城市规划的研究工作，在城市建设规划实践中逐步打开了经济地理研究的新局面；在唐山市重建规划中，经济地理工作者与有关单位共同提出了新唐山分三片建设的建议。有的进行了外国经济地理的研究工作，洋为中用，努力用研究成果为外贸、外援服务；还有的坚持经济地理学基本理论的研究，取得了一定的可喜成果。1978 年提交长沙全国经济地理学术会议的 160 多篇学术论文，是这一时期中国经济地理学研究成果的集中体现。

十一届三中全会之后，加速实现四个现代化的形势发展，要求经济地理学更好地为四化服务，促使中国经济地理学迈入蓬勃发展的新阶段。经济地理工作者更加广泛地投入到全国农业自然资源调查与各级农业区划工作中，还承担了城镇规划、旅游资源开发利用与旅游业发展规划和国土整治等多方面的研究任务，取得了丰硕的成果。尤其是随着国土整治工作受到各方面的重视，在京津唐地区、浙江宁波滨海地区、湖北宜昌地区、吉林松花湖地区、河南豫西地区、新疆巴音郭楞自治州、云南滇西地区、海南岛以及南方丘陵山区等30多个地区，先后开展了国土开发整治的调查研究与规划试点工作，国家计委组织力量完成了《全国国土总体规划纲要》的编制，截至1990年9月，全国已有2/3的省（区、市）已完成和接近完成省级国土规划的编制工作，地（市、州）级国土规划230多个，占同级行政区总数的2/3，县（市）级国土规划640个，约占县级行政区总数的1/3。在此过程中，众多经济地理工作者投入全国各地的国土整治工作，发挥学科特长，为这项战略性课题的研究以及推动我国区域综合开发研究向纵深发展作出了贡献。

近年来，我国社会经济发展出现一系列重大转变：社会主义市场经济体制不断完善，以企业集团为代表的现代企业的建立与发展，高新技术产业及其开发区数量与规模的扩大，信息与知识经济的兴起，经济国际化日趋发展。在如此宏观背景下，我国经济地理学的研究与发展，也出现众多引人注目的特征，归纳起来主要表现为如下方面：①随着经济管理体制的变革，关于经济结构、劳动力结构、人才结构等的转型研究的成果增多，也从中反映出经济地理学研究与我国社会经济发展实践密切结合的特征。②关于高新技术产业及其开发区的经济地理学研究，已先后经历了"经验借鉴"、"战略研究"、"因素分析"、"类型研究"等阶段，目前关于高新技术产业及其开发区形成机制及其与区域经济发展之间关系的研究也成为热点。③伴随着信息经济、知识经济的浪潮，与高新技术产业及其开发区的研究相适应，结合"科学技术是第一生产力"的讨论，关于技术、技术创新与扩散，以及技术支撑点——人才问题的理论研究与案例分析的成果渐多。④随着现代企业在我国的建立与发展，关于企业集团的组织结构及其空间演化、布局，以及企业与区域发展之间关系的研究成果相应增加；而以跨国公司为代表的外商投资及其与中国经济建设乃至社会文化发展之间关系的研究，更将该项研究的领域进一步延伸。⑤城、乡研究形成"汇流"。在"城市研究"和"乡村研究"两大领域的研究不断深入的同时，在"城市郊区化"和"乡村城镇化"的演进过程中，作为城、乡研究的交叉领域，目前关于"城乡结合部"的综合研究引人注目。⑥区域发展研究成为热点。在开展区域经济综合研究的同时，区域人口、区域资源与区域环境-生态的经济地理研究也不断出现新的成果，进而关于区域PRED协调发展乃至区域可持续发展等的研究日益成为热点，研究领域日趋扩大、内容更趋复杂与多样。⑦理论研究倾向明显增强。从科学地理学、经济地理学的学科理论及其体系、学科的科学思维及其哲学基础、经济地理学的数理化研究、学科的跨世纪发展问题等研究侧面，也进一步表明，与广泛地参加经济建设的应用研究相比较，理论研究尤其是基础理论研究的滞后状况，已开始引起经济地理学界有识人士的关注。

第五节 结语——启示与展望

一、历史的启示

回顾国内外经济地理漫长而曲折的发展过程，从中可提供给人们哪些有益的启示呢？

第一，科学的发展取决于经济与社会的需要，密切结合经济建设是经济地理学的生命力之所在。

远古时期，人们为了能够生存下去须对其生活的地区有所认识；其后，随着畜牧业、农业的发展，人们由不断迁居变为逐渐在一定地区定居，需要更加熟悉和了解自己居住地的周围环境，于是便萌发、产生了最初的经济地理知识。进入奴隶社会、封建社会时期，又因为实践的要求，记述地理逐渐发展，直到资本主义萌芽、上升时期，出现了记述地理的黄金时代。随后，仍是由于生产力迅速发展，商品、原料市场的扩展，航海、贸易事业的勃兴，加之科学技术的新突破，单纯的记述已不敷客观需要，经济地理学的研究才从资料积累进入到分析整理资料，即由单纯的认识进入到解释、探讨生产分布的原因。只有这时，经济地理才作为一门近代科学进入科学行列。在近代以至当代，无论是经济地理学综合研究水平的提高，或是其各个分支学科的形成、发展，均与现实经济建设需要解决的重大课题密不可分。同其他学科一样，经济地理学的生命力在于接触、参加经济建设实践。由实践探求研究课题，又到实践中去解决课题；从经济建设汲取营养，通过经济建设实践又推动学科的发展。我国建国以来的实践也足以证明：经济地理学若与经济建设实践的关系处理得好，就能获得发展、提高；反之，就会成为无源之水，丧失生命力。

第二，正确处理理论与实践的关系，尤其要重视理论研究。

经济建设实践固然是经济地理学的源泉，但它毕竟只是学科发展的一种必要的客观条件，参加了经济建设的实践，并不就等于提高了学科水平。实现学科的前进，关键在于正确处理好理论与实践的关系。整体而言，目前经济地理学的发展与其他学科相比，仍较落后。究其原因，除了经济地理学本身有其特殊性——其发展须借助于其他相邻学科的发展，以及因为当代资本主义国家的经济地理学还深受唯心主义和其他资产阶级偏见影响外，理论研究的薄弱实为一重要原因。在一些经济发达国家中，经济地理工作者很注重参与解决社会经济问题，社会应用性很强；但往往对于所解决问题的机理不甚明了，也就是说没有把实践中的感受与经验，上升到理论去认识，这势必影响理论对于实践的指导，限制了研究水平的提高。1958年前，中国经济地理学界重视学习苏联经济地理学理论，但参加实践少，因而未能结合中国实际对其理论作出自己的科学判断。今后中国经济地理工作者应进一步广泛投身实践，并在此基础上开展理论研究，以促进学科的发展。

第三，把学习外国与本国独创结合起来。科学是全人类共同创造的精神财富。

国外，尤其像一些工业发展国家，如美国、联邦德国、法国、英国、日本等国家，其经济能达到今天这样发达的水平，产业布局上能出现那样多的新经验，原因之一是多年来通过正、反两方面教训的启发，逐步探索、认识到了产业布局的若干客观规律，从而形成若干引人注目的独特的理论见解。所以，必须进一步打破"闭关自守"的陈腐观念，积极开展国际学术交流，充分关注国外经济地理学发展的新动向，有选择地介绍并引进国外经济地理学中颇值得借鉴的理论和方法。与此同时亦须把学习、研究外国，同本国实践密切结合起来，必须去粗取精、去伪存真、为我所用。

第四，充分发扬学术民主，开展"百家争鸣"。

由于经济地理学研究对象的复杂性，以及人们的哲学观点的不同，在经济地理学发展过程中形成各种学派，出现不同意见的探讨与争论，当属正常现象。任何科学真理都是在与种种偏见和谬误的斗争中发展起来的，只有充分发扬学术民主，认真开展学术问题上的百家争鸣，才能更有效地推动经济地理学理论研究的深入，求得学科理论水平的提高。十月革命后，苏联在经济地理学界开展的"区域学派"和"部门统计学派"（后来又有"经济学派"）之间的争论，逐步战胜谬误，提高了理论认识，从而推动了经济地理学学科的发展。不过，在这一争论过程中也曾出现过用政府行为干预不同理论观点的争论现象，导致某些消极后果，应当引以为戒。

第五，作为近代科学的经济地理学的发展过程表明，它主要是由三条源流汇集而成，即商业地理学（或财政统计学）、人文和区域地理学以及区位论；并且明显地形成了一个思想和两个研究侧面，即：①人地关系的思想；②生产分布研究；③地域研究。其中地理环境与人类活动之间的关系——人地关系，乃是它贯串始终的一个重要思想。尽管在各个发展阶段，这个重要思想所体现的内容广度、深度有所不同，但始终被普遍运用于两个研究侧面。离开这个重要思想，经济地理学的研究就失去了它的地理特色。生产分布这一侧面也由来已久，因为社会物质生产总是同具体地域紧密结合在一起。生产分布乃是社会物质生产所固有的现象；对生产分布及其规律、特点的探索与认识，则是人们长期以来生产实践的迫切需要。这样，生产分布研究必然地成为经济地理学研究的一个中心课题。至于地域研究，则是经济地理学作为地理科学体系组成部分之一所固有的重要手段，其必要性乃由生产分布及其诸条件所具有的强烈地域性所决定。所以，重视研究生产分布的地域体系、经济区、经济区划、具体国家与地区及城市，成为经济地理学研究中不可或缺的一个传统侧面。

二、发展趋向展望

从上述对于经济地理学发展过程的简要回顾，可以清楚地看到，就其萌芽和渊源而言，确是一个十分古老的知识领域。而到了近代，特别是进入现代以来，其演变又是何等的迅速。经济地理学目前在世界多数国家中，已成为地理科学体系中最为发达的一门分支学科。综观其发展趋向，大抵可展望如下：

（一）区域综合研究将进一步得到重视

经济地理学处在不断变革和发展之中，它总是在分与合、多元化与一元化、离心与向心等对立统一的矛盾斗争过程中，逐步完善自己的学科体系。

一方面，随着其研究领域的扩大，一系列分支学科陆续产生。这些分支学科大多趋向于狭窄的专业化，在联系实际、理论发展及定量分析等方面，都有了长足的深化、提高。另一方面，二次大战后，特别是近10多年来，各国各地区经济发展与人口增长、资源开发、环境生态保护之间的矛盾愈益加剧，人口、资源、环境等世界性问题愈趋激化，寻求可持续发展成为人们的共同呼声，国与国之间的劳动地域分工与国际贸易空前发展，落后地区与发达地区之间的差异愈趋悬殊……所有这些，都向人们提出了大量亟待解决并具很强综合性的区域问题。过于狭窄的专业和各个分支学科对此显得无能为力，因而迫切需要展开区域综合研究，地区综合开发（或发展）将成为当前和今后一段时期内经济地理学研究的热点。这方面的研究，从地区赋存的资源和建设条件的分析入手，探讨优化区域人地关系系统的具体建议，为因地制宜提出区域社会经济发展战略提供科学依据。此类研究在广度和深度方面的要求，要比一般区域地理大大发展一步。它所研究的区域，与过去概念与内容上的区域已有很大不同，人与地理环境间的系统和结构是其研究的侧重点，要对区域内自然、社会经济的空间要素进行相关分析，从而对定向改造利用区域自然环境、调整社会经济要素的地域体系作出科学论断。这种区域综合研究中的区域分析，并非以往的资料堆砌和形态描述，而要运用系统论原理阐明综合观点，以系统论的方法，计算、处理大量区域数据，说明各个空间要素间的相关与反馈关系，据以确定能反映系统动态进程的参数和变数，从而将有力地加强区域综合研究的理论性和科学性。

在区域综合研究的中心或重点的选择上，直到 80 年代初，还主要是以资源利用为中心，重点目标地区大多是不发达地区。80 年代人们逐渐认识到灾害问题的严重性，意识到较发达地区的防灾与减灾在经济、社会方面的重要性，于是区域发展的研究便有转移到以防灾与减灾为重点的轨道上来的趋向。1990 年"国际减灾十年规划"的提出，中国莱州湾防治海水入侵课题得到确认，都是这一趋向的反映。此外，以特定环境和空间问题为中心的区域开发的综合研究，也成为一个主要方向。例如，在当今新的世界政治经济格局下，环太平洋经济带的空间问题，即有可能诱发中国沿海城市乃至全国的开发问题。

由于现代交通及通讯技术的日新月异，世界正在"缩小"，在区域发展的综合研究中，世界人口、世界资源、世界粮食和世界环境等世界性宏观问题的研究，正在受到越来越多学者的重视。与此同时，全球变化问题也得到了普遍的关注，其研究已由气候变化扩展到从全世界着眼，探讨整个地理环境的变化及其和人类活动的相互关系，并进一步设法度量在变化过程中的人地关系，从中寻求人类的可持续发展。

山区和海岸带乃至海洋等特殊类型区开发问题的综合研究也极为重要。山区在中国占了很大面积，蕴藏有丰富的资源，如果能在山区开发利用方面取得突破，中国经济必将会获得新的支持。中国的海岸带地区人口众多，经济发达，区位条件优越，其进一步的开发利用，将在环太平洋经济带的形成、发展中发挥重要作用；而且由于海岸带地区对全球变化问题尤其敏感，减灾的经济意义巨大，无疑将成为一个被重点研究的特殊环境类型区。海洋作为人类生存、发展的重要环境，对其进行开发、利用与研究，也将成为 21 世纪发展的重要课题。

（二）应用方向将进一步得到加强

早在本世纪前半期，经济地理学的应用方向就已有所增强。二次大战以后，它在经济建设中所起的作用愈益得到注重，各国又致力于大力发展经济，经济地理学的应用方向遂有进一步的加强。其中，首先得到发展的是单项应用，如土地利用和农业地域类型方面的研究，包括分部门、按作物或畜种为对象的土地评价和潜力分析，利用航片、卫片判读制图，结合资源保蓄，提出合理利用土地方案；划分农业地域类型和农业区，为合理布局农业提供科学依据；对此，英、美和澳大利亚等国均曾取得不少成果。又如，在城市的经济地理研究方面，对城市土地利用、城市职能和规模、城市环境、城市中心和腹地、城镇体系和城市化等专题，愈益普遍、深入地作了探讨，且此类研究多与城市规划相结合，更增添了其实用价值。再如，对人口动态问题，从研究全国及局部地区人口分布及其演变同大城市地区发展的关系入手，探究地区发展对策。至于对工业和商业服务业的经济地理研究，其实际应用取得成功的实例则更多。

在涉及众多内容的综合研究的应用方面，较为突出的是区域规划和地区性国土整治。经济地理学工作者借助区域分析、建立数学模型，通过对空间类型、区际关系和区域结构等核心问题的研究，探明区域发展的合理方向，确定项目建设最有利的空间场所，谋求最低成本的产业区位，为政府制定区域开发决策提供科学依据。

由此可见，经济地理学的发展将摆脱旧的传统，转向决策、改造、预测和预报的发展方向，这将是学科发展的一种崭新变化。

（三）学科研究领域将不断扩大

学科间的横向交叉和汇流，是当代科学技术的重要趋势，经济地理学也不例外。这种横向交叉和学科渗透，使经济地理学汲取了相邻学科的长处，引进了有用的理论和方法，也扩大和开拓了学科研究领域。50年代以来，随着经济地理学的研究从原来局限于社会物质生产活动领域，逐步扩大到非物质生产活动领域，就产业布局的研究而言，除原有的人地因素分析，也迫切需要充分估计一些技术经济因素，尤其是人口劳动力、政策、行为心理等复杂的社会因素的影响，由此也不断扩大了经济地理学研究的领域，如探讨整个社会生产生活协调发展的消费地理和第三产业地理；为适应开展旅游活动需要而进行的旅游地理研究；为分析行为因素与经济事物及周围环境的关系而开展的行为地理研究；为适应现代企业空间延展、跨国公司发展的需要而进行的企业地理研究等。此外，经济地理学研究领域的扩大还具体表现在出现了一批具有边缘性质的新学科，如资源地理学、感应地理学、计量地理学等。今后，这种扩大趋势仍将会持续下去。

（四）研究方法将进一步革新

为了更加切实有效地解决经济建设与社会中的具体问题，经济地理学将强调传统方法的革新和提高，从有关的自然科学、经济科学和技术科学方面引进行之有效的方法，例如，技术经济论证方法、数学方法、航空照片与卫星照片判断读方法、电子计算机制图以及模拟方法和在此基础上兴起、发展的地理信息系统等，并根据经济地理研究工作的要求加以改进和熟练运用，使之成为本学科自身的方法。尤其是从数学、经济学、生态学和社会学引进有关方法，促使经济地理学向计量化、经济化、生态化和社会化方向发展。在此基础上进一步把传统方法和现代方法相融合，根据不同的任务要求，制订出各种不同的工作规范，以期经济地理学在实践中能更加有效地发挥建设性和预测性的作用。

参 考 文 献

曹廷藩，朱云成："关于我国经济地理学当前发展中的一些问题"，见《中国地理学会1978年经济地理专业学术会议论文选集（经济地理学的理论与方法）》，商务印书馆，1980.

杨吾扬：《经济地理学的性质、任务与方法论》，同上.

刘再兴，周起业：《有关生产布局学的若干问题》，同上.

吴传钧：《经济地理学》，见《大百科全书·地理学·人文地理学》，中国大百科全书出版社，1984.

萨乌什金：《经济地理学·历史·理论·方法和实践》，毛汉英等译，商务印书馆，1987.

吴传钧等：《现代经济地理学》江苏教育出版社，1997.

杨治：《产业经济学导论》，中国人民大学出版社，1985.

郑林：《产业经济学》，河南人民出版社，1992.

石磊：《中国产业结构成因与转换》，复旦大学出版社，1996.

杨万钟：《产业结构、产业布局、产业政策一体化问题》，载《经济地理》，1991(1).

魏后凯：《区域开发理论研究》，载《地区研究与开发》，1988(1).

王缉慈：《增长极概念、理论及战略探讨》，载《经济科学》，1989(3).

王黎：《确立主导产业是我国产业结构合理化的核心》，载《学术月刊》，1991(8).

吴传钧等：《国土开发整治与规划》，江苏教育出版社，1990.

胡序威：《加强区域开发的基础研究》，载《经济地理》，1991(3).

M. ALBegov and A. E. Andersson：Regional Development Mocleling Theory And Pracice，NorthHolland And Publishing company，1982.

华东师范大学等合编：《经济地理学导论》，华东师范大学出版社，1994.

胡兆量等著：《经济地理学导论》，商务印书馆，1987.

陈才等著：《区域经济地理学原理》，中国科学技术出版社，1991.

杨吾扬，梁进社：《高等经济地理学》，北京大学出版社，1997.

林蕴晖主编：《风雨兼程——新中国四十年发展战略演变》，海天出版社，1993.

孙尚清主编：《经济结构的理论、应用与政策》，中国社会科学出版社，1991.

陆大道：《区位论与区域研究方法》，科学出版社，1988.

左大康主编：《现代地理学辞典》，商务印书馆出版，1990.

肖俊城编著：《农业区域开发》，广东科技出版社，1994.

陈宗兴等编著：《经济活动的空间分析》，陕西人民出版社，1989.

骆世明等编著：《农业生态学》，湖南科学技术出版社，1987.

魏心镇：《工业地理学》，北京大学出版社，1982.

魏心镇，王缉慈等：《新的产业空间：高技术产业开发区的发展与布局》，北京大学出版社，1993.

刘再兴：《中国工业布局学》，中国人民大学出版社，1981.

李文彦：《我国工业地理学研究的回顾与展望》，载《地理学报》，1986，41(4).

胡序威：《我国工业布局与区域规划的经济地理研究》，载《地理科学》1985，5(4).

陆大道：《中国工业布局的理论与实践》，科学出版社，1990.

林炳耀：《计量地理学概论》，高等教育出版社，1986.

陆大道：《工业区工业企业成组布局类型及其技术经济效果》，载《地理学报》1979，34(1).

何建邦，钟耳顺：《论地理信息系统及其在地理学中的地位》，载《地理学报》1993，48(1).

汪新庄，王劲峰：《地理信息系统的发展和应用》，载《陕西师大学报·自然科学报》1994，22(2).

Economic and Social Commission for Asia and the Pacific：Manual on GIS for Planners and Decision Makers，United Nations，1996.

杨玉川主编：《第三产业概说》，天津人民出版社，1986.

朱嘉明编著：《国民经济结构学浅学》，知识出版社，1983.

H. Kobinson and C. G. Bamford：Geography of Transport，1978.

H. P. White and M. L. Senior：Transport Geography，1983.

Anthony R. de Souza J. Brady foust：World Space—economy，1979.

杨吾扬等：《交通运输地理学》，商务印书馆，1986.

王德荣等：《我国运输体系发展中的几个问题》，载《综合运输》增刊，1981-10.

刘丽如等：《工业布局必须重视交通运输问题》，载《综合运输》1980(3).

马天迪，郑忠信：《邮电通信地理》，人民邮电出版社，1984.

王希来，乌兰主编：《商业地理学》，中国商业出版社，1991.

宁越敏：《上海市商业中心区位的探讨》，载《地理学报》，1984，39(2).

李振泉，李诚固，周建武：《试论长春市商业地域结构》，载《地理科学》，1989，9(2).

吴郁文，骆慈广等：《广州市地区零售商业企业区位布局的探讨》，载《地理科学》1988，8(3).

侯锋：《西方商业地理学的基本内容》，载《经济地理》，81(1).

Peter Haggett and Andrew D. Cliff：Locational Analysis.

John Lowe and Eldor Pederson：Human Geography，1983.

J. Beaujeu—Garnier and A. Delobez：Geography of Marketing，1979.

木内信藏著，于洪俊译：《城市的地域结构》，载《经济地理》，1982(2).

W·克里斯泰勒著，严重敏译：《城市的系统》，载《地理译丛》，1964(4).

杨吾扬：《区位论原理——产业、城市和区域的区位经济分析》，甘肃人民出版社，1989.

朱晓林，钟永一：《城市群体研究与经济区规划》，载《城市问题》，1984(7).

宋家泰，顾朝林：《城镇体系规划的理论与方法初探》，载《地理学报》，1988，43(2).

谢文蕙，邓卫：《城市经济学》，清华大学出版社，1996.

高汝熹，阮红：《中国圈域经济态势分析及对策研究》，载《城市经济研究》，1992(10～12)，1993(2).

于洪俊，宁越敏：《城市地理概论》，安徽科学技术出版社，1983.

许学强，朱剑如：《现代城市地理学》，中国建筑工业出版社，1988.

严重敏：《试论城市化与城市空间组织的演变》，载《世界地理集刊》，6集，1983.

方磊，刘宏：《我国城市分类和城市发展问题的初步研究》，载《地理学报》，1988，43(1).

武进：《中国城市形态、结构、特征及其演变》，江苏科学技术出版社，1990.

张万清等：《区域合作与经济网络》，经济科学出版社，1987.

杨万钟：《关于我国经济区划若干理论问题的探讨》，见《国土规划与经济区划》，华东师范大学出版社，1986.

刘国光主编：《中国经济发展战略问题研究》，上海人民出版社，1984.

吕克白：《我对国土规划的几点看法》，见《生产力布局与国土规划》第九辑，1989.

沈玉芳：《长江沿江主要城市投资环境评价及其产业布局拓展的方向和对策研究》，载《经济地理》，1998(3).

翁君奕，徐华：《非均衡增长与协调发展》，中国发展出版社，1996.

张蕴岭，顾俊礼主编：《西欧的区域规划》，中国展望出版社，1988.

孙敬之：《中国地理学发展概述》，载《教学与研究》，1995(4)，中国人民大学出版社.

(日本)中村泰三：《七十年代的苏联经济地理学》，载《经济地理》，1983(4).

《人文地理学》，中国大百科全书出版社，1984.

H·H·涅克拉索夫：《区域经济学——理论·问题·方法》（中译本），东方出版社，1987.

张志强：《区域 PRED 的系统分析与决策制定方法》，载《地理研究》，1995(4).

杨吾扬等：《谈谈现代地理学中的数量方法与理论模式》，载《地域研究与开发》，1996(1,2).

顾朝林：《中国高技术园类型及发展方向》，载《经济地理》1996(1).

陈才，王荣成：《关于中国 21 世纪经济地理学发展的几点思考》，载《经济地理》，1996(3).

秦耀辰：《区域持续发展理论与实践》，载《经济地理》，1997(2).

林炳耀：《科学发展趋势与经济地理学发展中的几个问题》，载《经济地理》，1998(2).

李春芬：《地理学的传统与近今发展》，载《地理学报》，1982(1).

陆大道，李文彦：《国外经济地理学发展现状简介》，《中国地理学会 1978 年经济地理专业学术会议论文选集(经济地理学的理论与方法)》，商务印书馆，1980.

郭焕成，陆大道：《苏联经济地理学研究现状与发展趋势》.《中国地理学会 1978 年经济地理专业学术会议论文选集(经济地理学的理论与方法)》，商务印书馆，1980.